全国咨询工程师（投资）职业资格考试专用教材

工程项目组织与管理

全国咨询工程师（投资）职业资格考试用书编写组　组编

编写组成员

主　编　孙　博　杨通铭　白新华

主　审　张　谦　林双平　李　辉

参　编　李鑫鑫　张美香　孙海玲　郑　凯
王志冬　蔺　敏　李惊宇　郭　琼
贯凯华　郭明柱　黎　鹏　赵丽敏
董正方　毋祎祎

哈尔滨工程大学出版社
Harbin Engineering University Press

图书在版编目(CIP)数据

工程项目组织与管理 / 全国咨询工程师(投资)职业资格考试用书编写组组编. — 哈尔滨 : 哈尔滨工程大学出版社, 2019.7(2021.11 重印)

全国咨询工程师(投资)职业资格考试专用教材

ISBN 978-7-5661-2347-3

Ⅰ. ①工… Ⅱ. ①全… Ⅲ. ①基本建设项目-项目管理-资格考试-自学参考资料 Ⅳ. ①F284

中国版本图书馆 CIP 数据核字(2019)第 119125 号

责任编辑:王俊一
责任校对:李惊宇
封面设计:天　一

出版发行 哈尔滨工程大学出版社
社　　址 哈尔滨市南岗区南通大街 145 号
邮政编码 150001
发行电话 0451-82519328
传　　真 0451-82519699
经　　销 新华书店
印　　刷 河南承创印务有限公司
开　　本 787 mm×1 092 mm　1/16
印　　张 18
字　　数 461 千字
版　　次 2019 年 7 月第 1 版
印　　次 2021 年 11 月第 3 次印刷
定　　价 60.00 元

http://www.hrbeupress.com
E-mail:heupress@hrbeu.edu.cn

出版说明

Impressum

为了满足广大考生的应试复习要求，便于考生明悉现行考试考情，并能在有限的时间内科学、有效地掌握知识要点，更好地备战全国咨询工程师（投资）职业资格考试，全国咨询工程师（投资）职业资格考试用书编写组结合考试实际情况，并参考高校相关专业讲师的意见，精心编排了本系列图书。

图书说明

本系列图书共包含四个科目：

《宏观经济政策与发展规划》——主要通过对宏观经济管理、投融资体制与政策、财税体制与财政政策、金融体系与金融政策、产业政策、社会政策、主体功能区规划等专业知识要点的讲解，使考生能够尽快掌握咨询工程师应具备的基础知识。

《工程项目组织与管理》——主要以工程项目组织与管理为核心，从实践出发，在紧扣大纲的基础上，通过对工程项目管理的组织、工程项目招标投标管理、工程项目合同管理、工程项目进度管理、工程项目投资控制等专业知识要点的讲解，使考生能够尽快掌握咨询工程师应具备的基础知识。

《项目决策分析与评价》——主要通过对项目决策分析与评价的任务及前期咨询成果、项目规划报告的编制、项目可行性研究报告的编制、项目申请报告和资金申请报告的编制、项目评估、建设方案研究与比选等专业知识要点的讲解，使考生能够尽快掌握咨询工程师应具备的基础知识，提升考试综合运用工程咨询的知识、技术和方法，结合工程咨询实务，进行分析、运算、论证并作出判断的实际操作能力。

《现代咨询方法与实务》——主要通过对现代工程咨询方法、数据采集分析与知识管理、规划咨询、资源环境承载能力分析、市场分析、现金流量分析、工程项目投资估算、融资方案分析等专业知识要点的讲解，使考生能够尽快掌握咨询工程师应具备的基础知识，提升考试综合运用工程咨询的知识、技术和方法，结合工程咨询实务，进行分析、运算、论证并作出判断的实际操作能力。

增值服务

为更好地帮助考生复习备考，我们特向购买本系列图书的考生提供两大特色服务，让考生在进行本系列图书学习的同时可以通过观看视频课程、线上做题（考拉网校 APP、微信在线做题）等方式，实现线上线下系统备考。

增值服务一 视频课程。本系列图书编写组诚邀多名具有教学和实践经验的老师，根据考试情况精心录制备考视频，讲解各个科目的考试主要知识点，帮助考生系统地学习，掌握核心考点，更好备战考试。

增值服务二 电子题库。敬请扫描本页下方或封底处相应二维码，下载安装考拉网校APP 并注册登录，或根据提示关注“天一乐考工程”公众号进入在线做题版块。

您可以通过扫描图书封面处二维码（刮开获得激活码），根据提示，输入激活码，获取视频课程和电子题库。

本系列图书可供参加全国咨询工程师（投资）职业资格考试的考生及相关院校的师生参考使用。

由于时间紧促，编者水平有限，书中难免有疏漏和不当之处，恳请广大读者批评指正。

如有与本图书相关的问题或建议，欢迎您致电 4006597013 或者通过 QQ:1400594158 与我们联系，我们将以优质、快捷的方式为您提供多层次的服务。

关注天一乐考工程
畅享微信做题

扫描二维码
获取考拉网校APP

全国咨询工程师（投资）职业资格考试用书编写组

目 录

Contents

第一章　工程项目与工程项目管理 …… 001

第二章　工程项目管理的组织 …… 040

组织的基本原理、项目管理组织的基本形式.

第三章　工程项目招标投标管理 …… 076

(法律上的条款要背)

第四章　工程项目合同管理 …… 114

施工合同的履行

第五章　工程项目进度管理 …… 157

第六章　工程项目投资控制 …… 192

第七章　工程项目质量管理 …… 231

第八章　工程项目健康、安全与环境管理 …… 259

三控 两管

进度、投资、质量.

项目健康、安全与环境管理

第一章 工程项目与工程项目管理

(什么是项目，如何进行管理)

第一节 工程项目的特征及其分类

一、工程项目的含义和特征

（一）工程项目的含义

工程项目一般简称为项目，是指为完成依法立项的新建、扩建、改建工程而进行的、有起止日期的、达到规定要求的一组相互关联的受控活动，包括策划、勘察、设计、采购、施工、试运行、竣工验收、投入生产或交付使用等阶段。

（二）工程项目的特征

1. 工程项目的特点（重要考点）

①（1）独特性。虽然有些项目在产品或服务方面具有高度的相似性，但每个项目都有具体的建设时间、地点和条件，其实施过程中会涉及一些没有做过的事情。因此，它始终是独一无二的。

②（2）一次性。每个项目都有一个固定的起点和终点，所有项目都将实施并达到终点，而不是连续工作。从这个意义上讲，该项目是一次性的。当一个工程项目已经实现了目标，或者清楚地知道不再需要或不可能完成项目的目标时，该工程项目已达到终点。一次性并不代表着时间很短，实际上大多数项目要经过很多年。（不是永恒的，有起点、终点：一次性）

③（3）固定性。工程项目均包含建筑安装工程，并固定在某个位置。它是不可移动的。

④（4）整体性。工程项目通常由多个单项工程和单位工程组成。它们密切相关，可以结合起来实现项目产品的整体功能和效益。

⑤（5）不可逆转性。项目实施后，在其寿命周期内通常不会被推倒重建。因此，工程项目是不可逆转的。

⑥（6）管理的复杂性。施工过程涉及诸多问题，各种情况复杂多变，会给设定的建设目标带来风险。

典型例题

【单选题】每个工程项目都具有特定的建设时间、地点和条件，其实施都会涉及某些以前没有做过的事情，体现的是工程项目的（ C ）特点。

A. 固定性　　B. 一次性

C. 独特性　　D. 整体性

C。**【解析】**工程项目具有独特性、一次性、固定性、整体性、不可逆转性、管理的复杂性等基本特点。其中，独特性是指虽然有些项目在产品或服务方面具有高度的相似性，但每个项目都有具体的建设时间、地点和条件，其实施过程中会涉及一些没有做过的事情。因此，它始终是独一无二的。

2. 工程项目管理的复杂性

(1)工程项目涉及的单位很多,各种关系的协调工作量很大。

(2)工程技术的复杂性,许多使用新技术、新材料和新工艺的设备不断出现。

(3)工程项目规模越来越大,涉及的单项工程也越来越多。

(4)社会的政治和经济环境对工程项目的影响越来越复杂,特别是对于一些跨地区和行业的大型项目。

(5)政府对项目的监管越来越严格,要求越来越高。

(6)项目需要经历构思、决策、设计、施工、验收、试运行和运营过程。项目建设周期和使用周期较长,增加了管理和协调的难度。

二、工程项目的分类

按照自然属性,工程建设项目可分为建筑工程、土木工程和机电工程三类。按照建设投资性质,工程建设项目可分为新建项目、扩建项目、改建项目和改造项目。按照投资作用,工程建设项目可分为生产性建设项目和非生产性建设项目。按照行业构成,工程建设项目可分为工业项目、商业项目、住宅项目、基础设施项目、公益项目和国防项目等。按照项目规模,为适应对工程建设项目分级管理的需要,国家规定基本建设项目分为大型、中型和小型三类。按照工程建设项目的经济效益、社会效益和市场需求等基本特性,工程建设项目可分为竞争性项目、基础性项目和公益性项目三种。按照投资来源,工程建设项目可分为政府投资项目、企业投资项目、政府和社会资本合作(PPP)项目、世行贷款类项目、利用外资项目等。

目前常见的项目大类划分方法如下:

(1)生产加工类项目,包括工业和农业项目。这些项目的主要特点有:项目直接为社会生产物质产品;在为社会提供产品的同时,为社会提供财政税收和直接积累;项目可以完全以市场化运作;项目的经济效益显而易见;可以完全由资本市场筹集。一般来说,不需要使用政府预算或财政资金,主要依靠资本市场融资。

(2)基础设施和公用事业项目,包括交通、通信、供电、供气、供排水设施等项目。这些项目的特点有:项目为生产类行业和人们的生活提供服务,一般没有直接的物质产品产出;项目具有较强的垄断性,只能参照市场模式在特定条件下运作;收益并不明显,但社会效益显著;项目的资金来源主要是政府预算和其他资金。大型基础设施、公用事业项目关系到社会公共利益、公众安全。

(3)政府和社会资本合作(PPP)项目,政府和社会资本合作(PPP)项目是目前国际和国内重要的项目划分方法。为此国家出台了《国家发展改革委关于印发传统基础设施领域实施政府和社会资本合作项目工作导则的通知》《财政部关于印发〈政府和社会资本合作项目财政管理暂行办法〉的通知》《财政部政府和社会资本合作模式操作指南》等多个重要文件。PPP 模式适用于政府负有提供责任且适宜市场化运作的能源、交通运输、市政工程、农业、林业、水利、环境保护、保障性安居工程、教育、科技、文化、体育、医疗卫生、养老、旅游等基础设施领域及公共服务领域政府和社会资本合作项目。

第二节　工程项目周期

一、工程项目生命周期

项目从开始到结束可以划分为若干阶段,这些不同的阶段先后衔接起来便构成了项目的生命周期。项目生命周期就是由项目各个阶段按照一定顺序所构成的整体。

项目生命周期有多少个阶段及各阶段的名称取决于组织开展项目管理的需要。行业不同,组织不同,项目生命周期也有所不同。但是,它们都是确定了一个项目的起始和结束,并把项目拆分成便于管理的更小部分,称为阶段。各个阶段的可交付成果就是一种可验证的项目工作结果或项目产出物。各个阶段规定出由谁来完成这些工作。阶段的时序一般都会伴随着技术转移或一个阶段到下一个阶段的交接。一般而言,在下一个阶段启动前,上一阶段的交付成果必须核准。尽管各阶段会被认为是独立且有差别的,但它们也常常会有交叉重叠。项目生命周期使人们可以依据项目阶段及其成果去开展项目的管理。

(考点1) 工程项目生命周期可划分为五个阶段,即策划决策阶段、准备阶段、实施阶段、竣工验收和总结阶段、运行阶段,如图 1-1 所示。

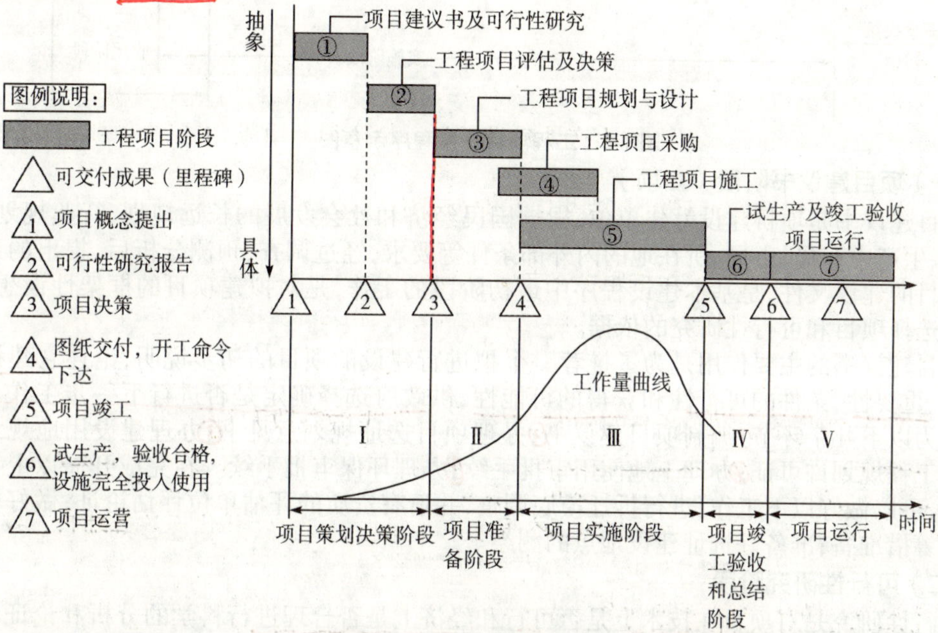

图 1-1　工程项目生命周期 (五个阶段)

项目生命周期特征:

(1)在项目开始时费用和人员投入水平较低,随着项目的进展逐渐增加,在项目收尾时又迅速降低。

(2)在项目开始时,成功完成项目的概率是低的,风险和不确定性最高。随着项目的进展,成功完成项目的概率通常会逐步提高。

(3)项目干系人影响项目费用和项目产品最终特性的能力最高,随着项目的进展通常会逐步降低(变更和错误纠正的成本逐步增加)。

二、工程项目一般程序

我国工程项目管理主要有以下几个阶段:策划和决策阶段、设计准备阶段、设计阶段、施工阶段、投用(投入运营使用,下同)前准备阶段、保修及后评价阶段。另外,还可以根据工程项目咨询的工作要点,将工程项目管理划分为概念决策阶段、实施阶段、收尾阶段。其中,项目建议书阶段、可行性研究阶段、初步设计阶段、施工图设计阶段、建设准备阶段、建设实施阶段、竣工验收阶段、后评价阶段等节点阶段在工程项目管理中尤为重要,具体如图 1-2 所示。

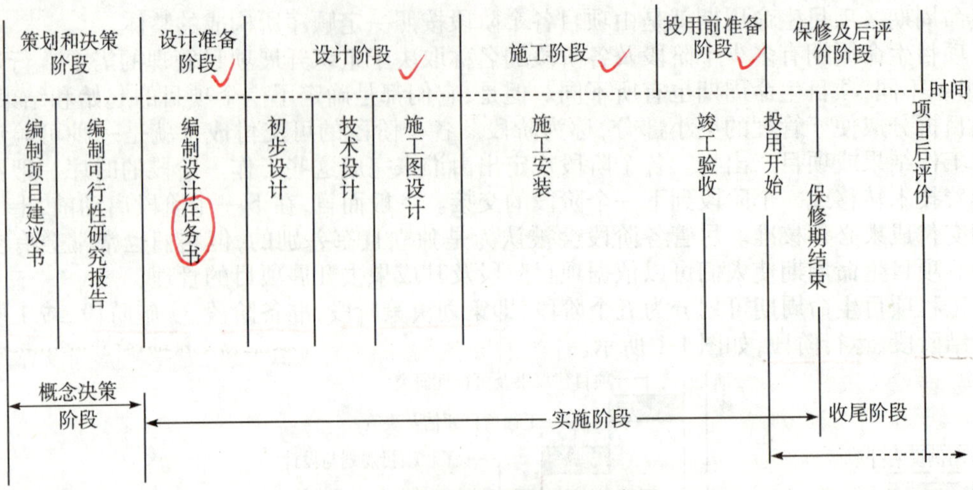

图 1-2 工程项目一般程序示意图

（一）项目建议书阶段（立项）

项目建议书是项目建设筹建单位，根据国民经济和社会发展的长远规划、行业规划、产业政策、生产力布局、市场、所在地的内外部条件等要求，经过调查、预测分析后，提出的某一具体项目的建议文件，是基本建设程序中最初阶段的工作，是对拟建项目的框架性设想，也是政府选择项目和可行性研究的依据。

项目建议书的主要作用是为了推荐一个拟进行建设的项目的初步说明，论述它建设的必要性、重要性、条件的可行性和获得的可能性，供政府选择确定是否进行下一步工作。该阶段分为以下几个环节：编制项目建议书；办理项目选址规划意见书；办理建设用地规划许可证和工程规划许可证；办理土地使用审批手续；办理环保审批手续。在完成开展以上工作的同时，可以做好以下工作：进行拆迁摸底调查，并请有资质的评估单位评估论证；做好资金来源及筹措准备；准备好选址建设地点的测绘。

（二）可行性研究阶段

可行性研究是对项目在技术上是否可行和经济上是否合理进行科学的分析和论证。通过对建设项目在技术、工程和经济上的合理性进行全面分析论证和多种方案比较，提出评价意见。该阶段分为以下几个环节：编制可行性研究报告；可行性研究报告论证；可行性研究报告报批；到自然资源部门办理土地使用证；办理征地、青苗补偿、拆迁安置等手续；地勘；报审市政配套方案。

对于一些各方面相对单一、技术工艺要求不高、前期工作成熟、教育和卫生等方面的项目，项目建议书和可行性研究报告也可以合并，仅编制项目可行性研究报告，也就是通常说的可行性研究报告代项目建议书。

（三）初步设计和施工图设计阶段

设计是对拟建工程的实施在技术上和经济上所进行的全面而详尽的安排，是基本建设计划的具体化，是把先进技术和科研成果引入建设的渠道，是整个工程的决定性环节，是组织施工的依据。它直接关系着工程质量和将来的使用效果。可行性研究报告经批准的建设项目应委托或通过招标投标选定设计单位，按照批准的可行性研究报告的内容和要求进行设计，编制设计文件。根据建设项目的不同情况，设计过程一般划分为两个阶段，即初步设计和施工图设计。重大项目和技术复杂项目，可根据不同行业的特点和需要，增加技术设计阶段。

初步设计阶段分为以下几个环节：初步设计；办理消防手续；初步设计文本审查。

初步设计文件经批准后，总平面布置、主要工艺过程、主要设备、建筑面积、建筑结构、总概算等不得随意修改、变更。经过批准的初步设计，是设计部门进行施工图设计的重要依据。

施工图设计阶段分为以下几个环节：施工图设计；施工图设计文件的审查备案；编制施工图预算。

（四）建设准备阶段

建设准备阶段分为以下几个环节：编制项目投资计划书；建设工程项目报建备案；建设工程项目招标。

（五）建设实施阶段

建设实施阶段分为以下几个环节：开工前准备；办理工程监督手续；办理施工许可证；项目开工前审计；报批开工。

（六）竣工验收阶段

竣工验收阶段应包括设计符合性确认、安装确认和运行确认。建设单位需向住房建设部门上报资料清单：单位工程质量竣工验收记录；工程竣工验收记录。建设单位需向消防部门上报工程竣工验收报告和有关消防设施的工程竣工图纸等文件资料。

（七）后评价阶段

国家对一些重大建设项目在竣工验收若干年后进行后评价。这主要是为了总结项目建设成功和失败的经验教训，供以后项目决策借鉴。

第三节　工程项目管理的含义及项目管理知识体系

一、工程项目管理的含义

工程项目管理简称为项目管理，是在工程项目的生命周期内，运用系统的理论和方法，对建设工程项目进行的计划、组织、指挥、协调和控制等专业化活动，从而使工程项目在既定的资源和环境条件下，其质量、工期和投资目标得以实现。

（一）工程项目管理的主体

工程项目管理的主体有很多，包含业主方、项目管理机构（项目管理机构是指根据组织授权，直接实施项目管理的单位，可以是项目管理公司、项目部、工程监理部等）、政府监管机构、设计单位、咨询单位、建设单位、验收单位，以及其他项目干系人等。

提示

工程项目管理的主体可分为内部管理（业主方、施工单位等）和外部管理（政府）。其中，业主方是工程项目管理的核心。

（二）工程项目管理的客体

工程项目管理的客体是工程项目管理各阶段的具体目标和任务，包括管理对象、管理活动及相关管理要素。不同阶段的客体不尽相同，要根据具体管理对象排查确定。

（三）工程项目管理的环境

工程项目管理的环境因素来自组织内部和外部，其项目团队无法改变，也不能控制。工程项目管理的环境因素是大多数规划过程的输入，可能提高或限制项目管理的灵活性，并可能对项目结果产生积极或消极的影响。

1. 组织内部的环境因素

(1)组织文化、结构和治理。包括愿景、使命、价值观、信念、等级制度和职权关系、组织风格、道德行为规范等。

(2)设施和资源的地理分布。包括工厂位置、虚拟团队、共享系统和云计算等。

(3)基础设施。包括现有设施、设备、组织通信渠道、信息技术硬件、可用性和功能等。

(4)项目管理信息系统。包括进度计划软件、配置管理系统、信息收集与发布系统或进入其他在线自动系统的网络界面等自动化工具。

(5)资源可用性。包括合同和采购制约因素、获得批准的供应商和分包商以及合作协议等。

(6)现有人力资源状况。包括人员在设计、开发、法律、合同和采购等方面的技能、素养与知识。

(7)人事管理制度。包括人员招聘和留用指南、员工绩效评价与培训记录、奖励与加班政策,以及考勤制度等。

2. 组织外部的环境因素

(1)市场条件。包括竞争对手、市场份额、品牌认知度和商标等。

(2)社会和文化影响与问题。包括政治氛围、行为规范、道德和观念等。

(3)法律限制。包括与安全、数据保护、商业行为、雇佣和采购有关的国家或地方法律法规等。

(4)商业数据库。包括标准化的成本估算数据、行业风险研究资料和风险数据库等。

(5)学术研究。包括行业研究、出版物和标杆对照成果等。

(6)政府或行业标准。包括监管机构条例、行为准则、产品标准、质量标准和工艺标准等。

(7)财务考虑因素。包括货币汇率、利率、通货膨胀率、关税和地理位置等。

(8)物理环境要素。包括工作环境、天气和制约因素等。

二、项目管理知识体系 (考点2)

PMBOK 指南是美国项目管理协会(PMI)的标准和指南,是通过相关人员的资源参与和共同协商而开发的。PMBOK 指南收录了项目管理知识体系中被普遍认可为“良好做法”的那一部分。所谓“普遍认可”,是指这些知识和做法在大多数时候适用于大多数项目,并且其价值和有效性已获得一致认可。所谓“良好做法”,则是指人们普遍认为,使用这些知识、技能、工具和技术,能够提高很多项目成功的可能性。

PMBOK 指南提出了项目管理的十大知识领域:

(1)项目整合管理。项目整合管理包括为识别、定义、组合、统一和协调各项目管理过程组的各种过程和活动而开展的过程与活动。整合管理包括:选择资源分配方案;平衡相互竞争的目标和方案;研究各种备选方法;为实现项目目标而裁剪过程;管理项目管理知识领域之间的依赖关系。

(2)项目范围管理。项目范围管理是确保项目做且只做所需的全部工作,以成功完成项目的各个过程,是定义和控制哪些工作应该包括在项目内,哪些不在项目内。

(3)项目进度管理。项目进度管理是管理项目按时完成所需的工作内容。经批准的项目进度计划就是进度基准。

(4)项目成本管理。项目成本管理是保证项目在批准的预算内完成,并对成本进行规划、估算、预算、融资、筹资、管理和控制。项目成本管理的重点是关注完成项目活动所需资源的成本;同时也要考虑项目决策对项目产品、服务和成果的使用成本、维护成本和支持成本的影响。

（5）项目质量管理。项目质量管理包括把组织的质量政策应用于规划、管理、控制项目和产品质量要求，以满足相关方目标的各个过程。此外，项目质量管理以执行组织的名义支持过程的持续改进活动。

（6）项目资源管理。项目资源管理是为了降低项目成本，而对项目所需的人力、材料、机械、技术、资金等资源所进行的计划、组织、指挥、协调和控制等活动。项目资源管理包括识别、获取和管理所需资源以成功完成项目的各个过程。

（7）项目沟通管理。项目沟通管理包括通过开发工件，以及执行用于有效交换信息的各种活动，来确保项目及其相关方的信息需求得以满足的各个过程。

（8）项目风险管理。项目风险管理旨在识别和管理未被其他项目管理所管理的风险。利用或强化正面风险，规避或减轻负面风险。项目风险管理全过程包括规划风险管理、风险识别、实施定性和定量风险分析、规划和实施风险应对及风险监督等。

（9）项目采购管理。项目采购管理就是从外面购买或获得东西（产品、服务、成果）的过程管理，包括编制和管理协议所需的管理和控制。

（10）项目相关方管理。项目相关方管理包括识别、规划、管理和监督相关方的各个过程。

PMBOK 指南认为，项目管理通过合理运用与整合 47 个项目管理过程得以实现，根据其逻辑关系，把这 47 个过程归类成五大过程组，即启动、规划、执行、监控、收尾。

提示

关于 PMBOK 描述的十大知识领域，会以选择题的形式进行考查，需掌握记忆，并能区分开来。【PMBOK 指南（第七版）中已将传统的五大过程组与十大知识领域改变成全新的十二大原则与八大绩效域】

典型例题

【单选题】根据 PMBOK，为识别、定义、统一和协调各项目管理过程组的各个过程和活动而开展的过程与活动，属于项目管理的（　）知识领域。

A. 进度管理　　B. 资源管理

C. 整合管理　　D. 范围管理

C。【解析】项目管理知识体系的十个知识领域分别为整合管理、范围管理、进度管理、成本管理、质量管理、资源管理、沟通管理、风险管理、采购管理、相关方管理。其中，为识别、定义、组合、统一和协调各项目管理过程组的各种过程和活动而开展的过程与活动称为项目整合管理。

第四节　工程项目利益相关方及主要参与方对项目的管理

一、工程项目管理主要相关方

相关方是指能够影响决策或活动、受决策或活动影响，或感觉自身受到决策或活动影响的个人或组织。工程项目管理主要相关方（干系人）如图 1-3 所示。

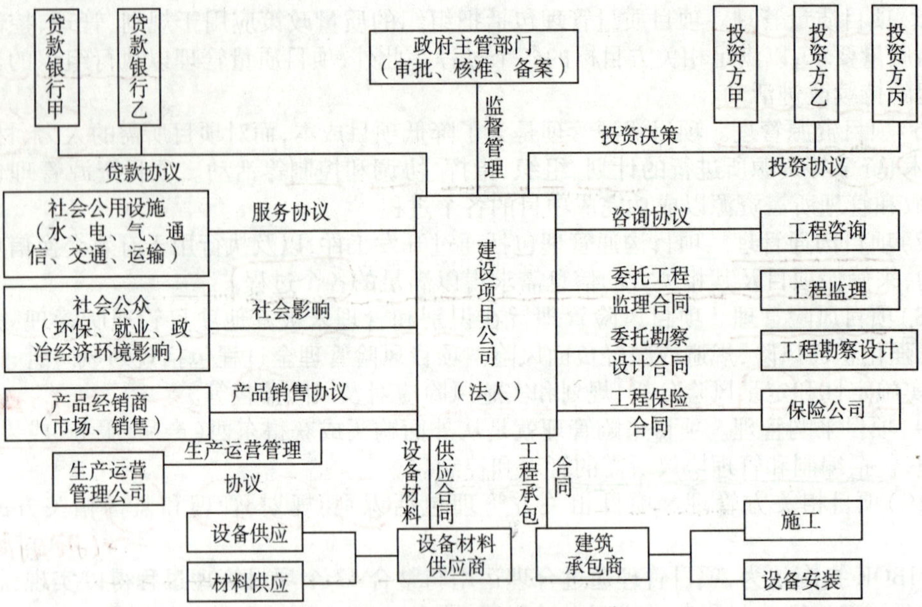

图 1-3 工程项目管理主要相关方

不同的相关方代表不同的参与方利益，对下列部分利益相关方权利及期望分析，如表 1-1 所示。

表 1-1 工程项目利益相关方权利及期望分析

利益相关方	权利	期望
业主	项目的发起人和投资人，对重大问题进行决策	项目进度快、周期短、投入费用低、质量得以保障，项目产出最优化
设计单位	项目整体规划的技术转化，施工运营的重要依据	合理且能按时支付报酬，无干扰因素阻碍项目设计，工作松弛有度，迅速获得可靠消息
监理单位	对施工准备、施工过程、施工设备安装、调试、验收交工和工程保修服务各阶段进行监理工作	确保施工单位按照设计文件要求加以执行，满足项目的质量、进度、投资要求，以取得提供服务的收入
施工单位	项目实施过程的主要参与者，影响投资项目的质量、进度和费用	追求丰厚的利润，变更较少，自主性较大，无意外因素干扰项目施工，按时支付工程进度款
供应商	为项目实施提供生产要素，关系到项目的投资、质量、进度、目标	工程项目对供应产品需求的价格、质量、进度安排明确，准备货物时间充裕，限制低，获取的利润高
政府	符合国家和部门的操作规程，管理制度；能够协调解决土地占用、移民等问题	符合国家的目标和政策，有利于提高公众和社会效益，发展地区经济、增加地方财力、改善地方形象
金融机构	提供建设资金贷款，及时投入资金，避免延误工期	贷款环境安全，回报较高，按期支付
使用者及运营	提出使用需求，负责项目运营、使用	项目建成后的质量性能，满足使用和经营的需要且运营成本低

提示

记忆利益相关方的期望，主要从五方面着手，即收益、质量、时间、成本、法律。

典型例题

【单选题】一般情况下，业主的要求和期望不包括（　　）。

A. 收益高　　　　　　　　B. 投资适当

C. 质量合格　　　　　　　D. 时间短

B。【解析】一般情况下，业主的要求和期望主要有投资少、收益高、时间短且工程质量合格。

二、业主工程项目的管理

（一）业主工程项目管理的目的

业主对工程项目管理的目的有：

（1）通过工程项目管理，达成项目投资目标，实现投资者的投资目标和期望。业主要使用各种知识、技能、手段和方法去满足或超出工程项目利益相关方的要求和期望。

（2）通过预算执行，控制投资成本。项目业主需要同时考虑建设资金的有限性和安全性，防止建设预算失控，从而避免项目建设工作停滞而形成巨大损失。

（3）通过质量控制，实现项目正常运营，保证工程项目建成后在运营期内其功能与质量上达到设计标准。

（二）业主工程项目管理的特征

业主工程项目管理的特征有：

（1）业主代表投资主体的利益，并且不会轻易发生变化。业主方的项目管理是贯穿一个工程项目从筹划立项开始，直到项目竣工验收投产，回收投资，达到预期投资目标的整个过程。业主工程项目管理包括项目的策划阶段、实施阶段和扫尾总结阶段。环评、土地、规划、施工等一系列手续的变更办理存在一定的困难，因此并不能排除项目业主发生变化的情形客观存在。

（2）业主作为建设工程的主体，拥有项目产品的使用权和经营权。在项目管理参建单位中，业主是全面决策控制方，业主通过"三控三管一协调"对施工过程进行全面管理，保障施工前期准备工作完善周详，满足建设项目预期的控制目标，为建设项目增值服务。业主方的项目管理不是一次性完成的，即使是明确了项目目标以后，随着项目的逐渐实施及外部环境和内部条件的变化，业主的项目管理工作也需要一个动态调整的过程。

（3）国际、国内都普遍应用业主间接管理的方式，第一种是委托项目管理咨询公司承担全部的项目管理任务，业主只负责重要事项的决策；第二种是引进业主项目管理咨询服务代管模式，或业主方委托项目管理咨询公司与业主方人员共同进行管理；第三种是业主方与项目管理咨询公司单位组合进行管理，是以上两种方式的综合，双方的优势互补。项目管理具有开放性和组织集成性，业主需要了解整合多方面的专业知识，如组织知识、管理知识、经济知识、技术知识、工程建设法规知识、规划设计知识、工程施工知识等。业主项目管理在很大程度上就是把这些专业知识进行组织集成，相当于是一个知识管理的过程，即通过各方面的专家或专业咨询，经过整理、组合、编写，形成新的知识，应用于项目建设的决策当中。

（三）业主工程项目管理的主要任务

1. 项目策划决策阶段主要任务

（1）组织进行初步决策阶段的项目建设必要性的调查，进行全面的项目市场与社会需求调查和最终用户的分析，了解项目需求与市场发展趋势，同类型其他项目的建设与使用情况、业主对项目目标的要求等。

(2)进行项目用地的初步筛选，并进行项目初选用地周边环境的初步调查，分析其交通条件、用地周边市政公用配套情况、用地拆迁情况、土地开发费用情况、古树名木情况等。

(3)开展初步决策阶段的宏观经济分析、社会影响分析、经济分析、工艺与技术方案分析，对生产制造工艺与工程技术方案的难度极限作出判断与限定，估算项目实施周期等。

(4)编制并报批项目建议书。编制项目建议书，匡算项目总投资，履行项目申请报告的备案、核准和审批程序，关联配套条件，与投资方、贷款方对接等。

(5)严格遵守建设程序，尽快完成报建手续。手续涉及土地、规划、招投标、规划许可和施工许可等多个单位和部门，这就要求项目管理人员及早了解政府相关政策和流程，合理衔接各道手续，还要求有较全面的专业知识和良好的社会关系、沟通协调能力，尽可能缩短报建时间以便项目早日开工。

2. 项目准备阶段主要任务

(1)根据地块本身及周围环境情况作出功能区的布局的总体思考，确定各种设施的平面与空间布局。

(2)编制项目方案设计任务书与方案设计招标文件，安排方案设计评审，确定中标方案，发出中标通知书，提出深化与优化方案设计要求。

(3)开展项目可行性研究的准备工作，项目可行性研究工作、项目可行性研究的后续管理工作。结合中标设计方案情况进行投入产出分析，编制项目总投资估算。制订项目的筹融资方案及资金使用计划。确定项目的质量要求和建造标准。参加项目可行性研究报告的评估和审核，协助办理相关报批手续。

(4)优选设计单位、勘察单位签订合同，按照明确的勘察设计范围和深度，进行勘察、设计。

(5)分析、论证项目设计总进度目标。分析实现总进度目标的主要时间节点及实现的风险、组织编制设计工作进度管理的详尽计划，审核设计进度计划并监控其执行。

(6)组织初步设计与施工图设计的符合性审查，确保初步设计符合经批准并经优化的方案设计要求，施工图设计符合经审定的初步设计要求。

(7)编制项目管理组织计划。以初步设计图为基础，编制项目技术经济的分解结构(WBS)，形成合同网络图，必要时并根据施工图进行调整与完善。

(8)在合同网络图、进度总控制计划、投资总控制计划的基础上编制项目资金需求计划，并由财务部门作出资金准备。

(9)办理项目的各类政府审批手续，向建设主管部门申请项目报建。

(10)进行施工承包与监理的招标，签署施工承包及监理委托合同。

3. 项目实施阶段主要任务

对项目业主来说，项目的现场管理是整个项目管理的最关键点。在项目实施阶段，业主的主要工作是按合同规定为项目顺利实施提供必要的条件，并在实施过程中督促检查并协调有关各方的工作，定期对项目进展情况进行研究分析。

项目实施阶段的主要任务包括：

(1)解决施工过程中的必备条件，如水、电、通信等。

(2)办理各项手续。包括办理土地征用、建设用地规划及建设工程规划等有关手续，办理施工许可等手续，办理水、电、供热、煤气、天然气、通信的供给手续，向各政府主管部门办理各项竣工入住事项，向政府主管部门办理其他各项审批事项。

(3)建立工程会议制度及工地例会制度。包括定时召开工地例会，及时协调、处理工程中出现的问题，对照质量目标、进度目标等进行全过程动态管理。

(4)按图施工,严把变更审核关。工程施工中严格按照批准的施工图施工,决不能随意变更,如确需变更,必须办理相关手续。

(5)运用价值工程,对各施工方案作技术经济比较论证。

(6)参加评标及合同谈判,商签正式合同。参加设备采购的招标,签订设备制造合同。对设备的设计、零部件采购、生产、到货验收等过程实施监督、管理、控制和协调。

(7)施工阶段的进度控制。根据项目进度总控制计划,在各专业施工与供货招标文件中明确相应的工期目标。审核、分析各投标单位投标时编制的专业工程进度计划。根据情况及时调整项目进度总控制计划。

(8)编制施工阶段各年度、月度资金使用计划并控制其执行。

(9)以书面形式将水准点和坐标控制点交付给承包方,并进行现场交验。

(10)制订合理的工程保险方案,并进行投保,发生事件即办理索赔。

(11)施工阶段的组织与协调。组织设计交底,组织落实工地的保卫及产品保护工作,协调处理工地的各种纠纷,协调各类施工运输。

(12)审核施工安全专项方案、督促施工单位落实安全保证体系。

(13)完成合同约定的各类款项支付,审核并处理各项施工索赔事宜。

4. 项目验收阶段主要任务

项目验收阶段的主要任务包括:

(1)进行试运营组织。

(2)组织项目的物业管理单位参与项目建筑设备的调试与验收,组织项目的生产管理单位参与项目生产工艺设备的调试、投料试产及最终验收。

(3)组织竣工验收、工程决算。

(4)审核本阶段各类付款,审核并处理本阶段设计变更与综合索赔事宜。

(5)分别办理工程与生产设备的移交手续,与施工单位签订工程保修合同,制订工程保修阶段工作计划。

(6)工程资料整理与归档。

三、承包商对工程项目的管理

(一)承包商对工程项目管理的目的

承包商管理是指承包商以自己的施工或供货能力,在建设阶段对所承接的项目投入的各种资源进行计划、指挥、组织、协调,以完成项目业主对项目建设或设备供货的委托。其主要目的包括:

(1)根据委托合同中规定的要求,完成工程项目或设备制造在进度和质量方面的工作并符合要求。

(2)在完成委托合同中规定的工作并达到合同规定的要求的同时,确保其整体利益最大化。

(二)承包商对工程项目管理的特征

承包商对工程项目管理的特征有:

(1)承包商的管理工作都围绕项目所在地进行。

(2)承包商以合同管理为中心开展工作。各项管理活动均以合同标准为基准标准。

(3)承包商对工程项目的管理对象是完成项目组成部分的实施者、原材料和设备。因此,承包商的管理工作对项目产生直接的作用与影响。

(4)承包商对工程项目系统管理阶段处于项目实体的形成阶段,即施工阶段,需投入大量资金。

(5)工程项目风险控制的最后阶段就是承包商工程项目管理阶段。由于该阶段处于建设风险的高发位置,且对项目的把控性不高。因此,承包商在此阶段必须加强管理,实时跟踪项目状况,尽可能避免风险的产生,减少损失的发生。

(三)承包商工程项目管理的主要任务

1. 工程承包商项目管理的主要任务

(1)制定施工组织设计和质量保证计划,经监理工程师审核批准后组织实施。
(2)按照施工计划组织工程项目施工,衔接好人、机、料、法、环等要素。
(3)按照施工合同施工,承担缺陷责任。
(4)做好施工噪声控制、水污染控制、空气污染控制等。
(5)根据专用条款规定,做好施工现场地下管线等重要设施、文物、临近建筑的保护。
(6)符合绿色施工要求。
(7)整理施工过程中的数据报表,按照监理规范文件主动接受监理工程师的监督检查。
(8)及时向委托方提交竣工验收申请报告,及时改进验收中发现的问题。
(9)对已完工程采取保护措施。
(10)将合乎规范要求的工程资料档案移交委托方。

2. 设备承包商项目管理的主要任务

(1)按照标准设备采购合同,不低于合同标准展开供货、运输调试、安装、维修、技术服务等。
(2)根据合同约定,配套完成现场操作人员培训及考核。
(3)保证设备符合国家强制性标准和委托文件要求。
(4)符合标准采购合同中的知识产权条款。
(5)完成合同约定的其他配套任务。

四、银行对贷款工程项目的管理 (考点3)

(一)银行对贷款项目管理的目的

银行贷款管理是指按照现行相关法律规定和政策根据贷款的安全性、流动性和效益性三原则对贷款进行贷前调查、贷时审查和贷后检查的过程。因此,银行贷款管理是实现贷款安全性、流动性和效益性三大基本原则的根本保障。

(二)银行对贷款项目管理的特征

银行对贷款项目的管理通常以资金运动为主线进行管理,具有较强的金融专业性,但随着资金的投入,管理的主动权会逐渐降低。

(三)贷前管理

贷前管理是银行开展信贷业务的重要关口,是银行内部控制贷款风险的安全闸门。认真开展贷前管理工作,能有效降低商业银行与借款企业之间的信息不对称,有助于银行作出正确的信贷决策,有效控制信贷资产风险,与客户建立起良好的信贷关系。

贷前管理的工作内容包括:

(1)受理借款申请。对是否符合相关政策法规要求进行审查。核查的重点包括:出具可行性研究报告机构资质及采取的方法和参数是否符合有关规定;可行性研究报告内容是否充实完整;所提供的行政许可、环保、土地使用等证明文件是否真实、合法、有效。

(2)对借款人基本情况进行调查评估。经营情况调查就是客观反映借款人生产经营状况。首先,调查生产经营主体的可行性,看其是否符合国家产业政策,符合当地政府有关政策;是否有违法行为;是否属于国家限制或明令禁止的项目,并做好行业前景预测。其次,要看注册资本的真实性。再次,调查经营管理的状况,就是看借款人的经营管理能力,然后对经营管理中的风险作客观评价,测评风险度。最后,调查经营的盈利性,调查产品市场前景,了解产品销售利润率，掌握获利能力，测算贷款期限与产品生产周期匹配程度，从而预测还贷能力。

（3）信用评价分析。银行针对贷款风险而对贷款企业（项目）的信用度进行评估分析，以防止、控制贷款风险为目的，而对贷款风险度进行量化管理的一种预防性的事前控制方法。主要分析：经营者素质评估；企业经济实力评估；企业资金结构评估；企业经营效益评估；企业发展前景评估。

（4）对贷款人进行财务分析。重在分析借款人财务状况及偿债能力评估，主要包括：资产负债分析；盈利能力分析；现金流量分析。

（5）对借款人项目调查评估。应把握以下重点：

①项目建设是否符合国家信贷政策。

②项目投产后所需原材料供应是否有保证，成品市场发展趋势及价格走势。

③项目所采用的技术工艺是否先进，是否符合节能、高效、降耗、减排的要求。

④项目资本金来源是否真实、可靠、合法，资本金比例是否合规，在建项目已投入资本金是否真实。

⑤项目设计规模是否经济、合理。

⑥项目财务净现值是否大于零，内部报酬率是否高于基准折现率，贷款偿还期内经营活动的现金净流量是否满足还本付息需要。

⑦对影响项目效益的敏感性因素是否在可控制范围内，拟采取的应对措施是否可行。

⑧项目可能出现的风险是否能够承受，防范措施是否切实可行。

⑨单项固定资产更新或大修理的必要性、合理性及可行性。

（6）制定和签署贷款法律文件。需要签署的主要合同有借款合同、保证合同、质押合同等。

（7）贷款审批。贷款审批过程中一般要求关注以下内容：借款人、担保人及具体贷款业务有关资料是否齐备；申报资料及其内容是否合法、真实、有效；贷款业务内部运作资料是否齐全，是否按规定程序操作，调查程序和方法是否合规，调查内容是否全面、有效，调查结论及意见是否合理等。

（8）贷款放款。银行的贷款审批与贷款发放是两个独立的业务环节，实行贷放分控。放款时要关注以下内容：借款人是否按约定的金额和用途使用款项；借款人实际支付清单的可行性；借款人实际支付清单与计划支付清单的一致性；借款人实际支付是否超过借款人自主支付的金额标准；借款人的贷款与发放贷款同比例的项目资本金是否足额到位，并与贷款配套使用；借款人实际支付是否符合约定的贷款用途等。

（四）贷后管理

贷后管理是信贷管理的最终环节，与贷前管理具有同等重要的地位。贷后管理与贷前管理前后呼应，是控制风险、防止不良贷款发生的重要一环，对于确保银行贷款安全和案件防控具有至关重要的作用。贷后管理的主要内容包括：贷后检查；贷款质量分类与风险预警；贷款偿还管理；不良贷款管理。

（五）银行对贷款项目的评估

根据《项目融资业务指引》，贷款人从事项目融资业务，应当充分识别和评估融资项目中存在的建设期风险和经营期风险，包括政策风险、筹资风险、完工风险、产品市场风险、超支风险、原材料风险、营运风险、汇率风险、环保风险和其他相关风险。

1. 对借款人进行资信评价

资信评价是指对客户偿债能力和偿债意愿的分析、计量和评价，反映客户违约风险的大小。在客户准入、授信审批、风险定价等方面具有重要作用，是银行业金融机构防范信用风险的一项基础性工作。

(1)借款人基本情况评估。

①借款人的历史沿革。主要调查借款人所在地、成立时间、注册资本情况、股本结构及主要股东情况、所有制性质、隶属关系、经营范围、组织结构、主要分公司与控股子公司情况等。

②借款人的发展历程。主要调查借款人现有生产规模、技术装备水平、主要产品种类、主要产品经济寿命期、生产能力利用率、主要产品产销率、重大项目建设及技术改造情况等。

③借款人的行业前景分析。主要调查借款人所在行业及在行业中的地位(如资质等级、市场份额、行业排名、竞争优劣等)。行业因素还包括:行业内部的竞争状况;行业的周期性;行业的寿命周期;行业壁垒;行业的法律政策环境等。

④借款人的发展前景。主要调查借款人市场定位,产品市场前景,科研开发能力,管理层对未来发展拟采取的对策、措施、规划等。

(2)经营者素质评估。

①领导者素质。

②员工素质。

③内部控制制度。主要评估:内部组织架构、产品营销网络是否健全;质量管理与成本控制措施;年度计划及战略性规划;决策程序;人事管理制度是否科学等。

④关联企业的经营管理情况。有股权、资金、产品等方面密切联系的企业,其经营水平、财务状况的变化将间接影响借款人的还款能力,所以应根据关联程度的高低不同进行相应的分析。

(3)借款人及项目的股东情况。

评价内容主要包括:借款人是否具备主体资格;项目股东的经济实力、风险承受能力,整体经营情况及行业经验;项目与股东主营业务的相关性及协同效应;项目对项目股东的重要程度及股东全力支持项目的意愿和能力;项目经营主体在相关领域的经营管理能力。

(4)借款人资信状况评估。

①借款人与各银行的关系。主要调查借款人的存款账户开立情况、销售收入结算情况。

②还款记录。主要调查借款人的借款总量、逾期借款、拖欠利息、信用证或票据承兑垫款、债务重组、贷款展期等情况。

③还款意愿。主要调查借款人是否存在有钱不还、赖账不还、逃脱债务、偷税漏税、提供虚假报表、隐瞒事实真相、套取银行资金等行为。

④信用程度。主要调查借款人近两年合同履约情况,包括借款合同与经营合同的履约率。

(5)盈利能力分析。

盈利能力即获取利润的能力,这是企业有能力偿还债务的前提条件。主要以近3年及当期(一般为借款申请时的前1个月)的财务数据为基础进行分析。

①销售利润率(毛利润率)。销售利润率=销售利润/销售收入净额×100%。销售利润率反映每百元销售收入净额中实现的销售利润额为多少,用来评价借款人产品销售收入净额的盈利能力。

②营业利润率。营业利润率=营业利润/销售收入净额×100%。

③销售净利润率。销售净利润率=净利润/销售收入净额×100%。销售净利润率反映每百元销售收入净额所取得的净利润。该比率直接关系到借款人未来偿还债务的能力和水平。

④总资产报酬率。总资产报酬率=(净利润+利息费用)/平均总资产×100%。总资产报酬率是用来衡量借款人利用资产获取报酬的能力指标。比率越高,说明给投资者和债权人的回报越多。

⑤权益报酬率(股东权益报酬率)。权益报酬率=净利润/平均所有者权益×100%。权益报酬率反映所有者权益收益水平。

⑥成本费用利润率。成本费用利润率=利润总额/成本费用总额×100%。

(6)营运能力分析。

营运能力是指通过借款资产周转速度反映出来的资产利用效率,表明管理人员经营、管理、运用资产的能力,其计算公式如下:

①总资产周转率。总资产周转率=销售收入净额/平均总资产×100%。

②固定资产周转率。固定资产周转率=销售收入净额/固定资产平均净值×100%。

③流动资产周转率。流动资产周转率=销售收入净额/流动资产平均余额×100%。

④营业周期。营业周期=存货周转天数+应收账款周转天数。

⑤存货周转率。存货周转率=销售成本/平均存货×100%。

⑥应收账款周转率。应收账款周转率=赊销收入净额/应收账款平均余额×100%。

(7)借款人偿债能力分析。

①长期偿债能力分析。长期偿债能力分析指标主要包括资产负债率、负债与所有者权益比率、利息保障倍数(利息备付率)等,其计算公式如下:

资产负债率=负债总额/资产总额×100%

负债与所有者权益比率=负债总额/所有者权益总额×100%

利息保障倍数(利息备付率)=(税前利润总额+利息费用)/当期利息费用

②短期偿债能力分析。短期偿债能力分析指标主要包括流动比率、速动比率、速动资产、现金比率等,其计算公式如下:

流动比率=流动资产/流动负债×100%

速动比率=速动资产/流动负债×100%

速动资产=流动资产－存货－预付账款－待摊费用

现金比率=现金类资产/流动负债×100%

(8)借款人现金流量分析。

借款人现金流量分析的对象包括:经营活动的现金流量;投资活动的现金流量;筹资活动的现金流量。

(9)借款人信用等级评价。

客户信用等级分为AAA级、AA级、A级、BBB级、BB级、B级、CCC级、CC级、C级和D级,共10个信用等级。

典型例题

【单选题】对借款人进行资信评价的主要内容不包括(　D　)。

A. 资产负债分析(偿债能力)　　B. 现金流量分析

C. 盈利能力分析　　D. 信誉业绩分析

D。【解析】对贷款人进行资信评价的主要内容包括借款人基本情况评估、经营者素质评估、借款人及项目的股东情况、借款人资信状况评估、盈利能力分析、营运能力分析、借款人偿债能力分析、借款人现金流量分析、借款人信用等级评价等。资产负债分析属于借款人偿债能力分析的内容。

2. 对项目自身情况的评价

银行对贷款项目自身情况的评价包括:合法合规性;建设必要性;建设条件合理性;市场分析;比较同类型竞争项目;资金充足性;项目产品市场及能源、原材料等主要生产要素落实情况分析;技术可靠性;设备配套设施情况;工程周期及进度计划;项目效益稳定性;项目财务效益分析;项目融资方案;项目担保及风险分担。对其中部分进行如下举例说明:

(1)合法合规性。

①项目是否符合相关政策法规,包括可能涉及的行业准入规定及投资、环保、土地、卫生、消防等方面的政策法规。

②批准程序是否合法合规,包括上报上级发改委批准,是否存在项目“化整为零”审批。

(2)资金充足性。

①自有资金是否充足;项目总投资及构成是否合理;项目资本金比例是否符合国家规定。

②总投资是否估算准确;是否因总投资估算不足,导致超概算;是否存在缩减总投资而减少自有资金投入。

③项目其他资金来源是否到位,如财政拨款、各类基金、其他银行贷款等是否按时到位。

④项目发起人是否具有足够的资金实力和项目开发资质、经验等。

(3)技术可靠性。

技术可靠性包括项目技术是否成熟、设备选型是否先进可靠等。

(4)项目产品市场及能源、原材料等主要生产要素落实情况分析。

主要包括:项目产品的市场供求状况、销售渠道、发展潜力;项目竞争能力及其发展前景;项目生产所需的能源和原材料是否有长期稳定来源;对能源和原材料的稳定供应依赖性大,能源和原材料成本在整个生产成本中占有很大比重的项目,可要求借款人提供长期能源和原材料供应协议,并对协议内容及供应方的履约能力和意愿进行审查等。

(5)项目效益稳定性。

①项目产品的市场风险,包括产品是否被市场接受。

②项目效益估算是否合理,如项目预测现金流入是否估算准确等。

③项目产品的收益是否有保障,如地方政府对垃圾发电项目往往做出购电价格、垃圾补贴等多项收益性承诺等。

(6)项目财务效益分析。

项目财务效益分析主要包括:合理选择项目评估的基础财务数据;分析项目投入运营后的财务效益;预测所产生的现金流量用于偿还到期债务的充足性及项目的抗风险能力。

(7)项目融资方案。

项目融资方案主要包括综合判定包括贷款金额、期限、还款计划项目收入账户等在内的融资方案安排是否合理可行。

(8)项目担保及风险分担。

主要包括:所提供的担保是否合法、有效、足额可靠;是否以项目资产设定抵押,担保法律文件是否完善;项目是否投保必要的商业保险;项目风险是否在借款人、出资人、项目承包方、施工方等各参与方之间得到合理分配;完工担保是否落实;项目的政策风险、筹资风险、完工风险、产品市场风险、超支风险、原材料风险、营运风险、汇率风险、环保风险和其他相关风险是否得到有效控制等。

3. 风险限额管理

贷款方式分析的主要目的是确定贷款的风险限额。风险限额指标主要包括:头寸限额;风险价值限额;止损限额;敏感度限额。风险限额是银行等金融机构所制定风险政策的具体量化,表明了银行对期望承受风险的上限,是风险管理人员进行积极风险防范的重要风险监控基准。

风险限额是风险偏好和风险容忍度继续向下传导和分解的结果,设置与日常经营紧密相关、便于追踪的监测指标,并根据风险偏好总体目标分解相应的预警值与警示值,需制定相应的监测与应对措施。

《银行业金融机构全面风险管理指引》指出,银行业金融机构应当制定风险限额管理的政策和程序,建立风险限额设定、限额调整、超限额报告和处理制度。同时,在风险限额临近监管指标限额时，银行业金融机构应当启动相应的纠正措施和报告程序，采取必要的风险分散措施，并向银行业监督管理机构报告。

《固定资产贷款管理暂行办法》《流动资金贷款管理暂行办法》均规定，贷款人应将固定资产（流动资金）贷款纳入对借款人及借款人所在集团客户的统一授信额度管理，并按区域、行业、贷款品种等维度建立固定资产（流动资金）贷款的风险限额管理制度。

4. 银行贷款风险评价

为了避免或减少风险，除了对借款人的资信和项目自身情况进行评价，以及采取风险限额管理外，还应对贷款的担保方式进行分析评价。担保方式包括保证担保、信用担保及抵押（质押）担保。

5. 整体评价

银行既要注重对借款人进行财务分析、现金流量分析，又要重视对其进行非财务因素分析，非财务因素分析就是对贷款企业财务报表以外的信息和能力进行分析和评价，是对财务分析和现金流量分析的有力补充。银行根据财务分析和非财务分析，建立综合模型，做出评价结果。整体评价最终要落实到放贷决策、授信额度、贷款期限、担保方式、摊还计划等具体要素。

五、咨询工程师对工程项目的管理

（一）咨询工程师对工程项目管理的目的

咨询工程师是指从事各种咨询活动的管理工程师。一般来说，咨询工程师应具备熟练的专业技术和经营管理知识，丰富的实际工作经验，广泛的社会联系和良好的社会信誉。其对工程项目管理的主要目的是根据委托合同的规定取得合法报酬，并实现业主对项目的预期目标，同时勇于承担社会责任，为自身创造良好的声誉。

（二）咨询工程师对工程项目管理的特征

咨询工程师的项目管理，本质上是一种智力行为，不直接建设工程项目的实体，咨询管理内容视委托任务而定，咨询成果具有独创性，另外咨询工程师是实现全过程工程咨询服务转型且具有职业规范的专业队伍，其咨询服务具有有偿性的特点。

（三）咨询工程师对工程项目管理的任务来源

咨询工程师的任务来源绝大部分都是市场化获取，特殊咨询项目是由政府直接委托，一般项目无论委托人是政府还是企业，咨询任务都是通过竞标取得。

链接

咨询工程师的任务取得步骤：咨询任务信息获取→确认并响应委托方的要求→起草、谈判、签订委托书或合同。

（四）咨询工程师的工作程序

咨询工程师的工作程序一般可划分为工作前期准备、咨询工作开展、提交咨询成果与总结三个阶段。

1. 工作前期准备

（1）接受委托，搜集整理咨询任务信息。一般来说，从协议或合同签订之时起，双方的权利与义务关系就已明确，并受法律保护。

（2）认真研究项目的相关资料。

（3）编写咨询项目工作大纲（TOR）。

（4）成立项目团队。

2. 咨询工作开展

(1)进驻现场或进行现场调研。

(2)组织和实施。

(3)沟通与修正。

3. 提交咨询成果与总结

(1)交付项目成果。

(2)总结与归档。咨询成果交付委托方后,咨询工程师要进行必要的咨询工作总结和文本归档。

(3)回访委托方。

(五)咨询工程师参与项目管理的主要任务

1. 项目决策阶段

咨询工程师的价值由"市场和主体"决定,咨询工程师要充分体现为业主科学决策提供帮助的价值,做好参谋的角色。咨询工程师在项目决策阶段的主要任务包括:

(1)进行宏观政策分析、区域发展规划分析、产业发展规划分析、项目及所在行业分析。再结合企业自身发展战略等提出咨询意见,与委托方充分碰撞和交流,达成共识,撰写报告。

(2)就项目的建设目标、规模、产品技术方案、节能方案、绿色施工方案、环保工程措施、职业健康与安全方案展开比选,完成相应的报告。

(3)根据国家有关规定,完成项目融资方案分析,做出投资估算,开展资源分析、经济影响分析、社会影响分析等。

(4)根据委托方和相关项目审批方的要求,对项目预可行性研究报告、项目可行性研究报告、项目资金申请报告等进行评估。

(5)根据委托方要求,完成需上报有关部门的相关报告的编制并协助完成项目报批工作。

链接

根据《工程咨询行业管理办法》,承担编制任务的工程咨询单位,不得承担同一事项的评估咨询任务。承担评估咨询任务的工程咨询单位,与同一事项的编制单位、项目业主单位之间不得存在控股、管理关系或者负责人为同一人的重大关联关系。

2. 项目准备阶段

在工程项目的准备阶段,根据业主的委托,咨询工程师可以在资格许可的前提下部分或全部完成咨询工作:

(1)直接接受业主委托或代理业主展开项目前期勘察设计相关工作。

(2)协助业主或按业主委托完成项目进度计划、质量计划、资金计划等。

(3)协助业主完成或接受业主委托完成设备采购招标、材料采购招标和施工招标。

(4)协助委托方完成项目的相关设计文件和修改调整等工作。

(5)协助委托方完成审图和报批工作。

(6)业主委托的其他任务,如舆情监测、项目周边关系协调等。

3. 项目实施阶段

咨询工程师在项目实施阶段的主要工作如下:

(1)根据业主要求,向施工单位进行项目设计图纸的技术交底,对施工组织设计进行审查。

(2)根据委托,在资格认定的前提下,代表业主监督和管理项目建设,以确保项目符合业主的要求，如质量、成本和进度。

(3)按照业主委托，开展项目中间评价工作。

(4)及时向业主报告项目的重要工作进展。

(5)按照有关规定对项目施工过程中的有关问题及时妥善地进行处理。

(6)为工程项目运营做好准备工作，如人员培训、操作程序对接、制定规章制度等。

(7)与业主配合，完成项目的竣工验收工作。

4. 项目竣工验收和总结评价阶段

咨询工程师在项目竣工验收和总结评价阶段的主要工作如下：

(1)与业主合作完成项目竣工验收工作。

(2)开展项目后评价工作，包括：

①过程评估，咨询工程师受业主委托审查和总结项目的全过程，总结经验和教训。

②绩效评价(目标评估)，分析和评估项目的效果和效益。将可行性研究结论和主要指标与项目进行比较，找出变化和差异，分析原因。(计划和实际综合比较)

③持续性评价，研究项目完成后适应国民经济发展的能力，分析项目能否继续发展。在此基础上，提出了项目可持续发展的条件。(持续性)

④在上述工作的基础上，提出项目后续开发的对策和建议，供委托方和相关方参考。

(3)业主委托的其他工作，如一定时期的运营管理等。

提示

咨询工程师对工程项目的管理会以选择题的形式进行考查，需重点区分咨询工程师在项目各个阶段的主要工作，切勿混淆。

典型例题

【单选题】下列质量管理工作中，属于工程咨询单位在工程项目施工阶段完成的是(A)。

A. 审查施工组织设计和质量计划　　B. 组织项目设计方案审查和报批

C. 审查勘察纲要编制情况　　D. 组织项目设计任务书编制

A。【解析】选项 B，D 属于工程咨询单位在工程项目决策阶段完成的任务；选项 C 属于工程咨询单位在工程项目准备阶段完成的任务。除选项 A 以外，工程咨询单位在工程项目施工阶段的具体任务详见上文。

第五节　工程项目管理模式

一、国内工程项目管理模式概述

工程项目管理模式是指一个工程项目建设的基本组织模式，以及在完成项目过程中各参与方所扮演的角色及合同关系。

工程项目管理模式是建筑施工企业在整个工程项目管理活动中的关键之处，也是当前我国工程项目管理过程中最突出的制约因素。由于项目管理模式确定了项目管理的总体框架、项目参与各方的风险承担的责任与义务，同时也在很大程度上决定了项目的建设速度、成本、工程质量与合同管理方式，因此它对业主和项目的成功都是至关重要的。

业主是建设项目生产过程的组织者。要想成功实现工程项目目标,项目管理组织工作的高效协同是重要保障。因此,其首要任务就是为工程项目选择适宜的项目管理模式,以取得良好的经济和社会效益。

二、工程项目业主管理模式

目前业主方的项目管理模式主要有两种:业主自行管理和业主委托管理。通常情况下,工程项目管理可由建设单位自行组建管理机构进行管理,也可委托咨询公司协助建设单位进行管理,或者全权委托专业机构进行管理。在某些情况下,还要规定项目完成后的运营方式。现代的业主项目管理正在向高层次、高水平、多模式的方向发展,业主具体采用哪种方式应根据工程项目的具体情况和业主的实际能力而定。

(一)业主自行管理模式

业主自行管理模式适用于拥有很强的项目管理能力和丰富的项目管理经验,甚至有自己的项目管理机构的业主。

业主自行管理有自己的优点,主要包括:最大限度实现自己的项目意图;充分控制工程项目,保障利益最大化;发挥自己的专业专长,灵活根据实际进度调配资源。

业主自行管理也存在一定的缺点,主要包括:容易耗费业主大量的时间精力;组织机构庞大;资源管理利用率低;业主如果过度为自己考虑,容易降低项目相关方的积极性;业主积累的项目经验在不同项目之间难以传承,造成一定的项目管理资源浪费。

(二)业主委托管理模式

1. 代建制模式

(1)国家相关文件规定。

《国务院关于投资体制改革的决定》指出,要加强政府投资项目管理,改进建设实施方式,需对非经营性政府投资项目加快推行"代建制",即通过招标等方式,选择专业化的项目管理单位负责建设实施,严格控制项目投资、质量和工期,竣工验收后移交给使用单位。

《基本建设项目建设成本管理规定》第八条规定,政府设立(或授权)、政府招标产生的代建制项目,代建管理费由同级财政部门根据代建内容和要求,按照不高于本规定项目建设管理费标准核定,计入项目建设成本。实行代建制管理的项目,一般不得同时列支代建管理费和项目建设管理费,确需同时发生的,两项费用之和不得高于本规定的项目建设管理费限额。建设地点分散、点多面广以及使用新技术、新工艺等的项目,代建管理费确需超过本规定确定的开支标准的,行政单位和使用财政资金建设的事业单位中央项目,应当事前报项目主管部门审核批准,并报财政部备案;地方项目,由同级财政部门确定审核批准的要求和程序。代建管理费核定和支付应当与工程进度、建设质量结合,与代建内容、代建绩效挂钩,实行奖优罚劣。同时满足按时完成项目代建任务、工程质量优良、项目投资控制在批准概算总投资范围3个条件的,可以支付代建单位利润或奖励资金,代建单位利润或奖励资金一般不得超过代建管理费的10%,需使用财政资金支付的,应当事前报同级财政部门审核批准;未完成代建任务的,应当扣减代建管理费。

(2)代建制的含义。

代建制最早起源于CM模式。代建制是指委托单位通过招标等方式,选择专业化且具有相应资质的项目管理单位(简称代建单位),按照合同约定履行投资项目全过程建设管理职责,严格控制项目投资、质量、安全和工期,竣工验收后移交委托单位的制度。代建期间代建单位按照合同约定代行项目建设的投资主体职责。有关行政部门对实行代建制的建设项目的审批程序不变。

(3)代建制的实施方式。

目前,国内实施代建制模式最成熟的地区是深圳市。深圳市把政府集中委托制作为代建项目委托的主要方式,深圳南山区要求委托单位按以下方式确定:

①项目建设、使用或资产管理单位自身不具备专业委托能力的,由区工务局按程序实施委托代建。

②项目建设、使用或资产管理单位具备专业委托能力的(如设有基建部门),可以按程序直接实施委托代建。

③区政府指定委托单位的其他情况。

一般情况下,政府投资代建项目的代建工作分两阶段实施:

①招标确定项目前期阶段工作代理单位。由中标的项目前期工作代理单位负责根据批准的项目建议书,对工程的可行性研究报告、勘察直至初步设计实行阶段代理。

②招标确定建设实施阶段代建单位。由中标的建设实施代建单位负责根据批准的初步设计概算,对项目施工图编制、施工、监理直至竣工验收实行阶段代理。

根据项目的具体情况,政府投资项目的代建形式,也可以委托一个单位进行全过程代建管理。代建单位同时具备包括投资咨询、勘察、设计、工程监理、招标代理、造价等全过程咨询能力的,可实行全过程管理总承包;代建单位不具备全过程咨询能力的,可以联合体形式实行全过程管理总承包,也可依法依规选择其他具备相应资质或能力的单位。代建项目也可以实行建设实施阶段代建,即在项目建议书或可行性研究报告批复后进行代建。具体代建方式由委托单位在代建方案中明确。相关服务事项费用可先按暂定价,以批复的项目总概算为准。工程监理可由委托单位按法律法规规定的程序产生。

以联合体形式参与代建项目的,应提交联合协议,载明联合体各方的工作分工和职责,并明确牵头责任主体。联合体各方应当共同与委托单位签订代建合同,就代建合同约定的事项承担连带责任。

链接

代建制的运作模式包括政府投资项目建设管理机构运作模式和委托代理合同的运作模式两种。其中,政府投资项目建设管理机构运作模式是指以常设性事业单位为主,采用专业化的相对集中的管理方式,建成后交付使用。委托代理合同的运作模式是指选定一个具有相应资质的代建单位,由其按照国家有关法律法规,履行业主职能,并协助组织竣工验收。

2. CM 模式 (边设计. 边施工)

CM 模式又称"边设计、边施工"模式、分阶段发包模式或快速轨道模式,从工程建设详设阶段开始,业主方就选择具有施工经验的 CM 单位(或 CM 经理),如咨询单位、建设开发公司、工程总承包公司等,大多选择施工总承包公司,参与到工程实施中来,为设计方提供施工方面的建议,并且随后负责施工管理。这种治理结构的设置,目的是将工程建设的实施作为一个完整的过程来对待,并考虑到协调设计、施工的关系,以在尽可能短的时间内,高效、经济地完成工程建设的任务。

此方式通过施工管理单位来协调设计和施工的矛盾,使决策公开化。其特点是由业主和业主委托的工程项目经理与工程师组成一个联合小组共同负责组织和管理工程的规划、设计和施工。完成一部分分项(单项)工程设计后,即对该部分进行招标,发包给一家承包商,无总承包商,由业主直接按每个单项工程与承包商分别签订承包合同。

这是近年在国外广泛流行的一种合同管理模式,这种模式与过去那种设计图纸全都完成之后才进行招标的连续建设生产模式不同。

CM 模式的两种实现形式：

(1)代理型 CM：CM 单位以业主代理身份工作，收取服务酬金(一般采用固定酬金加管理费)。

(2)风险型 CM：CM 单位担任着前期顾问和后期总承包的双重身份，可直接进行分发包，直接与分包商签合同，并向业主承担保证最大工程费用 GMP，如果实际工程费超过了 GMP，超过部分由 CM 单位承担。

链接

GMP 只包含预算总成本和 CM 单位的酬金。

CM 模式的优点：

(1)在项目进度控制方面，由于 CM 模式采用分散发包，集中管理，使设计与施工充分搭接，有利于缩短建设周期。

(2)CM 单位加强与设计方的协调，可以减少因修改设计而造成的工期延误。

(3)在投资控制方面，通过协调设计，CM 单位还可以帮助业主采用价值工程等方法向设计提出合理化建议，以挖掘节约投资的潜力，还可以大大减少施工阶段的设计变更。如果采用了具有 GMP 的 CM 模式，CM 单位将对工程费用的控制承担更直接的经济责任，因而可以大大降低业主在工程费用控制方面的风险。

(4)在质量控制方面，设计与施工的结合相互协调，在项目上采用新工艺、新方法时，有利于工程施工质量的提高。

CM 模式的缺点：

(1)项目经理或者组织要求较高。因为在项目前期就要确定有一定工作经验的组织或者个人来对本项目负责。因此，对项目经理或者主要负责组织，无论从专业知识，还是团队协作能力或者是经验都有较高的要求。

(2)业主所承担的风险大、费用高。CM 模式中，对于工程项目费用的估算并不能特别准确。因此，需要业主对工程项目的掌控程度特别高，若出现沟通方面的问题，则极其容易影响到工程的整体进度，进而增加成本的投入。

3. PMC 模式

PMC 模式即项目管理承包模式，它指的是业主将工程项目交给项目管理承包者，由其对项目的构思、立项、招投标到施工进行管理，以及包括项目设计与采购的全过程管理，但它不参与工程项目设计、采购等阶段的具体工作。PMC 模式最大的特点在于它掌控工程项目的整体规划，并与业主的目标和利益保持高度一致性。

对大型项目而言，由于项目组织比较复杂，技术、管理难度较大，需要整体协调地工作较多，业主往往都选择 PMC 承包商进行项目管理承包。作为 PMC 承包商，一般更注重根据自身经验，以系统与组织运作的手段，对项目进行多方面地计划管理。比如，有效地完成项目前期阶段地准备工作；协助业主获得项目融资；对技术来源方进行管理；对各装置间的技术进行统一和整合；对参与项目的众多承包商和供应商进行管理(尤其是界面协调和管理)，确保各工程承包之间的一致性和互动性，力求项目整个生命周期内的总成本最低。

PMC 模式可分为三种类型：

(1)代表业主管理项目，同时还承担一些界外及公用设施的 EPC 工作。这种方式对 PMC 来说，风险高，但是相应地利润、回报会较高。

(2)代表业主管理项目，同时完成项目定义阶段的所有工作，包括基础工程设计，费用估算，进行工程招标选择 EPC 承包商和主要设备供应商等。

(3)作为业主管理队伍的延伸，负责管理 EPC 承包商而不承担任何 EPC 工作，这种方式的风险和回报都比较小。

PMC 模式的优点：

(1)项目管理承包商经验丰富，管理水平较高，有助于协助业主实现建筑工程项目目标。由 PMC 模式特点决定，业主大多选择具有先进技术及管理水平，丰富工作经验的项目承包公司参与到工程项目的施工与管理中来。因此，利用其专业及管理技能，对工程项目实行整体性组织与协调，从而更加容易协助业主实现建筑工程项目目标。

(2)PMC 模式能够有效优化项目组织管理结构。在 PMC 模式中，由项目承包者掌控着工程项目的整体规划，避免了众多分包商、供应商共同参与到建设施工管理过程中来的情况，而整个项目由业主与项目管理承包者直接沟通与交流，相应的工程项目组织结构也由项目管理承包者设立，这样的组织结构模式有效地简化了业主与承包者之间的关系，从而也优化了项目组织管理机构。

(3)PMC 模式能够有效降低成本，节约投资。在 PMC 模式中，项目管理承包者与业主的目标和利益保持高度一致性，从项目的立项开始，到项目的施工直至投产运营，都能够帮助业主有效节约资金，同时在确保建筑产品质量的前提下，尽可能缩短工期，降低生产成本。

PMC 模式的缺点：由于 PMC 模式中对工程项目掌有控制主动权的是项目管理承包公司。因此，对于业主来说，如何选择一个合适的项目管理承包公司，是工程项目的关键之处，这也就增加了业主的风险。与此同时，项目从立项开始就交由项目管理承包公司全权负责，与施工承包商没有合同关系。因此，业主在实际项目参与能力上有所下降，一旦工程有任何变更或者风险，业主不能及时掌握情况，这也增加了业主面对风险的可能性。另外，业主不能直接控制费用，也存在较大风险。

典型例题

【多选题】关于项目管理承包模式(PMC)的说法，正确的有(　　)。

A. 业主能够直接控制工程费用

B. 可统一协调和管理项目的设计和施工

C. 可充分发挥管理承包商在项目管理方面的专业技能

D. 业主与管理承包商所签订的合同可包含工程施工承包的内容

E. 可利用快速路径法施工，缩短项目工期

BCDE。【解析】PMC 模式即项目管理承包模式，其优点包括：(1)可充分发挥管理承包商在项目管理方面的专业技能。(2)可统一协调和管理项目的设计和施工，减少矛盾。(3)业主与管理承包商所签订的合同(包括管理服务和工程施工承包的内容)单一明了，合同关系简单。(4)可利用快速路径法施工，缩短项目工期。(5)管理承包商负责项目准备及施工阶段，利于减少变更。其缺点包括：(1)业主不能直接控制工程费用，存在的风险较大。(2)业主与施工承包商没有合同关系，较难控制施工。

4. PM 模式

PM 模式即项目管理模式，指项目管理公司与业主签订合同约定，在工程项目的决策、实施及管理过程中，为业主提供可行性分析、项目策划、招投标管理、采购、施工管理及运行等服务，接受业主的委托对工程项目的全过程实施质量、进度、安全、成本的管理与控制。在此过程中，项目管理公司或者项目经理的主要任务就是按照合同约定和业主的要求管控项目施工全过程，以保障工程项目的顺利实施与运营。

PM 模式的优点在于工程项目的整体管理水平有所提高，相应的投资效益也得到提高。其次，项目全部交由项目管理公司处理，减轻了业主的工作量。缺点在于对业主而言，明确项目管理企业的职责很难，管理过程中容易责任难纠。

5. DM 模式

DM 模式即设计 - 管理模式，指同一实体向业主提供设计和施工管理服务的工程管理方式。采用设计 - 管理合同时，业主只签订一份既包括设计也包括类似 CM 服务在内的合同。

设计 - 管理模式的实现有两种形式：一是业主与设计 - 管理公司和施工总承包商分别签订合同，由设计 - 管理公司负责设计并对项目的实施进行管理；另一种是业主只与设计 - 管理公司签订合同，由该公司分别与各个单独的承包商和供应商签订合同，由他们负责施工和供货。

三、工程项目发承包管理模式

不同的工程项目管理模式适用于不同的工程项目，且不同的管理模式都会存在一定的优势与不足，为更好的研究工程项目管理模式，使其能够在不同的建筑工程项目中得以改进与优化，并发挥自己独特的优势作用，选择管理模式时一定要根据其自身特点与适用范围。目前国内外常见的几种工程项目管理模式，诸如 DBB 模式、DB 模式、DBO 模式、EPC 模式。

（一）DBB 模式

DBB 模式即设计 - 招标 - 建造模式，是在国内外建筑市场上流行较久的一种项目管理模式。在该种模式中，业主将工程项目大致分为两个阶段进行，第一个阶段是项目前期阶段，包括项目的可行性研究、评估、前期阶段的设计，以及通过招投标选择项目合适的承包商等，这些工作由业主委托的专门的咨询工程师进行。第二阶段，通过由第一阶段选择出的承包商负责工程项目的施工及管理工作，包括材料及设备的采购，分包商及供应商的选择等，在此过程中，项目的实施严格遵循先设计、后招标、最后建造的顺序与原则。

1. DBB 模式的优点

DBB 模式的优点在于它是一个较为成熟的工程项目管理模式，在该模式中，业主对于咨询方与承包方的选择可控程度较大，可以依据自己的要求及工程项目的需求选择合适的、具有一定专业技术水平与管理经验的组织或个人。其次，随着业主对项目的掌控度的增加，也就降低了风险发生的可能性，有利于业主对资金、设备、人员等资源的合理协调与配置。

2. DBB 模式的缺点

任何一种项目管理模式都存在一定的缺陷之处，DBB 模式的缺点就在于该模式下是由业主亲自参与咨询方、施工方与管理方的选择过程，并亲自与其签订合同关系，导致项目的前期管理过于复杂，投入成本较高。其次，万一出现工程变更或者工程事故等问题，容易因协调或者沟通交流的因素出现纷争，给业主带来麻烦。另外，不易控制建设总投资。但 DBB 模式的运行与发展，给后续新型的工程项目管理模式的出现奠定了基础，诸如国内目前使用最多的招投标管理、合同管理、项目法人责任制等都是依据此模式而延伸发展出来的。

（二）DB 模式

DB 模式即设计 - 建造模式，是国内外建筑工程项目管理过程中常用的项目管理模式之一，这种工程项目管理模式在国内称之为建筑施工总承包管理模式。所谓 DB 模式，就是指在工程项目确立初期，业主通过招投标的方式，按照施工原则及要求确定符合资质的承包商承包此项工程，并签订合同，按照合同要求，该承包商对整个工程项目的设计、施工及管理负全部责任。现实中，多数承包商承包工程后再根据项目特点及自身企业能力，将工程的不同部分分别承包给不同的分包公司。这就构成了整个 DB 工程项目管理模式。在设计 - 建造模式过程中，业主与总承包商之间相互协调、相互配合，完成对整个工程项目的设计、施工及管理过程，缩短了交流时间，同时提升了交流效率。

1. DB 模式的优点

（1）责任具体化，提升了工程项目管理的效率。该种项目管理模式的特点所决定的总承包商是本项目的直接负责人，当出现责任事故或者工程需要变更等方面的事件的时候，业主直接与总承包商进行沟通与交流，这样既降低了项目管理过程中的交流、协调时间和费用，同时也提升了管理的效率。在面对业主的要求的时候，承包商能够直接、迅速做出相应的对策以满足业主对工程项目的需求。

（2）有效降低工程总成本费用。整个工程项目由总承包商负责，减少了索赔，有利于加强对施工进度的控制，缩短工期，成本得到有效控制。这一点，从国内外有关的调研数据中就可以了解到，设计－建造模式要比其他的工程项目管理模式成本低 10% 左右。

（3）施工任务划分详细，工作效率提升。在该项目管理模式中总承包商根据工程的施工特点将不同的部分分别承包给了具有不同资质或者施工水平的分包商，以便让他们能够承包各自工作的强项部分，这样做能够使施工任务划分的更加详细，也就能够有效提升工作效率。与此同时，各个部分责任分明，按照合同约定的内容既独立又有一定联系的施工，避免了管理环节上的繁琐。

（4）承包商参与了设计，提高了项目的可塑性。

2. DB 模式的缺点

（1）建筑质量受总承包商水平影响较大。建筑工程项目是由总承包商负责进行设计、施工及管理工作的。因此，总承包商的水平的高低极易影响整个建筑工程的质量。如果业主在招标过程中对承包商资质选择不当，则容易对工程项目的质量和成本控制产生一定的风险因素。

（2）DB 模式中，业主对项目缺乏控制能力，主要是由承包商掌控设计及施工和管理的过程。

（3）建设周期较长，成本高。在 DB 模式中，所有的建设程序是按照设计、施工、管理的流程进行，其所经历的建设周期较长，业主前期投入的费用也就较多，因此成本较高。

（三）DBO 模式

DBO 模式即设计－建设－经营模式，是指由承包商解决项目建设资金，政府赋予承包商特许经营权，由其负责项目的设计和建设，并在项目建成后的一定期限内进行项目的运营，通过获得国家相关补贴来实现盈利，至期满后将项目移交于政府或所属机构。

承包商在实践中一般是由设计单位、施工承包商和运营维护承包商组成的联合体，由其对设计和建造工作进行管理，并承担项目协调实施的风险。项目设施完工之后，承包商将按照规范，承担设施运营、员工培训、实施详细的运营和维修计划及保证运行绩效等方面的责任，政府方根据运营绩效进行付费。

DBO 模式近年来在基础设施项目主要应用在环保领域，类型包括污水处理厂新建及改造，雨水调蓄、管网运维和生活垃圾转运领域中。DBO 模式实现了经营主体、建设主体与投资主体的分开，投资人注重提高效率和效益，而建设主体和经营主体合一也提高了建设效率，确保了建设质量。DBO 模式有助于明确责任主体、缩短建设工期、提高可施工性及运营效率，同时有利于污染责任与治污责任的转移和分离，从而提高建设和运营效率。

DBO 模式的优点在于风险全部转移到该模式的主体，可以适当降低成本，减少不必要的工程延误或耽搁，使得工期更加合理，质量更加有保障，责任主体更加明确。但是，也存在一定的不足之处，DBO 模式的缺点在于需要咨询专业的咨询公司。另外，前期招标时间太长。

（四）BOT 模式

BOT 模式即建造－运营－移交模式，相对于其他的工程项目管理模式来说，这是一种较为新颖、具有独特优势的项目管理模式。所谓 BOT 模式，就是指国家将工程项目对外开放，把建设的权利交给某项目公司或者投资人，然后由该项目公司或者投资人负责该工程项目的融资、组织、建设、投产及运营，最终再将该项目交回给项目的发起方。

BOT 项目的本质特征：融资不是依赖于发起人资信或涉及的有形资产，放贷者主要考虑项目本身是否可行及其现金流和收益是否可还本付息；融资负债比一般较高，结构较复杂；多为中长期融资，资金需求量大，风险也大，融资成本相应较高；放款人参与全程监控；所融资金专款专用；项目发起人以股东身份组建项目公司，该项目公司为独立法人，是项目贷款的直接债务人；项目发起人对项目借款人（即项目公司）提供某种担保，但一般不涵盖项目的所有风险；合同文件（如担保/保险）相当多，以合理分担风险；保险也较多，以规避不可抗力和政治等风险。

1. BOT 模式的优点

（1）BOT 模式中政府为项目的发起者，也就是说，该项目从立项到建立是获得了政府的许可与支持，在此优势条件下有可能获得更多的资金及政策方面的支持，从而拓宽了项目的融资渠道。

（2）减轻了政府承担债务的负担与风险。由于 BOT 模式中项目的融资与债务的承担和偿还均是某项目公司或者投资人这样的私营机构。因此，政府偿还债务的负担得以减轻，同时，所承担的风险自然降低。

（3）吸引外国资金注入，弥补本国资金不足的状况。

（4）项目施工及管理技术得以提高。BOT 模式中由外国项目管理公司承担工程项目建设的概率较大。因此，可以引进国外先进的施工技术水平与管理水平，为本国工程项目的发展提供一定的借鉴经验，同时也促使国内外的项目公司进行更好的经验交流与经济合作。

2. BOT 模式的缺点

（1）政府对工程项目的掌控力下降。在 BOT 模式中，项目全部交给项目公司或者投资人这样的私营机构进行项目的融资、组建与运营，在此过程中，政府对于项目的掌控力下降，不能直接参与到项目的建设与经营过程中去。

（2）项目融资资本高且参与方关系复杂。BOT 模式中政府将工程项目对外开放，可能会导致最终参与该项目的相关者较多，关系较复杂，不便于统一的管理与掌控。同时，项目前期准备时间较长，投入资本较高。

（3）该模式中项目多由国外的项目公司承担。因此，在项目建成之后，可能会造成税收及外汇的流失，这也增加了政府承担的相关利率与汇率之间的风险。

（五）MC 模式

MC 模式即管理承包模式，是目前国内较为常用的一种工程项目管理模式。MC 模式的主要特点是业主在项目的前期挑选一个项目管理公司全权负责项目的所有事宜，并与该公司签订相应的合同，该公司将整个工程项目按照一定的技术标准或原则分化成不同的工作包，再将其承包给分包商，由该项目管理公司控制所有分包商对项目的建设及实施过程。在 MC 模式中，往往有一个中间者，负责协调业主与项目管理公司之间的关系，复杂项目的咨询技术工作，该咨询方与业主之间同样履行一定的合同关系。MC 模式还有另外一大特点，就是在工程项目的整个过程中由项目管理公司负责整个项目的工程费用，并且有一个最大限额，一旦超出最大限额则由该项目管理公司承担赔偿；相反，如果没有超出最大限额费用，节省的金额就为业主所有。

由于 MC 模式存在的时间较长，因此会有许多不适用于当前工程项目发展的地方，诸如当业主因合同或者施工、管理方面与项目管理产生纠纷的时候，在处理上困难程度有所增加，如要解聘项目管理公司，所付出的代价更是巨大。因为项目管理公司将工程项目分包给不同的分包商并与他们签订了分包合同，一旦解聘原有的项目管理公司，业主就需要与之前所有的分包商进行商洽、谈判，这样一方面会造成工期延误，另外一方面会增加费用的支出，还使得业主面临的风险因素增加，最终影响建筑目标经济效益与社会效益的实现。其次就是业主对于整个工程的掌控力下降，如果工程项目在施工过程中发生变更，业主很难及时、准确地掌握一手资料，也就难以干预工程的变更等。但同其他工程项目管理模式相比较而言，MC 模式最大的优点就在于可以为工程节省时间，并且相应的项目管理公司具有一定的项目管理经验，提高了应对风险的可能性。

（六）EPC 模式

EPC 模式即设计－采购－建设模式，是指业主选择一家工程项目公司并与其签订合同，该工程项目公司按照与业主的合同约定对该工程项目进行设计、采购与建设全过程的承包活动。其中，业主与工程项目公司签订的合同中规定了整个工程项目的总价及质量等要求，该工程项目公司依照约定对项目设计、采购及建设过程中的质量、成本、进度与安全进行有效控制，直至最终完成该项目。

EPC 总承包是指承包商负责工程项目地设计、采购、施工安装全过程的总承包，并负责试运行服务（由业主进行试运行）。EPC 总承包又可分为两种类型：EPC（self－perform construction）和 EPC（max s/c）。

EPC（self－perform construction）是 EPC 总承包商除选择分承包商完成少量工作外，自己要承担工程地设计、采购和施工任务。

EPC（max s/c）是 EPC 总承包商最大限度地选择分承包商来协助完成工程项目，通常采用分包的形式将施工分包给分承包商，其合同结构形式如图 1-4 所示。

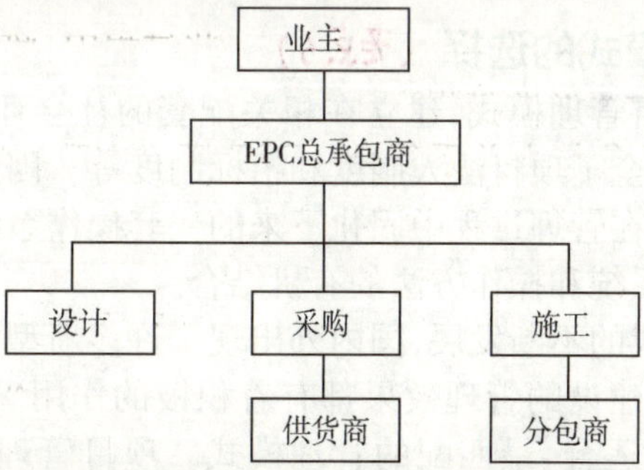

图 1-4 EPC（max s/c）合同结构形式

1. EPC 模式的基本特征

（1）总承包者责任制与风险制。EPC 模式中，按照与业主的合同约定，项目的总承包者参与工程项目的设计和采购及建设的全过程中，并且负全部责任。同时，项目的总承包者将不同的部分项目发包给分包者，也就需对分包者的施工质量、成本、安全等负责。在项目承担的风险方面，因为项目的总承包者是项目的总负责人，因此承担主要风险责任，包括设计风险、经济风险、项目变更风险及合同纠纷风险等。

(2)工程项目管理工作的灵活性。EPC 模式中，业主将项目全部工作交给总承包者，就由总承包者对项目的进度计划、施工技术、管理等工作自主规划与安排，而业主只需要及时掌握工程进度及施工、质量等状况即可，这体现了 EPC 模式中业主与总承包者工作的灵活性。

(3)工程项目管理工作中过程控制与事后监督模式双重启用，确保建设目标的顺利完成。其中，过程控制指的是业主通过委托专业的监理咨询单位，对工程施工过程中的每一个环节做到严格的监督、检查，确保工程的进度、质量、安全等；事后监督则指的是业主在工程项目竣工的时候根据相关质量规范体系、合同约定及图纸等对已经完工的工程项目进行验收，对不合格的部分有权对承包单位提出整改的意见。

2. EPC 模式的优点

(1)总承包商工作发挥空间大。EPC 模式中，业务委托总承包者对工程项目进行全过程的管理，而自己只负责整体调控。因此，总承包商的工作自由空间较大，可以充分发挥总承包者的技术水平与丰富的施工管理经验，以协助业主以最优的方式实现项目的最终目标。

(2)责任明确化。EPC 模式中，业主与总承包签订定向合同，因此两者的工作范围与工作责任都将明确化，这有利于工程项目的施工与管理，避免因为责任划分而出现经济或其他纠纷，影响项目经济效益及社会效益的实现。

(3)合同总价确定，有利于合同双方对工程项目的成本投入及施工进度进行有效的管理与控制。

3. EPC 模式的缺点

(1)EPC 模式中总承包者对项目的全过程进行管理与控制，业主只针对工程项目的整体进行调控。因此，对工程的具体施工管理过程参与程度较低，不能及时掌握工程的最新状态。一旦工程项目出现变更或者事故，业主不容易掌有主动权或及时进行处理。

(2)总承包者的风险增加。项目由总承包者与业主签订合同从而全权控制，一旦出现质量、成本、进度或安全上的事故，由其负全部责任，这就加大了总承包者所面临的风险。

四、工程项目管理模式的选择

工程项目所应用的项目管理模式，建立在相关配套的社会环境、企业支持环境、边缘行业结构等的基础上，以及健全了项目法人制度和招标制度等。因此，项目管理模式可以理解为从特定的管理理念出发，在管理过程中固化下来的一套操作系统，其外化表现形态即为管理模式，是管理理念、管理系统和操作方法的有机结合。

随着工程建设管理模式的不断发展，国内外出现了许多新型模式，这些模式对提高工程项目的管理效率、提升工程建设的管理效果都有着积极的作用。同时对于业主来说应该根据项目特点和要求，选取最适合、最匹配的管理模式。项目管理模式的定性和定量选择方法，使业主能从多个角度熟悉各种项目管理模式，做到合理选择，为项目带来可观的经济效益并减少风险。

模式的选择主要从以下几个方面予以考虑：不同管理模式优缺点；内部资源、外部资源以及工程特点。工程特点主要考虑的是工程的重要性、复杂性、进度要求、质量要求等。内部资源是从业主的资金资源、人力资源、时间资源的充足度上考虑。外部资源主要是包括施工单位、设计单位、监理单位、设备供应商、工程咨询单位等的水平分析，以及政府的监管要求等。

当一个具体的工程项目有多种项目管理模式可供选择时，还可以进行定量比较选择，比如用模糊综合分析法、多层次灰色理论方法、熵理论模糊选择模型、可变权重多属性比较技术（SMART）等。

五、全过程工程咨询服务 （考点4）

根据国家发展改革委印发《关于推进全过程工程咨询服务发展的指导意见》，为深化工程领域咨询服务给侧结构性改革，破解工程咨询市场供需矛盾，必须完善政策措施，创新咨询服务组织实施方式，大力发展以市场需求为导向、满足委托方多样化需求的全过程工程咨询服务模式。特别是要遵循项目周期规律和建设程序的客观要求，在项目决策和建设实施两个阶段，着力破除制度性障碍，重点培育发展投资决策综合性咨询和工程建设全过程咨询，为固定资产投资及工程建设活动提供高质量智力技术服务，全面提升投资效益、工程建设质量和运营效率，推动高质量发展。

1. 投资决策综合性咨询

投资决策综合性咨询是指综合性工程咨询单位接受投资者委托，就投资项目的市场、技术、经济、生态环境、能源、资源、安全等影响可行性的要素，结合国家、地区、行业发展规划及相关重大专项建设规划、产业政策、技术标准及相关审批要求进行分析研究和论证，为投资者提供决策依据和建议。

2. 工程建设全过程咨询

工程建设全过程咨询是指建设单位委托咨询单位提供招标代理、勘察、设计、监理、造价、项目管理等全过程咨询服务，满足建设单位一体化服务需求，增强工程建设过程的协同性。工程建设全过程咨询服务应当由一家具有综合能力的咨询单位实施，也可由多家具有招标代理、勘察、设计、监理、造价、项目管理等不同能力的咨询单位联合实施。由多家咨询单位联合实施的，应当明确牵头单位及各单位的权利、义务和责任。

第六节　政府对工程咨询单位和从业人员的管理

一、咨询工程师的含义

咨询工程师（投资）是遵循独立、公正、科学的原则，综合运用多学科知识、工程实践经验、现代科学和管理方法，在经济社会发展、境内外投资建设项目决策与实施活动中，为投资者和政府部门提供阶段性或全过程咨询和管理的智力服务的工程咨询行业执业人员。

咨询工程师与委托方为双向关系，工程咨询方向客户承诺，按照咨询协议约定提供工程咨询相关服务；客户向工程咨询方承诺，按照咨询协议约定派遣相应的人员，提供房屋、资料、设备，并按咨询合同约定支付酬金。

全过程工程咨询服务个人或企业对其咨询成果的数据真实性、有效性和科学性负责，通过勤勉工作履行合同约定的各项义务，承担相应的责任。

二、工程咨询从业人员的管理

（一）从业人员考试要求

1. 考试制度

国家设立工程咨询（投资）专业技术人员水平评价类职业资格制度，面向全社会提供工程咨询（投资）专业技术人员能力水平评价的服务，纳入全国专业技术人员职业资格证书制度统一规划。评价结果与经济系列或者工程系列相应级别职称衔接，是用人单位使用本专业人才的依据。

工程咨询（投资）专业技术人员职业资格分为咨询工程师（投资）和高级咨询工程师（投资）两个级别。咨询工程师（投资）职业资格实行考试的评价方式。高级咨询工程师（投资）职业资格评价的具体办法另行规定。

咨询工程师（投资）英文译为 Consulting Engineer。咨询工程师（投资）是工程咨询行业的核心技术力量。工程咨询单位应当配备一定数量的咨询工程师（投资）。

通过咨询工程师（投资）职业资格考试并取得职业资格证书的人员，表明其已具备从事工程咨询（投资）专业技术岗位工作的职业能力和水平。取得咨询工程师（投资）职业资格证书的人员从事工程咨询工作的，应当选择且仅能同时选择一个工程咨询单位作为其执业单位，进行执业登记并取得登记证书。

人力资源社会保障部、国家发展改革委共同负责工程咨询（投资）专业技术人员职业资格制度的政策制定，并按照职责分工对工程咨询（投资）专业技术人员职业资格制度的实施进行指导、监督和检查。中国工程咨询协会具体承担咨询工程师（投资）专业技术人员职业资格评价工作。

2. 考试条件

咨询工程师（投资）职业资格实行全国统一大纲、统一命题、统一组织的考试制度。原则上每年举行 1 次考试。

中国工程咨询协会负责咨询工程师（投资）职业资格考试的组织和实施工作，组织成立考试专家委员会，研究拟定考试科目、考试大纲、考试试题和考试合格标准。

人力资源社会保障部、国家发展改革委对中国工程咨询协会实施的考试工作进行监督和检查，指导中国工程咨询协会确定咨询工程师（投资）职业资格考试科目、考试大纲、考试试题和考试合格标准。

遵守国家法律、法规，恪守职业道德，并符合下列条件之一的，均可申请参加咨询工程师（投资）职业资格考试：

（1）取得工学学科门类专业，或者经济学类、管理科学与工程类专业大学专科学历，累计从事工程咨询业务满 8 年。

（2）取得工学学科门类专业，或者经济学类、管理科学与工程类专业大学本科学历或者学位，累计从事工程咨询业务满 6 年。

（3）取得含工学学科门类专业，或者经济学类、管理科学与工程类专业在内的双学士学位，或者工学学科门类专业研究生班毕业，累计从事工程咨询业务满 4 年。

（4）取得工学学科门类专业，或者经济学类、管理科学与工程类专业硕士学位，累计从事工程咨询业务满 3 年。

（5）取得工学学科门类专业，或者经济学类、管理科学与工程类专业博士学位，累计从事工程咨询业务满 2 年。

(6)取得经济学、管理学学科门类其他专业，或者其他学科门类各专业的上述学历或者学位人员，累计从事工程咨询业务年限相应增加2年。

咨询工程师(投资)职业资格考试合格，由中国工程咨询协会颁发人力资源社会保障部、国家发展改革委监制，中国工程咨询协会用印的《咨询工程师(投资)职业资格证书》[以下简称"咨询工程师(投资)资格证书"]。该证书在全国范围有效。

对以不正当手段取得咨询工程师(投资)资格证书的，按照国家专业技术人员资格考试违纪违规行为处理规定处理。

(二)从业人员应具备的职业能力

取得咨询工程师(投资)资格证书的人员，应当遵守国家法律和相关法规，维护国家和社会公共利益，恪守职业道德。

取得咨询工程师(投资)资格证书的人员，应当具备的职业能力：经济社会发展规划、计划咨询；行业发展规划和产业政策咨询；经济建设专题咨询；投资机会研究；工程项目建议书的编制；工程项目可行性研究报告的编制；工程项目评估；工程项目融资咨询、绩效追踪评价、后评价及培训咨询服务；工程项目招投标技术咨询；国家发展改革委规定的其他工程咨询业务。

取得咨询工程师(投资)资格证书的人员，应当按照国家专业技术人员继续教育有关规定，参加继续教育，不断更新专业知识，提高职业素质和业务能力。

(三)从业人员的登记制度

1. 执业登记制度

咨询工程师(投资)实行执业登记制度。执业登记服务的具体工作由中国工程咨询协会负责，并接受国家发展改革委的指导、监督、检查。

取得咨询工程师(投资)资格证书的人员从事工程咨询工作的，应当选择且仅能同时选择一个已通过全国投资项目在线审批监管平台(以下简称在线平台)备案的工程咨询单位作为其执业单位，申请执业登记并取得登记证书和执业专用章。

未在在线平台备案的大专院校、科研院所等事业单位，其咨询工程师(投资)经所在工作单位同意可以选择且仅能同时选择一个已通过在线平台备案的工程咨询单位申请执业登记。社会组织参照执行。

各省、自治区、直辖市及计划单列市、新疆生产建设兵团工程咨询(行业)协会接受中国工程咨询协会的委托，承担咨询工程师(投资)执业登记的预审，并接受中国工程咨询协会的业务指导和监督检查。

执业登记均通过"咨询工程师(投资)执业登记系统"在线进行申请。预审单位受理申请、提出预审意见后提交中国工程咨询协会。中国工程咨询协会组织专家对申请材料进行评审，对评审合格的人员予以执业登记并颁发登记证书和执业专用章。

中国工程咨询协会建立咨询工程师(投资)执业档案，对咨询工程师(投资)执业登记期间的职业能力、诚信记录进行动态评价。

中国工程咨询协会定期向社会公布咨询工程师(投资)资格证书的登记情况，建立持证人员的诚信档案，并为用人单位提供取得咨询工程师(投资)资格证书人员信息的查询服务。

取得咨询工程师(投资)资格证书的人员，应自觉接受中国工程咨询协会的自律性管理，其在工作中违反相关法律、法规、规章或者职业道德，造成不良影响的，由中国工程咨询协会取消登记，并收回其职业资格证书。

各级工程咨询管理机构在实施咨询工程师(投资)资格考试和登记服务工作中，应当严格遵守国家和本行业的各项管理规定以及协会章程。

2. 执业登记的类型 (考点1)

执业登记分为初始登记、变更登记、继续登记和注销登记四类。

(1)初始登记。

咨询工程师(投资)可自咨询工程师(投资)资格证书签发之日起1年内申请初始登记。初始登记随时申请,每季度末公布结果。初始登记有效期为3年。

合法取得咨询工程师(投资)资格证书或原注册咨询工程师(投资)执业资格证书,尚未进行或获准执业登记的,可申请初始登记。往年申请执业登记,因"申请材料与实际情况不符"未获准且不满3年的,不能申请初始登记。

申请人依据其所学专业、工作经历申请初始登记,最多可以申请两个专业。专业划分如下:农业、林业;水利水电;电力(含火电、水电、核电、新能源);煤炭;石油天然气;公路;铁路、城市轨道交通;民航;水运(含港口河海工程);电子、信息工程(含通信、广电、信息化);冶金(含钢铁、有色);石化、化工、医药;核工业;机械(含智能制造);轻工、纺织;建材;建筑;市政公用工程;生态建设和环境工程;水文地质、工程测量、岩土工程;其他(以实际专业为准)。

申请人应当提交以下材料:

①初始登记申请表。

②咨询工程师(投资)资格证书、身份证件、学历或学位证书、职称证书。

③劳动(聘用)合同、养老保险证明(退休人员提供退休证)。

④当申请人属于未在在线备案的事业单位但经单位同意后选择另一个已在线备案的工程咨询单位申请执业登记时,还需提供所在单位同意申请人执业的证明及所在单位的法人证书。

⑤继续教育学时证明[咨询工程师(投资)资格证书签发之日起1年后申请初始登记的,应达到继续教育要求]。

(2)变更登记。

咨询工程师(投资)需要变更执业单位或专业的,应当申请变更登记。变更登记随时申请,变更执业单位每月末公布结果,变更专业每季度末公布结果。变更登记不改变原登记有效期。

变更登记包括变更执业单位登记、变更专业登记。工程咨询单位发生分立、合并、兼并、改制、转让等变更单位名称的,应申请办理咨询工程师(投资)执业单位的变更登记。

申请变更执业单位应当提交以下材料:

①变更执业单位登记申请表。

②原执业单位解聘证明,以及新执业单位出具的劳动(聘用)合同、养老保险证明(退休人员提供退休证)。

③当申请人属于未在在线备案的事业单位但经单位同意后选择另一个已在线备案的工程咨询单位申请执业登记时,还需提供所在单位同意申请人执业的证明及所在单位的法人证书。

申请变更专业应当提交以下材料:

①变更专业登记申请表。

②学制在1年及以上的与新申请专业密切相关的专业培训、学历或学位证书、职称证书。或连续执业登记满6年,并提供近3年内不少于5项相关专业的项目业绩。

(3)继续登记。

咨询工程师(投资)执业登记有效期满需继续执业的,可以在有效期满之日的2个月前申请继续登记。继续登记有效期为3年。

申请人应当提交以下材料:

①继续登记申请表。

②劳动(聘用)合同、养老保险证明(退休人员提供退休证)。

③当申请人属于未在在线备案的事业单位但经单位同意后选择另一个已在线备案的工程咨询单位申请执业登记时,还需提供所在单位同意申请人执业的证明及所在单位的法人证书。

④继续教育学时证明。

(4)注销登记。

咨询工程师(投资)有下列情形之一的,应予注销登记,其原具有的登记证书和执业专用章自行失效:

①脱离工程咨询单位。

②放弃登记资格。

③同时在两个及以上工程咨询单位执业。

④不具有完全民事行为能力。

⑤年龄在 70 周岁及以上。

⑥死亡。

⑦以不正当手段取得登记证书。

⑧不接受执业检查或执业检查不合格。

⑨因在工程咨询工作中有重大过失,受到行政处罚或撤职以上行政处分。

⑩被发展改革部门列入工程咨询不良记录或"黑名单"。

⑪咨询工程师(投资)执业档案中有不良记录或被列入黑名单。

⑫受到刑事处罚。

⑬应当注销登记的其他情形。

因工作人员有下列情形之一的,应予注销登记:

①超越职权或违反规定程序做出准予登记决定。

②对不符合规定条件的申请人准予登记。

③应当注销登记的其他情形。

注销登记随时申请并公布。注销登记人员具备初始登记条件后,可以重新申请初始登记。

(5)不予登记。

有下列情形之一的,不予初始登记、变更登记或继续登记,其登记证书和执业专用章自行失效:

①不具有完全民事行为能力。

②年龄在 70 周岁及以上。

③同时在两个及以上工程咨询单位执业,被注销登记不满 3 年。

④列入发展改革部门工程咨询不良记录或"黑名单",被注销登记不满 3 年。

⑤在咨询工程师(投资)执业档案中有不良记录或被列入黑名单,被注销登记不满 3 年。

⑥不接受执业检查或执业检查不合格,被注销登记不满 1 年。

⑦在工程咨询工作中有重大过失,受到行政处罚或撤职以上行政处分不满 3 年。

⑧通过不正当手段取得登记,被注销登记不满 3 年。

⑨受到刑事处罚,且自刑事处罚执行完毕之日至申请登记之日不满 5 年。

⑩根据国家有关法律法规及规定,不应给予登记的其他情形。

提示

关于执业登记的初始登记、变更登记、继续登记,需重点记忆其申请登记年限、有效期、提交的材料等;关于注销登记和不予登记,考生需区分其各自的情形。

典型例题

【单选题】咨询工程师执业登记有效期满需继续执业的,可在2个月前申请,继续登记有效期为(C)年。

A.1　　B.2

C.3　　D.4

C。【解析】咨询工程师(投资)执业登记有效期满需继续执业的,可以在有效期满之日的2个月前申请继续登记。继续登记有效期为3年。申请人应当提交的材料见上文。

3.执业登记的申报

根据《中国工程咨询协会关于2019年咨询工程师(投资)登记申报有关事项的通知》,咨询工程师(投资)应根据规定和要求,认真准备申请材料,保证申请材料的真实、准确和完整。

咨询工程师(投资)通过"咨询工程师(投资)执业登记系统"在线申报。首次使用"咨询工程师(投资)执业登记系统"的,应先注册个人用户,注册过程中,如果登记状态与实际情况不符,请先按执业登记系统中注明的方式进行确认,然后再注册个人用户;登录后,完善个人信息,再申请登记事项。

申请人、执业单位必须填写承诺书,分别签字、盖章,承诺对申请材料及内容的真实性、准确性和完整性负责,并承担相应法律责任。

咨询工程师(投资)登记评审工作原则上按以下时间安排,遇到节假日时,将做适当调整:

(1)每月20日前提交变更执业单位登记和注销登记申请,满足合规性审查的,次月底公布结果。次月12日开始告知专家评审意见,申请人对专家评审结论有异议的,在5个工作日内可提出反馈意见。

(2)每季度第2个月20日前提交初始登记、变更专业(含同时变更执业单位)登记申请,满足合规性审查的,季度末公布结果。第3个月的12日开始告知专家评审意见,申请人对专家评审结论有异议的,在5个工作日内可提出反馈意见。

(3)继续登记的咨询工程师(投资),应于7月20日至10月20日提交申请。12月12日开始告知专家评审意见,申请人对专家评审结论有异议的,在5个工作日内可提出反馈意见。

(4)评审结果公布后,咨询工程师(投资)登录执业登记系统,自行打印咨询工程师(投资)登记证书;执业专用章实行电子执业专用章。

4.执业登记证书和执业专用章

根据《中国工程咨询协会关于咨询工程师(投资)登记证书(电子版)和执业专用章电子签章上线的通知》,为进一步落实"放管服"改革要求,打造便民高效服务环境,自2019年1月16日起咨询工程师(投资)登记证书和执业专用章实行电子证书、电子签章。原咨询工程师(投资)登记证书和执业专用章可延用至2019年4月30日。发生变更登记、继续登记、注销登记的咨询工程师(投资),按照《咨询工程师(投资)执业登记规程》申请办理相关事项,获得批准后方可更新执业登记相关信息。

(1)电子登记证书。

咨询工程师(投资)登记证书编号已全面升级为13位,获准登记的咨询工程师(投资)可登录"咨询工程师(投资)执业登记系统",查询并打印电子登记证书。进入"咨询工程师(投资)执业登记系统",选择"执业登记情况"标签,点击登记证书预览,下载并保存到本地(在线预览没有签章),即可自行打印电子登记证书。社会各界如需查验电子证书真伪和了解咨询工程师(投资)登记情况,扫描证书中的二维码即可。

(2)电子执业专用章。

建设 CA 统一身份认证系统及密钥介质签章是根据《电子签名法》《信息安全等级保护管理办法》及《电子认证服务管理办法》中关于信息安全及电子证书、签章的使用规定，参照国家保密局提出的重点部门使用国密算法要求，以密钥介质作为硬件安全保证而设计实施的。

咨询工程师(投资)登录执业登记系统，将密钥介质与执业登记系统中本人的数据绑定，生成执业专用章电子签章。该密钥应由咨询工程师(投资)本人保管和使用。使用密钥进行业绩签章时，执业专用章电子签章属于咨询工程师(投资)本人专有，签署时仅由咨询工程师(投资)本人控制。

5. 执业登记的相关法律责任

咨询工程师(投资)在执业登记申请中弄虚作假或与实际情况不符的，当年不予执业登记且 3 年内不得再次申请执业登记。

咨询工程师(投资)应自觉接受中国工程咨询协会的自律性管理，其在工作中违反相关法律、法规、规章或者职业道德，造成不良影响的，由中国工程咨询协会取消执业登记，并收回咨询工程师(投资)资格证书。触犯法律的，依法追究法律责任。

咨询工程师(投资)有下列行为之一的，由中国工程咨询协会视情节轻重给予警告、通报批评、注销登记证书并收回执业专用章。触犯法律的，依法追究法律责任。

(1)准许他人以本人名义执业的。

(2)涂改或转让登记证书和执业专用章的。

(3)接受任何影响公正执业的酬劳的。

(4)违背独立公正原则，帮助委托单位骗取批准文件和国家资金的。

(5)弄虚作假、泄露委托方的商业秘密以及采取不正当竞争手段损害其他工程咨询单位利益的。

(6)咨询成果存在严重质量问题的。

(7)弄虚作假、帮助他人申请咨询工程师(投资)登记的。

(8)其他违反法律法规的行为。

(四)从业人员的继续教育

1. 继续教育的内容

国家发展改革委员会负责全国咨询工程师(投资)继续教育的规划、管理和实施工作。中国工程咨询协会承担全国咨询工程师(投资)继续教育具体工作，接受人力资源社会保障部、国家发展改革委员会的指导监督。

咨询工程师(投资)继续教育应以服务经济社会发展为导向，以职业道德和能力建设为核心，突出针对性、实用性和前瞻性，坚持理论联系实际、按需施教、注重实效，为经济社会和工程咨询行业发展提供人才保障。咨询工程师(投资)应当适应岗位需要和职业发展的要求，积极参加继续教育，完善知识结构、增强创新能力、提高专业水平。

咨询工程师(投资)参加继续教育是逾期初始登记、继续登记的必要条件。

咨询工程师(投资)继续教育内容由公需科目和专业科目组成。公需科目是指咨询工程师(投资)应当普遍掌握的法律法规、理论政策、标准规范、职业道德、技术信息等基本知识。专业科目是指咨询工程师(投资)从事专业工作应当掌握的新理论、新知识、新技术、新方法等专业知识。

咨询工程师(投资)每年参加继续教育应不少于 90 学时，其中，专业科目不少于总学时的 2/3。

2. 继续教育的方式

咨询工程师(投资)继续教育包括远程教育、面授教育、企业内部培训和其他形式四种方式。

(1)远程教育。远程教育由中国工程咨询协会提供教育平台,统一组织实施。远程教育内容包括公需科目和专业科目。

(2)面授教育。面授教育包括中国工程咨询协会、地方工程咨询(行业)协会以及其他培训机构根据各自制定的年度培训计划举办的培训班、研讨班、论坛及学术讲座等。面授教育应当围绕完善知识结构、增强创新能力、提高专业水平,紧密结合工程咨询业务实际需要开展,内容以专业科目为主。开展面授教育的机构应与工程咨询行业相关、满足《专业技术人员继续教育规定》的相关要求,经中国工程咨询协会确认方可开展工作。

(3)企业内部培训。工程咨询单位可以根据《咨询工程师(投资)继续教育规程》,自行组织适合本单位发展需要和岗位要求的教育培训活动,并计入专业科目学时。

(4)其他形式。以下情形可以折算继续教育学时:

①获得国家发展改革委员会优秀研究成果奖。

②受国家发展改革委员会、国家行业管理部门或国务院继续教育管理部门委托,承担与工程咨询有关的战略规划政策类课题研究等。

③受中国工程咨询协会或地方工程咨询(行业)协会委托,承担行业相关工作。

④获得中国工程咨询协会或地方工程咨询(行业)协会评选的优秀工程咨询成果奖。

⑤获得 FIDIC 工程项目奖。

⑥参加国家承认学历的大专及以上工程或经济专业学历(学位)教育。

⑦完成工程咨询方面的专著或论文等。

⑧其他。

3. 继续教育的组织管理和实施

中国工程咨询协会承担全国咨询工程师(投资)继续教育组织管理与实施的具体工作,并负责咨询工程师(投资)继续教育平台的建设与维护。咨询工程师(投资)继续教育平台登录入口设在中国工程咨询网。

各地方工程咨询(行业)协会协助中国工程咨询协会做好本地区咨询工程师(投资)继续教育的相关工作,符合继续教育相关要求的可根据需要组织与本地区工程咨询业务相关的面授教育。

中国工程咨询协会负责做好远程教育课程的编写和录制,根据需要组织相关的面授教育。

符合继续教育相关要求的地方工程咨询(行业)协会和其他培训机构应制定年度继续教育培训计划。具体培训方案(包括培训内容、培训时间和授课老师等)经中国工程咨询协会审定后通过咨询工程师(投资)继续教育平台向社会公布。培训结束后,组织单位应及时将培训合格人员信息上传至咨询工程师(投资)继续教育平台。

工程咨询单位应把咨询工程师(投资)参加继续教育情况作为考核评价、岗位聘用的重要依据。

组织开展咨询工程师(投资)继续教育活动可按成本收取必要的费用,并实行专款专用、统一管理,主要用于组织管理,课程建设,师资酬劳,培训场地租赁,远程教育平台的建设、运行和维护,以及与咨询工程师(投资)继续教育相关的其他工作。

4. 继续教育的相关法律责任

咨询工程师(投资)应本着诚信原则参加继续教育,不得弄虚作假,一经发现,即撤销其当年内取得的继续教育学时,且 3 年内不得申请登记。已取得执业资格的,注销其执业资格。咨询工程师(投资)参加继续教育情况纳入执业资格检查事项,并记入个人执业档案。

继续教育工作人员应遵守国家法律、法规和有关规定,严格按照《咨询工程师(投资)继续教育规程》规定组织实施,不得违规操作或利用工作之便谋取私利。违反相关规定的,责成其改正;触犯法律的,依法追究法律责任。

继续教育组织单位应本着诚信原则开展继续教育工作，如发现在继续教育工作中存在违规行为，继续教育组织单位将不再被认可开展继续教育工作。

三、工程咨询行业管理 考点2

（一）工程咨询单位管理

工程咨询单位是指在中国境内设立的从事工程咨询业务并具有独立法人资格的企业、事业单位。工程咨询单位及其从业人员应当遵守国家法律法规和政策要求，恪守行业规范和职业道德，积极参与和接受行业自律管理。

国家发展改革委负责指导和规范全国工程咨询行业发展，制定工程咨询单位从业规则和标准，组织开展对工程咨询单位及其人员执业行为的监督管理。地方各级发展改革部门负责指导和规范本行政区域内工程咨询行业发展，实施对工程咨询单位及其人员执业行为的监督管理。

各级发展改革部门对工程咨询行业协会等行业组织进行政策和业务指导，依法加强监督力度。

对工程咨询单位实行告知性备案管理。工程咨询单位应当通过全国投资项目在线审批监管平台（以下简称在线平台）备案以下信息：基本情况，包括企业营业执照（事业单位法人证书）、在岗人员及技术力量、从事工程咨询业务年限、联系方式等；从事的工程咨询专业和服务范围；备案专业领域的专业技术人员配备情况；非涉密的咨询成果简介。

工程咨询单位应当保证所备案信息真实、准确、完整。备案信息有变化的，工程咨询单位应及时通过在线平台告知。工程咨询单位基本信息由国家发展改革委通过在线平台向社会公布。

工程咨询服务范围包括：

（1）规划咨询，含总体规划、专项规划、区域规划及行业规划的编制。

（2）项目咨询，含项目投资机会研究、投融资策划，项目建议书（预可行性研究）、项目可行性研究报告、项目申请报告、资金申请报告的编制，政府和社会资本合作（PPP）项目咨询等。

（3）评估咨询，各级政府及有关部门委托的对规划、项目建议书、可行性研究报告、项目申请报告、资金申请报告、PPP项目实施方案、初步设计的评估，规划和项目中期评价、后评价，项目概预决算审查，及其他履行投资管理职能所需的专业技术服务。

（4）全过程工程咨询，采用多种服务方式组合，为项目决策、实施和运营持续提供局部或整体解决方案以及管理服务。有关工程设计、工程造价、工程监理等资格，由国务院有关主管部门认定。

工程咨询单位订立服务合同和开展相应的咨询业务，应当与备案的专业和服务范围一致。

工程咨询单位应当建立健全咨询质量管理制度，建立和实行咨询成果质量、成果文件审核等岗位人员责任制。

工程咨询单位应当和委托方订立书面合同，约定各方权利义务并共同遵守。合同中应明确咨询活动形成的知识产权归属。

工程咨询实行有偿服务。工程咨询服务价格由双方协商确定，促进优质优价，禁止价格垄断和恶意低价竞争。

编写咨询成果文件应当依据法律法规、有关发展建设规划、技术标准、产业政策以及政府部门发布的标准规范等。

咨询成果文件上应当加盖工程咨询单位公章和咨询工程师（投资）执业专用章。工程咨询单位对咨询质量负总责。主持该咨询业务的人员对咨询成果文件质量负主要直接责任，参与人员对其编写的篇章内容负责。实行咨询成果质量终身负责制。工程咨询单位在开展项目咨询业务时，应在咨询成果文件中就符合编写依据要求，及独立、公正、科学的原则作出信用承诺。工程项目在设计使用年限内，因工程咨询质量导致项目单位重大损失的，应倒查咨询成果质量责任，并根据规定进行处理，形成工程咨询成果质量追溯机制。

工程咨询单位应当建立从业档案制度，将委托合同、咨询成果文件等存档备查。

承担编制任务的工程咨询单位，不得承担同一事项的评估咨询任务。承担评估咨询任务的工程咨询单位，与同一事项的编制单位、项目业主单位之间不得存在控股、管理关系或者负责人为同一人的重大关联关系。

典型例题

【多选题】工程咨询单位应当通过全国投资项目在线审批监管平台备案的信息包括(　　)。

A. 非实质性经营业绩
B. 企业概况
C. 经营状况
D. 非涉密咨询成果
E. 纳税额度

BD。【解析】对工程咨询单位实行告知性备案管理。工程咨询单位应当通过全国投资项目在线审批监管平台备案以下信息：(1)基本情况，包括企业营业执照(事业单位法人证书)、在岗人员及技术力量、从事工程咨询业务年限、联系方式等。(2)从事的工程咨询专业和服务范围。(3)备案专业领域的专业技术人员配备情况。(4)非涉密的咨询成果简介。

(二)工程咨询行业自律和监督检查

工程咨询单位应具备良好信誉和相应能力。国家发展改革委应当推进工程咨询单位资信管理体系建设，指导监督行业组织开展资信评价，为委托单位择优选择工程咨询单位和政府部门实施重点监督提供参考依据。

工程咨询单位资信评价等级以一定时期内的合同业绩、守法信用记录和专业技术力量为主要指标，分为甲级和乙级两个级别，具体标准由国家发展改革委制定。

甲级资信工程咨询单位的评定工作，由国家发展改革委指导有关行业组织开展。乙级资信工程咨询单位的评定工作，由省级发展改革委指导有关行业组织开展。

开展工程咨询单位资信评价工作的行业组织，应当根据《工程咨询行业管理办法》及资信评价标准开展资信评价工作，并向获得资信评价的工程咨询单位颁发资信评价等级证书。

工程咨询单位的资信评价结果，由国家和省级发展改革委通过在线平台和“信用中国”网站向社会公布。行业自律性质的资信评价等级，仅作为委托咨询业务的参考。任何单位不得对资信评价设置机构数量限制，不得对各类工程咨询单位设置区域性、行业性从业限制，也不得对未参加或未获得资信评价的工程咨询单位设置执业限制。

国家和省级发展改革委应当依照有关法律法规、《工程咨询行业管理办法》及有关规定，制订工程咨询单位监督检查计划，按照一定比例开展抽查，并及时公布抽查结果。监督检查内容主要包括：遵守国家法律法规及有关规定的情况；信息备案情况；咨询质量管理制度建立情况；咨询成果质量情况；咨询成果文件档案建立情况；其他应当检查的内容。

中国工程咨询协会应当对咨询工程师(投资)执业情况进行检查。检查内容包括：遵守国家法律法规及有关规定的情况；登记申请材料的真实性；遵守职业道德、廉洁从业情况；行使权利、履行义务情况；接受继续教育情况；其他应当检查的情况。

国家和省级发展改革委应当对实施行业自律管理的工程咨询行业组织开展年度评估，提出加强和改进自律管理的建议。对评估中发现问题的，按照规定处理。

典型例题

【多选题】工程咨询单位资信评价标准中的主要指标有（　　）。

A. 咨询项目的重要程度　　B. 守法信用记录

C. 单位全体人员数量　　D. 合同业绩

E. 专业技术力量

BDE。【解析】《工程咨询行业管理办法》第二十三条规定，工程咨询单位资信评价等级以一定时期内的合同业绩、守法信用记录和专业技术力量为主要指标，分为甲级和乙级两个级别。具体标准由国家发展改革委制定。

（三）工程咨询行业管理的相关法律责任

工程咨询单位有下列行为之一的，由发展改革部门责令改正；情节严重的，给予警告处罚并从备案名录中移除；已获得资信评价等级的，由开展资信评价的组织取消其评价等级。触犯法律的，依法追究法律责任。

（1）备案信息存在弄虚作假或与实际情况不符的。

（2）违背独立公正原则，帮助委托单位骗取批准文件和国家资金的。

（3）弄虚作假、泄露委托方的商业秘密以及采取不正当竞争手段损害其他工程咨询单位利益的。

（4）咨询成果存在严重质量问题的。

（5）未建立咨询成果文件完整档案的。

（6）伪造、涂改、出租、出借、转让资信评价等级证书的。

（7）弄虚作假、提供虚假材料申请资信评价的。

（8）弄虚作假、帮助他人申请咨询工程师（投资）登记的。

（9）其他违反法律法规的行为。

对直接责任人员，由发展改革部门责令改正，或给予警告处罚；涉及咨询工程师（投资）的，按下述规定处理。

咨询工程师（投资）有下列行为之一的，由中国工程咨询协会视情节轻重给予警告、通报批评、注销登记证书并收回执业专用章。触犯法律的，依法追究法律责任。

（1）在执业登记中弄虚作假的。

（2）准许他人以本人名义执业的。

（3）涂改或转让登记证书和执业专用章的。

（4）接受任何影响公正执业的酬劳的。

行业组织有下列情形之一的，由国家或省级发展改革委责令改正或停止有关行业自律管理工作；情节严重的，对行业组织和责任人员给予警告处罚。触犯法律的，依法追究法律责任。

（1）无故拒绝工程咨询单位申请资信评价的。

（2）无故拒绝申请人申请咨询工程师（投资）登记的。

（3）未按规定标准开展资信评价的。

（4）未按规定开展咨询工程师（投资）登记的。

（5）伙同申请单位或申请人弄虚作假的。

（6）其他违反法律、法规的行为。

工程咨询行业有关单位、组织和人员的违法违规信息，列入不良记录，及时通过在线平台和"信用中国"网站向社会公布，并建立违法失信联合惩戒机制。

提示

关于政府对工程咨询单位和从业人员的管理，需重点掌握，在历年考试中，单选题和多选题均会涉及此部分内容。

第二章 工程项目管理的组织

第一节 项目团队建设

一、项目团队概述

项目团队是一个正式的协作工作组，由多名成员组成。项目团队的基本使命是共同协作，有效协调工作，以实现特定项目的目标，并在项目经理的直接领导下完成项目特定的任务。团队的构成有几个重要的要素，总结为“5P”，分别为目标（Purpose）、人（People）、定位（Place）、职权（Power）、计划（Plan）。

（一）目标

有了共同目标，团队成员才能朝着这个目标共同努力，在完成一个共同目标的过程中，成员之间会在无形中产生一种高于团队成员个人总和的认同感。这种认同感为如何解决个人利益和团队利益的碰撞提供了有意义的标准，使得一些威胁性的冲突有可能顺利转变为建设性的转折。

（二）人

人是构成团队最核心的力量，如果没有人，就没有团队可言，更没有计划的制订和执行。一般来说，有 3 个人就可以构成团队，需要有一个人出主意，有一个人订计划，有一个人实施。当然，如果有 3 个人以上，那么就还要有人协调不同的人一起去工作，有人去监督团队工作的进展，评价团队最终的贡献等。因为每个人的特点不同，所以一个工作安排者如何分配成员工作，达到优势互补、协调合作影响着团队的发展。当然，团队成员之间的关系是否和谐，也对项目成功与否起着作用。

（三）定位

团队的定位包含两层意思：第一，团队的定位，团队在企业中处于什么位置？由谁选择和决定团队的成员？团队最终对谁负责？团队采取什么方式激励团队成员和团队以外的相关成员？第二，个体的定位，作为成员在团队中扮演什么角色？是制定计划者还是具体实施或评估者？在这两方面意思都明确的情况下，就可以制定一些规范，来规范团队的任务。

（四）职权

职权是指团队负有的职责和相应享有的权限。对团队职权进行界定的过程需要解决以下问题：团队工作的范围是什么？团队可能影响到整个组织的事务吗？你愿意让你的团队作为主要顾问，提出意见和建议吗？你希望你的团队采取实际行动，促成某种结果吗？你所组建的团队在多大程度上可以自主决策等。这些问题会因为具体团队的目标和定位的不同而各不相同，这取决于团队的规模、结构和业务类型等。在解决职权问题时，我们必须坚持“在考虑团队职权因素时，一定要分清轻重缓急”这一原则。

（五）计划

计划关系到每个团队的构成问题。团队应该如何分配行使组织赋予的职责和权限？简单地说，就是团队中的成员都做什么工作，怎样做？具体来讲，计划有两层含义：第一，目标最终的实现，需要一系列具体的行动方案，可以把计划理解成目标的具体工作的程序；第二，提前按计划进行，可以保证团队工作的顺利进度。只有在计划的指导下团队才会一步一步贴近目标，最终实现目标。

二、项目团队精神

团队精神是大局意识、协作精神和服务精神的集中体现，核心是协同合作，反映的是个体利益和整体利益的统一，进而保证组织的高效率运转。团队精神包括团队的凝聚力、团队的合作意识、团队士气三个层次。

（一）团队的凝聚力

团队的凝聚力是针对团队和成员之间的关系而言的。团队精神表现为团队成员强烈的归属感和一体性，每个团队成员都能感受到自己是团队当中的一分子，把个人工作和团队目标联系在一起，对团队忠诚，对团队的成就感到自豪，对团队的困境感到忧虑。要不断增强员工的凝聚力，不断增强团队的凝聚力。

1. 团队凝聚力的测量

提高团队竞争力是每个团队追求的目标，而团队凝聚力的培养则是提高团队战斗力的重要保证，它有利于员工产生归属感、自豪感，使员工对工作产生责任感、使命感，是员工良好合作的基础。一般主要从员工的四方面意识来体现一个团队的凝聚力，即归属意识、自豪意识、亲和意识、责任意识。在西方组织行为学中，主要通过以下四种途径来测量团队凝聚力：

（1）测量团队中个人之间的吸引力。

（2）测量团队对个人的吸引力。

（3）测量团队成员与该团队接近和认同的程度。

（4）测量团队成员表示愿意留在团队内的意向。

2. 团队凝聚力的影响因素

团队凝聚力的影响因素包括内部因素和外部因素。以下进行举例说明。

（1）团队成员的组成。

①团队的规模。团队的规模越大，团队的凝聚力就会越低。随着团队规模增大，团队成员间互动的机会和可能性会减小，从而难以形成凝聚力；反之，团队规模越小（一般认为 5 ~ 12 人比较合适），团队成员间互动的机会增大，团队成员就越容易融为一体，从而形成更强的凝聚力。

②成员的相似性。成员的相似性是指根据个人档案记录归纳总结的比较明显的个体特征，也包括那些难以观察、对人的行为模式更具决定性影响的深层次因素，如个性、态度、价值观及其他心理因素等，还包括个体内在特性动态集合所产生的总体特征。

③成员的相吸性。如果 A 从 B 身上发现了自己喜欢的某种品质特征，如名声和社会地位、愉悦、支持性及其他令人喜欢的个性特点等，A 会对 B 表示赞美、钦佩，成员间的这种相互吸引，会使得他们愿意在一起共同完成某项任务。

（2）团队任务。

①任务目标的一致性。目标一致是形成凝聚力的前提条件。首先，如果团队目标与个

体目标是一致的，那么个体就会被团队所吸引。其次，团队建立共同目标的过程往往意味着确立竞争对手或“共同敌人”的过程。研究表明，“共同敌人”的出现会加强团队内部的认同，也会使团队成员的身份显得更加重要。

②任务目标实现过程中的相互依赖程度。如果要实现团队目标需要每个团队成员的共同努力且密切协作完成，则团队成员在行为、情绪和心理上就会与其他成员融为一体，形成合力。于是，团队实现目标的过程也是凝聚力形成的过程；反之，如果目标实现过程中所必需的相互信赖程度低，则不易形成团队凝聚力。

③团队任务对成员的吸引力。完成团队任务的活动内容、形式、频率适合成员，吸引力就大；反之，活动不受成员的欢迎，吸引力就会降低，甚至会令成员产生厌倦、反感心理，从而脱离团队。

④任务的难度。重复和烦冗的常规任务会带来倦怠并影响团队凝聚力，而以团队为进行单位，具有一定挑战性并经过努力可以达到的任务，这样的任务能够为整个团队带来共同面对压力的经验，完成这类任务，必须要团队成员保持高度一致，齐心协力，这样完成一个任务的过程，也就促进更高凝聚力的形成。

(3)团队内部管理。

①领导方式。民主型领导方式组比其他组成员之间更友爱，成员相互之间情感更积极，思想更活跃，凝聚力更强。

②激励方式。不同的激励因素和激励水平，对成员产生的吸引力也不同。能够促进团队凝聚力的激励因素，主要指能够强化归属感的各种情感因素。每个团队成员都有自己的心理需求，每个人的心理需求各不相同，有些个体有归属于某一团队的需求，有些人则对权利有很高的要求，有些个体有沟通与身份地位的需求，而有些人有自我评价的需求等。团队是否能够持续为其成员提供其所期望的激励，会对团队凝聚力产生重要影响，团队领导者可以在很大程度上影响和控制这类影响团队成员需求的因素。

③沟通。成员之间的沟通有利于对团队任务的理解，及时了解对方的进展情况，从而对自己的工作进行适当调整，以便更好地完成团队任务。在有效沟通的基础上，个体与团队才能维持相互信任，增强对团队的归属感。

④制度。团队有无一定的制度，也会影响到团队凝聚力的形成与发展，如果制定有效合宜的团队制度，会在一定程度上约束成员的行为，使成员的行为最大限度地指向团队任务。另外，高凝聚力的团队一般较易产生共认制度；反之，低凝聚力的团队一般难以形成共认制度。

(4)团队外部因素。

团队的外部因素也会影响到团队的凝聚力，一个团队总是与外界环境不断地发生着交互作用，积极进取的外部环境必然会对团队凝聚力的增强起到正面的促进作用；反之，消极的外部环境则会对团队凝聚力产生负面影响，如团队间的合理竞争会增强团队凝聚力，当团队之间开展竞争时，各自的团体内部就会产生压力和威胁，迫使所有的成员自觉地团结起来，减少内部分歧。能够忠于自己的团队，维护团队的利益，一致对外，以避免自己的团队受挫、受损。这样，团队成员间的关系就变得密切起来，大家同舟共济，共赴使命，团队的凝聚力也就得以提高与加强。

(二)团队的合作意识

团队的合作意识是指团队和团队成员表现为协作和共为一体的特点。团队成员间相互依存、同舟共济、互相敬重、彼此宽容和尊重个性的差异；彼此间形成一种信任的关系，待人真诚、遵守承诺；相互帮助和共同提高；共享利益和成就、共担责任。良好的团队合作是实现团队目标的必要条件，良好的合作氛围是高绩效团队的基础，没有合作就无法取得优秀的业绩。所以，我们在工作中，要努力培养团队成员的合作意识，可采取下列措施：

(1)要在团队内部积极营造融洽的合作气氛。团队的精髓就在于“合作”二字。团队合作受到团队目标和团队所属环境的影响，只有团队成员都具有与实现目标相关的知识技能及与他人合作的意愿的基础上，团队合作才有可能取得成功。

(2)团队领导者首先要带头鼓励合作而不是竞争。

(3)制定合理的规章制度及合作的规范。在一个团队中，如果出现能者多劳而不多得，就会使成员之间产生不公平感，在这种情况下也很难进展合作。要想有效推动合作，管理者必须制定一个被大家普遍认同的合作规范，采取公平的管理原则。管理专家们指出，最有价值的团队规章应有如下七项原则：

①支持原则。团队成员之间寻求和提供协助与支持。

②沟通原则。团队成员准确、及时的交换信息。

③协调原则。团队成员根据团队绩效要求的个人行动的整合。

④反馈原则。团队成员之间对他人的绩效提供、寻求并接受建议和信息。

⑤监控原则。团队成员观察他人的规则，在必要时提供反馈和支持。

⑥团队领导原则。对团队成员的组织、指导和支持。

⑦团队导向原则。团队成员对团队规则、默契、凝聚力、文化等的认同和支持。

(4)强调大家的共同长远利益。管理者要使团队成员拥有共同的未来前景，使大家相信团队可以实现目标，这样团队成员就不会计较眼前的一些得失，主动开展合作。

(5)建立长久的互动关系。作为团队的管理者，要积极创造机会使团队成员不断增进相互间的了解，融为一体，如组织大家集中接受培训、开展各种有益的文体娱乐活动、进行比赛或采取多种激励的活动等。

(三)团队士气

团队士气是团队精神的一个重要方面。拿破仑曾说过："一支军队的实力3/4靠的是士气"。将这句话的含义延伸到现代企业管理，为团队目标而奋斗的精神状态对团队的业绩非常重要。所以我们在管理中，要始终关注员工士气的高低，以提高工作效率。

影响士气高低的主要原因有：

(1)对团队目标的认同。士气是一种团体意识，是团体成员对组织的集体态度，代表一种个人成败与团队成就高低休戚相关的心理。如果团队成员接受赞成、拥护团队的目标，认识到团队目标反映了自己的要求和愿望，具有较高的价值，个人就愿意为达到团队目标而努力，则团体士气就会高涨。

(2)利益分配的合理性。人们奋斗所争取的一切，都同他们的利益有关，这是马克思的至理名言。人们为团队工作，总要获得利益，或物质的，或精神的。利益的分配，代表着一个人的贡献和成就。利益分配必须公平合理，同工同酬，论功行赏，这样才可以调动职工的积极性，提高团队士气；反之，如果利益分配不公平合理，就会引起职工的不满，挫伤职工的积极性，降低团队的士气。

(3)团队成员对工作产生满足感。对工作感到满足就能够提高士气。什么是满足？就是个人对工作非常热爱、感兴趣，而且工作要适合个人的能力与特长，使个人有用武之地。因此，要提高士气，就应根据职工的智力、才能、兴趣、技术特长安排每个人的工作。如果个人的能力超过了工作的要求，个人就不会有什么满足感，成就感；反之，如果个人的能力不及工作的要求，则个人就会生活在一种痛苦的压力中。所以工作的安排必须以能够施展他的抱负且具有挑战性为宜。

(4)优秀的领导者及领导集团。研究表明，领导者和领导集团作风民主，广开言路，乐于接纳意见，办事公道，遇事能同大家商量，善于体谅和关怀下级，则团队士气高涨；反之，遇事独断专行，压抑成员积极性和创造性的领导者和领导集团可能会降低团队的士气。

(5)团队内部团结和谐。团队成员之间人际关系和谐，相互赞许，认同，信任，体谅和通力合作，凝聚力强，很少有敌对冲突现象，则士气较高；反之，搞"窝里斗"，本来想好好干，有点生机的团队也会慢慢地变为没有了生机和活力,也就是“肥的拖瘦,瘦的拖死”。

(6)良好的信息沟通。领导与下级,上级与下级,以及同仁之间的意见沟通受阻,会引起职工的不满情绪而影响士气。单向沟通,没有反馈信息,容易使人陷入不安并产生抗拒心理,从而降低团队的士气。因此,要让员工参与决策,进行双向沟通,方可增强员工的工作精神和状态。

优势团队士气的特征有:

(1)团队的团结来自于团队内的凝聚力,而非由外部情境决定。

(2)团队中的成员之间没有分裂为相互对立的小团体的倾向,没有离心倾向。

(3)团队本身具有解决内部矛盾,处理内部冲突和适应外部环境变化的能力。

(4)成员之间彼此理解,对团队具有强烈的认同感,成员对团队有较强的归属感。

(5)团队成员都明确地理解和掌握团队目标。

(6)团队成员对团队的目标及领导者抱有信任和支持的态度。

(7)团队成员承认团队的存在价值,并且有维护团队继续存在与发展的愿望。

提示

关于团队精神,需重点记忆团队凝聚力的四个方面意识表现及最有价值的团队规章七项原则。

三、项目团队的建设和发展

(一)项目团队建设的目标

项目团队建设的目的就是要使项目团队所有成员“心往一处想,劲往一处使”,形成“合力”,使项目团队形成一个整体。项目团队建设是伴随着项目的进展而持续不断进行的过程,是项目经理和项目团队的共同职责。项目团队建设应创造一种开放和自信的氛围,使团队成员有归属感,并积极为实现项目目标而做出贡献。

项目团队建设的要点是:配备一个合格的项目经理和一批合格的团队成员,并不断提高素质;设计合理的团队组织结构形式和运行规则;进行有效的人力资源管理;建立与项目管理相适应的团队文化;创造和谐、协调的工作氛围。

(二)项目团队的发展过程

一个项目团队从开始到终止经历了不断成长和变化的过程,团队发展一般包括形成、磨合、正规、表现和休整五个阶段。

1. 形成

形成阶段是团队发展进程中的起始步骤。它促使个体成员转变为团队成员。类似于交友中初期的约会,在这个时候,团队中的人员开始相互认识。在这个阶段,团队成员总体上有一个积极的愿望,急于开始工作。团队开始成形,并试图对要完成的工作明确划分并制定计划。然而,这时由于个人对工作本身和他们相互关系的高度焦虑,几乎没有进行实际工作。团队成员不了解他们自己的职责及其他项目团队成员的角色。在形成阶段,团队需要明确方向,要靠项目经理来指导和构建团队。

团队的形成是一个过程,并不是一蹴而就的,构建团队也需要有一定的基础,即一个组织,组织的目标即为团队的目标,组织的成员即为团队的成员,以整个运行组织为基础构成的团队;或为完成某一特定任务或目标,在组织的范围内构建的团队。

团队构建前,主要负责人(项目经理)应首先了解项目的基本情况,分析完成该项目需要做哪些工作和任务,对下一步工作有一个清晰的思路。其次,根据公司内外部人员的职位和性质进行分类,研究分析相关人员的作用和特征,以便后期任务的安排。再次,对该项目进行一个工作计划的编写,主要包括项目的基本情况(如名称、规模等)、项目的目标及工作任务、人员的组成和各自的分工、项目进度和预算计划、成果的呈现方式(如时间、内容、交付等)、项目资金的来源等。最后,主要负责人根据以上分析和研究,经过多方面的探讨,选定合适的人员,成立项目团队。

2. 磨合

团队发展的第二阶段是磨合阶段。如同青少年时期对每个人而言都是紧要的时期,我们必须经历,不能绕过它,也不能逃避它。

这一阶段,项目目标更加明确。成员们开始运用技能着手执行分配到的任务,开始缓慢推进工作。现实也许会与个人当初的设想不一致。例如,任务比预计更繁重或更困难,成本或进度计划的限制可能比预计更紧张。成员开始着手工作后,他们会对依靠于项目经理的指导或命令越来越不满意。例如,他们可能会消极对待项目经理及在形成阶段建立的一套操作规程。团队成员这时会测试项目经理和一些基本原则的限制和灵活性。在此阶段,冲突产生、气氛紧张,需要为应付及解决矛盾达成一致意见。这一阶段士气较低且起伏不定,成员们可能会抵制形成团队,因为他们要表达与团队集体相对立的个性。

因此,整个团队处于一种磨合的状态,即人员之间的磨合、人员与内外环境之间的磨合、团队与上级之间的磨合、团队与客户之间的磨合。

人员之间的做事风格、家庭教育、文化理念、专业技能、生长环境等均不相同,让其刚刚接触就朝一个目标前进,是不可能的,甚至会产生或大或小的矛盾和冲突。因此,要想人员之间友好和谐的合作,需给予一段时间进行工作方式和观念上的磨合,寻找彼此一个可以接受的平衡点,互惠互利,相互合作。人员与内外环境的矛盾点主要在于刚刚进入一个新环境,会产生不同程度的不适感(如管理方式、团队制度、工作环境等),另外由于对新任务的掌握和技术的缺乏,会导致其从心理上产生急躁、抗拒、不安等情绪,需要一定的时间重新调整并适应新的工作环境。不仅如此,一个团队的产生代表了一条工作链的产生,与上级,与客户都需要建立一条适合双方的衔接链(从建立、衔接、调整、接纳到最后确认的过程),只有这样后续的工作才能持续、有条不紊的进行。

3. 正规

经受了磨合阶段的考验后,项目团队就进入了发展的正规阶段。团队成员之间、团队与项目经理之间的关系已经确立,绝大部分个人矛盾已得到解决。总的来说,这一阶段的矛盾程度要低于磨合时期。同时,随着个人期望与现实情形,即要做的工作、可用的资源、限制条件、其他参与的人员相统一,人们的不满情绪也就减少了。项目团队接受了这个工作环境,项目规程得以改进和规范化。控制及决策权从项目经理移交给了项目团队,凝聚力开始形成,有了团队的意识。每个人都觉得自己是团队的一员,他们也接受其他成员作为团队的一部分。每个成员为项目目标所做的贡献都得到认同和赞赏。

这一阶段,随着成员之间开始相互信任,团队的信任得以发展。大量地交流信息、观点和感情,合作意识增强,团队成员互相交换看法,并感觉到他们可以自由地、建设性地表达他们的情绪及评论意见。团队经过这个社会化的过程后,建立了忠诚和友谊,也有可能建立超出工作范围的友谊。

在正规阶段,项目经理应尽量减少指导性工作,更多地扮演支持者的角色。此阶段工作进展加快,效率提高,项目经理应对项目团队所取得的进步予以表扬。

链接

正规阶段,团队需要进行以下工作:奠定团队的精神,如成员应该互帮互助、友好合作、尽职尽责等;培养团队的文化,如鼓励个性化和创新的发展;正确倡导团队的价值观;完善团队的工作制度。

4. 表现

团队发展成长的第四阶段即表现阶段，这是团队状态最好的时期。项目团队积极工作，急于实现项目目标。这一阶段的工作效率很高，团队有集体感和荣誉感，信心十足。项目团队能开放、坦诚、及时地进行沟通。在这一阶段，团队根据实际需要，以团队、个人或临时小组的方式进行工作，团队成员相互依赖度很高。他们经常合作，并在自己的工作任务外尽力相互帮助。团队成员能感觉到高度授权，如果出现问题，就由适当的团队成员组成临时小组，解决问题，并决定如何实施方案。随着工作进展得到表扬，团队成员获得满足感。个体成员会意识到，作为项目工作的结果，他们正获得职业上的发展。

在表现阶段，项目经理完全授责授权，赋予团队权力。他的工作重点是帮助团队执行项目计划，并对团队成员的工作进度和成绩给予表扬。这一阶段，项目经理集中关注预算、进度计划、工作范围及计划方面的项目业绩。如果实际进度落后于计划进度，项目经理的任务就是协助支持修正行动的制定与执行。同时，项目经理在这一阶段也要做好培养工作，帮助项目工作人员获得职业上的成长和发展。

5. 休整

此阶段主要包括休息和整顿两方面。休息是指解散阶段，项目走向终点，团队成员也开始转向不同的方向。此时的重点在于团队的福利而不是像其他四个阶段那样在于团队的成长。团队领导应确保团队有时间庆祝项目的成功，并总结实践经验，奠基未来的项目。整顿是指在完成阶段性工作任务之后做出人员调整的计划安排，开始休整而准备进行下一个工作周期，此间可能会有团队成员的更替，即可能有新成员加入，或有原成员流出。

提示

需着重了解项目团队发展的五个阶段，以及每个阶段对应的特征。

四、项目团队能力培育

（一）团队成员职业能力的发展

职业能力是人们从事某种职业的多种能力的综合。如果说职业兴趣能决定一个人的择业方向，以及在该方面所乐于付出努力的程度，那么职业能力则能说明一个人在既定的职业方面是否能够胜任，也能说明一个人在该职业中取得成功的可能性。为了打造有竞争力的项目工作团队，参与项目的员工职业能力的发展和进步是必要的，这是一个非常重要的条件和因素。只有员工的职业能力发展进步了，项目参与者个人的贡献力也就提高了，项目团队整体能力也增强了，团队内部才能更加出色地完成任务，为客户提供更高质量的服务，如此便可使我们的团队竞争力得到提升。员工职业能力的发展和进步实现方法和内容具体如下。

1. 职业实践活动

提供阶段性的工作轮换，为员工设计良性发展的职业通路。员工的发展在很大程度上依赖于企业合理的职业管理。企业首先要为员工创造一个能够施展才华、实现自我价值的舞台，同时善于引导，让员工在企业中能够找到一条发展道路，把全部身心融入企业的发展中，奉献全部智慧。员工谋求职业发展是一个不断提升自我的过程，以企业为主导的培训应成为辅助员工职业发展的有力工具。如西门子公司实施的“员工综合发展”计划，以员工业绩和所具潜力为基础，系统地使用技术和管理培训、工作轮换、国际化派遣、职务提升等具体发展手段，每年为员工制定短期和长期的职业发展计划，使员工跟上时代与公司发展的需求，潜能得到更大发挥。

2. 工作环境

工作环境特指办公地点的条件和周围环境。要想使员工能热情的、舒适的、积极的进行工作并按时完成制定目标，一个良好的、健康的工作环境也是至关重要的。因此，项目负责人，尤其是项目周期比较长的，更应该注重工作环境的改善，以便提高员工工作的效率和质量。

3. 职业教育能力培训

(1)应开展加强职业能力培养及团队技能的指导课程。公司应通过增设就业指导课程、讲座、小组讨论会、案例研究等各种方式，讲解发展形势，让成员对整个项目状况、外面的行情有清晰的了解，减少做法的盲目性。提供多种形式的职业技能培训课程，培养更完善的职业素质和职业能力等。

(2)开展多对一式的成长交流分享。和不同背景、年龄层、阅历的人在一起，往往能为自身开启另一个世界，一个人的认知范围是有限的，如果能通过交流分享别人的经验，一个人的视野就变成了两个甚至多个视野，对于今后的规划也有了前车之鉴。因此，在交流期间特别应开展多对一式的成长交流分享。例如，组织定期开展相应的员工分享会等，这样更有利于员工在学习中开阔视野，在收获中分享经验，在思索中反思成长。这样才能更多地发挥出他们各自的特点，以各自的经历给对方以感性的启迪，并获得智慧交流的共鸣。

链接

培训按项目时间节点也可分为项目前期培训和项目实施过程培训。其中，项目前期培训的主要目的是使员工能熟悉和掌握此次项目的工作内容、工作方式、各自的责任，以及实施的要求、最终需要完成的目标等。项目实施过程培训是在项目工作中进行的培训，主要目的是及时更新思维、技术及方法等，不能一味埋头苦干，要实时跟进前一阶段已完成项目的效果，在下一阶段进行完善和发展。

4. 发展和提升综合职业能力

(1)专业能力。在选择人员时，一定要注意看“硬质量”。所谓“硬质量”，是指员工个人的专业能力，亦是员工在学习后实际操作的能力。选择一些有经验有学历的员工会给小组的工作效果加大保障。

(2)问题的解决和决策能力。养成做决策、思考设疑的习惯，日常工作中遇到的每个问题多问几个为什么，考虑这样处理还会出现什么问题，然后从实际出发逐一加以解决。能够经常做到思考设疑，不但会防止决策工作中的简单粗率，而且，长此以往会渐渐激发出创造力。通过多次实践会提高判断力，提高做出正确决策的能力。

(3)社会交际能力。项目小组成员的社会能力非常重要，直接关系到团队工作能力的大小、解决问题的途径多少、信息来源的广泛程度。社交能力首先要求对环境的辨析能力。对环境的辨析能力要有效地达到社交目标，便要因应情势而作出相应的行为。社交环境瞬息万变，交往的对象亦有不同的特质，要适应不同社交环境、人物，一定要有精锐的观察和认知能力。对环境的辨析能力是社交能力的一个重要部分。一个人如果能够对情境间的细微不同之处加以区分，往往更能掌握社交环境的变化而做出适宜的行为，以适应不同性质、千变万化的环境。

(4)团队合作能力。团队合作的形态很像智囊团，但与智囊团却有重大区别。在智囊团中，将各个独立的人组织成小团体，其都具有共同的强烈欲望和明确目标，并且能从日益增进的热忱、想象力和知识中获得明确的利益。由于团队中的成员未必都具有相同的强烈欲望和明确目标，所以必须更努力使团队成员不断地为工作奉献。在项目之中每个员工是直接参与咨询、决策和领导的少数智囊团成员，并以这些成员之间的明确目标及相互和谐为重要因素,出发点在于充分激发全体成员的智慧,并将这种智慧汇集成一股实现目标的合力。

(5)高度创造力。团队常常利用成员的创造力来提高生产作业水平及开发新产品、新服务、新市场的能力。有丰富的创新能力的人深信自己所做的事的价值,即使遭到阻挠和诽谤,也不改变信心。他们总是一往直前,直到实现自己的理想和达到预期的目的。因此,一项创造活动的完成,需要百折不挠、持久不懈的毅力和意志。

总之,个体员工的职业能力提升和进步实现了,可以提高项目团队的竞争力,但是,项目组或二级部门应该构建成互补性的工作群体,招人除了要注意成员在技能和行业经验的互补外,还得注意他们在性格、行为模式、文化,甚至性别、年龄上的搭配。管理学对工作群体的定义是"个体因组织关系而结合在一起,其绩效最多是每个个体的总和",而对工作团队的定义是"通过个体的共同努力产生积极的协同作用,其绩效远大于个体的总和"。所以个人能力与个人能力的互补是影响团队工作效率与效果相当重要的一个因素。故对项目团队进行整体考核,对其进行激励与开发,不仅能够全面反映项目团队中存在的问题,确保项目建设能够高效、有序地进行,而且能够加强项目团队成员之间的团队合作精神,促进项目成员的共同进步,这有利于企业的可持续发展。

(二)团队建设和管理的理论基础

1. X 理论与 Y 理论

X 理论与 Y 理论是由道格拉斯·麦格雷戈提出的,是关于企业经营者对于企业员工看法的两种截然不同的观点。二者的主要内容如表 2-1 所示。

X 理论是传统的关于人的假设,管理者主要通过控制员工以获得满意的绩效。而 Y 理论采用更人道、更具有支持性的方法来管理员工,在这样的假设下,管理者的任务就是发现员工的潜力,并且帮助他们释放自己的潜能,从而实现双方共同的目标。

表 2-1 麦格雷戈的 X 理论与 Y 理论

X 理论	Y 理论
(1)管理人员要负责为了经济目的而把生产性企业的各项要素组织起来。 (2)就人员来讲,这是一个指挥他们的工作,激励他们、控制他们的活动、矫正他们的行为,使之适合于组织需要的过程。 (3)如果管理人员不这样积极地干预,人们会对组织需要采取消极的——甚至对抗的态度。因此,必须对他们说明、奖励、惩罚、控制——必须指挥他们的活动。 (4)正常人性懒惰——尽可能地少做工作。 (5)他缺乏雄心壮志,不愿意承担责任,宁愿被人领导。 (6)他天生就以自我为中心,对组织需要漠不关心	(1)管理人员要负责为了经济目的而安排生产性企业的各项要素。 (2)消极被动或抵制组织需要并不是人的天性。他们之所以会这样是由于他们以往在组织中获得的经验。 (3)激励、发展的潜力、承担责任的能力、愿意把行动指向组织目标,所有这些全部存在于人的身上,而不是由管理人员加到人们身上的。管理人员的责任在于使人们有可能自己认识到并发展人的这些特性。 (4)管理人员极为重要的任务是对组织条件和作业方法进行安排,使人们能够通过把他们自己的努力用于组织目标而最好地实现他们自己的目标

X 理论,是传统的"胡萝卜加大棒"式的管理思维方式,建立在"群众是平庸的"假设基础上,持 X 理论的管理者把人看作"经济人"。麦格雷戈指出,X 理论的前提是:

(1)一般的人,天性就是好逸恶劳,而且只要他们有机会,就会设法逃避工作。

(2)绝大多数的人都必须用强迫、控制、指挥并用处罚、威胁等手段,使他们用适当的努力去实现组织的目标。

(3)一般的人,情愿受人指导,希望避免担负责任,相对地缺乏进取心,把个人的安全看得最重要。

该理论假定人性本恶、生性懒惰、厌恶工作，必须使用强制手段去推动他们付出足够的努力去完成给定的工作目标。以 X 理论为基础而构造的组织、制度等管理机制，有人称之为“恶性管理”。

Y 理论，是站在 X 理论对立面的另一个极端，假设基础是：人想干活，并不懒惰，需要工作，他们都热衷于发挥自己的才能和创造性，持 Y 理论的管理者把人看作“社会人”。Y 理论的前提是：

(1)工作中消耗的体力和脑力，正如游戏或休息一样是自然的。

(2)外力的控制和处罚的威胁都不是促使他们为组织目标做出努力的唯一手段，他们在为承诺的目标的服务中，将会实行自我指导和控制。

(3)承担目标的程度，是与他们的成绩相联系的报酬大小成比例的。

(4)在适当的条件下，一般人不仅可以学会接受任务，而且也会寻求承担组织的任务。

(5)在解决种种组织问题时，大多数人而不是少数人具有运用相对而言的高度想象力、机智和创造的能力。

作为“恶性管理”的反面，有人称以 Y 理论为基础而构造的组织、制度等管理机制为“柔性管理”。

典型例题

【单选题】管理者把人看作“社会人”，工作能给员工带来一定的正效用，员工把工作当成一件快乐的事，社会人自我引导、自我实现的是(　　)。

A. 双因素理论　　B. X 理论

C. Y 理论　　D. 公平理论

C。【解析】双因素理论又称为“激励保健理论”，该理论认为引起人们工作积极性的因素主要包括“保健”和“激励”两部分。X 理论是指管理者把人看作“经济人”，工作给不愿主动承担责任的员工带来一定的负效用，员工是受到一定的控制或惩罚才进行工作，没有进取心。Y 理论是指管理者把人看作“社会人”，工作能给员工带来一定的正效用，员工把工作当成一件快乐的事，员工自我引导、自我实现、自我控制。公平理论是指员工会对自己的报酬进行一定的对比，比较自己或他人的报酬与贡献是否平衡，当员工满意报酬的分配时，就会感到公平；当员工不满意报酬的分配时，就会产生不公平的感觉，从而失去对工作的主动性与积极性。

2. 需要层次理论

马斯洛在出版的《动机与个性》一书中，将动机分为五层：生理需要、安全需要、爱与归属的需要、尊重需要、自我实现的需要，即五需要层次论。在 1970 年新版书内，又改为如下七个层次：

(1)生理需要，指维持生存及延续种族的需要。

(2)安全需要，指希望受到保护与免于遭受威胁从而获得安全的需要。

(3)社交需要，指被人接纳、爱护、关注、鼓励及支持等的需要。

(4)尊重需要，指获取尊重并维护个人自尊心的一切需要。

(5)求知需要，指对己对人对事物变化有所理解的需要。

(6)审美需要，指对美好事物欣赏并希望周遭事物有秩序、有结构、顺自然、循真理等心理需要。

(7)自我实现需要，指在精神上臻于真善美合一人生境界的需要，即个人所有需要或理想全部实现的需要。

提示

需重点记忆需要层次理论的七个层次及其先后顺序，以及各个层次所代表的意义。

典型例题

【单选题】根据美国心理学家马斯洛的需要理论，介于社交需要和求知需要之间的是(　　)。

A. 生理需要　　B. 安全需要

C. 尊重需要　　D. 审美需要

C。【解析】根据美国心理学家马斯洛的需要理论，介于社交需要和求知需要之间的是尊重需要。尊重需要是指获取尊重并维护个人自尊心的一切需要。

3. 双因素理论

双因素理论，又称激励—保健理论，由美国心理学家赫兹伯格提出。该理论认为引起人们工作动机的因素主要有两个，即激励因素和保健因素。其中，激励因素是项目团队建设和管理的重点内容；保健因素是项目团队建设和管理的必要前提。双因素理论模式如图 2-1 所示。

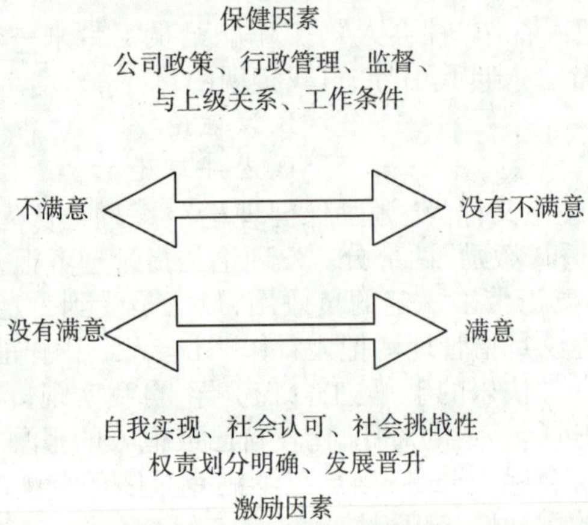

图 2-1　双因素理论模式图

双因素理论以激励因素和保健因素来划分引起人们工作动机的因素。赫兹伯格通过对调查结果进行对比分析，认为保健因素主要包括公司政策、行政管理、监督、上下级关系、工作条件等，而保健因素的改善只能消除不满，并不能对员工的积极性产生激励，可一旦保健因素得不到满足，就极有可能会使员工产生不满而离职。激励因素包括成长发展机会、社会认可、工作挑战性、权责划分明确、自我实现等，员工的热情会因为这些因素的满足而被激发，进而产生积极的行为动机，通常管理者会通过满足激励因素来调动员工积极性，提高劳动生产效率。但即使激励因素没有被满足，员工也不会因此感到不满意，所以就激励因素来说，"满意"和"没有满意"相对；同样的，对于保健因素，"不满意"和"没有不满意"相对。

4. 公平理论

根据亚当斯的"公平理论"可知，企业员工在面对薪酬激励时会进行两类比较，即社会比较和历史比较。所谓"社会比较"，是指员工将与处于相同或相近岗位的同伴所获薪酬进行横向比较。所谓"历史比较"，是指员工将与过去某一时间节点上的薪酬回报进行纵向比较。亚当斯发现，由于存在着横向比较和纵向比较中的心理不平衡状态，使得传统意识上的企业薪酬激励活动并不一定能够实现预定的目标。从中所给出的启示是,企业管理层在开展薪酬激励时应重视“公平理论”在其中的应用。在应用中需着重于对员工心理建构起公平感,而这种公平感并不与持续增长的薪酬激励力度相关联。

5. 成就需要理论

成就需要理论又称“三种需要理论”,由美国哈佛大学教授戴维·麦克利兰通过对人的需求和动机进行研究后提出,认为在生存需要基本得到满足的前提下,人最主要的需要有成就需要、亲和需要和权利需要三种。其中,成就需要的高低对人的成长和发展起着特别重要的作用。成就需要理论是人力资源管理理论中非常重要的组成部分,它立足于依靠人、尊重人、理解人、关心人而展现管理效果,其思想方法体现了管理的客观规律在实际工作中的有效运用。

成就需要理论最大的创新点在于具有强烈的成就需求的人可以胜任富有创新创业精神的任务。而这类人群由于需求的驱使,为了满足自我价值及成就感的实现往往可以高质量、高效率地完成任务。

成就需要理论研究得出,人类的需求是分“先来后到”的,有些需要不是与生俱来的,而是依靠后天生活经验获得的。具有强烈的成就需求的群体渴望将事情做得更为完美,提高工作效率,获得更大的成功,他们追求的是在争取成功的过程中克服困难、解决难题、努力奋斗的乐趣,以及成功之后的个人的成就感。

链接

团队激励的方法一般有四种类型,分别是薪酬激励、发展激励、奖励激励和竞争激励。

五、项目团队考核

(一)项目团队考核的作用

项目团队考核即团队绩效考核,就是对团队完成其职责和对工作结果的考评,是对其工作贡献程度的衡量和评价,直接体现出各个层次的团队在企业中的价值大小,是绩效考核的核心内容。通过考核,可以很好地调动员工的积极性、加强员工的团队意识,还可以提醒员工要完成的工作任务,提高员工的工作效率,使得项目目标得以实现。

(二)项目团队考核的方式

项目团队考核的方式,如图 2-2 所示。

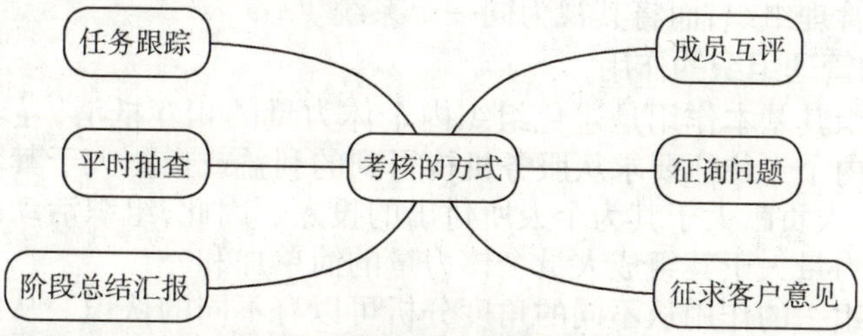

图 2-2 项目团队考核的方式

(三)项目团队考核的原则

对项目团队成员考核的主要内容有工作纪律、工作效率、工作费用、工作质量等。

在项目团队考核中除遵循常规绩效考核的一般原则外,还应突出以下几个原则:

(1)把结果考核与行为的评价相结合。结果应该用质量、数量、时间和成本四个维度来测量,强调投资回报。

(2)把项目外部评价与内部评价相结合。对项目团队绩效进行横向关联度评估。

(3)把产出评估与价值评估相结合。只对项目产出进行评估是不够的,必须对项目为企业带来的价值进行评估,即项目效果和价值的评估。对项目整体目标和项目价值目标的考核则显得尤为重要。

(四)项目团队的考核管理

项目团队的考核管理的内容,如图 2-3 所示。

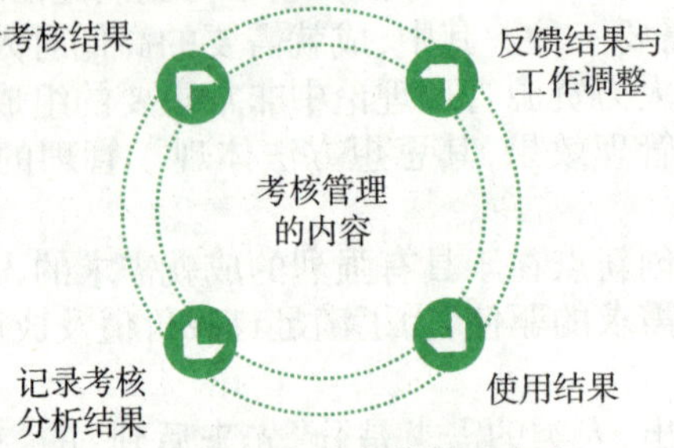

图 2-3 项目团队的考核管理内容

第二节 组织计划

一、工程项目管理组织概述

(一)工程项目管理组织的含义

工程项目管理组织是指为了实现工程项目目标而进行的组织系统的设计、建立和运行,建成一个可以完成工程项目管理任务的组织机构,建立必要的规章制度,划分并明确岗位、层次、责任和权力,并通过一定岗位人员的规范化行为和信息流通,实现管理目标。

工程项目管理组织是在整个工程项目中从事各种管理工作的为实现其目标而具有职责、权限和关系等自身职能的个人或群体的组合。

工程项目的业主、承包商、设计单位、材料设备供应单位都有自己的工程项目管理组织,这些组织之间存在各种联系,有各种管理工作、责任和任务的划分,形成工程项目总体的管理组织系统。这种组织系统和工程项目组织存在一致性,一般情况下并不明确区分工程项目组织和工程项目管理组织,而将其视为同一个系统。

(二)工程项目管理组织的作用

一个优良的组织其基本作用是避免组织内个体力量的相互抵消,寻求个体力量汇聚和放大的效应。组织内个人往往要求从服务机构得到的利益或报酬大于其对该机构所做的投入,而机构则要求个人贡献大于其为个人所付出的投入。因此,组织活动的作用就应使若干个人集合成的整体力量大于其组成人员个体力量的简单加和。

工程项目管理组织的作用从不同的角度分析可以有不同的认识。从组织与项目目标关系的角度看,工程项目管理组织的根本作用是通过组织活动,汇聚和放大项目组织内成员的力量,保证项目目标的实现。主要体现在以下几个方面:

(1)合理的管理组织形式可以有效提高项目团队的工作效率。项目管理组织可以采用不同的形式,对于同一工程项目来说,在某一特定的项目环境采取不同的管理组织结构形式,项目团队的工作效率会有不同的结果。积极、有效的管理组织结构形式将更有利于提高和调动项目团队成员的积极性,减少不必要的决策层次,从而提高项目团队的工作效率。

(2)合理的管理组织有利于项目目标的分解与完成。任何一个工程项目的目标都是由不同的子目标构成的。合理的管理组织将会使项目目标得到合理地分解,使各组织单元的目标与项目总体目标之间相互有机协调,保障项目最终目标的实现。

(3)合理的项目管理组织可以优化配置与合理利用项目资源。项目组织是考虑项目自身特点、项目承担单位的情况等各方面因素后确定的。它要在保证承担单位总体效益和保证委托方利益之间做出平衡。合理的项目管理组织将有利于各种资源的优化配置与合理利用,有利于项目目标的完成。

(4)良好的项目组织工作在项目组织的稳定与调整中会发挥重要的平衡作用。组织结构形式确定后,项目团队成员可以在项目组织结构图中找到自身的位置与工作责任,使项目团队成员对项目有一种依赖与归属感,这为项目组织带来相对的稳定,这种相对稳定是完成项目目标所必需的。随着项目工作的继续开展,原有的组织结构形式可能不能完全适应需要,原来的稳定被打破,需要进行组织调整或组织再造,使项目的组织结构更加适合项目、资源和工作环境。例如,可行性研究阶段的组织结构形式就不适合设计阶段的组织结构形式。同样,设计阶段的组织结构形式也不适合施工阶段的组织结构形式。

(5)合理的项目管理组织便于内外关系的协调。项目组织工作要求对项目的组织结构形式、权力机构、组织层次等方面进行深入的研究,对相互的责任、权利与义务进行合理的分配与衔接,为项目经理在指挥、协调等各方面工作都创造良好的组织条件,使项目保持高效的内外信息交流,有利于工程项目在积极、和谐的环境中开展,保障项目目标的顺利实现。

(三)工程项目管理组织要求

工程项目管理组织应规定项目各阶段(任务分析、可行性研究、方案、验收、生产、使用、处置)所需要的有效的项目组织。项目更改可导致项目实施期间项目组织的变更。

当多个供方共同担任一个角色时,应明确各自的职责和权限。当某一供方在同一项目中担任多个角色时,应分别明确这些角色的职责。为有效进行,一定要有独立的机构对其进行监督。为满足合同要求,每个供方应明确规定内部组织的职责和权限。每个顾客和供方应承担项目周期内所分配的任务职责。当涉及若干个外部组织和(或)内部部门时,应将他们每一个职责和权限及其之间的接口用文件进行明确,并应采取适当的措施来保证他们之间的协调,特别是顾客和供方间信息交换的措施。

(四)影响项目管理组织的因素

1.影响项目管理组织的外部因素

(1)国际项目组织管理惯例。

(2)国家宏观经济管理环境。

(3)项目的合同体系与形式。

(4)项目自身的技术经济规模参数。

(5)项目自身的经济社会影响。

2.影响项目管理组织的内部因素

(1)上级组织已形成的管理模式与制度。

(2)公司愿景与组织目标。

(3)组织中最高管理人员的领导风格及胜任程度,部门运作方式。

(4)组织内在的团队文化及成员素质。

二、项目组织计划

项目组织计划是指为保证工程项目的良好开展,项目有关人员的职位设置构架。

(一)项目组织计划内容

组织计划通常包括四方面的内容:角色与职责分配、人员配置、组织结构图和有关说明。

1. 角色与职责分配

项目的角色(谁)与职责(做什么)必须落实到合适的项目相关人员。角色与职责可能会随时间而改变。大多数角色与职责将分配给积极参与项目工作的有关人员,例如,项目经理、项目管理小组的其他成员,以及为项目做出贡献的个人。当要确定完成项目所需要的角色与职责前,必须进行工作分析(首要任务),考虑到以下几点:

(1)角色:指某人负责项目某部分工作的标识,例如,项目管理师、业务分析员、架构师、网络工程师、软件工程师和测试工程师。角色的明确性(如职权、职责和边界)对于项目成功至关重要。

(2)职权:指使用项目资源做出决策和批准的权力。需要明确职权来做决策,如实施方法的选择、质量接受水平及如何对项目进行中的偏差做出反应。当团队成员的权力和他们的职责匹配的时候,他们能做得最好。

(3)职责:指为了完成项目,要求项目团队成员执行的工作内容。

(4)能力:完成项目活动所需要的技能。如果项目团队成员不具备完成项目活动所必需的能力,那么绩效将受影响。当发现岗位职责与能力之间存在某种程度的不匹配时,就必须提前采取应对措施,如培训、招聘人员或变更项目范围。

在项目之初,项目经理需对人力资源进行计划编制,以决定项目的角色、职责和报告关系。一般常用层次结构图、责任分配矩阵(RAM)和文本型角色描述来表达人力资源计划编制。

层次结构图:以图示的方式从上到下地描述团队中的角色和关系。

责任分配矩阵:将合同工作分解结构要素要求的工作和负责完成该工作的职能组织相结合而形成的矩阵结构,被用来表示需要完成的工作和团队成员之间的联系。

文本型角色描述:通常用于需要详细描述团队成员职责的情况。一般提供职责、权力、能力和资格等信息。

应在项目之初对项目角色进行制订,具体化任职条件,尽可能选择合适的人员担任项目经理,如人力资源不允许,可预先进行招聘或对选出的人员进行培训,在工作中监督指导其工作。

2. 人员配置

人员配备一般是指根据项目组织中全体人员的需求,配备相适应的人员,既包括管理人员的配备,也包括非管理人员的配备。人员配备的目的是为了配备合适的人员去扮演组织结构中的某一角色完成所规定的各项职务,以保证组织活动的正常进行,进而实现组织的既定目标。

人员配置计划主要陈述企业每个职务的人员数量,人员的职务变动,职务人员空缺数量等。

3. 组织结构图

组织结构图是把项目组织分成若干部分,并且标明各部分之间可能存在的各种相互关系。这里所说的各种关系包括上下级领导关系,物流关系,资金流关系和资料传递关系等。其呈现方式根据项目需求而定,可以为正式的或非正式的,详细的或简略的。

4. 有关说明

有关说明主要是对有关支持细节而说明的相关信息。主要包括对组织的影响信息、对工作的描述信息等。

典型例题

【单选题】做好项目团队组织计划工作的首要任务是(　　)。

A. 绘制组织关系图　　B. 确定人员需求

C. 进行工作分析　　D. 制定人员配备计划

C。【解析】团队组织计划包括角色与职责分配、人员配置、组织结构图和有关说明。其中,项目的角色和职责必须落实到合适的项目相关人员,为了更好地进行角色与职责安排以及更好地完成项目团队组织计划工作,首要任务就是进行工作分析。另外,工作分析也是人力资源管理的基础性工作。

【单选题】在工程项目团队组织计划中,团队成员应该履行的工作称为(　　)。

A. 角色　　B. 职责

C. 职权　　D. 能力

B。【解析】在进行人力资源组织计划之前,应先确定每一个工作岗位的职责、任务、环境及任职条件等,通常从角色、职责、职权、能力四个方面进行确定。其中,角色是指确定由谁来做某件事情;职权是指赋予某一职位作出决策、批准的权利;能力是指某一工作岗位对于任职者的技能和才干的要求。

(二)制定项目组织计划应注意的问题

制定、执行项目组织计划应注意的问题如下。

1. 项目界面

界面是两个或多个不同物体之间的分界面,首先出现在工程技术领域,是一个工程技术名词,主要是用来描述各种仪器设备部件及其他组件之间的接口。因为界面的概念较好地反映了两种物体之间的结合状态,能够用于说明要素与要素之间的连接关系,所以人们将其引入到企业管理活动当中。从企业管理的角度,一般认为界面管理的主要含义就是联结、整合、一体化。

(1)组织界面。项目不论大小,都会涉及许多参加者和专业技能,形成许多错综复杂的组织界面,可见建设项目组织界面管理水平是决定项目成功与否的重要因素。组织界面管理的内容和目的也取决于项目特定的性质。项目的复杂性直接与项目的管理幅度和管理深度对应。项目用户不仅需要掌握相当多的相关知识,而且项目执行过程的协商、计划和组织等工作也相当繁重,能否成功地管理跨组织项目,取决于用户组织对项目的理解和对组织界面的管理。

(2)技术界面。技术界面是指项目技术活动参与各方、不同阶段、不同专业或者技术服务与工程连接,在人、资、信等要素交流方面的相互作用,解决界面双方或多方在专业分工、阶段分工与协作之间的矛盾,实现控制、协作与沟通,提高管理的整体功能,实现项目技术效果的最优化。

(3)人际关系界面。良好的人际关系对项目团队组织不同个人之间工作交叉时的分工与衔接大有益处,高度关联项目组织目标的完成。

链接

以上三种界面,都需正式或非正式地明确,具体根据项目需求和实际情况而定。

2. 人员配置计划与人员需求计划相一致

人员配置计划与人员需求计划均是人力资源计划的重要组成部分,理想情况是保证人员配置计划与人员需求计划相一致,而实际操作中要求的是两者数量、时间、职位、技能、协作精神等最大程度相互匹配,从而保证项目的实施。

3. 约束条件

项目组织受到组织结构、协作与分工、管理层风格与偏好、人员配置偏差，以及有关协议的影响与约束。

(三) 方法与工具

1. 模板

寻找同行业、类似组织的组织方式作为模板，加快自身项目组织计划的制定与执行。

2. 人力资源管理实践

按照项目管理惯例与实践，参照项目管理规范等文件，结合组织内部特征，制定符合自身的人力资源管理组织计划。

提示

关于组织计划部分，需重点掌握影响项目组织管理的外部和内部因素、组织计划的四方面内容及制定项目组织计划应注意的三个界面。

第三节 项目管理组织结构的确定

一、项目组织结构概述

(一) 组织结构三因素

传统的组织结构强调组织的三个要素：

(1) 组织结构决定了组织中的正式报告关系，包括职权层级的数目和主管人员的管理幅度。

(2) 组织结构确定了将个体组成部门、部门再组合成整个组织的方式。

(3) 组织结构包含了确保跨部门沟通、协作与力量整合的制度设计。

上述三要素涉及组织的纵、横两个方向，具体地说，前两个要素规定了组织的结构框架，即纵向层级，第三个要素则是关于组织成员之间的相互作用关系。

(二) 项目管理组织的结构

组织主要由人员、职位、职责、信息、关系等要素构成。

1. 部门的划分

根据组织的规模及项目的要求，在项目管理机构中设立合适的部门数量，避免资源浪费，也防止管理困难等问题。

2. 确定部门职能

合理分配各部门的工作任务和职能范围，避免工作过多影响质量，也避免工作过少，造成资源浪费，影响工作氛围等。

3. 部门划分与部门职能的关系

如果部门太多，各部门的职能将会减少；如果部门很少，每个部门的职能相应会增加。

4. 部门设置的形式

部门设置有两种基本形式，包括工作部门专业化和实施部门职能化。工作部门专业化是指将组织的总任务分解为多个子任务，再由完成这些子任务的单元形成部门。实施部门职能化是指根据组织的整体职能和任务，将其分解为具有固定职能分工和业务范围的多个部门。

（三）管理幅度

1. 管理幅度的含义

管理幅度又称管理宽度、管理跨度，是指在一个组织结构中，一名领导者直接领导的下属人员的数目，包含计划、组织、领导、控制的职能，对组织中管理层次的多少有着直接的影响。管理幅度与管理层次的关系是组织人数固定的情况下，管理幅度大小与管理层次存在反比关系。

英国管理学家厄威克提出普遍适用的管理幅度是：每一个上级领导人直接领导的下级不超过5～6人。管理幅度不仅直接决定着组织的层次数目、组织沟通链长度与沟通方式，而且还将影响组织成员的工作态度和行为。因此，深入研究管理幅度问题，不仅对于完善组织设计理论有重要的理论意义，而且对于企业改革和重建组织结构，提高管理效率具有重要的指导作用。

链接

通常情况下，基层领导管理幅度以8～15人最佳，最高层领导管理幅度以4～8人最佳。

2. 管理幅度对企业管理的影响

管理幅度根据企业条件各有不同，但管理幅度的数目是有限的，当超过某个限度时，管理的效率就会随之下降。管理幅度小的主要优点在于上级能严密地监督、指挥下级工作。管理幅度小的群体团队凝聚力较高，比大的群体更易于产生更大的个人工作满意度和对组织的忠诚度，主要是因为有更多的参与机会，能更好地理解组织目标，与更大的群体相比决策速度要快些，并且执行效率也较高。它的缺点在于上级过多地介入下级的工作，导致下级无法充分的发挥个人能动性，甚至造成由于上级插手过多而导致组织内部上下级关系不明确的后果。其次，管理幅度过小也有导致组织无法有效的面对多变的市场环境，不利于企业的长久发展。

随着管理幅度的增大，员工受到上级的指导和监督减少，员工承担更大的责任，得到上级的信任、提高士气，激发员工潜能和发挥员工的创造性从而使工作完成得更圆满，为员工发展提供了机会，使员工充满信心。在扁平化组织中，通过减少中间层次，缩短上下层间的距离，扩大业务部门的权力，可以提高信息传递的速度，促进上下级间的有效沟通，使组织更加快速的适应外部变化、抓住机会，快速做出合理决策，大大提高行政效率。然而，过多的管理层次会导致管理费用的增加以及最低层距离高层太远，不利于企业内部的有效沟通。管理者和相关的辅助人员越多，越需要增加办公空间，管理者与部属之间费时沟通的频度和强度越大，这些都明显地提高了组织的管理成本。由于分工太细，存在的部门过多，造成了各部门内工作效率虽然可以很高，但部门之间工作效率低下，部门间的合作也日益困难，要完成一件工作必须经过许多部门，如果协调不好，就会导致误会。一般来说，管理幅度大的不利之处在于上级工作负担过重，易造成决策瓶颈，上级对下级有失控的危险，因而需要具有特别能力的管理者。

3. 影响管理幅度的因素

影响管理幅度设计的因素有很多，一般来说，凡是影响上下级之间关系的因素都会对管理幅度产生作用。各种因素在不同企业、不同时期对管理幅度的影响是不同的。因此，在设计管理幅度时必须从实际情况出发，认真地进行具体分析，找出限制管理幅度的影响因素，根据影响因素的大小，确定企业各级组织与人员的管理幅度。简单地说，影响企业管理幅度的因素有如下几种：

（1）管理工作的性质。管理工作的性质主要由管理工作的重要性、复杂性、变化性和下属人员工作的相似性来决定。如果管理工作很重要而且复杂多变，那么管理者需要处理的事情多,耗费的时间精力多,管理幅度相应的就窄一些。管理工作的变化性越大,管理幅度应越小。面对经常变化的管理工作,管理者势必会付出更多的时间和精力,较小的管理幅度可以使他们更好地进行管理工作;反之,如果管理工作相对稳定,流程比较明确,如生产车间的管理人员,管理幅度的设计相应的就宽一点,这样既实现了组织的有效管理,同时也降低了企业的管理成本。

(2)管理人员与下属的能力情况。领导人员和下级人员的能力状况,也会对管理幅度产生影响。领导者与下级人员年富力强、经验丰富、工作起来效率很高,精力很充沛,管理幅度应大些。因此,加强领导者自身修养和下级工作人员的培训,提高双方的工作能力,是降低上下级接触频率,减少接触时间,从而扩大管理幅度的有效措施。

(3)管理人员的管理风格。有的管理人员对下属授权合理,分工明确,给予下属相对应的职责和权力,这样下属就能明确工作要求,在职权范围内独立地进行工作,既能充分发挥员工的主观能动性,也有利于减轻上级领导的负担。有的管理人员不喜欢给予下属权利,反而更容易集权,这种情况下管理幅度可能要大一些。

(4)计划和控制的明确性及其难易程度。下属的任务多数是由计划规定并依据计划来实施的。因此,如果计划制定地详细具体,切实可行,那么下级人员就容易了解自己的具体目标和工作任务,通过计划来指导业务活动,不必事事请示领导,从而提高了整个组织的工作效率。另外,计划的实施也离不开控制,需要上级对下级的实施执行情况进行检查。当用以衡量工作绩效的标准具体明确、可定量化测评时,如果工作偏离计划就容易显现出来,既便于上级及时采取措施加以纠正,也便于下级自我调节。因此,如果企业的协调控制体系比较完善,事先制定有明确的工作目标和工作计划,事中和事后有严格的检查制度和调整手段,就可以有效地控制各项工作的运转,减少管理人员花费的时间及精力,管理幅度相对较宽一些。

(5)信息沟通的效率和质量。上下级之间的信息交流对于实现组织目标而言是必不可少的,提高沟通的效率和质量,可以减少沟通的频率和时间,从而可以扩大组织的管理幅度。随着商品经济的发展,企业规模和市场范围日益扩大,企业组织形式和经营方式日益多样化,企业人员之间的信息沟通也越来越重要,越来越复杂。随着信息技术的迅猛发展,上下级之间可以借助于现代通信手段保持密切联系,从而及时有效地解决问题,大大提高了信息沟通的效率和质量,为企业拓宽管理幅度提供了条件。

(6)组织变革的速度。面对日益激烈的市场竞争,组织的内部结构并不是一成不变的。然而由于各个企业的内外部条件不同,变革的速度是有快慢之分的。变革速度慢,意味着企业政策比较稳定,措施比较详尽,组织成员对此也较为熟悉,形成了习惯,能够按照既定程序和要求妥善地处理各种问题,从而减轻上级人员的负担,管理幅度可以设计的宽一些;反之,如果组织变革速度较快,各种政策措施不是特别完善,需要及时地应对不同的外部环境,则管理幅度可以窄一些。

典型例题

【单选题】在下列情形中可考虑适当增大管理幅度的是(　　)。

A. 管理者不喜欢处理具体管理事务　　B. 管理者下面的管理层级较多

C. 管理者能得到有力协助　　D. 被管理的部门没有相似性

C。【解析】管理者不喜欢处理具体管理事务,将工作全部交给他人去做,则管理者的管理幅度可适当减小;管理层级与管理幅度一般成反比,管理层较多时,则管理幅度可适当小一些;管理者能够得到助手有效协助,有足够的精力处理好重要工作,其管理幅度可适当大一些;被管理部门的工作性质相似度越小,管理者面临的问题种类也就越多,其管理幅度可适当小一些。故选项 C 正确。

4. 管理幅度的定量分析

由于企业的具体情况差别很大,影响企业管理幅度的若干主要变量可能有所不同,因而需要从多种因素中选择,并确定对特定企业影响较大的主要变量。美国洛克希德导弹与航天公司通过研究分析与验证,提出了一套管理幅度的定量分析方法,如表 2-2 所示。为了定量反映各个变量对上级领导人工作负荷的影响程度,洛克希德公司把每个变量分成 5 个等级,然后根据处在不同等级上的变量对上级工作负荷的影响程度,分别给予相应的权数。权数越大,则表示这个等级上的变量对管理幅度的影响较大。

修正总数值时,系数一般取 0 ~ 1 之间的小数。如果主管人员拥有的助理人数越多,系数就越小。例如,有 1 位助手的主管人员的系数为 0.9;有 2 位助手的为 0.8;以此类推。助手的工作内容也影响修正系数。如配备有分担一部分主管工作的直线助理,采用系数 0.7;在计划和控制方面的参谋助理可用 0.75 或 0.8 的系数。

表 2-2 管理幅度各变量对主管工作负荷量的影响程度表

影响宽度的主要变量	工作量的等级与权数				
职能相似性	完全相同	基本相同	相似	基本不同	完全不同
	1	2	3	4	5
地区临近性	完全在一起	同一办公楼	同一工厂 不同办公楼	地区相同 不同地点	不同地区
	1	2	3	4	5
职能复杂性	简单工作	例行公事	稍微复杂	复杂多变	高度复杂多变
	2	4	6	8	10
指导与控制	管理训练 工作量少	管理工作量有限	适当定期管理	经常持续管理	紧密管理
	3	6	9	12	15
协调	与其他人的 关系极少	明确规定的 有限关系	适当的便于控 制的相互关系	相当密切关系	接触广且 情况多变
	2	4	6	8	12
计划工作	规模与复 杂性很小	规模与复 杂性有限	中等规模 与复杂性	要求相当的努力, 有有关政策指导	没有指导, 且随时制定
	2	4	6	8	10

将计算出来的主管人员的总权数同管理幅度的标准相比较,就可以判定企业目前的实际幅度是高于还是低于标准值,也可以为新机构的管理幅度提出建议人数。管理幅度的标准值是以那些被公认为组织与管理得法、并具有较大幅度的企业为实例,经过统计分析而提出的。表 2-3 就是洛克希德公司所采用的标准值。

表 2-3 建议管理幅度人数

影响管理诸变量的权数总和	建议的标准管理幅度人数
40 ~ 42	4 ~ 5
37 ~ 39	4 ~ 6

（续表）

影响管理诸变量的权数总和	建议的标准管理幅度人数
34～36	4～7
31～33	5～8
28～30	6～9
25～27	7～10
22～24	8～11

（四）管理层次

管理层次又称管理层级，是指组织的纵向等级结构和层级数目。管理层次是以人员劳动的垂直分工和权力的等级属性为基础的，管理层次覆盖了从管理组织的最高层到最下层实际工作人员之间的分级管理。不同的行政组织其管理层次的层级不同，但多数可以分为上、中、下三级或高、中、低、基层四级。前者如通用的部、局、处三级建制，后者如国务院、省政府、县政府、乡政府四级领导体制。但无论哪一种层次组建方式，其上下之间都有比较明确和严格的统属关系，都是自上而下的金字塔结构。

管理幅度与管理层次是组织结构的基本范畴。管理幅度与管理层次是影响组织结构的两个决定性因素。幅度构成组织的横向结构，层次构成组织的纵向结构，水平与垂直相结合构成组织的整体结构。在组织条件不变的情况下，管理幅度与管理层次通常成反比例关系，即管理幅度宽，则管理层次少；反之亦然。

整个组织通常分为四个层次：决策层、协调层、执行层和操作层，从上到下依次排列。决策层是组织的实权机关，一般由组织内部的决策性人物（如董事长、总经理）组成，其负责确定组织的目标、纲领和实施方案，进行宏观控制；协调层是决策层的下属机构（如生产管理部门、计划管理部门等），该阶层属于咨询阶层，是决策层的重要参谋人员；执行层是直接动员和安排项目活动，并组织项目计划的实施；操作层通过各种技术手段，把组织目标转化为实际行动。

管理层次和管理幅度是矛盾的。为了减少管理幅度，需要太多的管理级别。同样，管理跨度增加，这会减少管理层次。因此，平衡管理幅度与管理层次之间的关系，使决策和管理效率高效、快速实施是组织结构设置中的重要问题。

管理层次和管理幅度是组织结构的两个相互关联的基本参数。当组织的规模固定时，管理层越大，管理水平越低；反之，如果管理层较小，管理水平将会提高。

典型例题

【多选题】关于管理层次的说法，正确的有（　　）。

A. 管理层次覆盖了从管理组织的最高层到最下层实际工作人员之间的分级管理

B. 从上到下分为决策层、协调层、执行层、操作层

C. 协调层是决策层的重要参谋，属于咨询阶层

D. 操作层是指从事和完成具体任务的阶层

E. 组织内执行层、协调层和操作层之间的区分要非常清晰、具体部门不能兼顾不同层级

ABCD。【解析】在实际工作中，协调层、执行层和操作层之间的区分不是特别清晰，对于某个具体部门来说，有时可能会兼顾执行层与操作层，有时又可能会兼顾协调层和执行层。故选项 E 错误。

（五）项目组织结构的两种形态

“高架式”组织与“扁平式”组织，是两种常用的组织架构模式。

“高架式”组织结构，即公司采用总经理－部门经理－主管－员工这样的组织架构，阶层较多，这样就容易造成消息传递的效率降低。“高架式”组织结构像金字塔，其纵向阶层较多。管理幅度通常较小，管理者较易控制部属与掌握下属的行动。

高架式组织结构的主要优点：

(1)结构稳定性好。

(2)成员职责、任务分工明确。

(3)纵向关系清晰。

(4)组织结构严谨。

高架式组织结构的主要缺点：

(1)管理层次过多，管理成本较高。

(2)传递信息迟缓，沟通不流畅，工作效率会降低。

(3)层级间协调任务繁重，整个组织决策没有较高程度的民主化。

“扁平式”组织结构，阶层较少，主管与成员之间多为直接关系，能实现他们之间的双向沟通，从而可以避免“高架式”组织沟通的单行道现象，绕过其在中间所增加的关卡，使主管和员工间的信息传递更为有效。

扁平化组织结构的主要优点：

(1)信息传递速度快、失真少。

(2)便于高层领导了解基层情况。

(3)主管人员与下属能够结成较大的集体，有利于解决较复杂的问题。

(4)主管人员工作负担重，因而更乐于让下级享有更充分的职权。

扁平化组织结构的主要缺点：

(1)主管人员的管理幅度大，负荷重，精力分散，难以对下级进行深入具体地管理。

(2)对主管人员的素质要求高，而且管理幅度越大，要求就越严格、越全面。当缺乏这样的主管时，只得配备副职从旁协作。这样，正副职之间的职责不易划清，还可能产生不协调的现象。

(3)主管人员与下属结成较大的集体，随着集体规模的扩大，协调和取得一致意见就会变得更加困难。

总之，规范化、基础较扎实的企业可以采取扁平式组织结构，一般企业可以采取高架式组织结构。

提示

管理幅度和管理层次的相关知识点是该部分的重要内容，需深刻理解并记忆。

二、项目组织管理部门的划分方法

部门是指组织中主管人员为完成规定的任务有权管辖的一个特殊的领域。部门划分就是要确定组织中各项任务的分配与责任的归属，以求分工合理、职责分明，从而有效地实现组织的目标。

部门划分的方法包括职能划分法、程序划分法、业务产品划分法、区域划分法等。部门划分的原则包括精简、弹性、确保目标的实现、任务平衡、监督与执行的部门分立。

（一）职能划分法

职能划分法是指按照基本活动相似或技能相似，分类设立专门的管理部门。由于各种组织的活动领域及同一职能在不同组织中的重要程度不同等原因，现实中这些职能部门在不同类型的组织中会有不同的具体名称。

职能划分部门的优点：有利于确保组织的主要基本活动得到重视，提高组织的专业化程度；有利于提高人员使用的效率和技术水平，同时也简化了培训工作；由于最高主管要对最终成果负责，从而为高层实施严格控制提供了手段。

职能划分部门的缺点：过度局限于所在的职能部门；不利于培养综合性全面人才。

（二）程序划分法

程序划分法是按照工作过程或组织业务流程来划分部门的方法。

程序划分法的优点：充分发挥专业人员特长。

程度划分法的缺点：容易强调部门局部利益而忽视集体目标。

（三）业务产品划分法

业务产品划分法是按不同的产品（服务）领域划分部门的方法，把每一项主要产品（服务）领域的所有活动归一个部门管理。

业务产品划分法的优点：有利于采用专门设备；充分发挥人员的技能和专业知识；明确利润责任；锻炼和培养独当一面的总经理型人才。

业务产品划分法的缺点：要求部门主管具备全面能力；各部门独立性较强造成整体性较弱；部门重叠、管理费用增加。

（四）区域划分法

区域划分法是经营活动在地域上比较分散的企业所常用的一种部门划分的方法。其做法是将某一地区的业务活动集中起来，并委派相应的管理者，形成区域性的部门。如果一个组织的顾客遍布于广泛的地理区域，采取按地区划分部门的方式是最有意义的。

区域划分法的优点：管理者更为关注当地市场；降低运输费用，缩短交货时间；锻炼和培养独当一面的总经理型人才。

区域划分法的缺点：机构重复，费用增加；总部对地方控制难度较大；要求管理者具备全面的管理能力。

链接

通常情况下，公司设立部门并不是按照上述的单独一种方法，而是多种方法结合综合考虑进行的。

三、工程项目管理组织设计

组织是管理的载体，是管理职能得以发挥的平台。而所谓组织设计，是指在组织理论的指导下，以组织结构的构造和运行为主要内容的组织系统的整体设计工作，它是一项操作性和应用性都很强的工作。具体来说，组织结构设计是通过组织资源的整合和优化，确立组织某一阶段的最合理的管控模式，实现组织资源价值最大化和组织绩效最大化。狭义地、通俗地说，也就是在人员有限的情况下通过组织结构设计提高组织的执行力和战斗力。

（一）组织设计的内容

1. 职务、职能的分析与设计

职能设计是指组织的经营职能与管理职能的设计，职务设计是根据工作任务性质与人员特点，有意识地设计出组织中的工作岗位及每个岗位的任务组合，以保证组织更有效率地运作。如果组织的有些职能不合理，那就需要进行调整，对其弱化或取消。

职务特征模型是由哈佛大学教授理查德·哈克曼和伊利诺依大学教授格雷格·奥尔德

汉姆提出。职务特征模型是工作丰富化的核心。模型认为我们可以把一个工作按照它与核心维度的相似性或者差异性来描述，于是按照模型中的实施方法丰富化了的工作就具有高水平的核心维度，由此可创造出高水平的心理状态和工作成果。

职务特征模型确定了五种主要的职务特征，分析了它们之间的关系以及对员工生产率、工作动力和满足感的影响。根据职务特征模型，任何职务都可以从五个核心维度进行描述，即技能多样性、任务同一性、任务重要性、自主性、反馈。

图 2-4 给出了这一模型前三个维度共同创造出有意义的工作。拥有自主性的职务会给任职者带来一种对工作结果的个人责任感，如果职务能提供反馈，则员工就会知道自己所进行的工作效果如何。

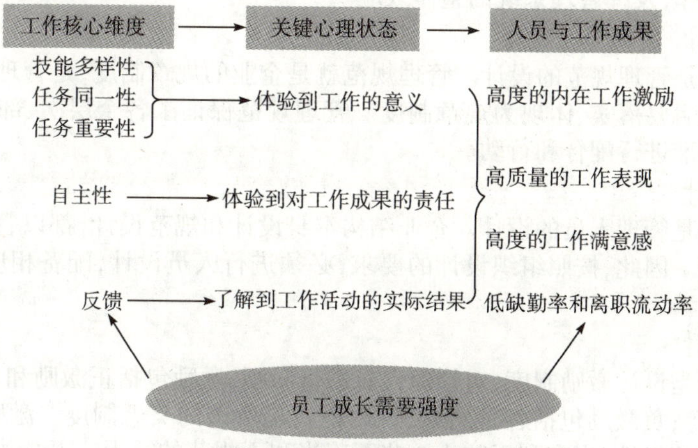

图 2-4　职务特征模型图

在职能分析与设计时，组织首先需要将总的任务目标进行层层分解，分析并确定完成组织任务究竟需要哪些基本的职能与职务，然后设计和确定组织内从事具体管理工作所需要的各类职能部门，以及各项管理职务的类别和数量，分析每位职务人员应具备的资格条件、应享有的权利范围和应负的职责。

在创建组织时，可以根据组织的宗旨、任务目标及组织内外环境的变化，自上而下地确定组织运行所需要的部门、职位及相应的权责。另外，组织设计也可以根据组织内部的资源条件，在组织目标层层分解的基础上从基层开始自下而上的进行。

典型例题

【多选题】根据职务特征模型，能使员工体验工作职务意义的特征性质有(　　)。

A. 技能多样性　　B. 任务同一性

C. 任务重要性　　D. 任务趣味性

E. 任务自主性

ABC。【解析】职务特征模型确定的五种职务特征包括技能的多样性、任务的同一性、任务的重要性、自主性和反馈。其中，决定工作职务意义的特征是技能的多样性、任务的同一性和任务的重要性，即这三种特征会使员工体会到工作的意义。

2. 部门设计

根据每位职务人员所从事的工作性质及职务间的区别和联系，按照组织职能相似、活动相似或关系紧密的原则，将每个职务人员聚集在部门这一基本管理单位内。由于组织活动的特点、环境和条件不同，划分部门所依据的标准也是不一样的。对同一组织来说，在不同时期、不同战略目标的指导下，划分部门的标准可以根据需要进行动态调整。

3. 层级设计

在职能与职务设计和部门划分的基础上，必须根据组织内外能够获取的现有人力资源的基础上，对初步设计的职能和职务进行调整和平衡。同时要根据每项工作的性质和内容确定管理层级并规定相应的职责、权限，通过规范化的制度安排使各个职能部门和各项职务形成一个严密、有序的活动网络。

4. 协调设计

协调设计就是协调方式的设计。框架设计主要研究分工，有分工就必须要有协调。协调方式设计就是研究分工的各个层次、各个部门之间如何进行合理的协调、联系及配合，以保证高效率的协作，发挥管理系统的整体效应。

5. 规范设计

规范设计就是管理规范的设计。管理规范就是企业的规章制度，是管理的规范和准则。结构本身设计最后要落实、体现为规章制度。管理规范保证了各个层次、部门和岗位，按照统一的要求和标准进行配合和行动。

6. 人员设计

人员设计就是管理人员的设计。企业结构本身设计和规范设计，都以管理者为依托，并由管理者来执行。因此，按照组织设计的要求，必须进行人员设计，配备相应数量和质量的人员。

7. 激励设计

激励设计就是设计激励制度，对管理人员进行激励，激励包括正激励和负激励。正激励包括工资、福利等；负激励包括各种约束机制，也就是所谓的奖惩制度。激励机制既有利于调动管理人员的积极性，也有利于防止一些不正当和不规范的行为。

（二）组织设计确定原则

组织设计确定应遵守的原则，如图 2-5 所示。

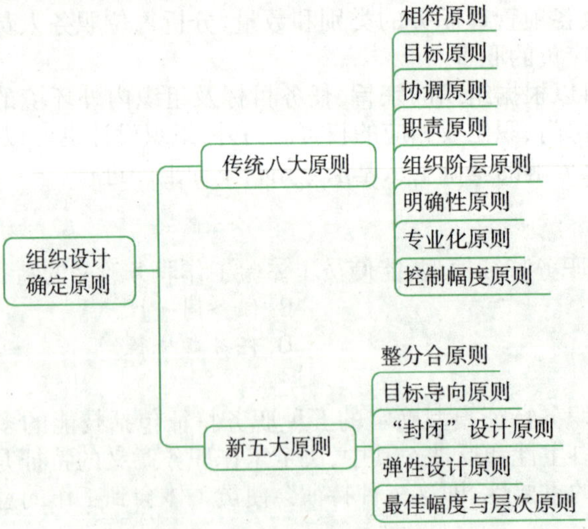

图 2-5 组织设计确定原则

链接

上述新五大原则中的“封闭”设计原则，其“封闭”环节包括四类职能部门，即决策、执行、监督、反馈。

（三）组织设计的影响因素

影响组织设计的因素有四个，即环境、战略、技术、组织规模与生命周期。

1. 环境对组织设计的影响

环境包括如政治、经济、社会文化及技术等一般环境，也包括政府、顾客、竞争对手及供应商这样的特定环境。组织是环境中的组织，所以组织设计必须要与各种内外部环境相适应。

环境对组织设计的影响具体表现在两个不同层次上。一是对职务和部门设计的影响；另一个则是对部门关系的影响。

社会化大生产决定了社会必须存在分工，而社会分工方式的不同决定了组织内部工作内容的不同，从而决定了其内部所需要完成的任务，需要设立的职务和部门也不一样。组织设计必须考虑环境的因素，随着环境的变化调整某些部门和职务，使其能够保持足够的竞争力。

环境不同，组织中不同部门的工作难度也会不一样，在计划经济下，产品的生产是一个企业组织关注的重点，由于生产出来的产品是国家统一渠道流出的，所以销售成为一件非常简单的工作。而在当今市场化经济时代，顾客成为取胜关键，营销职能也就会得到强化。

同时，外部环境的稳定与否，对组织结构的要求也是不一样的。稳定的环境中"机械式管理系统"的稳固结构成为需要，管理部门与人员的职责明确，工作内容清晰，等级结构严谨；而多变的环境则需要更加灵活的组织结构关系，这种结构被称为"有机的管理系统"，各个部门的权责关系和工作内容需要经常做出适应性的调整，等级关系不甚严密，更加强调部门之间的横向沟通而非纵向沟通。

2. 战略对组织设计的影响

企业史学家艾尔弗雷德·钱德勒在《战略与结构》一书中提出组织结构因战略而变的观点。他把战略分为四个不同的阶段，每个阶段应设计与之相适应的组织结构。

第一阶段：数量扩大阶段，品种单一，组织结构简单。

第二阶段：地区开拓阶段，产生协调、标准化、专业化的问题，要求建立职能部门。

第三阶段：纵向联合发展阶段，由同一领域向其他领域发展，要求建立与之相应的职能结构。

第四阶段：产品多样化阶段，要考虑新产品与新服务的评价和考核，建立相应的产品型组织结构。

3. 技术对组织设计的影响

琼·伍德沃德认为，成功企业是那些能根据技术要求而采取合适的结构安排的企业。他提出的技术、结构与组织绩效的关系，如表 2-4 所示。

表 2-4　技术、结构与组织绩效的关系

项目	单件生产	大量生产	连续生产
结构特征	低度纵向化 低度横向化 低度正规化	中度纵向化 高度横向化 高度正规化	高度纵向化 低度横向化 低度正规化
有效结构	有机式	机械式	有机式

4. 组织规模与生命周期对组织设计的影响

组织规模是影响组织结构的重要因素，组织规模越大，组织复杂性程度，专业化、规范化程度越高。在创业阶段，组织是小规模、非官僚制和非规范化的；成长阶段的组织结构处于调整阶段；到了成熟阶段组织开始变得更加规范化、程序化；而衰退阶段的组织规模变大，官僚制明显，要进行组织重构以重塑组织形象，否则将会限制组织进一步发展。

（四）组织设计的步骤

工程项目管理组织设计的步骤如下：

(1)确立组织目标。通过收集并分析资料，同委托方讨论，进行设计前的评估，以确定组织目标。

(2)确定业务工作内容。一个组织是由若干部门组成的，根据组织的工作内容和性质，以及工作之间的联系，将组织活动组合成具体的管理单位，并确定其业务范围和工作量，进行部门的工作划分。

(3)提出组织结构的基本框架。按组织设计要求，决定组织的层次及部门结构，形成层次化的组织管理系统。

(4)确定工作岗位的职责和权限。明确规定各层次、各部门及每一职位的权限、责任。一般用职位说明书或岗位职责等文件形式表达。

(5)设计组织的运作方式。包括：

①联系方式的设计，即设计各部门之间的协调方式和控制手段。

②管理规范的设计，确定各项管理业务的工作程序、工作标准和管理人员应采用的管理方法等。

③各类运行制度的设计。

(6)决定人员配备。按职务、岗位及技能要求，选择配备恰当的管理人员和员工。

(7)形成组织结构及流程。对组织设计进行审查、评价及修改，并确定正式组织结构及组织运作程序，颁布实施。

(8)调整组织结构。根据组织运行情况及内外环境的变化，对组织结构进行调整，使之不断完善。

(9)确定考核标准。对每一个工作岗位制定合理的考核标准，包括考核的内容、时间、评分标准等，使每一个员工对自己阶段性的成果有一个了解，便于员工不断的提升自身能力，进而共同完成项目目标。

第四节　项目管理组织结构的基本形式

一、职能型项目组织结构

（一）基本概念

职能型组织又称 U 型组织，其起源于 21 世纪初法约尔在其经营的煤矿公司担任总经理时所建立的组织结构形式，故又称“法约尔模型”。它是按职能来组织部门分工，即从企业高层到基层，把承担相同职能的管理业务及其人员组合在一起，设置相应的管理部门和管理职务。随着生产品种的增多,市场多样化的发展应根据不同的产品种类和市场形态,分别建立各种集生产、销售为一体,自负盈亏的事业部制。

与常规组织关系最密切的是功能组织。为了使项目成为"家",该模型将项目置于常规组织的职能部门,使项目组织成为常规组织的一部分。在功能项目组织中,人员的使用具有最大的灵活性和适应性。作为项目相关专业技术专家的基本管理基础,专家可以暂时安排到项目中,并在完成所需工作后立即安排返回正常工作;该部门的专家也可以组织起来分享知识和经验。个别专家也可以用于不同的项目。因此,当个人离开项目甚至上级组织时,职能部门可以保持技术连续性。

职能型组织结构示意图,如图2-6所示。

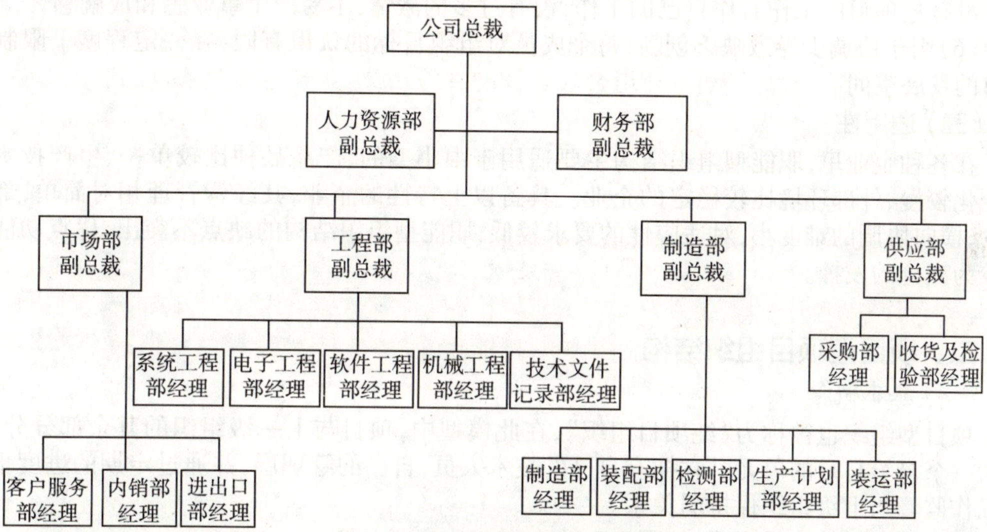

图2-6 职能型组织结构示意图

(二)主要优缺点

职能型组织结构强调管理职能的专业化,即将管理职能授权给不同的专门部门去管理,有利于发挥专业人才的作用。

1.优点

职能型组织结构的优点:

(1)以职能部门作为承担项目任务的主体,可以充分发挥职能部门的资源集中优势,有利于保障项目需要资源的供给和项目可交付成果的质量。

(2)职能部门内部的技术专家可以同时被该部门承担的不同项目同时使用,节约人力,减少了资源的浪费。

(3)同一职能部门内部的专业人员便于相互交流、相互支援,对创造性地解决技术问题很有帮助。

(4)当有项目成员调离项目或者离开公司,所属职能部门可以增派人员,保持项目的技术连续性。

(5)项目成员可以将完成项目和完成本部门的职能工作融为一体,可以减少因项目的临时性而给项目成员带来的不确定性。

2.缺点

职能型组织结构的缺点:

（1）客户利益和职能部门的利益发生冲突，职能部门会为本部门的利益而忽视客户的需求。

（2）当项目需要多个职能部门共同完成，或者一个职能部门内部有多个项目需要完成时，资源的平衡就会出现问题。

（3）当项目需要由多个部门共同完成时，权利分割不利于各职能部门之间的沟通交流、团结协作。

（4）项目成员在行政上仍隶属于各职能部门的领导，项目经理对项目成员没有完全的权利，项目经理需要不断地同部门经理进行有效的沟通以消除项目成员的顾虑，不具有正式的权威性。

（5）团队中的成员在项目确立时会被分散到各个职能部门，在职能部门内，通常团队成员并没有把项目的工作看作自己的工作，没有过多的激情，不易产生事业感和成就感。

（6）由于协调少导致缺乏创新，每个成员对组织目标的认识有限，在一定程度上限制了项目的发展空间。

（三）适用性

在各种企业里，职能型组织结构主要适用于中小型的、产品品种比较单一、生产技术发展变化较慢、外部环境比较稳定的企业。具备以上特性的企业，其经营管理相对简单，部门较少，横向协调的难度小，对适应性的要求较低，职能型组织结构的缺点不突出，优点功能得到较为充分的发挥。

二、项目型项目组织结构

（一）基本概念

项目型组织也被称为“纯项目组织”，在此模型中，项目与上一级组织的其余部分分离，成为一个自给自足的单元。它拥有自己的技术人员，自己的管理层，并通过定期的进度报告和工作监督与上级组织保持弱关系。

项目型组织结构示意图，如图 2-7 所示。

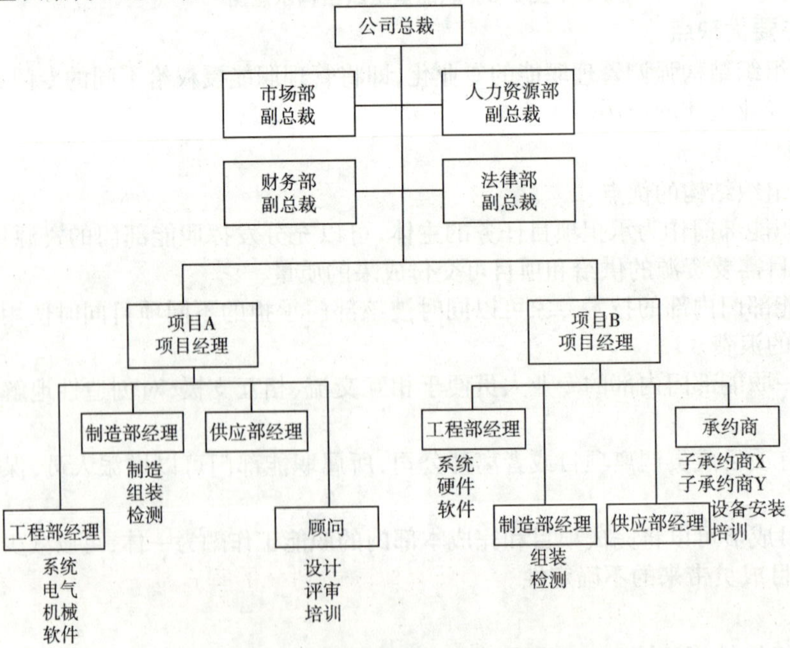

图 2-7　项目型组织结构示意图

（二）主要优缺点

1. 优点

项目型组织结构的优点：

（1）每个成员始终都了解团队的工作并为之负责。团队有很大的适应性，能接受新的思想和新的工作方法。在大型组织中，团队结构一般作为官僚结构的补充，既能得到官僚结构标准化的好处、提高运行效率，又能因团队的存在而增强灵活性。

（2）在项目导向的项目组织模式中，项目经理在整个项目中拥有足够的管理权，项目经理是真正的项目负责人，项目团队的所有成员都只针对项目经理负责，不需要应对其他职能部门才做出技术决定，避免了多重领导、多重指令的情况。

（3）当项目与职能部门分离时，项目经理可以绕过整个职能机构直接与公司的高级管理团队进行沟通。沟通线路缩短，沟通速度更快。

（4）由于权力的集中，大大提高了快速决策的能力，整个项目组织可以快速响应客户需求和卓越的要求。当有几个连续的类似项目时，项目组织可以稳定地获得一组或多或少能够开发特定技术的关键专家，并培养其成员完成任务的高水平能力。

（5）项目的项目结构简单灵活，易于理解和实施。这种形式很容易形成项目的系统管理方法。

2. 缺点

项目型组织结构的缺点：

（1）项目内部在资源安排上利用率较低，容易出现重复或浪费的情况。

（2）项目组织是相对封闭的，不能有效贯彻公司的管理与决策。

（3）项目经理是项目团队与公司之间沟通的主要桥梁，如果项目经理未及时进行双方信息的传递，就会导致信息延后，对项目造成一定的影响。

（4）团队成员在项目结束之后还需对项目投入一定的精力，这会对项目后期的工作产生一定的影响，造成团队成员在项目后期没有归属感。

（5）项目管理组织的独立性特征促使其在人力、物资上出现“囤积”思想，产生小团体观念，造成资源浪费，影响整体项目的最优化完成。

典型例题

【单选题】下列组织结构的缺点中，属于项目式组织结构缺点的是（　　）。

A. 项目成员不易产生事业感与成就感　B. 项目成员后期没有归属感

C. 项目管理没有正式的权威性　D. 项目的发展空间容易受到限制

B。【解析】项目成员不易产生事业感与成就感、项目管理没有正式的权威性及项目的发展空间容易受到限制均属于职能型组织结构的缺点；而项目成员后期没有归属感属于项目式组织结构的缺点。

三、矩阵型项目组织结构

（一）基本概念

矩阵型组织结构是指在组织结构上既有按职能划分的垂直领导系统，又有按产品（项目）划分的横向领导关系的结构。

矩阵型组织结构形式一般由两类部门组合：

(1)按专业任务分类的部门,主要负责专业工作,职能管理或资源的分配和利用,主要解决怎样干和由谁负责的问题,具有与专业任务相关的决策权和指令权。

(2)按子项目分类的组织,主要围绕项目对象,对它的目标负责,负责计划和控制,协调项目各工作环节及项目过程中各部门间的关系,具有与项目相关的指令权。

现代大型项目中应用最广泛的新型组织形式,它是职能型组织和项目型组织的结合,将职能型组织的纵向优势和项目型组织的横向优势有效结合起来。矩阵型组织由垂直的职能部门和水平的不同项目组结合成一个矩阵,把集权和分权结合起来,从而加强了各职能部门同各项目之间的协作关系。

矩阵型组织结构示意图,如图 2-8 所示。

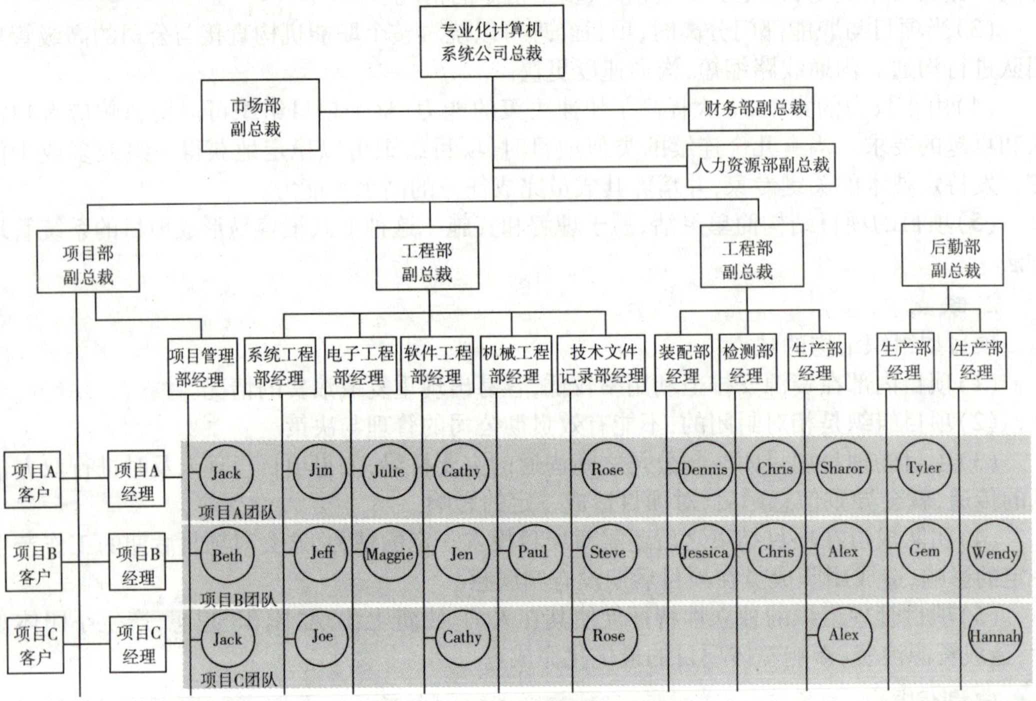

图 2-8　矩阵型组织结构示意图

矩阵型组织结构模式中为避免纵向和横向工作部门指令矛盾对工作的影响,可以采用以纵向工作部门指令为主,也可采用以横向工作部门指令为主,这样可以减轻该组织系统的最高管理者(部门)的协调工作量。另外,应强调纵向工作部门和横向工作部门的良好沟通,以及明确的规章制度。

在矩阵型组织结构中,项目是着重关注点,项目经理负责管理项目,以便使项目满足规定成本内的计划要求。此时,矩阵组织与项目组织相同。由于项目组织由职能部门负责,人力资源暂时从项目中转移,项目对职能部门的技术专利库具有合理的使用权。当有多个项目时,所有项目都可以由职能部门申请专利,从而大大减少项目组织的重新配置。矩阵组织在响应上一级组织内的各种要求时也快速而灵活。在矩阵管理中,项目具有上级组织的行政组织的代表,并有权使用它们。结果是项目在政策、实践和程序中与上一级组织保持一致。当多个项目同时进行时,矩阵组织可以实现更好的整体资源平衡,从而为每个项目实现不同的时间、成本和绩效目标。这种优化的整体方法允许所有项目人员配备适当的人员并安排优化整个系统,而不是牺牲其他项目来实现项目的目标。

在功能项目组织中，毫无疑问，职能部门是决策的核心。在项目组织中，项目经理显然是项目权利中心。在矩阵组织方面，两者之间的权利更加平衡，通常这种平衡非常详细地体现在各种方面。但是，如果对谁负责有任何疑问，项目工作将被限制。

跨多个项目优化项目目标的能力是矩阵组织的一个优势，但这种能力也是负面的。因为必须仔细监控多个项目，这是一项艰巨的工作。在项目之间调动资源以满足多个项目的进度可能导致项目经理之间的不一致，他们总是考虑确保项目的成功，而不管组织的整体优化。在使用矩阵组织的项目中，传统方法是项目经理负责管理决策，职能部门负责人负责技术决策。但是，这种分工在实践中是复杂的，没有强大谈判能力的项目经理不能保证项目的成功。

矩阵管理破坏了命令的统一管理原则。项目人员至少有两名上级，他们是职能经理和项目经理。它阻止人们忠于双向领导，无法应对可能的混乱。任何在这个系统下工作的人都会意识到它的困难。但是如果从未使用过这种方法，则无法意识到这一点。

（二）主要优缺点

1. 优点

矩阵型组织结构的优点：

(1)机动、灵活，可随项目的开发与结束进行组织或解散。

(2)由于这种结构是根据项目组织的，任务清楚、目的明确。针对特定的任务进行人员配置有利于发挥个体优势，集众家之长，提高项目完成的质量，提高劳动生产率和资源利用率。

(3)加强了不同部门之间的配合和信息交流，克服了直线职能结构中各部门互相脱节的现象。

(4)合理调配资源，在一定程度上避免了资源的浪费与囤积。

(5)减少了层次，更加提高了工作效率。

(6)团队成员无需对项目结束后的工作投入精力，不会对项目后期的工作产生影响，相比于项目型组织结构，团队成员没有后顾之忧。

2. 缺点

矩阵型组织结构的缺点：

(1)项目负责人的责任大于权力且项目管理权力很难平衡，因为参加项目的人员都来自不同部门，隶属关系仍在原部门，只是为"会战"而来，所以项目负责人对他们管理困难，没有足够的激励手段与惩治手段，这种人员上的双重管理是矩阵结构的先天缺陷。

(2)信息回路很多，较为复杂，容易缺乏沟通和交流。

(3)有多个领导指令。每个成员有来自至少两个方向的指令，易造成矛盾。

（三）主要形式

1. 弱矩阵组织结构

弱矩阵组织结构是矩阵型组织结构的一种，类似于职能型组织结构的一个极端，组织结构示意图，如图 2-9 所示。在这种组织结构里，项目可能只有一个全职人员，即项目经理，项目成员不是直接从职能部门调派过来，而是利用他们在职能部门为项目提供服务。

弱矩阵组织结构基本保留职能组织结构的大部分主要特征，弱矩阵组织的应用在组织系统中为更好地实施项目，应建立相应明确的项目管理班子。项目班子由各职能部门属下的职能人员或职能组组成，这样针对某一项目就有对项目总体负责的项目管理班子。项目经理的角色更像协调人员而非一个管理者。

对于技术简单的项目适合采用弱矩阵型组织。主要是因为技术简单的项目，各职能部门所承担的工作，其技术界面是明晰的或比较简单的，跨部门的协调工作很少或很容易做。

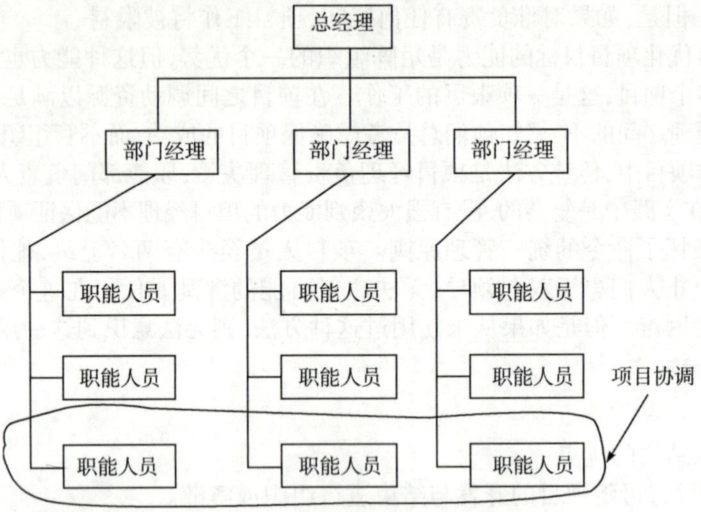

图 2-9　弱矩阵组织结构示意图

2. 强矩阵组织结构

强矩阵组织结构是矩阵组织结构的另一个极端，强矩阵组织结构类似于项目型组织结构，它们的区别在于项目部从公司中分离出来作为独立的单元，项目人员可根据需要全职或兼职地为项目服务，具体组织结构示意图，如图 2-10 所示。

强矩阵组织结构在系统原有的职能组织结构的基础上，由系统的最高领导任命对项目全权负责的项目经理，项目经理来自公司的项目管理部门，直接向最高领导负责。在这种情况下，项目的运作会更加符合公司的规定，不易产生矛盾与分歧。

在强矩阵组织结构中，具有项目型组织结构的许多特点：拥有专职的、具有较大权限的项目经理及专职的项目管理人员。对于技术复杂且时间相对紧迫的项目，适合采用强矩阵组织。

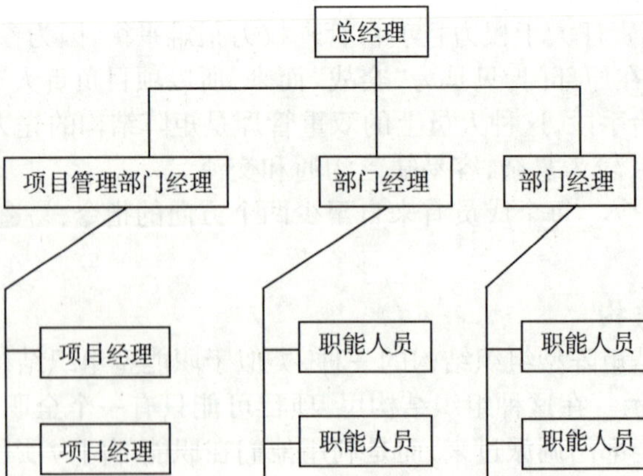

图 2-10　强矩阵组织结构示意图

3. 平衡矩阵组织结构

平衡矩阵组织结构中对各项目均任命项目经理，并且赋予他应有的职权与责任，项目经理以对部门及该部门中主要工作（或重要）人员的控制为主，由职能经理负责各个职能项目团队中一般人员的管理，平衡矩阵组织结构示意图，如图 2-11 所示。平衡矩阵组织是对弱矩阵组织结构的改进，在项目管理班子内，从职能部门参与本项目活动的成员中任命一名项目经理，以强化对项目的管理。项目经理被赋予一定的权力，对项目整体与项目目标负责。

对于有中等技术复杂程度且周期较长的项目，适合采用平衡矩阵组织结构。采用平衡组织结构，需要精心建立管理程序和配备训练有素的协调人员才能取得好的效果。

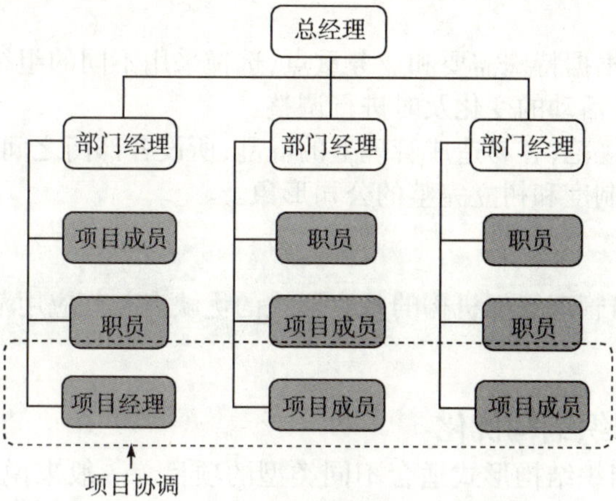

图 2-11 平衡矩阵组织结构示意图

典型例题

【多选题】下列属于矩阵型组织结构中强矩阵式特点的有（　　）。

A. 人力、物资资源出现“囤积”资源浪费

B. 项目经理来自于公司的项目管理部门

C. 项目经理与上级沟通需在职能部门负责人与公司领导间平衡

D. 项目运作更符合公司规定，不易出现矛盾

E. 没有专职项目经理

BD。【解析】矩阵型组织结构分为弱矩阵组织结构、强矩阵组织结构、平衡矩阵组织结构三种。在强矩阵组织结构中，项目经理来自于公司的项目管理部门且由系统的最高领导任命，负责项目的管理工作并且使项目的运作更符合公司的规定及要求，不容易出现矛盾与分歧。故选项 B，D 正确。

四、混合（复合）型组织结构

（一）基本概念

混合型组织结构是指将两种或三种组织结构结合起来设置分部而形成的组织结构。混合型组织结构可以看作是矩阵型组织结构和业务单元型组织结构的结合，在这种组织结构中，企业不仅可以根据产品、客户/市场的不同，设置一系列相对独立的业务单元，而且，在设计中往往将一些共用的职能（如客户服务部门、采购、人事、财务、广告等）集中，由上级直接委派以辅助和协调各产品、客户/市场部门，做到资源共享。混合结构旨在发挥某些职能部

门的专长，使这些职能部门的作用得到加强。

纯职能和纯项目组织可以同时存在于一个公司中，从而创建一种混合形式（混合型组织结构）。这种形式通常将一些大型的，长期运行的项目与整体项目或独立项目分开。现有职能部门的许多公司首先培养了一些尚未稳定的小项目，然后让他们“断奶”，形成一个具有自己独立地位的纯项目，最后形成一个“攻关团队”，大项目还可以建立“解决方案实体”。混合型组织结构带来了灵活性，使公司能够满足在正确的组织环境下解决特定问题的需求。但是，由于利益和偏好的差异，这种混合中也存在明显的危险，同一责任的不同组合也是如此。鼓励重叠，重复和虚构。

（二）主要优缺点

优点：有利于企业根据特殊需要和业务重点，选择采用不同的组织结构，灵活性强，且可以根据外部环境和业务活动的变化及时进行调整。

缺点：组织结构不规范，容易造成管理上的混乱；所设各部门之间差异较大，不利于协调与合作，也不利于执行制度和树立完整的公司形象。

提示

需着重区分项目管理组织机构的基本形式的优缺点及其应用范围等。

五、项目管理组织结构优化

不同类型的项目组织结构形式适合不同类型的项目。一般来说，小型、时间短、专业面窄的项目适宜采用职能型组织结构；而工作周期长、专业复杂或比较特殊的项目，投资或工程量较大的工程项目适宜采用矩阵型或项目型的组织结构。因此在项目的组织设计中要根据项目的具体情况来决定项目的组织结构形式。如果项目在最初的组织设计时并没有依据项目的特点来选择组织结构形式，就必须进行组织结构形式的调整。

尽管如此，除一些特殊情况外，尽量不要轻易调整项目组织结构，避免对项目后续工作产生一定的影响。

（一）管理组织结构优化的原因

1. 项目的主客观条件发生变化

如同其他事物一样，项目的情况也是经常发生变化的。这种变化从项目主观上看会有很多方面，由于委托方资金问题、产权关系、利益取向等的变化，使委托方对项目目标进行调整，因而对项目内容也要进行相应的改变。从外界客观条件看，在项目执行期间，项目的外部环境有时会发生很大的变化，特别是周期较长的项目，如政治、经济环境，战争因素等，也可能是自然条件的变化，如自然资源、气候条件等。

2. 项目正常运行时自身使项目管理的内容发生改变

随着项目工作的正常开展，一些子项目结束，一些新的子项目可能要开始，在这种情况下，项目管理的目标、内容也可能会随之改变，特别是一些大的项目。在这种情况下，开始采用的组织结构形式与结构设计方案可能已不适应新的变化。

3. 实践证明原组织结构形式与设计方案不适合项目的开展

尽管在项目组织方案设计时进行了深入的工作，但由于各种原因，原采用的项目组织结构形式仍可能与项目工作目标出现矛盾，无法完成项目工作任务，在这种情况下必须进行组织再造。

(二)项目组织再造应注意的事项

项目组织再造时,除要遵循前面介绍的管理组织设计原则外,还要注意以下几点。

1. 尽量保持项目工作的持续性

项目组织再造的目的是保证项目工作的更好开展,而不是重新构建组织。因此要尽可能防止因项目组织调整而对项目顺利进行产生影响。

2. 避免组织设置因个人进行调整

组织的调整要以项目工作为中心,避免为了满足或削弱个别人的权力等而对项目组织进行改变,否则只能对项目工作产生破坏作用。

3. 以客户利益为核心

当组织调整中出现矛盾时,以客户的利益为先行尺度,以完成好委托任务为第一原则。不能因组织的调整而影响项目合同的正常完成。

4. 把握好调整的最佳时机

当必须对工程项目组织进行调整时,要注意研究和把握调整的最佳时机,有时不能操之过急,利用调整前的时间做好各项准备工作,防止各种意外情况的出现。

5. 新组织一定要解决原组织下亟须解决的问题

调整是为了项目的发展,不是为了解决原组织中的所有问题,只是为了解决不适应项目开展的主要问题。因此,在构造新组织时一定要认真分析研究,新组织能否达到这一目标。

6. 树立整体原则

调整不一定是最优的方案,能不调则不调,另寻其他路径;能小调则不大调,减少对组织的影响。

链接

不同的项目管理组织模式,其项目特点也是不同的。下表从项目经理的责任、项目经理的权限、项目行政人员、项目负责人实际扮演的角色、全职人员在项目团队中的比例五方面描述各种组织结构的特点:

特点 \ 类型	职能型	项目型	矩阵型		
			弱矩阵型	强矩阵型	平衡矩阵型
项目经理的责任	兼职	专职	兼职	专职	专职
项目经理的权限	很少或没有	大到最大	有限	中等到大	小到中等
项目行政人员	兼职	专职	兼职	专职	兼职
项目负责人实际扮演的角色	协调员	项目经理	协调员	项目经理	项目经理
全职人员在项目团队中的比例	几乎没有	85% ~100%	0 ~25%	50% ~95%	15% ~60%

第三章 工程项目招标投标管理

第一节 工程项目招标投标概述

一、招投标管理应遵循的基本原则

随着国民经济的发展,工程项目的建设规模也越来越大。施工企业为了自身的发展,一般通过招投标来获得建设工程项目。而招投标活动,也必须在法律法规的结构框架下进行。招投标活动应当遵循公开、公平、公正和诚实信用的原则,以此来保证招投标活动的有序进行。

(一)公开原则

进行招投标活动,必须要求相关参与方在透明的环境下进行,招标程序、评标标准、评标和中标结果等信息都要公开透明,要让每一个投标人及时获得有关招投标的信息。不仅如此,公开透明的招投标活动也有利于各方的相互监督。

(二)公平原则

公平原则,要求招标人对各投标人要一视同仁的给予各竞标人相同的竞争机会,并且享有同等的权利和义务。例如,投标人不得在资格预审文件或者招投标文件中设定限制性的内容或者标准,以不合理的理由限制或者排斥潜在投标人。依法必须进行招标的项目,不得以特定的业绩、区域、获得的奖项作为评分标准或者中标条件等。公平的原则主要体现在两个方面,即各方机会均等和权利义务平等。

(三)公正原则

公正原则,即要求招标人必须依法设定科学、合理和统一的程序、方法和标准,并严格据此接受并客观评审投标文件,真正择优确定中标人,不倾向、不歧视、不排斥,保证各投标人的合法平等权益。

(四)诚实信用原则

诚实信用原则,要求招投标的各参与方在招投标活动中,要严格履行合同中规定的义务,不得有弄虚作假、串标或有损害他人利益的行为。诚实信用是市场经济活动的最基本原则,也是市场经济活动的基石。

二、法律框架体系

(一)法的制定形式

1. 宪法

宪法由全国人民代表大会依照特别程序制定和修改,规定了国家的根本制度和根本任务，在全国范围内适用，是国家的根本大法，具有最高的法律效力，一切法律、行政法规和地方性法规都不得同宪法相抵触。宪法形式主要是指《宪法》这一规范性文件。

2. 法律

法律有广义和狭义的划分。广义上的法律泛指一切规范性文件。这里的法律是狭义上的法律，专指全国人民代表大会及全国人民代表大会常务委员会制定和颁布的规范性文件，其法律地位和效力仅次于宪法，高于行政法规、地方性法规、规章，如《招标投标法》《政府采购法》等。

3. 行政法规

《立法法》规定，国务院根据宪法和法律，制定行政法规。行政法规是国务院为领导和管理国家各项行政工作，根据宪法和法律，按照法定程序制定的有关行使行政权力，履行行政职责的规范性文件的总称。行政法规一般以条例、办法、实施细则、规定等形式出现。发布行政法规需要国务院总理签署国务院令，其效力次于宪法和法律，高于地方性法规和部门规章。《招标投标法实施条例》《政府采购法实施条例》等均属于行政法规。

4. 地方性法规

地方性法规是具有地方立法权的地方权力机关根据本行政区域的具体情况和实际需要依法制定的在本行政区域内具有法律效力的规范性文件。《立法法》规定，省、自治区、直辖市的人民代表大会及其常务委员会根据本行政区域的具体情况和实际需要，在不同宪法、法律、行政法规相抵触的前提下，可以制定地方性法规。设区的市的人民代表大会及其常务委员会根据本市的具体情况和实际需要，在不同宪法、法律、行政法规和本省、自治区的地方性法规相抵触的前提下，可以对城乡建设与管理、环境保护、历史文化保护等方面的事项制定地方性法规。自治州的人民代表大会及其常务委员会可以依法行使设区的市制定地方性法规的职权，如《北京市招标投标条例》《上海市建筑节能条例》等。

5. 自治条例和单行条例

民族自治地方的人民代表大会有权依照当地民族的政治、经济和文化的特点，制定自治条例和单行条例。自治区的自治条例和单行条例，报全国人民代表大会常务委员会批准后生效。自治州、自治县的自治条例和单行条例，报省、自治区、直辖市的人民代表大会常务委员会批准后生效。

6. 规章

根据制定机关不同，规章可分为部门规章和地方政府规章两类。

部门规章是指国务院各部、委员会、中国人民银行、审计署和具有行政管理职能的直属机构，根据法律和国务院的行政法规、决定、命令，在本部门的权限范围内所制定的规范性文件，如《招标公告发布暂行办法》《建筑施工企业安全生产许可证管理规定》等。

地方政府规章是指省、自治区、直辖市和设区的市、自治州的人民政府，根据法律、行政法规和本省、自治区、直辖市的地方性法规所制定的规范性文件，如《河南省生产安全事故隐患排查治理办法》《宁波市建设工程造价管理办法》等。

7. 国际条约

国际条约是指我国作为国际法主体同其他国家或者地区缔结的双边、多边协议，以及其他具有条约、协定性质的文件，如《1988 年建筑业安全卫生公约》。

1996 年，原建设部开始申办在我国执行第 167 号公约，于 2001 年 10 月 27 日由我国人大常委会通过，我国成为国际上实施 167 号公约的第 15 个国家。

（二）法的适用效力

法的适用效力是指不同的规范性法律文件在法律体系中的效力等级关系问题。根据《立法法》，我国法的适用效力可以概括为以下几个方面。

1. 法的纵向效力

(1)宪法效力至上。宪法具有最高的法律效力,一切法律、行政法规、地方性法规、自治条例和单行条例、规章都不得同宪法相抵触。

(2)上位法优于下位法。法律的效力高于行政法规、地方性法规、规章。行政法规的效力高于地方性法规、规章。地方性法规的效力高于本级和下级地方政府规章。省、自治区的人民政府制定的规章的效力高于本行政区域内的设区的市、自治州的人民政府制定的规章。部门规章之间、部门规章与地方政府规章之间具有同等效力,在各自的权限范围内施行。

法的纵向效力概括总结,如图3-1所示。

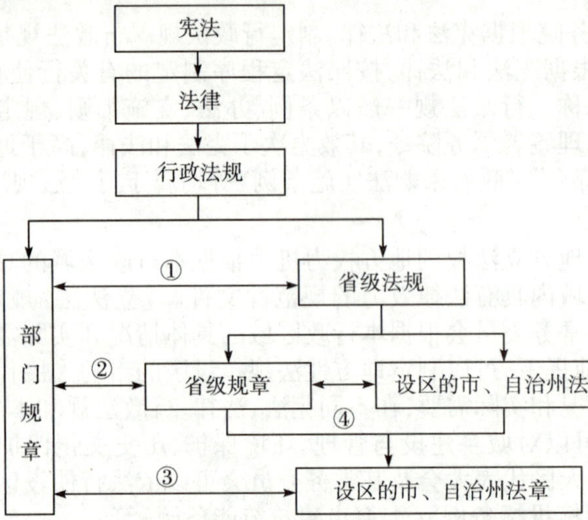

图3-1 法的纵向效力

注:a. ①部门规章与地方性法规就同一问题规定不一致时,由国务院提出处理意见,该意见适用部门规章的提请全国人大常委会裁决。

b. ②③部门规章之间,部门规章与地方政府规章之间就同一问题规定不一致的,由国务院裁决。

c. ④设区的市、自治州的地方性法规与省、自治区、直辖市的规章不一致,由省、自治区、直辖市人大常委会作出处理界定。

2. 法的横向效力——特别法优于一般法、新法优于旧法

同一机关制定的法律、行政法规、地方性法规、自治条例和单行条例、规章,特别规定与一般规定不一致的,适用特别规定;新的规定与旧的规定不一致的,适用新的规定。

3. 裁决确定效力

法律之间对同一事项的新的一般规定与旧的特别规定不一致,不能确定如何适用时,由全国人民代表大会常务委员会裁决。

行政法规之间对同一事项的新的一般规定与旧的特别规定不一致,不能确定如何适用时,由国务院裁决。

地方性法规、规章之间不一致时,由有关机关依照下列规定的权限作出裁决。

(1)同一机关制定的新的一般规定与旧的特别规定不一致时,由制定机关裁决。

(2)地方性法规与部门规章之间对同一事项的规定不一致,不能确定如何适用时,由国务院提出意见,国务院认为应当适用地方性法规的,应当决定在该地方适用地方性法规的规定;认为应当适用部门规章的,应当提请全国人民代表大会常务委员会裁决。

(3)部门规章之间、部门规章与地方政府规章之间对同一事项的规定不一致时,由国务院裁决。

根据授权制定的法规与法律规定不一致,不能确定如何适用时,由全国人民代表大会常务委员会裁决。

典型例题

【单选题】关于招投标法律适用效力的说法,正确的是(　　)。

A. 法律的效力高于行政法规、地方性法规、规章

B. 部门规章的效力高于地方政府规章

C. 同一机关制定的一般规定的效力高于特别规定

D. 由国务院若干部委联合制定的部门规章效力高于某一部委单独制定的部门规章

A。【解析】根据《立法法》,法律的效力高于行政法规、地方性法规、规章。行政法规的效力高于地方性法规、规章。地方性法规的效力高于本级和下级地方政府规章。省、自治区的人民政府制定的规章的效力高于本行政区域内的设区的市、自治州的人民政府制定的规章。部门规章之间、部门规章与地方政府规章之间具有同等效力,在各自的权限范围内施行。同一机关制定的法律、行政法规、地方性法规、自治条例和单行条例、规章,特别规定与一般规定不一致的,适用特别规定;新的规定与旧的规定不一致的,适用新的规定。

三、工程项目招标范围和规模标准

(一)必须进行招标的项目

在中华人民共和国境内进行下列工程建设项目包括项目的勘察、设计、施工、监理以及与工程建设有关的重要设备、材料等的采购,必须进行招标:

(1)大型基础设施、公用事业等关系社会公共利益、公众安全的项目。

(2)全部或者部分使用国有资金投资或者国家融资的项目。

(3)使用国际组织或者外国政府贷款、援助资金的项目。

链接

上述所称工程建设项目,是指工程以及与工程建设有关的货物、服务。所称工程,是指建设工程,包括建筑物和构筑物的新建、改建、扩建及其相关的装修、拆除、修缮等;所称与工程建设有关的货物,是指构成工程不可分割的组成部分,且为实现工程基本功能所必需的设备、材料等;所称与工程建设有关的服务,是指为完成工程所需的勘察、设计、监理等服务。

不属于上述必须进行招标的项目规定情形的大型基础设施、公用事业等关系社会公共利益、公众安全的项目,必须招标的具体范围包括:

(1)煤炭、石油、天然气、电力、新能源等能源基础设施项目。

(2)铁路、公路、管道、水运,以及公共航空和 A1 级通用机场等交通运输基础设施项目。

(3)电信枢纽、通信信息网络等通信基础设施项目。

(4)防洪、灌溉、排涝、引(供)水等水利基础设施项目。

(5)城市轨道交通等城建项目。

全部或者部分使用国有资金投资或者国家融资的项目包括:

(1)使用预算资金 200 万元人民币以上,并且该资金占投资额 10% 以上的项目。

(2)使用国有企业事业单位资金,并且该资金占控股或者主导地位的项目。

使用国际组织或者外国政府贷款、援助资金的项目包括:

(1)使用世界银行、亚洲开发银行等国际组织贷款、援助资金的项目。

(2)使用外国政府及其机构贷款、援助资金的项目。

上述范围内的项目,其勘察、设计、施工、监理以及与工程建设有关的重要设备、材料等

的采购达到下列标准之一的，必须招标：

（1）施工单项合同估算价在400万元人民币以上。

（2）重要设备、材料等货物的采购，单项合同估算价在200万元人民币以上。

（3）勘察、设计、监理等服务的采购，单项合同估算价在100万元人民币以上。

同一项目中可以合并进行的勘察、设计、施工、监理以及与工程建设有关的重要设备、材料等的采购，合同估算价合计达到规定标准的，必须招标。

链接

任何单位和个人不得将依法必须进行招标的项目化整为零或者以其他任何方式规避招标。

典型例题

【多选题】根据国家发改委《必须招标的工程项目规定》和《必须招标的基础设施和公用事业项目范围规定》，下列项目中，属于必须招标的项目范围有（　　）。

A. 全部使用世界银行援助资金的水利枢纽项目

B. 全部由民营企业投资的高速公路项目

C. 全部由民营企业投资的一般农业开发项目

D. 全部由国有企业投资的铁路项目

E. 国有企业投资占10%，民营企业投资90%且控股的办公楼项目

ADE。【解析】选项A全部使用世界银行援助资金的水利枢纽项目，选项D全部由国有企业投资的铁路项目，选项E国有企业投资占10%，民营企业投资90%且控股的办公楼项目均属于必须招标的项目范围。

（二）可以不进行招标的项目

涉及国家安全、国家秘密、抢险救灾或者属于利用扶贫资金实行以工代赈、需要使用农民工等特殊情况，不适宜进行招标的项目，按照国家有关规定可以不进行招标。

除上述规定的可以不进行招标的特殊情况外，有下列情形之一的，可以不进行招标：

（1）需要采用不可替代的专利或者专有技术。

（2）采购人依法能够自行建设、生产或者提供。

（3）已通过招标方式选定的特许经营项目投资人依法能够自行建设、生产或者提供。

（4）需要向原中标人采购工程、货物或者服务，否则将影响施工或者功能配套要求。

（5）国家规定的其他特殊情形。

（三）不同招标方式的要求

1. 总承包招标

招标人可以依法对工程以及与工程建设有关的货物、服务全部或者部分实行总承包招标。以暂估价形式包括在总承包范围内的工程、货物、服务属于依法必须进行招标的项目范围且达到国家规定规模标准的，应当依法进行招标。

暂估价，是指总承包招标时不能确定价格而由招标人在招标文件中暂时估定的工程、货物、服务的金额。

2. 两阶段招标

对技术复杂或者无法精确拟定技术规格的项目，招标人可以分两阶段进行招标。

第一阶段，投标人按照招标公告或者投标邀请书的要求提交不带报价的技术建议，招标人根据投标人提交的技术建议确定技术标准和要求，编制招标文件。

第二阶段，招标人向在第一阶段提交技术建议的投标人提供招标文件，投标人按照招标

文件的要求提交包括最终技术方案和投标报价的投标文件。

招标人要求投标人提交投标保证金的，应当在第二阶段提出。

3. 终止招标

招标人终止招标的，应当及时发布公告，或者以书面形式通知被邀请的或者已经获取资格预审文件、招标文件的潜在投标人。已经发售资格预审文件、招标文件或者已经收取投标保证金的，招标人应当及时退还所收取的资格预审文件、招标文件的费用，以及所收取的投标保证金及银行同期存款利息。

四、招标事项的审批和核准

根据《工程建设项目申报材料增加招标内容和核准招标事项暂行规定》，依法必须进行招标且按照国家有关规定需要履行项目审批、核准手续的各类工程建设项目，必须在报送的项目可行性研究报告或者资金申请报告、项目申请报告中增加有关招标的内容。

增加的招标内容包括：

(1)建设项目的勘察、设计、施工、监理以及重要设备、材料等采购活动的具体招标范围(全部或者部分招标)。

(2)建设项目的勘察、设计、施工、监理以及重要设备、材料等采购活动拟采用的招标组织形式(委托招标或者自行招标)；拟自行招标的，还应按照《工程建设项目自行招标试行办法》规定报送书面材料。

(3)建设项目的勘察、设计、施工、监理以及重要设备、材料等采购活动拟采用的招标方式(公开招标或者邀请招标)；国家发展改革委确定的国家重点项目和省、自治区、直辖市人民政府确定的地方重点项目，拟采用邀请招标的，应对采用邀请招标的理由作出说明。

(4)其他有关内容。

报送招标内容时应附招标基本情况表。

属于下列情况之一的，建设项目可以不进行招标。但在报送可行性研究报告或资金申请报告、项目申请报告中须提出不招标申请，并说明不招标原因：

(1)涉及国家安全、国家秘密、抢险救灾或者属于利用扶贫资金实行以工代赈、需要使用农民工等特殊情况，不适宜进行招标。

(2)建设项目的勘察、设计，采用不可替代的专利或专有技术，或者其建筑艺术造型有特殊要求。

(3)承包商、供应商或者服务提供者少于3家，不能形成有效竞争。

(4)采购人依法能够自行建设、生产或者提供。

(5)已通过招标方式选定的特许经营项目投资人依法能够自行建设、生产或者提供。

(6)需要向原中标人采购工程、货物或者服务，否则将影响施工或者配套要求。

(7)国家规定的其他特殊情形。

经项目审批、核准部门审核、批准，工程建设项目因特殊情况可以在报送可行性研究报告或者资金申请报告、项目申请报告前先行开展招标活动，但应在报送的可行性研究报告或资金申请报告、项目申请报告中予以说明。项目审批、核准部门认定先行开展的招标活动中有违背法律、法规的情形的，应要求其纠正。

在项目可行性研究报告或资金申请报告、项目申请报告中增加的招标内容，作为附件与可行性研究报告或者资金申请报告、项目申请报告一同报送。

项目审批、核准部门应依据法律、法规规定的权限，对项目建设单位拟定的招标范围、招标组织形式、招标方式等内容提出是否予以审批、核准的意见。

审批、核准招标事项，按以下分工办理：

(1)应报送国家发展改革委审批和国家发展改革委核报国务院审批的建设项目,由国家发展改革委审批。

(2)应报送国务院行业主管部门审批的建设项目,由国务院行业主管部门审批。

(3)应报送地方人民政府发展改革部门审批和地方人民政府发展改革部门核报地方人民政府审批的建设项目,由地方人民政府发展改革部门核准。

(4)按照规定应报送国家发展改革委核准的建设项目,由国家发展改革委核准。

(5)按照规定应报送地方人民政府发展改革部门核准的建设项目,由地方人民政府发展改革部门核准。

使用国际金融组织或者外国政府资金的建设项目,资金提供方对建设项目报送招标内容有规定的,从其规定。

项目建设单位在招标活动中对审核、批准的招标范围、招标组织形式、招标方式等作出改变的,应向原审批部门重新办理有关审核、批准手续。项目审批、核准部门应将审核、批准建设项目招标内容的意见抄送有关行政监督部门。项目建设单位在报送招标内容中弄虚作假,或者在招标活动中违背项目审批、核准部门审核、批准事项,由项目审批、核准部门和有关行政监督部门依法处罚。

第二节　工程项目施工招标投标

一、招标

(一)招标人的确定

招标人是指依照规定提出招标项目、进行招标的法人或者其他组织。

1. 自行招标

招标人具有编制招标文件和组织评标能力的,即招标人具有与招标项目规模和复杂程度相适应的技术、经济等方面的专业人员,可以自行办理招标事宜。任何单位和个人不得强制其委托招标代理机构办理招标事宜。依法必须进行招标的项目,招标人自行办理招标事宜的,应当向有关行政监督部门备案。

招标人自行办理招标事宜,应当具有编制招标文件和组织评标的能力,具体包括:

(1)具有项目法人资格(或者法人资格)。

(2)具有与招标项目规模和复杂程度相适应的工程技术、概预算、财物和工程管理等方面专业技术力量。

(3)有从事同类工程建设项目招标的经验。

(4)拥有3名以上取得招标职业资格的专职招标业务人员。

(5)熟悉和掌握招标投标法及有关法规规章。

2. 委托招标

招标人有权自行选择招标代理机构,委托其办理招标事宜。任何单位和个人不得以任何方式为招标人指定招标代理机构。招标代理机构是依法设立、从事招标代理业务并提供相关服务的社会中介组织。招标代理机构应当拥有一定数量的具备编制招标文件、组织评标等相应能力的专业人员。

招标代理机构应当具备下列条件:

(1)有从事招标代理业务的营业场所和相应资金。

(2)有能够编制招标文件和组织评标的相应专业力量。

招标代理机构与行政机关和其他国家机关不得存在隶属关系或者其他利益关系。国务院住房城乡建设、商务、发展改革、工业和信息化等部门,按照规定的职责分工对招标代理机构依法实施监督管理。

招标代理机构在招标人委托的范围内开展招标代理业务,任何单位和个人不得非法干涉。招标代理机构代理招标业务,应当遵守《招标投标法》和关于招标人的相关规定。招标代理机构不得无权代理、越权代理,不得明知委托事项违法而进行代理。招标代理机构不得在所代理的招标项目中投标或者代理投标,也不得为所代理的招标项目的投标人提供咨询;未经招标人同意,不得转让招标代理业务。

招标代理机构可以在其资格等级范围内承担下列招标事宜:

(1)拟订招标方案,编制和出售招标文件、资格预审文件。

(2)审查投标人资格。

(3)编制标底。

(4)组织投标人踏勘现场。

(5)组织开标、评标,协助招标人定标。

(6)草拟合同。

(7)招标人委托的其他事项。

工程招标代理机构与招标人应当签订书面委托合同,并按双方约定的标准收取代理费;国家对收费标准有规定的,依照其规定。

(二)招标条件与备案

1. 招标条件

依法必须招标的工程建设项目,应当具备下列条件才能进行施工招标:

(1)招标人已经依法成立。

(2)初步设计及概算应当履行审批手续的,已经批准。

(3)招标范围、招标方式和招标组织形式等应当履行核准手续的,已经核准。

(4)有相应资金或资金来源已经落实。

(5)有招标所需的设计图纸及技术资料。

2. 招标备案

依法必须进行招标的项目,招标人自行办理招标事宜的,应当向有关行政监督部门备案。根据《房屋建筑和市政基础设施工程施工招标投标管理办法》,招标人自行办理施工招标事宜的,应当在发布招标公告或者发出投标邀请书的5日前,向工程所在地县级以上地方人民政府建设行政主管部门备案,并报送下列材料:

(1)按照国家有关规定办理审批手续的各项批准文件。

(2)证明招标人具有编制招标文件和组织评标能力的材料,包括专业技术人员的名单、职称证书或者执业资格证书及其工作经历的证明材料。

(3)法律、法规、规章规定的其他材料。

招标人不具备自行办理施工招标事宜条件的,建设行政主管部门应当自收到备案材料之日起5日内责令招标人停止自行办理施工招标事宜。

(三)招标方式

招标分为公开招标和邀请招标。

公开招标,是指招标人以招标公告的方式邀请不特定的法人或者其他组织投标。

邀请招标,是指招标人以投标邀请书的方式邀请特定的法人或者其他组织投标。

国有资金占控股或者主导地位的依法必须进行招标的项目,应当公开招标;但有下列情形之一的,可以邀请招标:

(1)项目技术复杂或有特殊要求,或者受自然地域环境限制,只有少量潜在投标人可供选择。

(2)涉及国家安全、国家秘密或者抢险救灾,适宜招标但不宜公开招标。

(3)采用公开招标方式的费用占项目合同金额的比例过大。

有上述第(3)项所列情形,属于按照国家有关规定需要履行项目审批、核准手续的依法必须进行招标的项目,由项目审批、核准部门在审批、核准项目时作出认定;其他项目由招标人申请有关行政监督部门作出认定。

国务院发展计划部门确定的国家重点项目和省、自治区、直辖市人民政府确定的地方重点项目不适宜公开招标的,经国务院发展计划部门或者省、自治区、直辖市人民政府批准,可以进行邀请招标。

全部使用国有资金投资或者国有资金投资占控股或者主导地位的并需要审批的工程建设项目的邀请招标,应当经项目审批部门批准,但项目审批部门只审批立项的,由有关行政监督部门批准。

链接

公开招标和邀请招标的主要区别在于竞争范围、公开程度、信息发布方式、投标人选取渠道的不同。

(四)招标公告和投标邀请书

招标人采用公开招标方式的,应当发布招标公告。依法必须进行招标的项目的招标公告,应当通过国家指定的报刊、信息网络或者其他媒介发布。

招标人采用邀请招标方式的,应当向 3 个以上具备承担招标项目的能力、资信良好的特定的法人或者其他组织发出投标邀请书。

招标人采用资格预审办法对潜在投标人进行资格审查的,应当发布资格预审公告、编制资格预审文件。

依法必须招标项目的资格预审公告、投标邀请书和招标公告,应当载明以下内容:

(1)招标项目名称、内容、范围、规模、资金来源。

(2)投标资格能力要求,以及是否接受联合体投标。

(3)获取资格预审文件或招标文件的时间、方式。

(4)递交资格预审文件或投标文件的截止时间、方式。

(5)招标人及其招标代理机构的名称、地址、联系人及联系方式。

(6)采用电子招标投标方式的,潜在投标人访问电子招标投标交易平台的网址和方法。

(7)其他依法应当载明的内容。

依法必须进行招标的项目的资格预审公告和招标公告,应当在国务院发展改革部门依法指定的媒介发布。在不同媒介发布的同一招标项目的资格预审公告或者招标公告的内容应当一致。指定媒介发布依法必须进行招标的项目的境内资格预审公告、招标公告,不得收取费用。

依法必须招标项目的招标公告和公示信息应当根据招标投标法律法规,以及国家发展改革委会同有关部门制定的标准文件编制,实现标准化、格式化;应当在“中国招标投标公共服务平台”或者项目所在地省级电子招标投标公共服务平台(以下统一简称“发布媒介”)发布。

省级电子招标投标公共服务平台应当与“中国招标投标公共服务平台”对接,按规定同步交互招标公告和公示信息。对依法必须招标项目的招标公告和公示信息,发布媒介应当与相应的公共资源交易平台实现信息共享。“中国招标投标公共服务平台”应当汇总公开全国招标公告和公示信息,以及发布媒介名称、网址、办公场所、联系方式等基本信息,及时维护更新,与全国公共资源交易平台共享,并归集至全国信用信息共享平台,按规定通过“信用中国”网站向社会公开。

(五)招标文件

1. 招标文件的内容

招标人根据施工招标项目的特点和需要编制招标文件。编制依法必须进行招标的项目的招标文件,应当使用国务院发展改革部门会同有关行政监督部门制定的标准文本。

招标文件应当包括招标项目的技术要求、对投标人资格审查的标准、投标报价要求和评标标准等所有实质性要求和条件以及拟签订合同的主要条款。招标文件一般包括下列内容:招标公告或投标邀请书;投标人须知;合同条款及格式;投标文件格式;采用工程量清单招标的,应当提供工程量清单;技术标准和要求;设计图纸;评标办法;投标辅助材料。

招标人应当在招标文件中规定实质性要求和条件,并用醒目的方式标明。

招标人可以要求投标人在提交符合招标文件规定要求的投标文件外,提交备选投标方案,但应当在招标文件中做出说明,并提出相应的评审和比较办法。

2. 招标文件的编制要求

招标文件规定的各项技术标准应符合国家强制性标准。国家对招标项目的技术、标准有规定的,招标人应当按照其规定在招标文件中提出相应要求。招标文件中规定的各项技术标准均不得要求或标明某一特定的专利、商标、名称、设计、原产地或生产供应者,不得含有倾向或者排斥潜在投标人的其他内容。如果必须引用某一生产供应者的技术标准才能准确或清楚地说明拟招标项目的技术标准时,则应当在参照后面加上"或相当于"的字样。

施工招标项目需要划分标段、确定工期的,招标人应当合理划分标段、确定工期,并在招标文件中载明。对工程技术上紧密相连、不可分割的单位工程不得分割标段。招标人不得以不合理的标段或工期限制或者排斥潜在投标人或者投标人。依法必须进行施工招标的项目的招标人不得利用划分标段规避招标。

施工招标项目工期较长的,招标文件中可以规定工程造价指数体系、价格调整因素和调整方法。

招标文件应当明确规定所有评标因素,以及如何将这些因素量化或者据以进行评估。在评标过程中,不得改变招标文件中规定的评标标准、方法和中标条件。

招标文件应当规定一个适当的投标有效期,以保证招标人有足够的时间完成评标和与中标人签订合同。投标有效期从投标人提交投标文件截止之日起计算。在原投标有效期结束前,出现特殊情况的,招标人可以书面形式要求所有投标人延长投标有效期。投标人同意延长的,不得要求或被允许修改其投标文件的实质性内容,但应当相应延长其投标保证金的有效期;投标人拒绝延长的,其投标失效,但投标人有权收回其投标保证金。因延长投标有效期造成投标人损失的,招标人应当给予补偿,但因不可抗力需要延长投标有效期的除外。

招标人编制的招标文件的内容违反法律、行政法规的强制性规定,违反公开、公平、公正和诚实信用原则,影响潜在投标人投标的,依法必须进行招标的项目的招标人应当在修改招标文件后重新招标。

3. 招标文件的发售与异议

招标人应当按照招标公告或者投标邀请书规定的时间、地点发售招标文件。招标文件的发售期不得少于5日。招标人发售招标文件收取的费用应当限于补偿印刷、邮寄的成本支出,不得以营利为目的。

招标人应当确定投标人编制投标文件所需要的合理时间;但是,依法必须进行招标的项目,自招标文件开始发出之日起至投标人提交投标文件截止之日止,最短不得少于20日。

招标人可以对已发出的招标文件进行必要的澄清或者修改。澄清或者修改的内容可能影响投标文件编制的,招标人应当在投标截止时间至少15日前,以书面形式通知所有获取招标文件的潜在投标人;不足15日的,招标人应当顺延提交投标文件的截止时间。

潜在投标人或者其他利害关系人对招标文件有异议的，应当在投标截止时间10日前提出。招标人应当自收到异议之日起3日内作出答复；作出答复前，应当暂停招标投标活动。

链接

招标人不得向他人透露已获取招标文件的潜在投标人的名称、数量及可能影响公平竞争的有关招标投标的其他情况。招标人设有标底的，标底必须保密。

（六）标底与最高投标限价

招标人可根据项目特点决定是否编制标底。编制标底的，标底编制过程和标底在开标前必须保密。招标项目编制标底的，应根据批准的初步设计、投资概算，依据有关计价办法，参照有关工程定额，结合市场供求状况，综合考虑投资、工期和质量等方面的因素合理确定。

标底由招标人自行编制或委托中介机构编制。一个工程只能编制一个标底。招标人设有标底的，标底必须保密。接受委托编制标底的中介机构不得参加受托编制标底项目的投标，也不得为该项目的投标人编制投标文件或者提供咨询。

任何单位和个人不得强制招标人编制或报审标底，或干预其确定标底。招标项目可以不设标底，进行无标底招标。

招标人设有最高投标限价的，应当在招标文件中明确最高投标限价或者最高投标限价的计算方法。招标人不得规定最低投标限价。

链接

招标项目设有标底的，招标人应当在开标时公布。标底只能作为评标的参考，不得以投标报价是否接近标底作为中标条件，也不得以投标报价超过标底上下浮动范围作为否决投标的条件。

（七）踏勘现场与投标预备会

1. 踏勘现场

踏勘现场是指招标人组织投标申请人对工程现场场地和周围环境等客观条件进行的现场勘察。招标人根据招标项目的具体情况，可以组织潜在投标人踏勘项目现场，向其介绍工程场地和相关环境的有关情况。潜在投标人依据招标人介绍情况作出的判断和决策，由投标人自行负责。招标人不得单独或者分别组织任何一个投标人进行现场踏勘。投标人到现场调查，可进一步了解招标人的意图和现场周围的环境情况，以获取有用的信息并据此作出是否投标或投标策略以及投标报价。招标人应主动向投标申请人介绍所有施工现场的有关情况。投标申请人对影响工程施工的现场条件进行全面考察，包括经济、地理、地质、气候、法律环境等情况。

2. 投标预备会

投标预备会，又称答疑会、标前会议，一般在现场踏勘之后1～2天内举行。答疑会的目的是解答投标人对招标文件和在现场中提出的各种问题，并对图纸进行交底和解释。答疑会也可以不举行，招标人采用书面答复的形式对投标人所提问题进行回答。所有问题的解答，将邮寄或传真给所有投标人，由此而产生的对招标文件内容的修改，将成为招标文件的组成部分，对于双方均具有法律约束力。

在质疑过程中，投标人主要对影响造价和施工方案的疑问进行澄清，但对于对自己有利的模糊不清、模棱两可的情况，可以故意不提出澄清，以利于灵活报价。

投标人须知前附表规定召开投标预备会的，招标人按投标人须知前附表规定的时间和地点召开投标预备会，澄清投标人提出的问题。

投标人应在投标人须知前附表规定的时间前,以书面形式将提出的问题送达招标人,以便招标人在会议期间澄清。

投标预备会后,招标人在投标人须知前附表规定的时间内,将对投标人所提问题的澄清,以书面方式通知所有购买招标文件的投标人。该澄清内容为招标文件的组成部分。

二、投标人资格审查

(一)资格审查的方式、内容

1. 资格审查的方式

招标人可以根据招标项目本身的特点和需要,要求潜在投标人或者投标人提供满足其资格要求的文件,对潜在投标人或者投标人进行资格审查;国家对潜在投标人或者投标人的资格条件有规定的,依照其规定。

资格审查分为资格预审和资格后审。资格预审,是指在投标前对潜在投标人进行的资格审查。资格后审,是指在开标后对投标人进行的资格审查。已经进行过资格预审的潜在投标人,一般不再进行资格后审,但招标文件另有规定的除外。

2. 资格审查的内容

资格审查应主要审查潜在投标人或者投标人是否符合下列条件:

(1)具有独立订立合同的权利。

(2)具有履行合同的能力,包括专业、技术资格和能力,资金、设备和其他物质设施状况,管理能力,经验、信誉和相应的从业人员。

(3)没有处于被责令停业,投标资格被取消,财产被接管、冻结,破产状态。

(4)在最近三年内没有骗取中标和严重违约及重大工程质量问题。

(5)国家规定的其他资格条件。

3. 资格审查时限制、排斥潜在投标人或者投标人的情形

资格审查时,招标人不得以不合理的条件限制、排斥潜在投标人或者投标人,不得对潜在投标人或者投标人实行歧视待遇。任何单位和个人不得以行政手段或者其他不合理方式限制投标人的数量。招标人有下列行为之一的,属于以不合理条件限制、排斥潜在投标人或者投标人:

(1)就同一招标项目向潜在投标人或者投标人提供有差别的项目信息。

(2)设定的资格、技术、商务条件与招标项目的具体特点和实际需要不相适应或者与合同履行无关。

(3)依法必须进行招标的项目以特定行政区域或者特定行业的业绩、奖项作为加分条件或者中标条件。

(4)对潜在投标人或者投标人采取不同的资格审查或者评标标准。

(5)限定或者指定特定的专利、商标、品牌、原产地或者供应商。

(6)依法必须进行招标的项目非法限定潜在投标人或者投标人的所有制形式或者组织形式。

(7)以其他不合理条件限制、排斥潜在投标人或者投标人。

4. 工程项目招投标领域营商环境专项整治

《国务院办公厅关于聚焦企业关切进一步推动优化营商环境政策落实的通知》部署和全国深化"放管服"改革优化营商环境电视电话会议精神,消除招投标过程中对不同所有制企业设置的各类不合理限制和壁垒,维护公平竞争的市场秩序,决定在全国开展工程项目招投标领域营商环境专项整治工作。

《工程项目招投标领域营商环境专项整治工作方案》规定的整治内容应根据《招标投标

法》《招标投标法实施条例》等有关规定，清理、排查、纠正在招投标法规政策文件、招标公告、投标邀请书、资格预审公告、资格预审文件、招标文件以及招投标实践操作中，对不同所有制企业设置的各类不合理限制和壁垒。重点针对以下问题：

(1)违法设置的限制、排斥不同所有制企业参与招投标的规定，以及虽然没有直接限制、排斥，但实质上起到变相限制、排斥效果的规定。

(2)违法限定潜在投标人或者投标人的所有制形式或者组织形式，对不同所有制投标人采取不同的资格审查标准。

(3)设定企业股东背景、年平均承接项目数量或者金额、从业人员、纳税额、营业场所面积等规模条件；设置超过项目实际需要的企业注册资本、资产总额、净资产规模、营业收入、利润、授信额度等财务指标。

(4)设定明显超出招标项目具体特点和实际需要的过高的资质资格、技术、商务条件或者业绩、奖项要求。

(5)将国家已经明令取消的资质资格作为投标条件、加分条件、中标条件；在国家已经明令取消资质资格的领域，将其他资质资格作为投标条件、加分条件、中标条件。

(6)将特定行政区域、特定行业的业绩、奖项作为投标条件、加分条件、中标条件；将政府部门、行业协会商会或者其他机构对投标人作出的荣誉奖励和慈善公益证明等作为投标条件、中标条件。

(7)限定或者指定特定的专利、商标、品牌、原产地、供应商或者检验检测认证机构(法律法规有明确要求的除外)。

(8)要求投标人在本地注册设立子公司、分公司、分支机构，在本地拥有一定办公面积，在本地缴纳社会保险等。

(9)没有法律法规依据设定投标报名、招标文件审查等事前审批或者审核环节。

(10)对仅需提供有关资质证明文件、证照、证件复印件的，要求必须提供原件；对按规定可以采用“多证合一”电子证照的，要求必须提供纸质证照。

(11)在开标环节要求投标人的法定代表人必须到场，不接受经授权委托的投标人代表到场。

(12)评标专家对不同所有制投标人打分畸高或畸低，且无法说明正当理由。

(13)明示或暗示评标专家对不同所有制投标人采取不同的评标标准、实施不客观公正评价。

(14)采用抽签、摇号等方式直接确定中标候选人。

(15)限定投标保证金、履约保证金只能以现金形式提交，或者不按规定或者合同约定返还保证金。

(16)简单以注册人员、业绩数量等规模条件或者特定行政区域的业绩奖项评价企业的信用等级，或者设置对不同所有制企业构成歧视的信用评价指标。

(17)不落实《必须招标的工程项目规定》《必须招标的基础设施和公用事业项目范围规定》，违法干涉社会投资的房屋建筑等工程建设单位发包自主权。

(18)其他对不同所有制企业设置的不合理限制和壁垒。请各地区、各部门突出工作重点，围绕上述问题组织开展专项整治。对不属于本次专项整治重点的其他招投标违法违规行为，依法依规开展日常监管执法。

根据《关于进一步规范招标投标过程中企业经营资质资格审查工作的通知》的规定，企业依法享有经营自主权，其经营范围由其章程确定，并依法按照相关标准办理经营范围登记，以向社会公示其主要经营活动内容。招标人在招标项目资格预审公告、资格预审文件、招标公告、招标文件中不得以营业执照记载的经营范围作为确定投标人经营资质资格的依据，不得将投标人营业执照记载的经营范围采用某种特定表述或者明确记载某个特定经营范围细项作为投标、加分或者中标条件，不得以招标项目超出投标人营业执照记载的经营范围为由认定其投标无效。招标项目对投标人经营资质资格有明确要求的，应当对其是否被准予行政许可、取得相关资质资格情况进行审查，不应以对营业执照经营范围的审查代替，或以营业执照经营范围明确记载行政许可批准证件上的具体内容作为审查标准。

（二）资格预审

资格预审是招标人通过发布招标资格预审公告，向不特定的潜在投标人发出投标邀请，并组织招标资格审查委员会按照招标资格预审公告和资格预审文件确定的资格预审条件、标准和方法，对投标申请人的经营资格、专业资质、财务状况、类似项目业绩、履约信誉、企业认证体系等条件进行评审，确定合格的潜在投标人。资格预审的办法包括合格制和有限数量制，一般情况下应采用合格制，潜在投标人过多的，可采用有限数量制。资格预审应当按照资格预审文件载明的标准和方法进行。

1. 资格预审的优缺点

资格预审的优点主要包括：

（1）能够精减投标人的数量，降低评标难度，减少工作量，降低成本。工程项目招标，经常会有几十家潜在投标人进行投标，评标工作量极大，招投标成本较高。通过资格预审程序，将一部分潜在投标人淘汰，使其不能进入投标程序。一方面，评标工作量会大大减少，评标的难度也有所降低。另一方面，投标人的减少，能降低招投标成本。

（2）能够避免履约能力不佳的企业中标，降低履约风险。资格预审过程将潜在承包商范围缩小至已证明有能力执行特定质量标准的承包商，将资信、业绩达不到招标人要求的潜在投标人排斥在投标人之外，避免其以价格取胜而中标，在一定程度上预防合同签订后履约风险的发生。

资格预审的缺点主要包括：

（1）增加招标费用，延长招标周期。在发布招标公告时，采用资格预审的项目把原本可以一次完成的项目分成了两次，投标人一次完成的工作也被分成了两次，且评审费用随之增加。

（2）假借资质盛行。一些投标人本身根本没有取得过任何资质，为了谋取中标，借用一些资质较好的壳体，从而造成许多劣质工程。

（3）围标、串标的大量发生。采用资格预审方式时，招标人、招标代理机构和潜在投标人都有机会接触到报名信息，潜在投标人名称、数量、联系方式等相关信息保密工作难度大，信息极易泄露，从而产生串标、围标行为，严重影响招标领域内的公平、公正原则。

2. 发布资格预审公告

采取资格预审的，招标人应当发布资格预审公告，资格预审公告适用招标公告的规定；招标人应当在资格预审文件中载明资格预审的条件、标准和方法。

采取资格预审的，招标人应在建设工程交易中心及政府指定的报刊、网络发布工程招标信息，刊登资格预审公告。资格预审公告的内容应包括：工程项目名称、资金来源、工程规模、工程量、工程分包情况、投标人的合格条件、购买资格预审文件日期、地点和价格，递交资格预审投标文件的日期，时间和地点。

3. 出售资格预审文件

招标人应当按资格预审公告规定的时间、地点发售资格预审文件。自资格预审文件发售之日起至停止发售之日止，最短不得少于5日。对资格预审文件的收费应当限于补偿印刷、邮寄的成本支出，不得以营利为目的。对于所附的设计文件，招标人可以向投标人酌收押金；对于开标后投标人退还设计文件的，招标人应当向投标人退还押金。资格预审文件售出后，不予退还。除不可抗力原因外，招标人在售出资格预审文件后不得终止招标。

招标人可以对已发出的资格预审文件进行必要的澄清或者修改。澄清或者修改的内容可能影响资格预审申请文件编制的，招标人应当在提交资格预审申请文件截止时间至少3日前，以书面形式通知所有获取资格预审文件的潜在投标人；不足3日的，招标人应当顺延提交资格预审申请文件的截止时间。

潜在投标人或者其他利害关系人对资格预审文件有异议的，应当在提交资格预审申请文件截止时间2日前提出。招标人应当自收到异议之日起3日内作出答复；作出答复前，应当暂停招标投标活动。

招标人应当合理确定提交资格预审申请文件的时间。依法必须进行招标的项目提交资格预审申请文件的时间，自资格预审文件停止发售之日起不得少于5日。

4. 审查资格预审申请文件

资格预审应当按照资格预审文件载明的标准和方法进行。国有资金占控股或者主导地位的依法必须进行招标的项目，招标人应当组建资格审查委员会审查资格预审申请文件。资格审查委员会及其成员应当遵守《招标投标法》和《招标投标法实施条例》有关评标委员会及其成员的规定。

资格审查办法包括合格制和有限数量制。合格制的资格预审只考察潜在投标人总体上是否具备完成招标任务的条件，故只要具备了资格预审文件规定的条件即可获得投标资格；否则，就属于限制和排斥潜在投标人。有限数量制的资格预审，资格审查委员会按照资格预审文件规定的评审办法，对通过初步审查和详细审查的资格预审申请文件进行量化打分，按照得分由高到低的顺序确定通过资格预审的申请人。通过资格预审的申请人不超过资格预审文件规定的数量。

5. 通知资格预审结果

资格预审结束后，招标人应当及时向资格预审申请人发出资格预审结果通知书。未通过资格预审的申请人不具有投标资格。通过资格预审的申请人少于3个的，应当重新招标。

招标人编制的资格预审文件的内容违反法律、行政法规的强制性规定，违反公开、公平、公正和诚实信用原则，影响资格预审结果或者潜在投标人投标的，依法必须进行招标的项目的招标人应当在修改资格预审文件后重新招标。

（三）资格后审

资格后审是作为招标评标的一个重要内容在组织评标时由评标委员会负责的，审查的内容与资格预审的内容一致。采用资格后审可以避免招标与投标双方资格预审的工作环节和费用，缩短招标投标过程，有利于增强投标的竞争性，但在投标人过多时会增加社会成本和评标工作量。资格后审适用于潜在投标人数量不多的招标项目。

招标人采用资格后审办法对投标人进行资格审查的，应当在开标后由评标委员会按照招标文件规定的标准和方法对投标人的资格进行审查。

三、投标

（一）投标文件的编制

1. 投标文件的编制原则

投标人应当按照招标文件的要求编制投标文件。

投标文件应当对招标文件提出的实质性要求和条件作出响应。招标项目属于建设施工的，投标文件的内容应当包括拟派出的项目负责人与主要技术人员的简历、业绩和拟用于完成招标项目的机械设备等。

投标报价应依据招标文件中商务条款的规定；国家公布的统一工程项目划分、统一计量单位、统一计算规则及设计图纸、技术要求和技术规范编制。

投标文件应根据招标文件中要求的计价方法，并结合施工方案或施工组织设计，投标人自身的经营状况、技术水平和计价依据，以及招标时的建筑要素市场状况，确定企业利润、风险金、措施费等作出报价。投标报价应由工程成本、利润、税金、保险、措施费及采用固定价格的风险金等构成。

投标人不得以低于成本的报价竞标，也不得以他人名义投标或者以其他方式弄虚作假，骗取中标。

2. 投标文件的内容

投标文件一般包括下列内容：投标函；投标报价；施工组织设计；商务和技术偏差表。

投标人根据招标文件载明的项目实际情况，拟在中标后将中标项目的部分非主体、非关键性工作进行分包的，应当在投标文件中载明。

投标人须知前附表规定不接受联合体投标的，或投标人没有组成联合体的，投标文件不包括上述所指的联合体协议书。

3. 投标保证金

招标人可以在招标文件中要求投标人提交投标保证金。投标保证金除现金外，可以是银行出具的银行保函、保兑支票、银行汇票或现金支票。

投标保证金不得超过项目估算价的 2%，但最高不得超过 80 万元人民币。投标保证金有效期应当与投标有效期一致。

投标人应当按照招标文件要求的方式和金额，将投标保证金随投标文件提交给招标人或其委托的招标代理机构。

依法必须进行招标的项目的境内投标单位，以现金或者支票形式提交的投标保证金应当从其基本账户转出。

4. 投标文件的送达与签收

投标人应当在招标文件要求提交投标文件的截止时间前，将投标文件密封送达投标地点。招标人收到投标文件后，应当向投标人出具标明签收人和签收时间的凭证，在开标前任何单位和个人不得开启投标文件。

在招标文件要求提交投标文件的截止时间后送达的投标文件，招标人应当拒收。

依法必须进行施工招标的项目提交投标文件的投标人少于 3 个的，招标人在分析招标失败的原因并采取相应措施后，应当依法重新招标。重新招标后投标人仍少于 3 个的，属于必须审批、核准的工程建设项目，报经原审批、核准部门审批、核准后可以不再进行招标；其他工程建设项目，招标人可自行决定不再进行招标。

对于工程建设项目，投标文件有下列情形之一的，招标人应当拒收：

(1)逾期送达。

(2)未按招标文件要求密封。

(3)未通过资格预审的申请人提交的投标文件。

5. 投标文件的修改、补充和撤回

投标人在招标文件要求提交投标文件的截止时间前，可以补充、修改或者撤回已提交的投标文件，并书面通知招标人。补充、修改的内容为投标文件的组成部分。

链接

与招标人存在利害关系可能影响招标公正性的法人、其他组织或者个人，不得参加投标。单位负责人为同一人或者存在控股、管理关系的不同单位，不得参加同一标段投标或者未划分标段的同一招标项目投标。违反规定的，相关投标均无效。

（二）联合体投标

两个以上法人或者其他组织可以组成一个联合体，以一个投标人的身份共同投标。

联合体各方签订共同投标协议后，不得再以自己名义单独投标，也不得组成新的联合体或参加其他联合体在同一项目中投标。招标人接受联合体投标并进行资格预审的，联合体应当在提交资格预审申请文件前组成。资格预审后联合体增减、更换成员的，其投标无效。

联合体各方均应当具备承担招标项目的相应能力；国家有关规定或者招标文件对投标人资格条件有规定的，联合体各方均应当具备规定的相应资格条件。由同一专业的单位组成的联合体，按照资质等级较低的单位确定资质等级。

联合体各方应当签订共同投标协议，明确约定各方拟承担的工作和责任，并将共同投标协议连同投标文件一并提交招标人。联合体中标的，联合体各方应当共同与招标人签订合同，就中标项目向招标人承担连带责任。

招标人不得强制投标人组成联合体共同投标，不得限制投标人之间的竞争。

链接

联合体各方应当指定牵头人，授权其代表所有联合体成员负责投标和合同实施阶段的主办、协调工作，并应当向招标人提交由所有联合体成员法定代表人签署的授权书。联合体投标的，应当以联合体各方或者联合体中牵头人的名义提交投标保证金。以联合体中牵头人名义提交的投标保证金，对联合体各成员具有约束力。

（三）串通投标及弄虚作假行为

投标人不得相互串通投标报价，不得排挤其他投标人的公平竞争，损害招标人或者其他投标人的合法权益。投标人不得与招标人串通投标，损害国家利益、社会公共利益或者他人的合法权益。禁止投标人以向招标人或者评标委员会成员行贿的手段谋取中标。投标人不得以低于成本的报价竞标，也不得以他人名义投标或者以其他方式弄虚作假，骗取中标。

1. 投标人相互串通投标

有下列情形之一的，属于投标人相互串通投标：

（1）投标人之间协商投标报价等投标文件的实质性内容。

（2）投标人之间约定中标人。

（3）投标人之间约定部分投标人放弃投标或者中标。

（4）属于同一集团、协会、商会等组织成员的投标人按照该组织要求协同投标。

（5）投标人之间为谋取中标或者排斥特定投标人而采取的其他联合行动。

有下列情形之一的，视为投标人相互串通投标：

（1）不同投标人的投标文件由同一单位或者个人编制。

（2）不同投标人委托同一单位或者个人办理投标事宜。

（3）不同投标人的投标文件载明的项目管理成员为同一人。

（4）不同投标人的投标文件异常一致或者投标报价呈规律性差异。

（5）不同投标人的投标文件相互混装。

（6）不同投标人的投标保证金从同一单位或者个人的账户转出。

2. 招标人与投标人串通投标

有下列情形之一的，属于招标人与投标人串通投标：

（1）招标人在开标前开启投标文件并将有关信息泄露给其他投标人。

（2）招标人直接或者间接向投标人泄露标底、评标委员会成员等信息。

（3）招标人明示或者暗示投标人压低或者抬高投标报价。

(4)招标人授意投标人撤换、修改投标文件。
(5)招标人明示或者暗示投标人为特定投标人中标提供方便。
(6)招标人与投标人为谋求特定投标人中标而采取的其他串通行为。

3. 投标人弄虚作假行为

使用通过受让或者租借等方式获取的资格、资质证书投标的，属于《招标投标法》规定的以他人名义投标。投标人有下列情形之一的，属于规定的以其他方式弄虚作假的行为：

(1)使用伪造、变造的许可证件。
(2)提供虚假的财务状况或者业绩。
(3)提供虚假的项目负责人或者主要技术人员简历、劳动关系证明。
(4)提供虚假的信用状况。
(5)其他弄虚作假的行为。

典型例题

【多选题】根据《招标投标法实施条例》，下列属于投标人相互串标的情形有(　　)。

A. 投标人之间协商投标报价等投标文件的实质性内容
B. 投标人提供虚假财务状况或者业绩
C. 投标人之间约定部分投标人放弃投标或者中标
D. 招标人授意投标人撤换、修改投标文件
E. 招标人与投标人为谋求特定投标人中标而采取的其他串通行为

AC。【解析】选项 A、选项 C 均属于投标人相互串标的情形。故选项 A，C 正确。选项 B 属于投标人弄虚作假行为；选项 D、选项 E 均属于招标人与投标人串通投标的情形。投标人相互串标的情形的具体内容见上文。

四、开标与评标

(一)开标

开标应当在招标文件确定的提交投标文件截止时间的同一时间公开进行；开标地点应当为招标文件中预先确定的地点。开标由招标人主持，邀请所有投标人参加。

投标人少于 3 个的，不得开标；招标人应当重新招标。

开标时，由投标人或者其推选的代表检查投标文件的密封情况，也可以由招标人委托的公证机构检查并公证；经确认无误后，由工作人员当众拆封，宣读投标人名称、投标价格和投标文件的其他主要内容。招标人在招标文件要求提交投标文件的截止时间前收到的所有投标文件，开标时都应当当众予以拆封、宣读。开标过程应当记录，并存档备查。

投标人对开标有异议的，应当在开标现场提出，招标人应当当场作出答复，并制作记录。

(二)评标

1. 评标委员会

评标由招标人依法组建的评标委员会负责。依法必须进行招标的项目，其评标委员会由招标人的代表和有关技术、经济等方面的专家组成，成员人数为 5 人以上单数，其中技术、经济等方面的专家不得少于成员总数的 2/3。

评标委员会中的专家应当从事相关领域工作满八年并具有高级职称或者具有同等专业水平，由招标人从国务院有关部门或者省、自治区、直辖市人民政府有关部门提供的专家名册或者招标代理机构的专家库内的相关专业的专家名单中确定；一般招标项目可以采取随机抽取方式，特殊招标项目可以由招标人直接确定。

与投标人有利害关系的人不得进入相关项目的评标委员会;已经进入的应当更换。评标委员会成员的名单在中标结果确定前应当保密。

有下列情形之一的,不得担任评标委员会成员:

(1)投标人或者投标人主要负责人的近亲属。

(2)项目主管部门或者行政监督部门的人员。

(3)与投标人有经济利益关系,可能影响对投标公正评审的。

(4)曾因在招标、评标或其他与招标投标有关活动中从事违法行为而受过行政处罚或刑事处罚的。

2. 初步评审

对于未进行资格预审的投标文件,评标委员会可以要求投标人提交资格审查资料的有关证明和证件的原件,以便核验。评标委员会依据标准对投标文件进行初步评审。有一项不符合评审标准的,作否决投标处理。评标委员会不得暗示或者诱导投标人作出澄清、说明,不得接受投标人主动提出的澄清、说明。

对于已进行资格预审的投标文件,评标委员会依据初步评审标准对投标文件进行初步评审。有一项不符合评审标准的,作否决投标处理。当投标人资格预审申请文件的内容发生重大变化时,评标委员会依据相关规定标准对其更新资料进行评审。

评标委员会可以书面方式要求投标人对投标文件中含义不明确、对同类问题表述不一致或者有明显文字和计算错误的内容作必要的澄清、说明或补正。评标委员会不得向投标人提出带有暗示性或诱导性的问题,或向其明确投标文件中的遗漏和错误。

投标文件不响应招标文件的实质性要求和条件的,评标委员会不得允许投标人通过修正或撤销其不符合要求的差异或保留,使之成为具有响应性的投标。

评标委员会在对实质上响应招标文件要求的投标进行报价评估时,除招标文件另有约定外,应当按下述原则进行修正:

(1)用数字表示的数额与用文字表示的数额不一致时,以文字数额为准。

(2)单价与工程量的乘积与总价之间不一致时,以单价为准。若单价有明显的小数点错位,应以总价为准,并修改单价。

按规定调整后的报价经投标人确认后产生约束力。投标文件中没有列入的价格和优惠条件在评标时不予考虑。

有下列情形之一的,评标委员会应当否决其投标:

(1)投标文件未经投标单位盖章和单位负责人签字。

(2)投标联合体没有提交共同投标协议。

(3)投标人不符合国家或者招标文件规定的资格条件。

(4)同一投标人提交两个以上不同的投标文件或者投标报价,但招标文件要求提交备选投标的除外。

(5)投标报价低于成本或者高于招标文件设定的最高投标限价。

(6)投标文件没有对招标文件的实质性要求和条件作出响应。

(7)投标人有串通投标、弄虚作假、行贿等违法行为。

3. 详细评审

经初步评审合格的投标文件,评标委员会应当根据招标文件确定的评标标准和方法,对其技术部分和商务部分作进一步评审、比较。

评标方法包括经评审的最低投标价法、综合评估法或者法律、行政法规允许的其他评标方法。经评审的最低投标价法一般适用于具有通用技术、性能标准或者招标人对其技术、性能没有特殊要求的招标项目。不宜采用经评审的最低投标价法的招标项目,一般应当采取综合评估法进行评审。根据综合评估法，最大限度地满足招标文件中规定的各项综合评价标准的投标，应当推荐为中标候选人。

衡量投标文件是否最大限度地满足招标文件中规定的各项评价标准，可以采取折算为货币的方法、打分的方法或者其他方法。需量化的因素及其权重应当在招标文件中明确规定。

评标委员会对各个评审因素进行量化时，应当将量化指标建立在同一基础或者同一标准上，使各投标文件具有可比性。

对技术部分和商务部分进行量化后，评标委员会应当对这两部分的量化结果进行加权，计算出每一投标的综合评估价或者综合评估分。

根据综合评估法完成评标后，评标委员会应当拟定一份“综合评估比较表”，连同书面评标报告提交招标人。“综合评估比较表”应当载明投标人的投标报价、所作的任何修正、对商务偏差的调整、对技术偏差的调整、对各评审因素的评估以及对每一投标的最终评审结果。

根据招标文件的规定，允许投标人投备选标的，评标委员会可以对中标人所投的备选标进行评审，以决定是否采纳备选标。不符合中标条件的投标人的备选标不予考虑。

对于划分有多个单项合同的招标项目，招标文件允许投标人为获得整个项目合同而提出优惠的，评标委员会可以对投标人提出的优惠进行审查，以决定是否将招标项目作为一个整体合同授予中标人。将招标项目作为一个整体合同授予的，整体合同中标人的投标应当最有利于招标人。

4. 其他要求

招标人应当向评标委员会提供评标所必需的信息，但不得明示或者暗示其倾向或者排斥特定投标人。

招标人应当根据项目规模和技术复杂程度等因素合理确定评标时间。超过 1/3 的评标委员会成员认为评标时间不够的，招标人应当适当延长。

评标过程中，评标委员会成员有回避事由、擅离职守或者因健康等原因不能继续评标的，应当及时更换。被更换的评标委员会成员作出的评审结论无效，由更换后的评标委员会成员重新进行评审。

招标项目设有标底的，招标人应当在开标时公布。标底只能作为评标的参考，不得以投标报价是否接近标底作为中标条件，也不得以投标报价超过标底上下浮动范围作为否决投标的条件。通过资格预审的申请人少于 3 个的，应当重新招标。

链接

评标和定标应当在投标有效期内完成。不能在投标有效期完成评标和定标的，招标人应当通知所有投标人延长投标有效期。拒绝延长投标有效期的投标人有权收回投标保证金。同意延长投标有效期的投标人应当相应延长其投标担保的有效期，但不得修改投标文件的实质性内容。因延长投标有效期造成投标人损失的，招标人应当给予补偿，但因不可抗力需延长投标有效期的除外。

5. 评标报告

评标委员会完成评标后，应当向招标人提出书面评标报告，并抄送有关行政监督部门。评标报告应当如实记载以下内容：

（1）基本情况和数据表。

（2）评标委员会成员名单。

（3）开标记录。

(4)符合要求的投标一览表。

(5)否决投标的情况说明。

(6)评标标准、评标方法或者评标因素一览表。

(7)经评审的价格或者评分比较一览表。

(8)经评审的投标人排序。

(9)推荐的中标候选人名单与签订合同前要处理的事宜。

(10)澄清、说明、补正事项纪要。

五、中标与签订合同

(一)评标结果

评标完成后,评标委员会应当向招标人提交书面评标报告和中标候选人名单。中标候选人应当不超过3个,并标明排序。

评标报告应当由评标委员会全体成员签字。对评标结果有不同意见的评标委员会成员应当以书面形式说明其不同意见和理由,评标报告应当注明该不同意见。评标委员会成员拒绝在评标报告上签字又不书面说明其不同意见和理由的,视为同意评标结果。

依法必须进行招标的项目,招标人应当自收到评标报告之日起3日内公示中标候选人,公示期不得少于3日。

投标人或者其他利害关系人对依法必须进行招标的项目的评标结果有异议的,应当在中标候选人公示期间提出。招标人应当自收到异议之日起3日内作出答复;作出答复前,应当暂停招标投标活动。

链接

依法必须招标项目的中标候选人公示应当载明以下内容:

(1)中标候选人排序、名称、投标报价、质量、工期(交货期),以及评标情况。

(2)中标候选人按照招标文件要求承诺的项目负责人姓名及其相关证书名称和编号。

(3)中标候选人响应招标文件要求的资格能力条件。

(4)提出异议的渠道和方式。

(5)招标文件规定公示的其他内容。

依法必须招标项目的中标结果公示应当载明中标人名称。

(二)确定中标人

国有资金占控股或者主导地位的项目,招标人应当确定排名第一的中标候选人为中标人。排名第一的中标候选人放弃中标、因不可抗力不能履行合同,或者招标文件规定应当提交履约保证金而在规定的期限内未能提交,或者被查实存在影响中标结果的违法行为等情形,不符合中标条件的,招标人可以按照评标委员会提出的中标候选人名单排序依次确定其他中标候选人为中标人;依次确定其他中标候选人与招标人预期差距较大,或者对招标人明显不利的,招标人可以重新招标。

评标委员会应当按照招标文件确定的评标标准和方法,对投标文件进行评审和比较;设有标底的,应当参考标底。评标委员会完成评标后,应当向招标人提出书面评标报告,并推荐合格的中标候选人。

招标人根据评标委员会提出的书面评标报告和推荐的中标候选人确定中标人。招标人也可以授权评标委员会直接确定中标人。

国务院对特定招标项目的评标有特别规定的,从其规定。

中标人的投标应当符合下列条件之一：

(1)能够最大限度地满足招标文件中规定的各项综合评价标准。

(2)能够满足招标文件的实质性要求,并且经评审的投标价格最低;但是投标价格低于成本的除外。

(三)签订合同

招标人和中标人应当依照《招标投标法》和《招标投标法实施条例》的规定签订书面合同,合同的标的、价款、质量、履行期限等主要条款应当与招标文件和中标人的投标文件的内容一致。招标人和中标人不得再行订立背离合同实质性内容的其他协议。

招标人最迟应当在书面合同签订后5日内向中标人和未中标的投标人退还投标保证金及银行同期存款利息。招标文件要求中标人提交履约保证金的,中标人应当按照招标文件的要求提交。履约保证金不得超过中标合同金额的10%。

中标人应当按照合同约定履行义务,完成中标项目。中标人不得向他人转让中标项目,也不得将中标项目肢解后分别向他人转让。中标人按照合同约定或者经招标人同意,可以将中标项目的部分非主体、非关键性工作分包给他人完成。接受分包的人应当具备相应的资格条件,并不得再次分包。中标人应当就分包项目向招标人负责,接受分包的人就分包项目承担连带责任。

招标人和中标人应当在投标有效期内并在自中标通知书发出之日起30日内,按照招标文件和中标人的投标文件订立书面合同。招标人和中标人不得再行订立背离合同实质性内容的其他协议。

招标人要求中标人提供履约保证金或其他形式履约担保的,招标人应当同时向中标人提供工程款支付担保。

招标人不得擅自提高履约保证金,不得强制要求中标人垫付中标项目建设资金。

招标人最迟应当在与中标人签订合同后五日内,向中标人和未中标的投标人退还投标保证金及银行同期存款利息。

合同中确定的建设规模、建设标准、建设内容、合同价格应当控制在批准的初步设计及概算文件范围内;确需超出规定范围的,应当在中标合同签订前,报原项目审批部门审查同意。凡应报经审查而未报的,在初步设计及概算调整时,原项目审批部门一律不予承认。

依法必须进行施工招标的项目,招标人应当自发出中标通知书之日起15日内,向有关行政监督部门提交招标投标情况的书面报告。

上述所称书面报告至少应包括下列内容：

(1)招标范围。

(2)招标方式和发布招标公告的媒介。

(3)招标文件中投标人须知、技术条款、评标标准和方法、合同主要条款等内容。

(4)评标委员会的组成和评标报告。

(5)中标结果。

招标人不得直接指定分包人。

对于不具备分包条件或者不符合分包规定的,招标人有权在签订合同或者中标人提出分包要求时予以拒绝。发现中标人转包或违法分包时,可要求其改正;拒不改正的,可终止合同,并报请有关行政监督部门查处。

监理人员和有关行政部门发现中标人违反合同约定进行转包或违法分包的,应当要求中标人改正,或者告知招标人要求其改正;对于拒不改正的,应当报请有关行政监督部门查处。

典型例题

【单选题】招标文件要求中标人提交履约保证金的，履约保证金一般不得超过中标合同款的(　　)。

A. 5%　　B. 10%

C. 20%　　D. 30%

B。【解析】招标文件要求中标人提交履约保证金的，中标人应当按照招标文件的要求提交。履约保证金不得超过中标合同金额的10%。

第三节　工程项目货物招标投标

一、货物招标的一般规定及原则

（一）货物招标的一般规定

工程建设项目货物招标投标活动，依法由招标人负责。

工程建设项目招标人对项目实行总承包招标时，未包括在总承包范围内的货物属于依法必须进行招标的项目范围且达到国家规定规模标准的，应当由工程建设项目招标人依法组织招标。

工程建设项目实行总承包招标时，以暂估价形式包括在总承包范围内的货物属于依法必须进行招标的项目范围且达到国家规定规模标准的，应当依法组织招标。

工程建设项目符合《工程建设项目招标范围和规模标准规定》规定的范围和标准的，必须通过招标选择货物供应单位。

任何单位和个人不得将依法必须进行招标的项目化整为零或者以其他任何方式规避招标。

各级发展改革、工业和信息化、住房城乡建设、交通运输、铁道、水利、民航等部门依照国务院和地方各级人民政府关于工程建设项目行政监督的职责分工，对工程建设项目中所包括的货物招标投标活动实施监督，依法查处货物招标投标活动中的违法行为。

（二）货物招标的原则

货物招标的原则如图3-2所示。

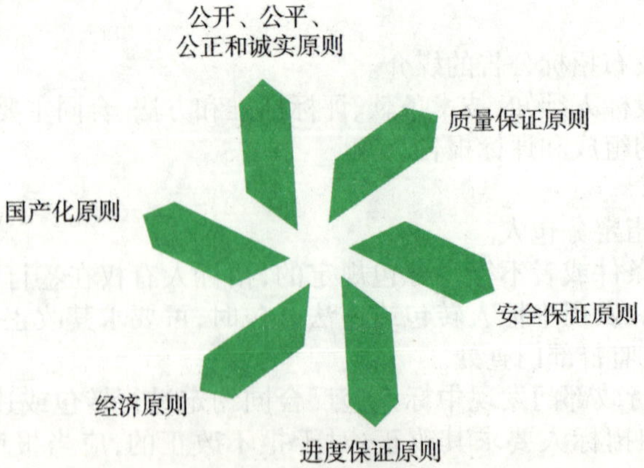

图3-2　货物招标的原则

二、货物招标的特别规定

(一)招标

1. 招标人

工程建设项目招标人是依法提出招标项目、进行招标的法人或者其他组织。当总承包中标人单独或者共同招标时,也为招标人。

2. 招标条件

依法必须招标的工程建设项目,应当具备下列条件才能进行货物招标:

(1)招标人已经依法成立。

(2)按照国家有关规定应当履行项目审批、核准或者备案手续的,已经审批、核准或者备案。

(3)有相应资金或者资金来源已经落实。

(4)能够提出货物的使用与技术要求。

依法必须进行招标的工程建设项目,按国家有关规定需要履行审批、核准手续的,招标人应当在报送的可行性研究报告、资金申请报告或者项目申请报告中将货物招标范围、招标方式(公开招标或邀请招标)、招标组织形式(自行招标或委托招标)等有关招标内容报项目审批、核准部门审批、核准。项目审批、核准部门应当将审批、核准的招标内容通报有关行政监督部门。

3. 招标形式

货物招标分为公开招标和邀请招标。

依法应当公开招标的项目,有下列情形之一的,可以邀请招标:

(1)技术复杂、有特殊要求或者受自然环境限制,只有少量潜在投标人可供选择。

(2)采用公开招标方式的费用占项目合同金额的比例过大。

(3)涉及国家安全、国家秘密或者抢险救灾,适宜招标但不宜公开招标。

有前款第二项所列情形,属于按照国家有关规定需要履行项目审批、核准手续的依法必须进行招标的项目,由项目审批、核准部门认定;其他项目由招标人申请有关行政监督部门作出认定。

采用公开招标方式的,招标人应当发布资格预审公告或者招标公告。依法必须进行货物招标的资格预审公告或者招标公告,应当在国家指定的报刊或者信息网络上发布。

采用邀请招标方式的,招标人应当向3家以上具备货物供应的能力、资信良好的特定的法人或者其他组织发出投标邀请书。

4. 招标文件

招标文件一般包括下列内容:招标公告或者投标邀请书;投标人须知;投标文件格式;技术规格、参数及其他要求;评标标准和方法;合同主要条款。

招标人应当在招标文件中规定实质性要求和条件,说明不满足其中任何一项实质性要求和条件的投标将被拒绝,并用醒目的方式标明;没有标明的要求和条件在评标时不得作为实质性要求和条件。对于非实质性要求和条件,应规定允许偏差的最大范围、最高项数,以及对这些偏差进行调整的方法。

国家对招标货物的技术、标准、质量等有规定的,招标人应当按照其规定在招标文件中提出相应要求。

招标货物需要划分标包的,招标人应合理划分标包,确定各标包的交货期,并在招标文件中如实载明。招标人不得以不合理的标包限制或者排斥潜在投标人或者投标人。依法必须进行招标的项目的招标人不得利用标包划分规避招标。

招标人允许中标人对非主体货物进行分包的,应当在招标文件中载明。主要设备、材料或者供货合同的主要部分不得要求或者允许分包。除招标文件要求不得改变标准货物的供应商外，中标人经招标人同意改变标准货物的供应商的，不应视为转包和违法分包。

招标人可以要求投标人在提交符合招标文件规定要求的投标文件外，提交备选投标方案，但应当在招标文件中作出说明。不符合中标条件的投标人的备选投标方案不予考虑。

招标文件规定的各项技术规格应当符合国家技术法规的规定。招标文件中规定的各项技术规格均不得要求或标明某一特定的专利技术、商标、名称、设计、原产地或供应者等，不得含有倾向或者排斥潜在投标人的其他内容。如果必须引用某一供应者的技术规格才能准确或清楚地说明拟招标货物的技术规格时，则应当在参照后面加上“或相当于”的字样。

招标文件应当规定一个适当的投标有效期，以保证招标人有足够的时间完成评标和与中标人签订合同。投标有效期从招标文件规定的提交投标文件截止之日起计算。

在原投标有效期结束前，出现特殊情况的，招标人可以书面形式要求所有投标人延长投标有效期。投标人同意延长的，不得要求或被允许修改其投标文件的实质性内容，但应当相应延长其投标保证金的有效期；投标人拒绝延长的，其投标失效，但投标人有权收回其投标保证金及银行同期存款利息。依法必须进行招标的项目同意延长投标有效期的投标人少于3个的，招标人在分析招标失败的原因并采取相应措施后，应当重新招标。

（二）投标

1. 投标人

投标人是响应招标、参加投标竞争的法人或者其他组织。法定代表人为同一个人的两个及两个以上法人，母公司、全资子公司及其控股公司，都不得在同一货物招标中同时投标。一个制造商对同一品牌同一型号的货物，仅能委托一个代理商参加投标。

2. 投标文件

投标人应当按照招标文件的要求编制投标文件。投标文件应当对招标文件提出的实质性要求和条件作出响应。

投标文件一般包括下列内容：投标函；投标一览表；技术性能参数的详细描述；商务和技术偏差表；投标保证金；有关资格证明文件；招标文件要求的其他内容。

投标人根据招标文件载明的货物实际情况，拟在中标后将供货合同中的非主要部分进行分包的，应当在投标文件中载明。

投标人在招标文件要求提交投标文件的截止时间前，可以补充、修改、替代或者撤回已提交的投标文件，并书面通知招标人。补充、修改的内容为投标文件的组成部分。

在提交投标文件截止时间后，投标人不得撤销其投标文件，否则招标人可以不退还其投标保证金。

（三）评标和签订合同

1. 评标

投标文件不响应招标文件的实质性要求和条件的，评标委员会不得允许投标人通过修正或撤销其不符合要求的差异或保留，使之成为具有响应性的投标。

技术简单或技术规格、性能、制作工艺要求统一的货物，一般采用经评审的最低投标价法进行评标。技术复杂或技术规格、性能、制作工艺要求难以统一的货物，一般采用综合评估法进行评标。

评标委员会在书面评标报告中推荐的中标候选人应当限定在1～3人，并标明排列顺序。招标人应当接受评标委员会推荐的中标候选人，不得在评标委员会推荐的中标候选人之外确定中标人。依法必须进行招标的项目，招标人应当自收到评标报告之日起3日内公示中标候选人，公示期不得少于3日。

国有资金占控股或者主导地位的依法必须进行招标的项目，招标人应当确定排名第一的中标候选人为中标人。排名第一的中标候选人放弃中标、因不可抗力提出不能履行合同、不按照招标文件要求提交履约保证金，或者被查实存在影响中标结果的违法行为等情形，不符合中标条件的，招标人可以按照评标委员会提出的中标候选人名单排序依次确定其他中标候选人为中标人。依次确定其他中标候选人与招标人预期差距较大，或者对招标人明显不利的，招标人可以重新招标。

典型例题

【单选题】对技术简单或技术规格、性能要求统一的货物进行招标，常用的评标方法是(　　)。

A. 综合评审法　　B. 单一来源采购法

C. 竞争性谈判法　　D. 经评审的最低投标价法

D。【解析】关于货物评标的方法，一般情况下包括：(1)经评审的最低投标价法，主要应用于规格、性能、制作工艺要求统一且技术简单的货物。(2)综合评审法，主要应用于规格、性能、制作工艺要求难以统一或技术复杂的货物。

2. 签订合同

招标人和中标人应当在投标有效期内并在自中标通知书发出之日起 30 日内，按照招标文件和中标人的投标文件订立书面合同。招标人和中标人不得再行订立背离合同实质性内容的其他协议。

招标文件要求中标人提交履约保证金或者其他形式履约担保的，中标人应当提交；拒绝提交的，视为放弃中标项目。招标人要求中标人提供履约保证金或其他形式履约担保的，招标人应当同时向中标人提供货物款支付担保。

履约保证金不得超过中标合同金额的 10%。

招标人最迟应当在书面合同签订后 5 日内，向中标人和未中标的投标人一次性退还投标保证金及银行同期存款利息。

必须审批的工程建设项目，货物合同价格应当控制在批准的概算投资范围内；确需超出范围的，应当在中标合同签订前，报原项目审批部门审查同意。项目审批部门应当根据招标的实际情况，及时作出批准或者不予批准的决定；项目审批部门不予批准的，招标人应当自行平衡超出的概算。

链接

招标人不得向中标人提出压低报价、增加配件或者售后服务量以及其他超出招标文件规定的违背中标人意愿的要求，以此作为发出中标通知书和签订合同的条件。另外，不同的货物，其签订合同方式也不同，如：若货物为重要设备，则与总厂签订合同；若货物为长期使用的大宗材料，则与每家供货商连续签订合同。

第四节　工程项目咨询服务招标投标

一、国内工程咨询服务招标的要求

（一）招标条件

依法必须进行招标的工程项目，进行工程咨询服务需要满足以下条件：

(1)招标人已经依法成立。

(2)按照国家有关规定需要履行项目审批、核准或者备案手续的,已经审批、核准或者备案。

(3)勘察设计有相应资金或者资金来源已经落实。

(4)所必需的勘察设计基础资料已经收集完成。

(5)法律法规规定的其他条件。

(二)招标文件

1.主要内容

工程项目咨询服务招标文件一般包括下列内容:招标公告或投标邀请书;投标人须知;投标文件格式;委托服务范围;评标标准和方法;合同主要条款。

为满足咨询服务项目的需要,在保证咨询项目完整性、连续性的前提下,按照技术要求实行咨询服务项目分段、分项招标,也可以实行若干咨询服务阶段一次性总体招标。但招标人不得将依法必须进行招标的咨询服务项目肢解或者以其他方式规避招标。

2.委托服务范围

招标人应当根据委托服务的范围,编制"委托服务范围",咨询单位按照这个文件来完成工程项目的委托服务任务。委托服务范围中拟定的工作范围是投标人编制建议书的依据,是双方合同谈判的重要文件之一,经适当修改和补充构成合同文件的组成部分。委托服务范围通常包含以下内容:咨询项目背景材料;咨询项目工作范围;咨询项目目的、目标;咨询项目所需的服务、调查及数据等;客户和咨询单位各自应尽的职责;对咨询成果和咨询费用报价的要求等。

3.评标方法

由于工程咨询服务具有智力服务的特点,不宜以服务费用的报价高低作为主要评价因素,因此,国内采购工程咨询服务时使用的评标方法一般为综合评估法,即对投标报价、投标人的业绩、信誉、主要人员的能力以及咨询方案的优劣进行综合评定,按照综合得分由高到低的顺序推荐中标候选人。

(三)投标文件

招标人可结合招标项目的重要性、规模和技术特征,以满足评标工作实际需要为原则,合理确定对投标文件的特殊形式要求。特别是表现投标方案的相关技术文件的形式、内容、数量和制作要求等。投标人应充分了解投标项目的实际情况,结合委托服务范围、拟投入的主要人员、咨询服务期限和市场竞争情况等因素进行报价。

1.技术文件采用暗标形式

暗标主要是指技术标,须保证不能明示或暗示投标单位。保密具体做法是暗标采用统一格式,统一封面,统一装订方式。在封面反面有公司名称等标注位置,此标注附页在填写完后须密封。在开标时此密封处是检查重点,若未密封则依据招标条件作0分处理或否决投标。

暗标评标的通常做法是将投标人的投标文件分为明标商务标和暗标技术标两部分进行分别评审的一种评标方法。商务标署名为明标,而技术标只能在包装袋上署名,进入评标阶段后,由公证处和监督单位对所有的技术标进行拆封、编号、封存,待技术评标结束后,再当场公布各投标人技术编号,而后才进行技术评审。

2.投标文件的特殊形式要求

招标人可结合招标项目重要性、规模和技术特征,满足评标工作实际需要,合理确定对投标文件的特殊形式要求,特别是表现投标方案的相关技术文件(模型、沙盘、展板、动画、音视频介绍、图纸图册等)的内容、形式、数量和制作要求等。

二、国际工程咨询服务的采购方式及程序

（一）常用采购方式

1. 框架合同

框架合同的采购方式是指通过公开招标、邀请招标相结合的两阶段招标选聘咨询单位，执行框架合同咨询任务。合同金额在限额以内，需要较长时间陆续完成的系列咨询服务项目，并符合下列情形之一的，可采用框架合同选聘方式：

（1）工程项目管理咨询或几个阶段咨询的系列项目。

（2）咨询服务内容和特点相同的项目。

（3）咨询服务内容和特点不同的短期、简单的项目。

框架合同方式，是亚洲开发银行倡导的一种采购方式。

2. 竞争性谈判

竞争性谈判是指由选聘人成立的谈判小组分别与所选定的几家咨询机构（不少于 3 家）进行谈判。适用于竞争性谈判的咨询服务方式包括：

（1）招标后没有咨询机构投标，或者没有合格标的投标的，又或者重新招标未能成立的。

（2）技术复杂或者性质特殊，不能确定具体要求的。

（3）采用招标方式所需时间不能满足雇主时限需要的。

（4）不能事先计算出咨询服务费用总额的。

（5）单项咨询服务合同金额在规定的限额之内的。

3. 个人咨询专家的选聘

选聘个人咨询专家的方式，一般是由选聘人向几个具备相应资格或能力的专家发送委托咨询服务范围材料，并通知其准备个人应聘材料。选聘个人咨询专家应符合的条件有：

（1）个人能够独立完成，选聘咨询单位不值得。

（2）除办公条件外，不需要个人所在单位提供支持、组织管理和承担责任。

（3）个人的经验和资历是主要的合格条件。

（二）采购程序

对于咨询服务而言，世亚行贷款项目的选择方法主要包括基于质量和费用的选择、基于质量的选择、固定预算下的选择、最低费用的选择、基于咨询顾问资历的选择和单一来源的选择六类。其中，基于质量和费用的选择方法、基于质量的选择方法是采购咨询服务最常用的两种方法。

1. 基于质量和费用的选择

具体选择程序如下：

（1）准备任务大纲，明确咨询服务的工作目标和范围、职能和职责等。

（2）准备费用估算及预算。

（3）刊登广告。

（4）准备咨询公司长、短名单。咨询公司公开招标，通过招标公告征求有投标意向、与咨询任务专业要求对口的咨询单位参与竞标，形成一个数目较多的候选名单，称为长名单。定好长名单后，根据掌握的公司资料，审查若干因素，从长名单中筛选出技术水平高和经验丰富的工程咨询单位若干家，这时形成的名单就是短名单。

（5）准备并发出建议书征询文件。包括邀请信、咨询顾问须知、技术建议书标准格式、财务建议书标准格式、任务大纲、标准合同格式、世亚行成员国名单。

(6)接收建议书。技术建议书和财务建议书应分别装在密封的信封中同时提交(即采用双信封形式提交技术建议书和财务建议书)。

(7)评审技术建议书。技术建议书总分应达到规定要求,否则,相应的财务建议书将被原封退回。

(8)财务建议书公开拆封。

(9)评审财务建议书。一般情况下,最低报价的建议书可得财务满分 100 分,其他建议书的财务得分按其报价成反比递减。

(10)质量和费用综合评审。总分应在对质量和费用的得分加权后再相加得到,并决定了咨询公司的最终排名。费用权重一般为 20%。

(11)谈判并向所选中的公司授予合同。借款人应邀请得分最高的公司进行谈判。借款人和咨询公司将共同确定任务大纲、人员配备、工作时间表、后勤支持和递交报告等内容。如果谈判失败无法达成协议,借款人将邀请排名表中的下一家咨询公司进行合同谈判。

2. 基于质量的选择

质量评估法适用于技术复杂、专业性强、特别强调咨询成果质量的项目。采取这种方法的时候,应首先评审技术建议书,在与排名第一的投标人进行谈判时其财务建议书才被拆封、宣读,只作为谈判的内容之一。咨询费用的高低不作为是否中标考虑的主要依据。

3. 固定预算下的选择

固定预算评估法适用于费用预算准确、固定的简单性咨询服务项目。这种评标方法要求首先评审技术建议书,财务建议书中不超过预算的选择技术建议书最靠前的,超过指定预算的建议应被拒绝。

4. 最低费用的选择

经评审的最低评标价法适用于有惯例和通用标准的常规性咨询服务项目。使用此方法时,应为"质量"设定一个"最低"合格分值。短名单上的咨询公司将被邀请同时用两个信封分别提交技术建议书和财务建议书。首先对所有技术建议书进行评审,未达到最低合格分的技术建议书将被拒绝,其余的财务建议书将被当众拆封。报价最低的咨询公司将被邀请进行合同谈判。

5. 基于咨询顾问资历的选择

此方法可用于小型的咨询任务(通常不超过 20 万美元),不宜为此准备和评审有竞争的建议书。被选中的公司应提交一份技术财务综合建议书,然后受邀请进行合同谈判。

6. 单一来源的选择

使用此方法选择咨询公司将无法得到质量和费用方面的竞争所带来的好处,同时在选择过程中缺乏透明度。因此,只能在例外的情况下使用。只有在单一来源的选择方法表现出比竞争性选择具有明显优势时,此方法才是适当的。

三、工程咨询服务费用计算

不同性质和内容的工程咨询项目,签订不同类型的合同,采用不同的计费方式。常用的咨询服务收费方式有人月费单价法、按日计费法、成本加酬金计费法、总价法、工程造价百分比法及顾问费法等多种方法。其中,人月费单价法是目前国际上较广泛采用的一种工程咨询费用的估算方法,也是国际竞争性工程咨询招标常用的费用计算方法。

（一）人月费单价法

人月费单价法计算工程咨询服务费用时，工程咨询服务费用由酬金、可报销费用和不可预见费三部分组成。工程咨询服务费用如表 3-1 所示。

咨询项目的酬金部分由承担咨询任务全体成员酬金总和构成，咨询人员的酬金 = 人月费率 × 人月数。可报销费用是为执行咨询服务任务而发生的工作费用，客户按具体开支准予报销。不可预见费是指在执行咨询任务的过程中发生在酬金和可报销费用之外的费用，包括由于工作量额外增加而导致的咨询专家酬金；由于通货膨胀、汇率波动而引起的成本费用的增加等。

表 3-1 工程咨询服务费用表

酬金	人月费率	基本工资：咨询人员的月工资，不包括其他额外收入
		社会福利费：咨询单位为工作人员支付的社会保障费及其他福利和津贴。社会福利费一般取基本工资的某个百分比计算
		海外津贴与艰苦地区津贴：给海外或艰苦地区执行咨询任务的工作人员的补贴。其数额根据不同的国别和地区及生活条件的艰苦程度来确定
		咨询单位管理费：咨询单位用于行政管理和业务经营活动方面的费用，一般以单位的年度费用支出为依据。在财务建议书中报价时，应附有经会计师事务所审计的公司损益表、福利明细表和管理费明细表作为证明材料。这项费用可以采用基本工资的某个百分比计算
		咨询单位利润：指税前利润，以基本工资、社会福利费和咨询单位管理费之和的百分比来计算
	人月数	人月数是以月数计算的咨询人员的工作时间。根据委托服务范围对咨询任务所作的说明，可确定预期的咨询工作类型和范围、工作深度和进度，编制详细的作业计划、专业分工与人员配备，以及相应的进度计划（一般以“横道图表示”）
可报销费用	国际与国内交通旅行费	
	食宿费（世行、亚行规定每一类地区有对应的食宿标准）	
	通信费	
	各种资料的编制、打印、复印、传递费	
	办公设备、用品费	
	为当地提供的设施和服务所付的费用	
	其他工作费用	
不可预见费	相当于客户的备用金，通常取酬金和可报销费用之和的 5% ~15%。如果不发生上述情况，业主则不支付这项费用	
合计	咨询人员的酬金 + 可报销费用 + 不可预见费 = 咨询服务费用	

（二）按日计费法

按日计费法是根据咨询人员的工作天数来计算所需要的费用，其计算公式为：咨询服务费用 = 咨询人员每日费率 × 相应的工作日数 + 其他非工资性支出（如差旅费等）。计算工作日时，应按每日8 小时计算，并应包括咨询人员为执行咨询任务时所付出的全部时间，如旅途时间等。对于加班工作时间应相应地提高费率。

（三）成本加酬金法

成本加酬金合同是将工程项目的实际投资划分成直接成本费和承包方完成工作后应得酬金两部分。成本包括咨询人员的工资与各种社会福利费，办公费、差旅费等可报销费用，以及咨询项目的管理费；而酬金包含咨询单位的利润、咨询专家的奖金等。工程实施过程中发生的直接成本费由发包方实报实销，再按合同约定的方式另外支付给承包商相应报酬。酬金的形式可以是成本的某个百分比，也可以是固定金额。

（四）总价法

总价法是以总价计算咨询费用的方法，包括固定总价和调整总价两种形式。前者的总额固定，不因实际执行的咨询任务比预计工作量大而增加费用，若原计划咨询任务有较大变更或增加新内容，则增加部分另协商计价。而调整总价常用于服务时间较长（如一年以上）的咨询任务，双方商定：如果合同执行过程中出现通货膨胀，合同总价作相应调整。

（五）工程造价百分比法

工程造价百分比法是按工程建设项目总投资（估算或概算）的某个百分比计算咨询费用。一般情况下，工程造价低或技术复杂的项目取费百分比较高。根据咨询服务内容的不同取费高低可以有较大差异。国际金融组织，如世界银行不主张采用工程造价百分比法计算工程咨询费用，认为不利于降低工程成本。

（六）顾问费法

顾问费法是客户聘用个人咨询专家或咨询单位提供咨询服务，以支付顾问费的方式计算咨询报酬的方法。顾问费法适合于持续时间较长，又需要依靠咨询专家的知识和经验随时提供咨询服务的项目。顾问费的数额高低与工程咨询服务的性质、工作内容和价值有关，也与咨询专家的经验、专业知识和技术水平有关。顾问费的支付方式可以按月支付，或按双方事先商定的其他方式支付。

上述计费方法如何选用，具体咨询项目究竟采取哪一种或同时使用哪几种计费方式，取决于咨询项目的工作内容和性质、采用的合同类型等。咨询服务范围明确，并且咨询单位可以控制费用的项目，可以采用总价法、工程造价百分比法，也可以采用成本加固定酬金法；而咨询服务范围不太明确或难以准确确定范围的项目，可以按咨询专家提供服务时发生的费用计费，采用人月费单价法、按日计费法及顾问费法更为适合。

典型例题

【多选题】对于国际工程咨询服务范围不太明确或难以准确确定范围的项目，下列咨询服务计费方法中适宜采用的有（　　）。

A. 总价法　　B. 人月费单价法

C. 工程造价百分比法　　D. 按日计费法

E. 成本加固定酬金法

BD。【解析】不同性质和内容的工程咨询项目，签订不同类型的合同，采用不同的计费方式。常用的咨询服务收费方式有人月费单价法、按日计费法、总价法、工程造价百分比法及顾问费法等多种方法。对于国际工程咨询服务范围不太明确或难以准确确定范围的项目，适宜采用人月费单价法、按日计费法和顾问费法。

第五节 电子招标投标

一、电子招标投标交易系统和平台

(一)电子招投标系统

电子招标投标活动是指以数据电文形式,依托电子招标投标系统完成的全部或者部分招标投标交易、公共服务和行政监督活动。数据电文形式与纸质形式的招标投标活动具有同等法律效力。

电子招标投标系统根据功能的不同,分为交易平台、公共服务平台和行政监督平台。交易平台是以数据电文形式完成招标投标交易活动的信息平台。公共服务平台是满足交易平台之间信息交换、资源共享需要,并为市场主体、行政监督部门和社会公众提供信息服务的信息平台。行政监督平台是行政监督部门和监察机关在线监督电子招标投标活动的信息平台。

国务院发展改革部门负责指导协调全国电子招标投标活动,各级地方人民政府发展改革部门负责指导协调本行政区域内电子招标投标活动。各级人民政府发展改革、工业和信息化、住房城乡建设、交通运输、铁道、水利、商务等部门,按照规定的职责分工,对电子招标投标活动实施监督,依法查处电子招标投标活动中的违法行为。

(二)电子招标投标交易平台

电子招标投标交易平台按照标准统一、互联互通、公开透明、安全高效的原则以及市场化、专业化、集约化方向建设和运营。

依法设立的招标投标交易场所、招标人、招标代理机构以及其他依法设立的法人组织可以按行业、专业类别,建设和运营电子招标投标交易平台。国家鼓励电子招标投标交易平台平等竞争。

电子招标投标交易平台应当按照《电子招标投标办法》和技术规范规定,具备下列主要功能:

(1)在线完成招标投标全部交易过程。

(2)编辑、生成、对接、交换和发布有关招标投标数据信息。

(3)提供行政监督部门和监察机关依法实施监督和受理投诉所需的监督通道。

(4)《电子招标投标办法》和技术规范规定的其他功能。

电子招标投标交易平台应当按照技术规范规定,执行统一的信息分类和编码标准,为各类电子招标投标信息的互联互通和交换共享开放数据接口、公布接口要求。电子招标投标交易平台接口应当保持技术中立,与各类需要分离开发的工具软件相兼容对接,不得限制或者排斥符合技术规范规定的工具软件与其对接。

电子招标投标交易平台应当允许社会公众、市场主体免费注册登录和获取依法公开的招标投标信息,为招标投标活动当事人、行政监督部门和监察机关按各自职责和注册权限登录使用交易平台提供必要条件。

电子招标投标交易平台应当依照《认证认可条例》等有关规定进行检测、认证,通过检测、认证的电子招标投标交易平台应当在省级以上电子招标投标公共服务平台上公布。电子招标投标交易平台服务器应当设在中华人民共和国境内。

电子招标投标交易平台运营机构应满足下列要求:

(1)应当是依法成立的法人,拥有一定数量的专职信息技术、招标专业人员。

(2)应当根据国家有关法律法规及技术规范,建立健全电子招标投标交易平台规范运行和安全管理制度,加强监控、检测,及时发现和排除隐患。

(3)应当采用可靠的身份识别、权限控制、加密、病毒防范等技术,防范非授权操作,保证交易平台的安全、稳定、可靠。

(4)应当采取有效措施,验证初始录入信息的真实性,并确保数据电文不被篡改、不遗漏和可追溯。

(5)不得以任何手段限制或者排斥潜在投标人,不得泄露依法应当保密的信息,不得弄虚作假、串通投标或者为弄虚作假、串通投标提供便利。

二、电子招标

招标人或者其委托的招标代理机构应当在其使用的电子招标投标交易平台注册登记,选择使用除招标人或招标代理机构之外第三方运营的电子招标投标交易平台的,还应当与电子招标投标交易平台运营机构签订使用合同,明确服务内容、服务质量、服务费用等权利和义务,并对服务过程中相关信息的产权归属、保密责任、存档等依法作出约定。电子招标投标交易平台运营机构不得以技术和数据接口配套为由,要求潜在投标人购买指定的工具软件。

招标人或者其委托的招标代理机构应当在资格预审公告、招标公告或者投标邀请书中载明潜在投标人访问电子招标投标交易平台的网络地址和方法。依法必须进行公开招标项目的上述相关公告应当在电子招标投标交易平台和国家指定的招标公告媒介同步发布。

招标人或者其委托的招标代理机构应当及时将数据电文形式的资格预审文件、招标文件加载至电子招标投标交易平台,供潜在投标人下载或者查阅。数据电文形式的资格预审公告、招标公告、资格预审文件、招标文件等应当标准化、格式化,并符合有关法律法规以及国家有关部门颁发的标准文本的要求。

除《电子招标投标办法》和技术规范规定的注册登记外,任何单位和个人不得在招标投标活动中设置注册登记、投标报名等前置条件限制潜在投标人下载资格预审文件或者招标文件。

在投标截止时间前,电子招标投标交易平台运营机构不得向招标人或者其委托的招标代理机构以外的任何单位和个人泄露下载资格预审文件、招标文件的潜在投标人名称、数量以及可能影响公平竞争的其他信息。

招标人对资格预审文件、招标文件进行澄清或者修改的,应当通过电子招标投标交易平台以醒目的方式公告澄清或者修改的内容,并以有效方式通知所有已下载资格预审文件或者招标文件的潜在投标人。

三、电子投标

电子招标投标交易平台的运营机构,以及与该机构有控股或者管理关系可能影响招标公正性的任何单位和个人,不得在该交易平台进行的招标项目中投标和代理投标。

投标人应当在资格预审公告、招标公告或者投标邀请书载明的电子招标投标交易平台注册登记,如实递交有关信息,并经电子招标投标交易平台运营机构验证。

投标人应当通过资格预审公告、招标公告或者投标邀请书载明的电子招标投标交易平台递交数据电文形式的资格预审申请文件或者投标文件。

电子招标投标交易平台应当允许投标人离线编制投标文件,并且具备分段或者整体加密、解密功能。投标人应当按照招标文件和电子招标投标交易平台的要求编制并加密投标文件。投标人未按规定加密的投标文件，电子招标投标交易平台应当拒收并提示。

投标人应当在投标截止时间前完成投标文件的传输递交，并可以补充、修改或者撤回投标文件。投标截止时间前未完成投标文件传输的，视为撤回投标文件。投标截止时间后送达的投标文件，电子招标投标交易平台应当拒收。电子招标投标交易平台收到投标人送达的投标文件，应当及时向投标人发出确认回执通知，并妥善保存投标文件。在投标截止时间前，除投标人补充、修改或者撤回投标文件外，任何单位和个人不得解密、提取投标文件。

四、电子开标、评标和中标

（一）电子开标

电子开标应当按照招标文件确定的时间，在电子招标投标交易平台上公开进行，所有投标人均应当准时在线参加开标。

开标时，电子招标投标交易平台自动提取所有投标文件，提示招标人和投标人按招标文件规定方式按时在线解密。解密全部完成后，应当向所有投标人公布投标人名称、投标价格和招标文件规定的其他内容。

因投标人原因造成投标文件未解密的，视为撤销其投标文件；因投标人之外的原因造成投标文件未解密的，视为撤回其投标文件，投标人有权要求责任方赔偿因此遭受的直接损失。部分投标文件未解密的，其他投标文件的开标可以继续进行。招标人可以在招标文件中明确投标文件解密失败的补救方案，投标文件应按照招标文件的要求作出响应。

电子招标投标交易平台应当生成开标记录并向社会公众公布，但依法应当保密的除外。

（二）电子评标

电子评标应当在有效监控和保密的环境下在线进行。根据国家规定应当进入依法设立的招标投标交易场所的招标项目，评标委员会成员应当在依法设立的招标投标交易场所登录招标项目所使用的电子招标投标交易平台进行评标。评标中需要投标人对投标文件澄清或者说明的，招标人和投标人应当通过电子招标投标交易平台交换数据电文。

评标委员会完成评标后，应当通过电子招标投标交易平台向招标人提交数据电文形式的评标报告。

（三）电子中标

依法必须进行招标的项目中标候选人和中标结果应当在电子招标投标交易平台进行公示和公布。

招标人确定中标人后，应当通过电子招标投标交易平台以数据电文形式向中标人发出中标通知书，并向未中标人发出中标结果通知书。招标人应当通过电子招标投标交易平台，以数据电文形式与中标人签订合同。

鼓励招标人、中标人等相关主体及时通过电子招标投标交易平台递交和公布中标合同履行情况的信息。

资格预审申请文件的解密、开启、评审、发出结果通知书等，适用《电子招标投标办法》关于投标文件的规定。

投标人或者其他利害关系人依法对资格预审文件、招标文件、开标和评标结果提出异议，以及招标人答复，均应当通过电子招标投标交易平台进行。

招标投标活动中的下列数据电文应当按照《电子签名法》和招标文件的要求进行电子签名并进行电子存档：资格预审公告、招标公告或者投标邀请书；资格预审文件、招标文件及其澄清、补充和修改；资格预审申请文件、投标文件及其澄清和说明；资格审查报告、评标报告；资格预审结果通知书和中标通知书；合同；国家规定的其他文件。

第六节　政府采购管理

一、政府采购概述

政府采购，是指各级国家机关、事业单位和团体组织，使用财政性资金采购依法制定的集中采购目录以内的或者采购限额标准以上的货物、工程和服务的行为。

集中采购目录包括集中采购机构采购项目和部门集中采购项目。技术、服务等标准统一，采购人普遍使用的项目，列为集中采购机构采购项目；采购人本部门、本系统基于业务需要有特殊要求，可以统一采购的项目，列为部门集中采购项目。

政府采购法所称集中采购，是指采购人将列入集中采购目录的项目委托集中采购机构代理采购或者进行部门集中采购的行为；所称分散采购，是指采购人将采购限额标准以上的未列入集中采购目录的项目自行采购或者委托采购代理机构代理采购的行为。

省、自治区、直辖市人民政府或者其授权的机构根据实际情况，可以确定分别适用于本行政区域省级、设区的市级、县级的集中采购目录和采购限额标准。

国务院财政部门应当根据国家的经济和社会发展政策，会同国务院有关部门制定政府采购政策，通过制定采购需求标准、预留采购份额、价格评审优惠、优先采购等措施，实现节约能源、保护环境、扶持不发达地区和少数民族地区、促进中小企业发展等目标。

政府采购工程以及与工程建设有关的货物、服务，采用招标方式采购的，适用《招标投标法》及《招标投标法实施条例》；采用其他方式采购的，适用《政府采购法》及《政府采购法实施条例》。政府采购工程以及与工程建设有关的货物、服务，应当执行政府采购政策。

政府采购的信息应当在政府采购监督管理部门指定的媒体上及时向社会公开发布，但涉及商业秘密的除外。

在政府采购活动中，采购人员及相关人员与供应商有利害关系的，必须回避。供应商认为采购人员及相关人员与其他供应商有利害关系的，可以申请其回避。

各级人民政府财政部门是负责政府采购监督管理的部门，依法履行对政府采购活动的监督管理职责。各级人民政府其他有关部门依法履行与政府采购活动有关的监督管理职责。

二、政府采购方式、适用条件和操作程序

（一）采购方式和适用条件

根据《政府采购法》，政府采购一般采用以下方式：公开招标；邀请招标；竞争性谈判；单一来源采购；询价；竞争性磋商；国务院政府采购监督管理部门认定的其他采购方式。

公开招标应作为政府采购的主要采购方式。

采购人采购货物或者服务应当采用公开招标方式的，其具体数额标准，属于中央预算的政府采购项目，由国务院规定；属于地方预算的政府采购项目，由省、自治区、直辖市人民政府规定；因特殊情况需要采用公开招标以外的采购方式的，应当在采购活动开始前获得设区的市、自治州以上人民政府采购监督管理部门的批准。

采购人不得将应当以公开招标方式采购的货物或者服务化整为零或者以其他任何方式规避公开招标采购。

符合下列情形之一的货物或者服务，可以依照《政府采购法》采用邀请招标方式采购：

(1)具有特殊性，只能从有限范围的供应商处采购的。

(2)采用公开招标方式的费用占政府采购项目总价值的比例过大的。

符合下列情形之一的货物或者服务，可以依照《政府采购法》采用竞争性谈判方式采购：

(1)招标后没有供应商投标或者没有合格标的或者重新招标未能成立的。

(2)技术复杂或者性质特殊，不能确定详细规格或者具体要求的。

(3)采用招标所需时间不能满足用户紧急需要的。

(4)不能事先计算出价格总额的。

符合下列情形之一的货物或者服务，可以依照《政府采购法》采用单一来源方式采购：

(1)只能从唯一供应商处采购的。

(2)发生了不可预见的紧急情况不能从其他供应商处采购的。

(3)必须保证原有采购项目一致性或者服务配套的要求，需要继续从原供应商处添购，且添购资金总额不超过原合同采购金额10%的。

采购的货物规格、标准统一、现货货源充足且价格变化幅度小的政府采购项目，可以依照《政府采购法》采用询价方式采购。

询价是指采购人向有关供应商发出询价单让其报价，在报价基础上进行比较并确定最优供应商的一种采购方式。条件：当采购的货物规格、标准统一、现货货源充足且价格变化幅度小的政府采购项目，可以采用询价方式采购。

符合下列情形的项目，可以采用竞争性磋商方式开展采购：

(1)政府购买服务项目。

(2)技术复杂或者性质特殊，不能确定详细规格或者具体要求的。

(3)因艺术品采购、专利、专有技术或者服务的时间、数量事先不能确定等原因不能事先计算出价格总额的。

(4)市场竞争不充分的科研项目，以及需要扶持的科技成果转化项目。

(5)按照招标投标法及其实施条例必须进行招标的工程建设项目以外的工程建设项目。

典型例题

【多选题】政府采购工程进行招标时，投标人的下列因素中，不得作为资格要求或评审因素的有(　　)。

A. 类似项目业绩　　B. 资产总额

C. 营业收入　　D. 注册资本

E. 纳税金额

BCDE。**【解析】**根据《政府采购货物和服务招标投标管理办法》，采购人、采购代理机构不得将投标人的注册资本、资产总额、营业收入、从业人员、利润、纳税额等规模条件作为资格要求或者评审因素，也不得通过将除进口货物以外的生产厂家授权、承诺、证明、背书等作为资格要求，对投标人实行差别待遇或者歧视待遇。

(二)政府采购程序

负有编制部门预算职责的部门在编制下一财政年度部门预算时，应当将该财政年度政府采购的项目及资金预算列出，报本级财政部门汇总。部门预算的审批，按预算管理权限和程序进行。

1. 招标方式采购

货物或者服务项目采取邀请招标方式采购的，采购人应当从符合相应资格条件的供应商中，通过随机方式选择3家以上的供应商，并向其发出投标邀请书。

货物和服务项目实行招标方式采购的，自招标文件开始发出之日起至投标人提交投标文件截止之日止，不得少于20日。

在招标采购中，出现下列情形之一的，应予否决投标：

(1)符合专业条件的供应商或者对招标文件作实质响应的供应商不足3家的。

(2)出现影响采购公正的违法、违规行为的。

(3)投标人的报价均超过了采购预算，采购人不能支付的。

(4)因重大变故，采购任务取消的。

否决投标后，采购人应当将否决投标理由通知所有投标人。否决投标后，除采购任务取消情形外，应当重新组织招标；需要采取其他方式采购的，应当在采购活动开始前获得设区的市、自治州以上人民政府采购监督管理部门或者政府有关部门批准。

2. 竞争性谈判方式采购

竞争性谈判方式是指采购人或代理机构通过与多家供应商（不少3家）进行谈判，最后从中确定中标供应商的一种采购方式。

采用竞争性谈判方式采购的，应当遵循下列程序：

(1)成立谈判小组。谈判小组由采购人的代表和有关专家共3人以上的单数组成，其中专家的人数不得少于成员总数的2/3。

(2)制定谈判文件。谈判文件应当明确谈判程序、谈判内容、合同草案的条款以及评定成交的标准等事项。

(3)确定邀请参加谈判的供应商名单。谈判小组从符合相应资格条件的供应商名单中确定不少于3家的供应商参加谈判，并向其提供谈判文件。

(4)谈判。谈判小组所有成员集中与单一供应商分别进行谈判。在谈判中，谈判的任何一方不得透露与谈判有关的其他供应商的技术资料、价格和其他信息。谈判文件有实质性变动的，谈判小组应当以书面形式通知所有参加谈判的供应商。

(5)确定成交供应商。谈判结束后，谈判小组应当要求所有参加谈判的供应商在规定时间内进行最后报价，采购人从谈判小组提出的成交候选人中根据符合采购需求、质量和服务相等且报价最低的原则确定成交供应商，并将结果通知所有参加谈判的未成交的供应商。

3. 单一来源方式采购

单一来源方式是指采购人向唯一供应商进行采购的方式。

采取单一来源方式采购的，采购人与供应商应当遵循《政府采购法》规定的原则，在保证采购项目质量和双方商定合理价格的基础上进行采购。

4. 询价方式采购

询价采购方式是指向三个以上供应商发出报价，对其报价进行比较以确定合格供应商的一种采购方式。

采取询价方式采购的，应当遵循下列程序：

(1)成立询价小组。询价小组由采购人的代表和有关专家共3人以上的单数组成，其中专家的人数不得少于成员总数的2/3。询价小组应当对采购项目的价格构成和评定成交的标准等事项作出规定。

(2)确定被询价的供应商名单。询价小组根据采购需求，从符合相应资格条件的供应商名单中确定不少于3家的供应商，并向其发出询价通知书让其报价。

(3)询价。询价小组要求被询价的供应商一次报出不得更改的价格。

(4)确定成交供应商。采购人根据符合采购需求、质量和服务相等且报价最低的原则确定成交供应商,并将结果通知所有被询价的未成交的供应商。

采购人或者其委托的采购代理机构应当组织对供应商履约的验收。大型或者复杂的政府采购项目,应当邀请国家认可的质量检测机构参加验收工作。验收方成员应当在验收书上签字,并承担相应的法律责任。

采购人、采购代理机构对政府采购项目每项采购活动的采购文件应当妥善保存,不得伪造、变造、隐匿或者销毁。采购文件的保存期限为从采购结束之日起至少保存15年。

采购文件包括采购活动记录、采购预算、招标文件、投标文件、评标标准、评估报告、定标文件、合同文本、验收证明、质疑答复、投诉处理决定及其他有关文件、资料。

5.竞争性磋商方式采购

竞争性磋商采购方式是指采购人、政府采购代理机构通过组建竞争性磋商小组(以下简称磋商小组)与符合条件的供应商就采购货物、工程和服务事宜进行磋商,供应商按照磋商文件的要求提交响应文件和报价,采购人从磋商小组评审后提出的候选供应商名单中确定成交供应商的采购方式。

达到公开招标数额标准的货物、服务采购项目,拟采用竞争性磋商采购方式的,采购人应当在采购活动开始前,报经主管预算单位同意后,依法向设区的市、自治州以上人民政府财政部门申请批准。

采购人、采购代理机构应当通过发布公告、从省级以上财政部门建立的供应商库中随机抽取或者采购人和评审专家分别书面推荐的方式邀请不少于3家符合相应资格条件的供应商参与竞争性磋商采购活动。采取采购人和评审专家书面推荐方式选择供应商的,采购人和评审专家应当各自出具书面推荐意见。采购人推荐供应商的比例不得高于推荐供应商总数的50%。

采用公告方式邀请供应商的,采购人、采购代理机构应当在省级以上人民政府财政部门指定的政府采购信息发布媒体发布竞争性磋商公告。

竞争性磋商文件(以下简称“磋商文件”)应当根据采购项目的特点和采购人的实际需求制定,并经采购人书面同意。采购人应当以满足实际需求为原则,不得擅自提高经费预算和资产配置等采购标准。

磋商文件应当包括供应商资格条件、采购邀请、采购方式、采购预算、采购需求、政府采购政策要求、评审程序、评审方法、评审标准、价格构成或者报价要求、响应文件编制要求、保证金交纳数额和形式以及不予退还保证金的情形、磋商过程中可能实质性变动的内容、响应文件提交的截止时间、开启时间及地点以及合同草案条款等。

从磋商文件发出之日起至供应商提交首次响应文件截止之日止不得少于10日。

提交首次响应文件截止之日前,采购人、采购代理机构或者磋商小组可以对已发出的磋商文件进行必要的澄清或者修改,澄清或者修改的内容作为磋商文件的组成部分。澄清或者修改的内容可能影响响应文件编制的,采购人、采购代理机构应当在提交首次响应文件截止时间至少5日前,以书面形式通知所有获取磋商文件的供应商;不足5日的,采购人、采购代理机构应当顺延提交首次响应文件截止时间。

磋商小组所有成员应当集中与单一供应商分别进行磋商,并给予所有参加磋商的供应商平等的磋商机会。

经磋商确定最终采购需求和提交最后报价的供应商后,由磋商小组采用综合评分法对提交最后报价的供应商的响应文件和最后报价进行综合评分。

第四章 工程项目合同管理

第一节 工程项目合同管理概述

合同是指平等主体的自然人、法人、其他组织之间设立、变更、终止民事权利义务关系的协议。合同的本质是规定合同双方的权利、义务，以及保证实现此类权利和义务的可靠且可操作的程序。

工程项目实行合同管理，是建立工程项目现代化管理制度的重要措施。合同管理是以合同为保障机制，保证自己一方达到最佳利益，服务于整个项目管理目标。通过合同管理，可以减少成本和缩短工期，从而实现预期目标。

一、工程项目合同管理的基本原则

工程项目合同管理的基本原则包括：

(1)平等原则。合同当事人的法律地位平等，一方不得将自己的意志强加给另一方，且享有平等的权利与义务。

(2)等价有偿原则。当事人应当遵守按照价值规律的要求进行等价交换。

(3)公平原则。当事人应当遵循公平原则确定各方的权利和义务。

(4)诚实信用原则。当事人行使权利、履行义务应当遵循诚实信用原则。

(5)遵纪守法原则。当事人订立、履行合同，应当遵守法律、行政法规，尊重社会公德，不得扰乱社会经济秩序，损害社会公共利益。

(6)依合同履行义务原则。依法成立的合同，对当事人具有法律约束力。当事人应当按照约定履行自己的义务，不得擅自变更或者解除合同。

二、工程项目合同管理的法律依据

合同管理应是全过程管理，包括合同订立、履行、变更、索赔、终止、争议解决以及控制和综合评价等内容，还应包括有关合同知识产权的合法使用。合同管理需遵守《民法典》《建筑法》及其相关的国务院行政法规、部门规章、行业规范等的强制性规定，维护建筑市场秩序和合同当事人的合法权益，保证合同履行。

工程项目合同管理的法律法规依据主要有：《民法典》《建筑法》《招标投标法》《劳动法》《工伤保险条例》《保险法》《职业病防治法》《建筑工程施工发包与承包违法行为认定查处管理办法》。

三、工程项目合同体系

（一）工程项目合同特点与分类

1. 工程项目合同的特点

(1)合同管理难度高，合同体系庞大、内容复杂。

(2)合同标的物特殊，合同标的物仅限于合同要求的范围内。

(3)合同主体只能是法人，不能为公民个人。

(4)合同的订立和履行都具有特殊性，涉及政府监管、备案、检查。

(5)工程项目合同实际上是一个合同体系。

2. 工程项目合同分类

由于工程项目工期长、成本高、参与单位多，项目参与方需要通过签订一系列合同来确立和调整彼此之间的权利义务关系，由此形成了一个完整的工程项目合同体系。

工程项目合同体系中，工程项目合同类别包括工程咨询服务合同、造价咨询合同、勘察设计合同、监理合同、招标代理合同、施工合同、代建合同、材料采购合同、设备采购合同、运输合同、技术服务合同、贷款合同、融资合同、租赁合同、后评价合同等。

工程项目主要合同的关系如图 4-1 所示。

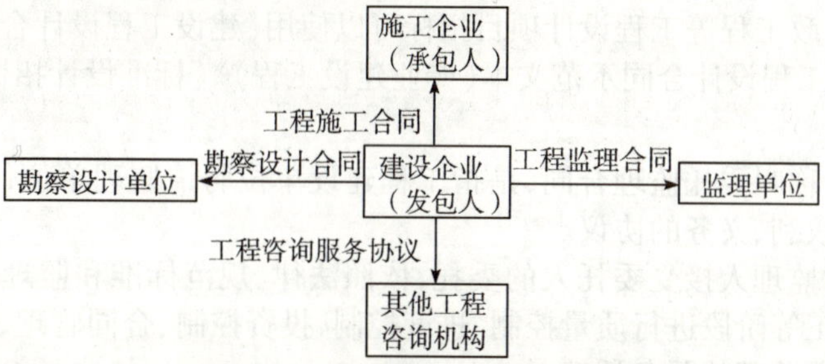

图 4-1　工程项目主要合同的关系

（二）工程项目各类合同简介

1. 全过程咨询服务合同

根据中央城市工作会议精神和《国务院办公厅关于促进建筑业持续健康发展的意见》等文件，工程建设领域对进一步完善我国工程建设组织模式，推进全过程工程咨询服务发展提出了需求。

全过程工程咨询是对工程建设项目前期研究和决策以及工程项目实施和运行（运营）的全生命周期提供包含设计和规划在内的涉及组织、管理、经济和技术等各有关方面的工程咨询服务。全过程工程咨询服务可采用多种组织方式，为项目决策、实施和运营持续提供局部或整体解决方案。具体提供项目建设可行性研究、项目实施总体策划、工程规划、工程勘察与设计、项目管理、工程监理、造价咨询及项目运行维护管理等全方位的全过程工程咨询服务。

全过程工程咨询合同管理应从以下几个方面着手：组织模式、委托、酬金、业务能力要求、项目负责人及相关执业人员的基本要求、转委托、咨询服务企业的义务和责任。

2. 勘察合同

勘察合同是指根据工程项目的要求，查明、分析、评价建设场地的地质地理环境特征和岩土工程条件，编制工程勘察文件的协议。

勘察服务是指勘察人按照合同约定履行的服务，包括制订勘察纲要、进行测绘、勘探、取样和试验等，查明、分析和评估地质特征和工程条件，编制勘察报告和提供发包人委托的其他服务。

勘察文件是指勘察人按合同约定向发包人提交的工程勘察报告、服务大纲、勘察方案、外业指导书、进度计划、图纸、计算书、软件和其他文件等，包括阶段性文件和最终文件，且应当采用合同中双方约定的格式和载体。

房屋建筑和市政工程等工程勘察项目招标可以使用《建设工程勘察合同(示范文本)》《标准勘察招标文件》。

3. 设计合同

设计合同是指根据工程项目的要求，对工程所需的技术、经济、资源、环境等条件进行综合分析、论证，编制工程设计文件的协议。

设计服务是指设计人按照合同约定履行的服务，包括编制设计文件和设计概算、预算、提供技术交底、施工配合、参加竣工验收或发包人委托的其他服务。

设计文件是指设计人按合同约定向发包人提交的设计说明、图纸、图板、模型、计算书、软件和其他文件等，包括阶段性文件和最终文件，且应当采用合同中双方约定的格式和载体。

房屋建筑和市政工程等工程设计项目招标可以使用《建设工程设计合同示范文本(房屋建筑工程)》《建设工程设计合同示范文本(专业建设工程)》《标准设计招标文件》。

4. 监理合同

监理合同的全称叫委托监理合同，是指工程建设单位聘请监理单位代其对工程项目进行管理，明确双方权利、义务的协议。

监理服务是指监理人接受委托人的委托，依照法律、规范标准和监理合同等，对建设工程勘察、设计或施工等阶段进行质量控制、进度控制、投资控制、合同管理、信息管理、组织协调和安全监理、环保监理的服务活动。

监理文件是指监理人按合同约定向委托人提交的监理大纲、监理规划、监理实施细则、监理日志、监理报告、工程质量评估报告、事故处理文件、监理工作总结和其他文件等，包括阶段性文件和最终文件，且应当采用合同中双方约定的格式和载体。

房屋建筑和市政工程等工程监理项目招标可以使用《建设工程监理合同(示范文本)》《标准监理招标文件》。

5. 施工合同

施工合同又称承包合同，是指发包人(建设单位)和承包人(施工单位)为完成商定的建设工程施工任务，明确相互之间权利、义务关系的书面协议。签订施工合同，必须遵守国家法律，符合国家政策，并具备经批准的承包工程的初步设计和总概算，承包工程所需的投资和统配物资已经列入国家计划，当事人双方均有履行合同的能力等基本条件，以保证施工合同切实可行。依照施工合同，施工单位应完成建设单位交给的施工任务，建设单位应按照规定提供必要条件并支付工程价款。施工合同是承包人进行工程建设施工，发包人支付价款的合同，是建设工程的主要合同，同时也是工程建设质量控制、进度控制、投资控制的主要依据。

施工合同是指根据法律规定和合同当事人约定具有约束力的文件，构成合同的文件包括合同协议书、中标通知书(如果有)、投标函及其附录(如果有)、专用合同条款及其附件、通用合同条款、技术标准和要求、图纸、已标价工程量清单或预算书，以及其他合同文件。

房屋建筑和市政工程等工程施工项目招标可以使用《建设工程施工合同(示范文本)》《标准设计施工总承包招标文件》《简明标准施工招标文件》。

6. 设备采购合同

设备采购合同文件是指合同协议书、中标通知书、投标函、商务和技术偏差表、专用合同条款、通用合同条款、供货要求、分项报价表、中标设备技术性能指标的详细描述、技术服务和质保期服务计划,以及其他构成合同组成部分的文件。

房屋建筑和市政工程等工程设备采购项目招标可以使用《标准设备采购招标文件》。

7. 材料采购合同

材料采购合同文件是指合同协议书、中标通知书、投标函、商务和技术偏差表、专用合同条款、通用合同条款、供货要求、分项报价表、中标材料质量标准的详细描述、相关服务计划,以及其他构成合同组成部分的文件。

房屋建筑和市政工程等工程材料采购项目招标可以使用《标准材料采购招标文件》。

第二节　工程项目施工合同管理

一、施工合同的订立

(一)《示范文本》的组成

根据《建设工程施工合同(示范文本)》(以下简称《示范文本》),《示范文本》由合同协议书、通用合同条款和专用合同条款三部分组成。

《示范文本》为非强制性使用文本,适用于房屋建筑工程、土木工程、线路管道和设备安装工程、装修工程等建设工程的施工承发包活动,合同当事人可结合建设工程具体情况,根据《示范文本》订立合同,并按照法律法规规定和合同约定承担相应的法律责任及合同权利义务。

1. 合同协议书

合同协议书是指构成合同的由发包人和承包人共同签署的称为“合同协议书”的书面文件。

合同协议书共计 13 条,主要包括:工程概况、合同工期、质量标准、签约合同价和合同价格形式、项目经理、合同文件构成、承诺以及合同生效条件等重要内容,集中约定了合同当事人基本的合同权利义务。

2. 通用合同条款

通用合同条款是合同当事人根据《建筑法》《民法典》等法律法规的规定,就工程建设的实施及相关事项,对合同当事人的权利义务作出的原则性约定。

通用合同条款共计 20 条,具体条款分别为:一般约定、发包人、承包人、监理人、工程质量、安全文明施工与环境保护、工期和进度、材料与设备、试验与检验、变更、价格调整、合同价格、计量与支付、验收和工程试车、竣工结算、缺陷责任与保修、违约、不可抗力、保险、索赔和争议解决。前述条款安排既考虑了现行法律法规对工程建设的有关要求,也考虑了建设工程施工管理的特殊需要。

3. 专用合同条款

专用合同条款是对通用合同条款原则性约定的细化、完善、补充、修改或另行约定的条款。合同当事人可以根据不同建设工程的特点及具体情况，通过双方的谈判、协商对相应的专用合同条款进行修改补充。

在使用专用合同条款时，应注意以下事项：

(1)专用合同条款的编号应与相应的通用合同条款的编号一致。

(2)合同当事人可以通过对专用合同条款的修改，满足具体建设工程的特殊要求，避免直接修改通用合同条款。

(3)在专用合同条款中有横道线的地方，合同当事人可针对相应的通用合同条款进行细化、完善、补充、修改或另行约定；如无细化、完善、补充、修改或另行约定，则填写"无"或划"/"。

(二)合同文件的优先顺序

组成合同的各项文件应互相解释，互为说明。除专用合同条款另有约定外，解释合同文件的优先顺序如下：合同协议书；中标通知书(如果有)；投标函及其附录(如果有)；专用合同条款及其附件；通用合同条款；技术标准和要求；图纸；已标价工程量清单或预算书；其他合同文件。

上述各项合同文件包括合同当事人就该项合同文件所作出的补充和修改，属于同一类内容的文件，应以最新签署的为准。

在合同订立及履行过程中形成的与合同有关的文件均构成合同文件组成部分，并根据其性质确定优先解释顺序。

典型例题

【多选题】下列属于工程施工合同文件组成部分的有(　　)。

A. 合同协议书　　B. 中标通知书

C. 招投标文件　　D. 投标函及其附录

E. 已标价工程量清单

ABDE。【解析】根据《标准施工招标文件》，构成工程施工合同的文件包括：(1)合同协议书。(2)中标通知书。(3)投标函及投标函附录。(4)专用合同条款。(5)通用合同条款。(6)技术标准和要求。(7)图纸。(8)已标价工程量清单。(9)其他合同文件。组成合同的各项文件应互相解释，互为说明。

(三)合同涉及的内容

1. 合同当事人及其他相关方

合同当事人是指发包人和(或)承包人。

发包人是指与承包人签订合同协议书的当事人及取得该当事人资格的合法继承人。

发包人代表是指由发包人任命并派驻施工现场在发包人授权范围内行使发包人权利的人。

承包人是指与发包人签订合同协议书的，具有相应工程施工承包资质的当事人及取得该当事人资格的合法继承人。

项目经理是指由承包人任命并派驻施工现场，在承包人授权范围内负责合同履行，且按照法律规定具有相应资格的项目负责人。

分包人是指按照法律规定和合同约定，分包部分工程或工作，并与承包人签订分包合同的具有相应资质的法人。

设计人是指在专用合同条款中指明的，受发包人委托负责工程设计并具备相应工程设计资质的法人或其他组织。

监理人是指在专用合同条款中指明的，受发包人委托按照法律规定进行工程监督管理的法人或其他组织。

总监理工程师是指由监理人任命并派驻施工现场进行工程监理的总负责人。

2. 合同价格和费用

签约合同价是指发包人和承包人在合同协议书中确定的总金额，包括安全文明施工费、暂估价及暂列金额等。

合同价格是指发包人用于支付承包人按照合同约定完成承包范围内全部工作的金额，包括合同履行过程中按合同约定发生的价格变化。

费用是指为履行合同所发生的或将要发生的所有必需的开支，包括管理费和应分摊的其他费用，但不包括利润。

链接

合同中的标的主要是指合同当事人双方权利和义务的指向对象。对于工程施工合同，其标的主要是指工程，即永久工程和临时工程。

（四）合同的订立要求

当事人订立合同，应当具有相应的民事权利能力和民事行为能力。当事人依法可以委托代理人订立合同。

当事人订立合同，有书面形式、口头形式和其他形式。法律、行政法规规定采用书面形式的，应当采用书面形式。当事人约定采用书面形式的，应当采用书面形式。书面形式是指合同书、信件和数据电文（包括电报、电传、传真、电子数据交换和电子邮件）等可以有形地表现所载内容的形式。以电子数据交换、电子邮件等方式能够有形地表现所载内容，并可以随时调取查用的数据电文，视为书面形式。

合同的内容由当事人约定，一般包括下列条款：当事人的姓名或者名称和住所；标的；数量；质量；价款或者报酬；履行期限、地点和方式；违约责任；解决争议的方法。

（五）合同的生效

民事法律行为可以附条件，但是根据其性质不得附条件的除外。附生效条件的民事法律行为，自条件成就时生效。附解除条件的民事法律行为，自条件成就时失效。

当事人采用合同书形式订立合同的，自当事人均签名、盖章或者按指印时合同成立。在签名、盖章或者按指印之前，当事人一方已经履行主要义务，对方接受时，该合同成立。法律、行政法规规定或者当事人约定合同应当采用书面形式订立，当事人未采用书面形式但是一方已经履行主要义务，对方接受时，该合同成立。

依法成立的合同，自成立时生效，但是法律另有规定或者当事人另有约定的除外。依照法律、行政法规的规定，合同应当办理批准等手续的，依照其规定。未办理批准等手续影响合同生效的，不影响合同中履行报批等义务条款以及相关条款的效力。应当办理申请批准等手续的当事人未履行义务的，对方可以请求其承担违反该义务的责任。

二、施工合同的实施

（一）发包人义务

发包人的一般义务包括：

（1）遵守法律。发包人在履行合同过程中应遵守法律，并保证承包人免于承担因发包人违反法律而引起的任何责任。

(2)发出开工通知。发包人应委托监理人按约定向承包人发出开工通知。

(3)提供施工场地。发包人应按专用合同条款约定向承包人提供施工场地,以及施工场地内地下管线和地下设施等有关资料,并保证资料的真实、准确、完整。

(4)协助承包人办理证件和批件。发包人应协助承包人办理法律规定的有关施工证件和批件。

(5)组织设计交底。发包人应根据合同进度计划,组织设计单位向承包人进行设计交底。

(6)支付合同价款。发包人应按合同约定向承包人及时支付合同价款。

(7)组织竣工验收。发包人应按合同约定及时组织竣工验收。

(8)其他义务。发包人应履行合同约定的其他义务。

(二)承包人

1.承包人的一般义务

承包人的一般义务包括:

(1)遵守法律。承包人在履行合同过程中应遵守法律,并保证发包人免于承担因承包人违反法律而引起的任何责任。

(2)依法纳税。承包人应按有关法律规定纳税,应缴纳的税金包括在合同价格内。

(3)完成各项承包工作。承包人应按合同约定以及监理人作出的指示,实施、完成全部工程,并修补工程中的任何缺陷。除专用合同条款另有约定外,承包人应提供为完成合同工作所需的劳务、材料、施工设备、工程设备和其他物品,并按合同约定负责临时设施的设计、建造、运行、维护、管理和拆除。

(4)对施工作业和施工方法的完备性负责。承包人应按合同约定的工作内容和施工进度要求,编制施工组织设计和施工措施计划,并对所有施工作业和施工方法的完备性和安全可靠性负责。

(5)保证工程施工和人员的安全。承包人应按约定采取施工安全措施,确保工程及其人员、材料、设备和设施的安全,防止因工程施工造成的人身伤害和财产损失。

(6)负责施工场地及其周边环境与生态的保护工作。承包人应按照约定负责施工场地及其周边环境与生态的保护工作。

(7)避免施工对公众与他人的利益造成损害。承包人在进行合同约定的各项工作时,不得侵害发包人与他人使用公用道路、水源、市政管网等公共设施的权利,避免对邻近的公共设施产生干扰。承包人占用或使用他人的施工场地,影响他人作业或生活的,应承担相应责任。

(8)为他人提供方便。承包人应按监理人的指示为他人在施工场地或附近实施与工程有关的其他各项工作提供可能的条件。除合同另有约定外,提供有关条件的内容和可能发生的费用,由监理人商定或确定。

(9)工程的维护和照管。工程接收证书颁发前,承包人应负责照管和维护工程。工程接收证书颁发时尚有部分未竣工工程的,承包人还应负责该未竣工工程的照管和维护工作,直至竣工后移交给发包人为止。

(10)其他义务。承包人应履行合同约定的其他义务。

提示

发包人和承包人在施工合同中所承担的义务一定要掌握,并注意区分。

2. 履约担保

承包人应保证其履约担保在发包人颁发工程接收证书前一直有效。发包人应在工程接收证书颁发后28天内把履约担保退还给承包人。

根据《国务院办公厅关于清理规范工程建设领域保证金的通知》,有关保证金的规定如下:

(1)全面清理各类保证金。对建筑业企业在工程建设中需缴纳的保证金,除依法依规设立的投标保证金、履约保证金、工程质量保证金、农民工工资保证金外,其他保证金一律取消。

(2)转变保证金缴纳方式。对保留的投标保证金、履约保证金、工程质量保证金、农民工工资保证金,推行银行保函制度,建筑业企业可以银行保函方式缴纳。

(3)严格工程质量保证金管理。工程质量保证金的预留比例上限不得高于工程价款结算总额的3%。在工程项目竣工前,已经缴纳履约保证金的,建设单位不得同时预留工程质量保证金。

(4)实行农民工工资保证金差异化缴存办法。对一定时期内未发生工资拖欠的企业,实行减免措施;对发生工资拖欠的企业,适当提高缴存比例。

3. 承包人现场查勘

发包人应将其持有的现场地质勘探资料、水文气象资料提供给承包人,并对其准确性负责。但承包人应对其阅读上述有关资料后所作出的解释和推断负责。

承包人应对施工场地和周围环境进行查勘,并收集有关地质、水文、气象条件、交通条件、风俗习惯以及其他为完成合同工作有关的当地资料。在全部合同工作中,应视为承包人已充分估计了应承担的责任和风险。

(三)工期和进度管理

1. 施工组织设计的内容

施工组织设计应包含以下内容:施工方案;施工现场平面布置图;施工进度计划和保证措施;劳动力及材料供应计划;施工机械设备的选用;质量保证体系及措施;安全生产、文明施工措施;环境保护、成本控制措施;合同当事人约定的其他内容。

2. 施工进度计划

承包人应按照施工组织设计约定提交详细的施工进度计划,施工进度计划的编制应当符合国家法律规定和一般工程实践惯例,施工进度计划经发包人批准后实施。施工进度计划是控制工程进度的依据,发包人和监理人有权按照施工进度计划检查工程进度情况。

施工进度计划不符合合同要求或与工程的实际进度不一致的,承包人应向监理人提交修订的施工进度计划,并附具有关措施和相关资料,由监理人报送发包人。除专用合同条款另有约定外,发包人和监理人应在收到修订的施工进度计划后7天内完成审核和批准或提出修改意见。发包人和监理人对承包人提交的施工进度计划的确认,不能减轻或免除承包人根据法律规定和合同约定应承担的任何责任或义务。

3. 开工和竣工

监理人应在开工日期7天前向承包人发出开工通知。监理人在发出开工通知前应获得发包人同意。工期自监理人发出的开工通知中载明的开工日期起计算。承包人应在开工日期后尽快施工。

承包人应按约定的合同进度计划,向监理人提交工程开工报审表,经监理人审批后执行。开工报审表应详细说明按合同进度计划正常施工所需的施工道路、临时设施、材料设备、施工人员等施工组织措施的落实情况以及工程的进度安排。

承包人应在约定的期限内完成合同工程。实际竣工日期在接收证书中写明。

在履行合同过程中，由于发包人的下列原因造成工期延误的，承包人有权要求发包人延长工期和(或)增加费用，并支付合理利润。需要修订合同进度计划的，按照约定办理。

(1)增加合同工作内容。

(2)改变合同中任何一项工作的质量要求或其他特性。

(3)发包人迟延提供材料、工程设备或变更交货地点的。

(4)因发包人原因导致的暂停施工。

(5)提供图纸延误。

(6)未按合同约定及时支付预付款、进度款。

(7)发包人造成工期延误的其他原因。

由于出现专用合同条款规定的异常恶劣气候的条件导致工期延误的，承包人有权要求发包人延长工期。

由于承包人原因，未能按合同进度计划完成工作，或监理人认为承包人施工进度不能满足合同工期要求的，承包人应采取措施加快进度，并承担加快进度所增加的费用。由于承包人原因造成工期延误，承包人应支付逾期竣工违约金。逾期竣工违约金的计算方法在专用合同条款中约定。承包人支付逾期竣工违约金，不免除承包人完成工程及修补缺陷的义务。

发包人要求承包人提前竣工，或承包人提出提前竣工的建议能够给发包人带来效益的，应由监理人与承包人共同协商采取加快工程进度的措施和修订合同进度计划。发包人应承担承包人由此增加的费用，并向承包人支付专用合同条款约定的相应奖金。

(四)安全文明施工与环境保护

1. 安全文明施工

(1)文明施工。

承包人在工程施工期间，应当采取措施保持施工现场平整，物料堆放整齐。工程所在地有关政府行政管理部门有特殊要求的，按照其要求执行。合同当事人对文明施工有其他要求的，可以在专用合同条款中明确。

在工程移交之前，承包人应当从施工现场清除承包人的全部工程设备、多余材料、垃圾和各种临时工程，并保持施工现场清洁整齐。经发包人书面同意，承包人可在发包人指定的地点保留承包人履行保修期内的各项义务所需要的材料、施工设备和临时工程。

(2)紧急情况处理。

在工程实施期间或缺陷责任期内发生危及工程安全的事件，监理人通知承包人进行抢救，承包人声明无能力或不愿立即执行的，发包人有权雇佣其他人员进行抢救。此类抢救按合同约定属于承包人义务的，由此增加的费用和(或)延误的工期由承包人承担。

(3)事故处理。

工程施工过程中发生事故的，承包人应立即通知监理人，监理人应立即通知发包人。发包人和承包人应立即组织人员和设备进行紧急抢救和抢修，减少人员伤亡和财产损失，防止事故扩大，并保护事故现场。需要移动现场物品时，应作出标记和书面记录，妥善保管有关证据。发包人和承包人应按国家有关规定，及时如实地向有关部门报告事故发生的情况，以及正在采取的紧急措施等。

(4)安全生产责任。

发包人应按合同约定履行安全职责，授权监理人按合同约定的安全工作内容监督、检查承包人安全工作的实施，组织承包人和有关单位进行安全检查。

发包人应对其现场机构雇佣的全部人员的工伤事故承担责任，但由于承包人原因造成发包人人员工伤的，应由承包人承担责任。

发包人应负责赔偿以下各种情况造成的第三者人身伤亡和财产损失：

①工程或工程的任何部分对土地的占用所造成的第三者财产损失。

②由于发包人原因在施工场地及其毗邻地带造成的第三者人身伤亡和财产损失。

承包人应按合同约定履行安全职责，执行监理人有关安全工作的指示，并在专用合同条款约定的期限内，按合同约定的安全工作内容，编制施工安全措施计划报送监理人审批。

承包人应加强施工作业安全管理，特别应加强易燃、易爆材料、火工器材、有毒与腐蚀性材料和其他危险品的管理，以及对爆破作业和地下工程施工等危险作业的管理。

承包人应严格按照国家安全标准制定施工安全操作规程，配备必要的安全生产和劳动保护设施，加强对承包人人员的安全教育，并发放安全工作手册和劳动保护用具。

承包人应按监理人的指示制定应对灾害的紧急预案，报送监理人审批。承包人还应按预案做好安全检查，配置必要的救助物资和器材，切实保护好有关人员的人身和财产安全。

合同约定的安全作业环境及安全施工措施所需费用应遵守有关规定，并包括在相关工作的合同价格中。因采取合同未约定的安全作业环境及安全施工措施增加的费用，由监理人按要求商定或确定。

承包人应对其履行合同所雇佣的全部人员，包括分包人人员的工伤事故承担责任，但由于发包人原因造成承包人人员工伤事故的，应由发包人承担责任。

由于承包人原因在施工场地内及其毗邻地带造成的第三者人员伤亡和财产损失，由承包人负责赔偿。

典型例题

【多选题】根据国家《标准施工招标文件》通用合同条款，关于承包人施工安全责任的说法，正确的有(　　)。

A. 承包人应在合同约定的期限内，与监理人共同编制安全措施

B. 承包人应按监理人的指示制定应对灾害的紧急预案，并做好预检

C. 承包人因采取合同未约定的安全作业环境及安全施工措施而增加的费用视为已包括在合同价款中

D. 工程或工程的任何部分对土地的占用造成第三人财产损失，由承包人负责赔偿

E. 由于承包人原因在施工场地内及其毗邻地带造成的第三者人员和财产损失，由承包人赔偿

BE。**【解析】**承包人应按合同约定履行安全职责，执行监理人有关安全工作的指示，并在专用合同条款约定的期限内，按合同约定的安全工作内容，编制施工安全措施计划报送监理人审批。故选项A错误。承包人应按监理人的指示制定应对灾害的紧急预案，报送监理人审批。承包人还应按预案做好安全检查，配置必要的救助物资和器材，切实保护好有关人员的人身和财产安全。故选项B正确。合同约定的安全作业环境及安全施工措施所需费用应遵守有关规定，并包括在相关工作的合同价格中。因采取合同未约定的安全作业环境及安全施工措施增加的费用，由监理人按规定商定或确定。故选项C错误。工程或工程的任何部分对土地的占用所造成的第三者财产损失，应由发包人负责赔偿。故选项D错误。由于承包人原因在施工场地内及其毗邻地带造成的第三者人员伤亡和财产损失，由承包人负责赔偿。选项E正确。

2. 职业健康

(1)劳动保护。

承包人应按照法律规定安排现场施工人员的劳动和休息时间,保障劳动者的休息时间,并支付合理的报酬和费用。承包人应依法为其履行合同所雇用的人员办理必要的证件、许可、保险和注册等,承包人应督促其分包人为分包人所雇用的人员办理必要的证件、许可、保险和注册等。

承包人应按照法律规定保障现场施工人员的劳动安全,并提供劳动保护,并应按国家有关劳动保护的规定,采取有效的防止粉尘、降低噪声、控制有害气体和保障高温、高寒、高空作业安全等劳动保护措施。承包人雇佣人员在施工中受到伤害的,承包人应立即采取有效措施进行抢救和治疗。

承包人应按法律规定安排工作时间,保证其雇佣人员享有休息和休假的权利。因工程施工的特殊需要占用休假日或延长工作时间的,应不超过法律规定的限度,并按法律规定给予补休或付酬。

(2)生活条件。

承包人应为其履行合同所雇用的人员提供必要的膳宿条件和生活环境;承包人应采取有效措施预防传染病,保证施工人员的健康,并定期对施工现场、施工人员生活基地和工程进行防疫和卫生的专业检查和处理,在远离城镇的施工场地,还应配备必要的伤病防治和急救的医务人员与医疗设施。

3. 环境保护

承包人在施工过程中,应遵守有关环境保护的法律,履行合同约定的环境保护义务,并对违反法律和合同约定义务所造成的环境破坏、人身伤害和财产损失负责。

承包人应按合同约定的环保工作内容,编制施工环保措施计划,报送监理人审批。

承包人应按照批准的施工环保措施计划有序地堆放和处理施工废弃物,避免对环境造成破坏。因承包人任意堆放或弃置施工废弃物造成妨碍公共交通、影响城镇居民生活、降低河流行洪能力、危及居民安全、破坏周边环境,或者影响其他承包人施工等后果的,承包人应承担责任。

承包人应按合同约定采取有效措施,对施工开挖的边坡及时进行支护,维护排水设施,并进行水土保护,避免因施工造成的地质灾害。

承包人应按国家饮用水管理标准定期对饮用水源进行监测,防止施工活动污染饮用水源。

承包人应按合同约定,加强对噪声、粉尘、废气和废油的控制,努力降低噪声,控制粉尘和废气浓度,做好废水和废油的治理和排放。

(五)工程质量

1. 工程质量要求

工程质量验收按合同约定验收标准执行。

因承包人原因造成工程质量达不到合同约定验收标准的,监理人有权要求承包人返工直至符合合同要求为止,由此造成的费用增加和(或)工期延误由承包人承担。

因发包人原因造成工程质量达不到合同约定验收标准的,发包人应承担由于承包人返工造成的费用增加和(或)工期延误,并支付承包人合理利润。

2. 承包人的质量管理

承包人应在施工场地设置专门的质量检查机构,配备专职质量检查人员,建立完善的质量检查制度。承包人应在合同约定的期限内，提交工程质量保证措施文件，包括质量检查机构的组织和岗位责任、质检人员的组成、质量检查程序和实施细则等，报送监理人审批。

承包人应加强对施工人员的质量教育和技术培训，定期考核施工人员的劳动技能，严格执行规范和操作规程。

3. 承包人的质量检查

承包人应按合同约定对材料、工程设备以及工程的所有部位及其施工工艺进行全过程的质量检查和检验，并作详细记录，编制工程质量报表，报送监理人审查。

4. 监理人的质量检查

监理人有权对工程的所有部位及其施工工艺、材料和工程设备进行检查和检验。承包人应为监理人的检查和检验提供方便，包括监理人到施工场地，或制造、加工地点，或合同约定的其他地方进行察看和查阅施工原始记录。承包人还应按监理人指示，进行施工场地取样试验、工程复核测量和设备性能检测，提供试验样品、提交试验报告和测量成果以及监理人要求进行的其他工作。监理人的检查和检验，不免除承包人按合同约定应负的责任。

5. 工程隐蔽部位覆盖前的检查

经承包人自检确认的工程隐蔽部位具备覆盖条件后，承包人应通知监理人在约定的期限内检查。承包人的通知应附有自检记录和必要的检查资料。监理人应按时到场检查。经监理人检查确认质量符合隐蔽要求，并在检查记录上签字后，承包人才能进行覆盖。监理人检查确认质量不合格的，承包人应在监理人指示的时间内修整返工后，由监理人重新检查。

监理人未按约定的时间进行检查的，除监理人另有指示外，承包人可自行完成覆盖工作，并作相应记录报送监理人，监理人应签字确认。监理人事后对检查记录有疑问的，可按约定重新检查。

承包人按约定覆盖工程隐蔽部位后，监理人对质量有疑问的，可要求承包人对已覆盖的部位进行钻孔探测或揭开重新检验，承包人应遵照执行，并在检验后重新覆盖恢复原状。经检验证明工程质量符合合同要求的，由发包人承担由此增加的费用和(或)工期延误，并支付承包人合理利润；经检验证明工程质量不符合合同要求的，由此增加的费用和(或)工期延误由承包人承担。

承包人未通知监理人到场检查，私自将工程隐蔽部位覆盖的，监理人有权指示承包人钻孔探测或揭开检查，由此增加的费用和(或)工期延误由承包人承担。

6. 清除不合格工程

承包人使用不合格材料、工程设备，或采用不适当的施工工艺，或施工不当，造成工程不合格的，监理人可以随时发出指示，要求承包人立即采取措施进行补救，直至达到合同要求的质量标准，由此增加的费用和(或)工期延误由承包人承担。

由于发包人提供的材料或工程设备不合格造成的工程不合格，需要承包人采取措施补救的，发包人应承担由此增加的费用和(或)工期延误，并支付承包人合理利润。

(六) 合同变更

1. 变更的范围和内容

除专用合同条款另有约定外，在履行合同中发生以下情形之一，应按照下列规定进行变更：

(1)取消合同中任何一项工作，但被取消的工作不能转由发包人或其他人实施。

(2)改变合同中任何一项工作的质量或其他特性。

(3)改变合同工程的基线、标高、位置或尺寸。

(4)改变合同中任何一项工作的施工时间或改变已批准的施工工艺或顺序。

(5)为完成工程需要追加的额外工作。

2. 变更权

发包人和监理人均可以提出变更。变更指示均通过监理人发出，监理人发出变更指示前应征得发包人同意。承包人收到经发包人签认的变更指示后，方可实施变更。未经许可，承包人不得擅自对工程的任何部分进行变更。

涉及设计变更的，应由设计人提供变更后的图纸和说明。如变更超过原设计标准或批准的建设规模时，发包人应及时办理规划、设计变更等审批手续。

3. 变更的提出

发包人提出变更的，应通过监理人向承包人发出变更指示，变更指示应说明计划变更的工程范围和变更的内容。

监理人提出变更建议的，需要向发包人以书面形式提出变更计划，说明计划变更工程范围和变更的内容、理由，以及实施该变更对合同价格和工期的影响。发包人同意变更的，由监理人向承包人发出变更指示。发包人不同意变更的，监理人无权擅自发出变更指示。

承包人收到监理人下达的变更指示后，认为不能执行，应立即提出不能执行该变更指示的理由。承包人认为可以执行变更的，应当书面说明实施该变更指示对合同价格和工期的影响，且合同当事人应当按照变更估价约定确定变更估价。

4. 变更估价

除专用合同条款对期限另有约定外，承包人应在收到变更指示或变更意向书后的 14 天内，向监理人提交变更报价书，报价内容应根据约定的估价原则，详细开列变更工作的价格组成及其依据，并附必要的施工方法说明和有关图纸。

变更工作影响工期的，承包人应提出调整工期的具体细节。监理人认为有必要时，可要求承包人提交要求提前或延长工期的施工进度计划及相应施工措施等详细资料。

除专用合同条款对期限另有约定外，监理人收到承包人变更报价书后的 14 天内，根据约定的估价原则，按照要求商定或确定变更价格。

5. 变更指示

变更指示只能由监理人发出。变更指示应说明变更的目的、范围、变更内容以及变更的工程量及其进度和技术要求，并附有关图纸和文件。承包人收到变更指示后，应按变更指示进行变更工作。

6. 变更的估价原则

除专用合同条款另有约定外，因变更引起的价格调整按照下列约定处理：

(1)已标价工程量清单中有适用于变更工作的子目的，采用该子目的单价。

(2)已标价工程量清单中无适用于变更工作的子目，但有类似子目的，可在合理范围内参照类似子目的单价，由监理人按要求商定或确定变更工作的单价。

(3)已标价工程量清单中无适用或类似子目的单价，可按照成本加利润的原则，由监理人按要求商定或确定变更工作的单价。

7. 承包人的合理化建议

在履行合同过程中，承包人对发包人提供的图纸、技术要求以及其他方面提出的合理化建议，均应以书面形式提交监理人。合理化建议书的内容应包括建议工作的详细说明、进度计划和效益以及与其他工作的协调等，并附必要的设计文件。监理人应与发包人协商是否采纳建议。建议被采纳并构成变更的，应按约定向承包人发出变更指示。

承包人提出的合理化建议降低了合同价格、缩短了工期或者提高了工程经济效益的，发包人可按国家有关规定在专用合同条款中约定给予奖励。

（七）索赔

1.承包人索赔的提出

根据合同约定，承包人认为有权得到追加付款和（或）延长工期的，应按以下程序向发包人提出索赔：

（1）承包人应在知道或应当知道索赔事件发生后28天内，向监理人递交索赔意向通知书，并说明发生索赔事件的事由。承包人未在前述28天内发出索赔意向通知书的，丧失要求追加付款和（或）延长工期的权利。

（2）承包人应在发出索赔意向通知书后28天内，向监理人正式递交索赔通知书。索赔通知书应详细说明索赔理由以及要求追加的付款金额和（或）延长的工期，并附必要的记录和证明材料。

（3）索赔事件具有连续影响的，承包人应按合理时间间隔继续递交延续索赔通知，说明连续影响的实际情况和记录，列出累计的追加付款金额和（或）工期延长天数。

（4）在索赔事件影响结束后的28天内，承包人应向监理人递交最终索赔通知书，说明最终要求索赔的追加付款金额和延长的工期，并附必要的记录和证明材料。

2.承包人索赔处理程序

监理人收到承包人提交的索赔通知书后，应及时审查索赔通知书的内容、查验承包人的记录和证明材料，必要时监理人可要求承包人提交全部原始记录副本。

监理人应按要求商定或确定追加的付款和（或）延长的工期，并在收到上述索赔通知书或有关索赔的进一步证明材料后的42天内，将索赔处理结果答复承包人。

承包人接受索赔处理结果的，发包人应在作出索赔处理结果答复后28天内完成赔付。承包人不接受索赔处理结果的，按约定办理。

3.承包人提出索赔的期限

承包人按约定接受了竣工付款证书后，应被认为已无权再提出在合同工程接收证书颁发前所发生的任何索赔。

承包人按约定提交的最终结清申请单中，只限于提出工程接收证书颁发后发生的索赔。提出索赔的期限自接受最终结清证书时终止。

4.发包人的索赔

发生索赔事件后，监理人应及时书面通知承包人，详细说明发包人有权得到的索赔金额和（或）延长缺陷责任期的细节和依据。发包人提出索赔的期限和要求与约定相同，延长缺陷责任期的通知应在缺陷责任期届满前发出。

监理人按要求商定或确定发包人从承包人处得到赔付的金额和（或）缺陷责任期的延长期。承包人应付给发包人的金额可从拟支付给承包人的合同价款中扣除，或由承包人以其他方式支付给发包人。

5.索赔的相关条款

承包人向发包人（发包人向承包人）提出索赔的具体事项可参考《标准施工招标文件》中的“通用合同条款”进行学习。

提示

关于承包人可向发包人索赔的内容，尤其是索赔条件、索赔程序、索赔期限等都是重点，需重点掌握。

(八)工程计量

1. 计量单位

计量采用国家法定的计量单位。

2. 计量方法

工程量清单中的工程量计算规则应按有关国家标准、行业标准的规定,并在合同中约定执行。

3. 计量周期

除专用合同条款另有约定外,单价子目已完成工程量按月计量,总价子目的计量周期按批准的支付分解报告确定。

4. 单价子目的计量

已标价工程量清单中的单价子目工程量为估算工程量。结算工程量是承包人实际完成的,并按合同约定的计量方法进行计量的工程量。

承包人对已完成的工程进行计量,向监理人提交进度付款申请单、已完成工程量报表和有关计量资料。

监理人对承包人提交的工程量报表进行复核,以确定实际完成的工程量。对数量有异议的,可要求承包人按约定进行共同复核和抽样复测。承包人应协助监理人进行复核并按监理人要求提供补充计量资料。承包人未按监理人要求参加复核,监理人复核或修正的工程量视为承包人实际完成的工程量。

监理人认为有必要时,可通知承包人共同进行联合测量、计量,承包人应遵照执行。

承包人完成工程量清单中每个子目的工程量后,监理人应要求承包人派员共同对每个子目的历次计量报表进行汇总,以核实最终结算工程量。监理人可要求承包人提供补充计量资料,以确定最后一次进度付款的准确工程量。承包人未按监理人要求派员参加的,监理人最终核实的工程量视为承包人完成该子目的准确工程量。

监理人应在收到承包人提交的工程量报表后的 7 天内进行复核,监理人未在约定时间内复核的,承包人提交的工程量报表中的工程量视为承包人实际完成的工程量,据此计算工程价款。

5. 总价子目的计量

除专用合同条款另有约定外,总价子目的分解和计量按照下述约定进行:

(1)总价子目的计量和支付应以总价为基础,不因物价波动引起的价格调整因素而进行调整。承包人实际完成的工程量,是进行工程目标管理和控制进度支付的依据。

(2)承包人在合同约定的每个计量周期内,对已完成的工程进行计量,并向监理人提交进度付款申请单、专用合同条款约定的合同总价支付分解表所表示的阶段性或分项计量的支持性资料,以及所达到工程形象目标或分阶段需完成的工程量和有关计量资料。

(3)监理人对承包人提交的上述资料进行复核,以确定分阶段实际完成的工程量和工程形象目标。对其有异议的,可要求承包人按约定进行共同复核和抽样复测。

(4)除按照约定的变更外,总价子目的工程量是承包人用于结算的最终工程量。

(九)工程进度付款

1. 付款周期

付款周期同计量周期。

2. 进度付款申请单

承包人应在每个付款周期末,按监理人批准的格式和专用合同条款约定的份数,向监理人提交进度付款申请单,并附相应的支持性证明文件。除专用合同条款另有约定外,进度付款申请单应包括下列内容：

(1)截至本次付款周期末已实施工程的价款。

(2)根据合同约定应增加和扣减的变更金额。

(3)根据合同约定应增加和扣减的索赔金额。

(4)根据合同约定应支付的预付款和扣减的返还预付款。

(5)根据合同约定应扣减的质量保证金。

(6)根据合同应增加和扣减的其他金额。

3. 进度付款证书和支付时间

(1)监理人在收到承包人进度付款申请单以及相应的支持性证明文件后的14天内完成核查，提出发包人到期应支付给承包人的金额以及相应的支持性材料，经发包人审查同意后，由监理人向承包人出具经发包人签认的进度付款证书。监理人有权扣发承包人未能按照合同要求履行任何工作或义务的相应金额。

(2)发包人应在监理人收到进度付款申请单后的28天内，将进度应付款支付给承包人。发包人不按期支付的，按专用合同条款的约定支付逾期付款违约金。

(3)监理人出具进度付款证书，不应视为监理人已同意、批准或接受了承包人完成的该部分工作。

(4)进度付款涉及政府投资资金的，按照国库集中支付等国家相关规定和专用合同条款的约定办理。

4. 工程进度付款的修正

在对以往历次已签发的进度付款证书进行汇总和复核中发现错、漏或重复的，监理人有权予以修正，承包人也有权提出修正申请。经双方复核同意的修正，应在本次进度付款中支付或扣除。

（十）竣工验收

1. 竣工验收的含义

竣工验收指承包人完成了全部合同工作后，发包人按合同要求进行的验收。

国家验收是政府有关部门根据法律、规范、规程和政策要求，针对发包人全面组织实施的整个工程正式交付投运前的验收。

需要进行国家验收的，竣工验收是国家验收的一部分。竣工验收所采用的各项验收和评定标准应符合国家验收标准。发包人和承包人为竣工验收提供的各项竣工验收资料应符合国家验收的要求。

2. 竣工验收申请报告

当工程具备以下条件时，承包人即可向监理人报送竣工验收申请报告：

(1)除监理人同意列入缺陷责任期内完成的尾工（甩项）工程和缺陷修补工作外，合同范围内的全部单位工程以及有关工作，包括合同要求的试验、试运行以及检验和验收均已完成，并符合合同要求。

(2)已按合同约定的内容和份数备齐了符合要求的竣工资料。

(3)已按监理人的要求编制了在缺陷责任期内完成的尾工（甩项）工程和缺陷修补工作清单以及相应施工计划。

(4)监理人要求在竣工验收前应完成的其他工作。

(5)监理人要求提交的竣工验收资料清单。

3. 验收

监理人收到承包人按约定提交的竣工验收申请报告后，应审查申请报告的各项内容，并按以下不同情况进行处理。

监理人审查后认为尚不具备竣工验收条件的，应在收到竣工验收申请报告后的28天内通知承包人，指出在颁发接收证书前承包人还需进行的工作内容。承包人完成监理人通知的全部工作内容后，应再次提交竣工验收申请报告，直至监理人同意为止。

监理人审查后认为已具备竣工验收条件的，应在收到竣工验收申请报告后的28天内提请发包人进行工程验收。

发包人经过验收后同意接受工程的，应在监理人收到竣工验收申请报告后的56天内，由监理人向承包人出具经发包人签认的工程接收证书。发包人验收后同意接收工程但提出整修和完善要求的，限期修好，并缓发工程接收证书。整修和完善工作完成后，监理人复查达到要求的，经发包人同意后，再向承包人出具工程接收证书。

发包人验收后不同意接收工程的，监理人应按照发包人的验收意见发出指示，要求承包人对不合格工程认真返工重作或进行补救处理，并承担由此产生的费用。承包人在完成不合格工程的返工重作或补救工作后，应重新提交竣工验收申请报告，按约定进行。

除专用合同条款另有约定外，经验收合格工程的实际竣工日期，以提交竣工验收申请报告的日期为准，并在工程接收证书中写明。

发包人在收到承包人竣工验收申请报告56天后未进行验收的，视为验收合格，实际竣工日期以提交竣工验收申请报告的日期为准，但发包人由于不可抗力不能进行验收的除外。

典型例题

【单选题】监理人应在收到竣工验收申请报告后的（　　）天内通知承包人进行工程验收。

A. 7　　B. 14

C. 28　　D. 32

C。【解析】根据《标准施工招标文件》，监理人审查后认为已具备竣工验收条件的，应在收到竣工验收申请报告后的28天内通知发包人进行工程验收。

（十一）缺陷责任期与质量保证金

缺陷责任期从工程通过竣工验收之日起计。由于承包人原因导致工程无法按规定期限进行竣工验收的，缺陷责任期从实际通过竣工验收之日起计。由于发包人原因导致工程无法按规定期限进行竣工验收的，在承包人提交竣工验收报告90天后，工程自动进入缺陷责任期。缺陷责任期一般为1年，最长不超过2年，由发、承包双方在合同中约定。

在工程项目竣工前，已经缴纳履约保证金的，发包人不得同时预留工程质量保证金。采用工程质量保证担保、工程质量保险等其他保证方式的，发包人不得再预留保证金。

发包人应按照合同约定方式预留保证金，保证金总预留比例不得高于工程价款结算总额的3%。合同约定由承包人以银行保函替代预留保证金的，保函金额不得高于工程价款结算总额的3%。

缺陷责任期内，由承包人原因造成的缺陷，承包人应负责维修，并承担鉴定及维修费用。如承包人不维修也不承担费用，发包人可按合同约定从保证金或银行保函中扣除，费用超出保证金额的，发包人可按合同约定向承包人进行索赔。承包人维修并承担相应费用后，不免除对工程的损失赔偿责任。由他人原因造成的缺陷，发包人负责组织维修，承包人不承担费用，且发包人不得从保证金中扣除费用。

缺陷责任期内，承包人认真履行合同约定的责任，到期后，承包人向发包人申请返还保证金。

发包人在接到承包人返还保证金申请后，应于14天内会同承包人按照合同约定的内容进行核实。如无异议，发包人应当按照约定将保证金返还给承包人。对返还期限没有约定或者约定不明确的，发包人应当在核实后14天内将保证金返还承包人，逾期未返还的，依法承担违约责任。发包人在接到承包人返还保证金申请后14天内不予答复，经催告后14天内仍不予答复，视同认可承包人的返还保证金申请。

合同当事人根据有关法律规定，在合同中约定工程质量保修范围、期限和责任。保修期自实际竣工日期起计算。在全部工程竣工验收前，已经发包人提前验收的单位工程，其保修期的起算日期相应提前。

提示

关于质量保证金总预留比例，是一个重点知识，该部分以考题的形式进行讲解，试题如下。

典型例题

【单选题】质量保证金总预留比例不得高于工程价款结算总额的（　　）。

A. 3%　　B. 5%

C. 8%　　D. 10%

A。【解析】发包人应按照合同约定方式预留保证金，保证金总预留比例不得高于工程价款结算总额的3%。合同约定由承包人以银行保函替代预留保证金的，保函金额不得高于工程价款结算总额的3%。

（十二）不可抗力

1. 不可抗力的确认

不可抗力是指合同当事人在签订合同时不可预见，在合同履行过程中不可避免且不能克服的自然灾害和社会性突发事件，如地震、海啸、瘟疫、骚乱、戒严、暴动、战争和专用合同条款中约定的其他情形。

不可抗力发生后，发包人和承包人应收集证明不可抗力发生及不可抗力造成损失的证据，并及时认真统计所造成的损失。合同当事人对是否属于不可抗力或其损失的意见不一致的，由监理人按商定或确定的约定处理。发生争议时，按争议解决的约定处理。

2. 不可抗力的通知

合同一方当事人遇到不可抗力事件，使其履行合同义务受到阻碍时，应立即通知合同另一方当事人和监理人，书面说明不可抗力和受阻碍的详细情况，并提供必要的证明。

不可抗力持续发生的，合同一方当事人应及时向合同另一方当事人和监理人提交中间报告，说明不可抗力和履行合同受阻的情况，并于不可抗力事件结束后28天内提交最终报告及有关资料。

3. 不可抗力后果的承担

（1）不可抗力引起的后果及造成的损失由合同当事人按照法律规定及合同约定各自承担。不可抗力发生前已完成的工程应当按照合同约定进行计量支付。

（2）不可抗力导致的人员伤亡、财产损失、费用增加和（或）工期延误等后果，由合同当事人按以下原则承担：

①永久工程、已运至施工现场的材料和工程设备的损坏,以及因工程损坏造成的第三人人员伤亡和财产损失由发包人承担。

②承包人施工设备的损坏由承包人承担。

③发包人和承包人承担各自人员伤亡和财产的损失。

④因不可抗力影响承包人履行合同约定的义务,已经引起或将引起工期延误的,应当顺延工期,由此导致承包人停工的费用损失由发包人和承包人合理分担,停工期间必须支付的工人工资由发包人承担。

⑤因不可抗力引起或将引起工期延误,发包人要求赶工的,由此增加的赶工费用由发包人承担。

⑥承包人在停工期间按照发包人要求照管、清理和修复工程的费用由发包人承担。

不可抗力发生后,合同当事人均应采取措施尽量避免和减少损失的扩大,任何一方当事人没有采取有效措施导致损失扩大的,应对扩大的损失承担责任。

因合同一方迟延履行合同义务,在迟延履行期间遭遇不可抗力的,不免除其违约责任。

典型例题

【单选题】根据《标准施工招标文件》通用合同条款,关于不可抗力的说法,错误的是(　　)。

A. 不可抗力是指承包人和发包人在订立合同时不可预见,在工程施工过程中不可避免发生并且不能克服的自然灾害和社会性突发事件

B. 不可抗力发生后,发包人和承包人应及时认真统计所造成的损失,收集不可抗力造成损失的证据

C. 合同双方对是否属于不可抗力或其损失的意见不一致的,由监理人商定或确定

D. 合同一方当事人遇到不可抗力事件后未及时通知合同另一方当事人和监理人的,将丧失要求对方承担相应责任的权利

D。【解析】根据《标准施工招标文件》,合同一方当事人遇到不可抗力事件,使其履行合同义务受到阻碍时,应立即通知合同另一方当事人和监理人。如未及时通知,合同另一方当事人可在事件发生后的规定时间内,向监理人递交索赔意向通知书并说明发生索赔事件的事由。合同另一方当事人未在规定时间内发出索赔意向通知书的,丧失要求追加付款和(或)延长工期的权利。故选项D错误。

(十三)违约

1.承包人违约

在履行合同过程中发生的下列情况属承包人违约:

(1)承包人违反约定,私自将合同的全部或部分权利转让给其他人,或私自将合同的全部或部分义务转移给其他人。

(2)承包人违反约定,未经监理人批准,私自将已按合同约定进入施工场地的施工设备、临时设施或材料撤离施工场地。

(3)承包人违反约定使用了不合格材料或工程设备,工程质量达不到标准要求,又拒绝清除不合格工程。

(4)承包人未能按合同进度计划及时完成合同约定的工作,已造成或预期造成工期延误。

(5)承包人在缺陷责任期内,未能对工程接收证书所列的缺陷清单的内容或缺陷责任期

内发生的缺陷进行修复，而又拒绝按监理人指示再进行修补。

(6)承包人无法继续履行或明确表示不履行或实质上已停止履行合同。

(7)承包人不按合同约定履行义务的其他情况。

对承包人违约的处理如下：

(1)承包人发生上述第(6)项约定的违约情况时，发包人可通知承包人立即解除合同，并按有关法律处理。

(2)承包人发生除上述第(6)项约定以外的其他违约情况时，监理人可向承包人发出整改通知，要求其在指定的期限内改正。承包人应承担其违约所引起的费用增加和(或)工期延误。

(3)经检查证明承包人已采取了有效措施纠正违约行为，具备复工条件的，可由监理人签发复工通知复工。

监理人发出整改通知28天后，承包人仍不纠正违约行为的，发包人可向承包人发出解除合同通知。合同解除后，发包人可派员进驻施工场地，另行组织人员或委托其他承包人施工。发包人因继续完成该工程的需要，有权扣留使用承包人在现场的材料、设备和临时设施。但发包人的这一行动不免除承包人应承担的违约责任，也不影响发包人根据合同约定享有的索赔权利。

合同解除后，监理人按要求商定或确定承包人实际完成工作的价值，以及承包人已提供的材料、施工设备、工程设备和临时工程等的价值；发包人应暂停对承包人的一切付款，查清各项付款和已扣款金额，包括承包人应支付的违约金；发包人应按约定向承包人索赔由于解除合同给发包人造成的损失。合同双方确认上述往来款项后，出具最终结清付款证书，结清全部合同款项。发包人和承包人未能就解除合同后的结清达成一致而形成争议的，按约定办理。

因承包人违约解除合同的，发包人有权要求承包人将其为实施合同而签订的材料和设备的订货协议或任何服务协议利益转让给发包人，并在解除合同后的14天内，依法办理转让手续。

在工程实施期间或缺陷责任期内发生危及工程安全的事件，监理人通知承包人进行抢救，承包人声明无能力或不愿立即执行的，发包人有权雇佣其他人员进行抢救。此类抢救按合同约定属于承包人义务的，由此发生的金额和(或)工期延误由承包人承担。

2. 发包人违约

在履行合同过程中发生的下列情形，属发包人违约：

(1)发包人未能按合同约定支付预付款或合同价款，或拖延、拒绝批准付款申请和支付凭证，导致付款延误的。

(2)发包人原因造成停工的。

(3)监理人无正当理由没有在约定期限内发出复工指示，导致承包人无法复工的。

(4)发包人无法继续履行或明确表示不履行或实质上已停止履行合同的。

(5)发包人不履行合同约定其他义务的。

发包人发生除上述第(4)项以外的违约情况时，承包人可向发包人发出通知，要求发包人采取有效措施纠正违约行为。发包人收到承包人通知后的28天内仍不履行合同义务，承包人有权暂停施工，并通知监理人，发包人应承担由此增加的费用和(或)工期延误，并支付承包人合理利润。

发包人违约解除合同的情形有：

(1)发生上述第(4)项的违约情况时,承包人可书面通知发包人解除合同。

(2)承包人按规定暂停施工28天后,发包人仍不纠正违约行为的,承包人可向发包人发出解除合同通知。但承包人的这一行动不免除发包人承担的违约责任,也不影响承包人根据合同约定享有的索赔权利。

因发包人违约解除合同的,发包人应在解除合同后28天内向承包人支付下列金额,承包人应在此期限内及时向发包人提交要求支付下列金额的有关资料和凭证:

(1)合同解除日以前所完成工作的价款。

(2)承包人为该工程施工订购并已付款的材料、工程设备和其他物品的金额。发包人付还后,该材料、工程设备和其他物品归发包人所有。

(3)承包人为完成工程所发生的,而发包人未支付的金额。

(4)承包人撤离施工场地以及遣散承包人人员的金额。

(5)由于解除合同应赔偿的承包人损失。

(6)按合同约定在合同解除日前应支付给承包人的其他金额。

发包人应按本项约定支付上述金额并退还质量保证金和履约担保,但有权要求承包人支付应偿还给发包人的各项金额。

因发包人违约而解除合同后,承包人应妥善做好已竣工工程和已购材料、设备的保护和移交工作,按发包人要求将承包人设备和人员撤出施工场地。承包人撤出施工场地应遵守约定,发包人应为承包人撤出提供必要条件。

3. 第三人造成的违约

在履行合同过程中,一方当事人因第三人的原因造成违约的,应当向对方当事人承担违约责任。一方当事人和第三人之间的纠纷,依照法律规定或者按照约定解决。

(十四)争议的解决

1. 争议的解决方式

发包人和承包人在履行合同中发生争议的,可以友好协商解决或者提请争议评审组评审。合同当事人友好协商解决不成、不愿提请争议评审或者不接受争议评审组意见的,可在专用合同条款中约定下列一种方式解决:向约定的仲裁委员会申请仲裁;向有管辖权的人民法院提起诉讼。

2. 友好解决

在提请争议评审、仲裁或者诉讼前,以及在争议评审、仲裁或诉讼过程中,发包人和承包人均可共同努力友好协商解决争议。

3. 争议评审

采用争议评审的,发包人和承包人应在开工日后的28天内或在争议发生后,协商成立争议评审组。争议评审组由有合同管理和工程实践经验的专家组成。

合同双方的争议,应首先由申请人向争议评审组提交一份详细的评审申请报告,并附必要的文件、图纸和证明材料,申请人还应将上述报告的副本同时提交给被申请人和监理人。

被申请人在收到申请人评审申请报告副本后的28天内,向争议评审组提交一份答辩报告,并附证明材料。被申请人应将答辩报告的副本同时提交给申请人和监理人。

除专用合同条款另有约定外,争议评审组在收到合同双方报告后的14天内,邀请双方代表和有关人员举行调查会,向双方调查争议细节;必要时争议评审组可要求双方进一步提供补充材料。

除专用合同条款另有约定外,在调查会结束后的14天内,争议评审组应在不受任何干扰的情况下进行独立、公正的评审,作出书面评审意见,并说明理由。在争议评审期间,争议双方暂按总监理工程师的确定执行。

发包人和承包人接受评审意见的,由监理人根据评审意见拟定执行协议,经争议双方签字后作为合同的补充文件,并遵照执行。

发包人或承包人不接受评审意见,并要求提交仲裁或提起诉讼的,应在收到评审意见后的14天内将仲裁或起诉意向书面通知另一方,并抄送监理人,但在仲裁或诉讼结束前应暂按总监理工程师的确定执行。

第三节 工程项目货物采购合同管理

一、设备采购合同管理

(一)合同当事人

合同当事人:指买方和(或)卖方。

买方:指与卖方签订合同协议书,购买合同设备和技术服务和质保期服务的当事人,及其合法继承人。

卖方:指与买方签订合同协议书,提供合同设备和技术服务和质保期服务的当事人,及其合法继承人。

(二)合同范围

卖方应根据供货要求、中标设备技术性能指标的详细描述、技术服务和质保期服务计划等合同文件的约定向买方提供合同设备、技术服务和质保期服务。

(三)合同价格与支付

1.合同价格

合同协议书中载明的签约合同价包括卖方为完成合同全部义务应承担的一切成本、费用和支出以及卖方的合理利润。

除专用合同条款另有约定外,签约合同价为固定价格。

2.合同价款的支付

除专用合同条款另有约定外,买方应通过以下方式和比例向卖方支付合同价款:

(1)预付款。合同生效后,买方在收到卖方开具的注明应付预付款金额的财务收据正本一份并经审核无误后28日内,向卖方支付签约合同价的10%作为预付款。买方支付预付款后,如卖方未履行合同义务,则买方有权收回预付款;如卖方依约履行了合同义务,则预付款抵作合同价款。

(2)交货款。卖方按合同约定交付全部合同设备后,买方在收到卖方提交的下列全部单据并经审核无误后28日内,向卖方支付合同价格的60%:

①卖方出具的交货清单正本一份。

②买方签署的收货清单正本一份。

③制造商出具的出厂质量合格证正本一份。

④合同价格100%金额的增值税发票正本一份。

(3)验收款。买方在收到卖方提交的买卖双方签署的合同设备验收证书或已生效的验收款支付函正本一份并经审核无误后28日内,向卖方支付合同价格的25%。

(4)结清款。买方在收到卖方提交的买方签署的质量保证期届满证书或已生效的结清款支付函正本一份并经审核无误后28日内,向卖方支付合同价格的5%。如果依照合同的质保期服务约定,卖方应向买方支付费用的,买方有权从结清款中直接扣除该笔费用。除专用合同条款另有约定外,在买方向卖方支付验收款的同时或其后的任何时间内,卖方可在向买方提交买方可接受的金额为合同价格5%的合同结清款保函的前提下,要求买方支付合同结清款,买方不得拒绝。

3. 买方扣款的权利

当卖方应向买方支付合同项下的违约金或赔偿金时,买方有权从上述任何一笔应付款中予以直接扣除和(或)兑付履约保证金。

典型例题

【单选题】根据《标准设备采购招标文件》通用合同条款,关于合同价款的说法,错误的是(　　)。

A. 合同生效后,买方应向卖方支付10%的预付款

B. 卖方按合同的约定交付全部合同设备后,28日内买方应向卖方支付合同价交货款的60%

C. 买方收到按合同的约定交付全部合同设备后,28日内向卖方支付合同价交货款的10%

D. 如果依据合同约定卖方向买方支付费用,买方有权从结清货款中扣除该笔费用

C。【解析】根据《标准设备采购招标文件》,卖方按合同约定交付全部合同设备后,买方在收到卖方提交的下列全部单据并经审核无误后28日内,向卖方支付合同价格的60%。具体内容见上文。

(四)监造及交货前检验

1. 监造

在合同设备的制造过程中,买方可派出监造人员,对合同设备的生产制造进行监造,监督合同设备制造、检验等情况。监造的范围、方式等应符合专用合同条款和(或)供货要求等合同文件的约定。

除专用合同条款和(或)供货要求等合同文件另有约定外,买方监造人员可到合同设备及其关键部件的生产制造现场进行监造,卖方应予配合。卖方应免费为买方监造人员提供工作条件及便利,包括但不限于必要的办公场所、技术资料、检测工具及出入许可等。除专用合同条款另有约定外,买方监造人员的交通、食宿费用由买方承担。

卖方制订生产制造合同设备的进度计划时,应将买方监造纳入计划安排,并提前通知买方;买方进行监造不应影响合同设备的正常生产。除专用合同条款和(或)供货要求等合同文件另有约定外,卖方应提前7日将需要买方监造人员现场监造事项通知买方;如买方监造人员未按通知出席,不影响合同设备及其关键部件的制造或检验,但买方监造人员有权事后了解、查阅、复制相关制造或检验记录。

买方监造人员在监造中如发现合同设备及其关键部件不符合合同约定的标准,有权提出意见和建议。卖方应采取必要措施消除合同设备的不符,由此增加的费用和(或)造成的延误由卖方负责。

买方监造人员对合同设备的监造，不视为对合同设备质量的确认，不影响卖方交货后买方依照合同约定对合同设备提出质量异议和(或)退货的权利，也不免除卖方依照合同约定对合同设备所应承担的任何义务或责任。

2. 交货前检验

合同设备交货前，卖方应会同买方代表根据合同约定对合同设备进行交货前检验并出具交货前检验记录，有关费用由卖方承担。卖方应免费为买方代表提供工作条件及便利，包括但不限于必要的办公场所、技术资料、检测工具及出入许可等。除专用合同条款另有约定外，买方代表的交通、食宿费用由买方承担。

除专用合同条款和(或)供货要求等合同文件另有约定外，卖方应提前 7 日将需要买方代表检验事项通知买方；如买方代表未按通知出席，不影响合同设备的检验。若卖方未依照合同约定提前通知买方而自行检验，则买方有权要求卖方暂停发货并重新进行检验，由此增加的费用和(或)造成的延误由卖方负责。

买方代表在检验中如发现合同设备不符合合同约定的标准，则有权提出异议。卖方应采取必要措施消除合同设备的不符，由此增加的费用和(或)造成的延误由卖方负责。

买方代表参与交货前检验及签署交货前检验记录的行为，不视为对合同设备质量的确认，不影响卖方交货后买方依照合同约定对合同设备提出质量异议和(或)退货的权利，也不免除卖方依照合同约定对合同设备所应承担的任何义务或责任。

(五)包装、标记、运输和交付

1. 包装

卖方应对合同设备进行妥善包装，以满足合同设备运至施工场地及在施工场地保管的需要。包装应采取防潮、防晒、防锈、防腐蚀、防震动及防止其他损坏的必要保护措施，从而保护合同设备能够经受多次搬运、装卸、长途运输并适宜保管。

每个独立包装箱内应附装箱清单、质量合格证、装配图、说明书、操作指南等资料。

除专用合同条款另有约定外，买方无需将包装物退还给卖方。

2. 标记

除专用合同条款另有约定外，卖方应在每一包装箱相邻的四个侧面以不可擦除的、明显的方式标记必要的装运信息和标记，以满足合同设备运输和保管的需要。

根据合同设备的特点和运输、保管的不同要求，卖方应在包装箱上清楚地标注“小心轻放”“此端朝上，请勿倒置”“保持干燥”等字样和其他适当标记。对于专用合同条款约定的超大超重件，卖方应在包装箱两侧标注“重心”和“起吊点”以便装卸和搬运。如果发运合同设备中含有易燃易爆物品、腐蚀物品、放射性物质等危险品，则应在包装箱上标明危险品标志。

3. 运输

卖方应自行选择适宜的运输工具及线路安排合同设备运输。

除专用合同条款另有约定外，每件能够独立运行的设备应整套装运。该设备安装、调试、考核和运行所使用的备品、备件、易损易耗件等应随相关的主机一齐装运。

除专用合同条款另有约定外，卖方应在合同设备预计启运 7 日前，将合同设备名称、数量、箱数、总毛重、总体积(用 m^3 表示)、每箱尺寸(长 × 宽 × 高)、装运合同设备总金额、运输方式、预计交付日期和合同设备在运输、装卸、保管中的注意事项等预通知买方，并在合同设备启运后 24 小时之内正式通知买方。

卖方在根据前项进行通知时，如果发运合同设备中包括专用合同条款约定的超大超重包装，则卖方应将超大和（或）超重的每个包装箱的重量和尺寸通知买方；如果发运合同设备中包括易燃易爆物品、腐蚀物品、放射性物质等危险品，则危险品的品名、性质，在运输、装卸、保管方面的特殊要求，注意事项和处理意外情况的方法等，也应一并通知买方。

4. 交付

除专用合同条款另有约定外，卖方应根据合同约定的交付时间和批次在施工场地车面上将合同设备交付给买方。买方对卖方交付的包装的合同设备的外观及件数进行清点核验后应签发收货清单，并自负风险和费用进行卸货。买方签发收货清单不代表对合同设备的接受，双方还应按合同约定进行后续的检验和验收。

合同设备的所有权和风险自交付时起由卖方转移至买方，合同设备交付给买方之前包括运输在内的所有风险均由卖方承担。

除专用合同条款另有约定外，买方如果发现技术资料存在短缺和（或）损坏，卖方应在收到买方的通知后 7 日内免费补齐短缺和（或）损坏的部分。如果买方发现卖方提供的技术资料有误，卖方应在收到买方通知后 7 日内免费替换。如由于买方原因导致技术资料丢失和（或）损坏，卖方应在收到买方的通知后 7 日内补齐丢失和（或）损坏的部分，但买方应向卖方支付合理的复制、邮寄费用。

（六）开箱检验、安装、调试、考核、验收

1. 开箱检验

合同设备交付后应进行开箱检验，即合同设备数量及外观检验。开箱检验在专用合同条款约定的下列任一种时间进行：

(1) 合同设备交付时。

(2) 合同设备交付后的一定期限内。

如开箱检验不在合同设备交付时进行，买方应在开箱检验 3 日前将开箱检验的时间和地点通知卖方。

除专用合同条款另有约定外，合同设备的开箱检验应在施工场地进行。

开箱检验由买卖双方共同进行，卖方应自负费用派遣代表到场参加开箱检验。

在开箱检验中，买方和卖方应共同签署数量、外观检验报告，报告应列明检验结果，包括检验合格或发现的任何短缺、损坏或其他与合同约定不符的情形。

如果卖方代表未能依约或按买方通知到场参加开箱检验，买方有权在卖方代表未在场的情况下进行开箱检验，并签署数量、外观检验报告，对于该检验报告和检验结果，视为卖方已接受，但卖方确有合理理由且事先与买方协商推迟开箱检验时间的除外。

如开箱检验不在合同设备交付时进行，则合同设备交付以后到开箱检验之前，应由买方负责按交货时外包装原样对合同设备进行妥善保管。除专用合同条款另有约定外，在开箱检验时如果合同设备外包装与交货时一致，则开箱检验中发现的合同设备的短缺、损坏或其他与合同约定不符的情形，由卖方负责，卖方应补齐、更换及采取其他补救措施。如果在开箱检验时合同设备外包装不是交货时的包装或虽是交货时的包装但与交货时不一致且出现很可能导致合同设备短缺或损坏的包装破损，则开箱检验中发现合同设备短缺、损坏或其他与合同约定不符的情形的风险，由买方承担，但买方能够证明是由于卖方原因或合同设备交付前非买方原因导致的除外。

如双方在专用合同条款和（或）供货要求等合同文件中约定由第三方检测机构对合同设备进行开箱检验或在开箱检验过程中另行约定由第三方检验的，则第三方检测机构的检验结果对双方均具有约束力。

开箱检验的检验结果不能对抗在合同设备的安装、调试、考核、验收中及质量保证期内

发现的合同设备质量问题，也不能免除或影响卖方依照合同约定对买方负有的包括合同设备质量在内的任何义务或责任。

2. 安装、调试

开箱检验完成后，双方应对合同设备进行安装、调试，以使其具备考核的状态。安装、调试应按照专用合同条款约定的下列任一种方式进行：

（1）卖方按照合同约定完成合同设备的安装、调试工作。

（2）买方或买方安排第三方负责合同设备的安装、调试工作，卖方提供技术服务。

除专用合同条款另有约定外，在安装、调试过程中，如由于买方或买方安排的第三方未按照卖方现场服务人员的指导导致安装、调试不成功和（或）出现合同设备损坏，买方应自行承担责任。如在买方或买方安排的第三方按照卖方现场服务人员的指导进行安装、调试的情况下出现安装、调试不成功和（或）造成合同设备损坏的情况，卖方应承担责任。

除专用合同条款另有约定外，安装、调试中合同设备运行需要的用水、用电、其他动力和原材料（如需要）等均由买方承担。

双方应对合同设备的安装、调试情况共同及时进行记录。

3. 考核

安装、调试完成后，双方应对合同设备进行考核，以确定合同设备是否达到合同约定的技术性能考核指标。除专用合同条款另有约定外，考核中合同设备运行需要的用水、用电、其他动力和原材料（如需要）等均由买方承担。

如由于卖方原因合同设备在考核中未能达到合同约定的技术性能考核指标，则卖方应在双方同意的期限内采取措施消除合同设备中存在的缺陷，并在缺陷消除以后，尽快进行再次考核。

由于卖方原因未能达到技术性能考核指标时，为卖方进行考核的机会不超过3次。如果由于卖方原因，3次考核均未能达到合同约定的技术性能考核指标，则买卖双方应就合同的后续履行进行协商，协商不成的，买方有权解除合同。但如合同中约定了或双方在考核中另行达成了合同设备的最低技术性能考核指标，且合同设备达到了最低技术性能考核指标的，视为合同设备已达到技术性能考核指标，买方无权解除合同，且应接受合同设备，但卖方应按专用合同条款的约定进行减价或向买方支付补偿金。

如由于买方原因合同设备在考核中未能达到合同约定的技术性能考核指标，则卖方应协助买方安排再次考核。由于买方原因未能达到技术性能考核指标时，为买方进行考核的机会不超过3次。

考核期间，双方应及时共同记录合同设备的用水、用电、其他动力和原材料（如有）的使用及设备考核情况。对于未达到技术性能考核指标的，应如实记录设备表现、可能原因及处理情况等。

4. 验收

如合同设备在考核中达到或视为达到技术性能考核指标，则买卖双方应在考核完成后7日内或专用合同条款另行约定的时间内签署合同设备验收证书一式二份，双方各持一份。验收日期应为合同设备达到或视为达到技术性能考核指标的日期。

如由于买方原因合同设备在3次考核中均未能达到技术性能考核指标，买卖双方应在考核结束后7日内或专用合同条款另行约定的时间内签署验收款支付函。除专用合同条款另有约定外，卖方有义务在验收款支付函签署后12个月内应买方要求提供相关技术服务，协助买方采取一切必要措施使合同设备达到技术性能考核指标。买方应承担卖方因此产生的全部费用。在上述12个月的期限内，如合同设备经过考核达到或视为达到技术性能考核指标，则买卖双方应按照约定签署合同设备验收证书。在此项情形下，无论合同设备何时验收，其质量保证期最长为签署验收款支付函后 12 个月。如在验收款支付函签署后 12 个月内由于买方原因合同设备仍未能达到技术性能考核指标，则买卖双方应在该 12 个月届满后 7 日内或专用合同条款另行约定的时间内签署结清款支付函。

除专用合同条款另有约定外，如由于买方原因在最后一批合同设备交货后 6 个月内未能开始考核，则买卖双方应在上述期限届满后 7 日内或专用合同条款另行约定的时间内签署验收款支付函。除专用合同条款另有约定外，卖方有义务在验收款支付函签署后 6 个月内应买方要求提供不超出合同范围的技术服务，协助买方采取一切必要措施使合同设备达到技术性能考核指标，且买方无需因此向卖方支付费用。在上述 6 个月的期限内，如合同设备经过考核达到或视为达到技术性能考核指标，则买卖双方应按照约定签署合同设备验收证书。在此项情形下，无论合同设备何时验收，其质量保证期最长为签署验收款支付函后 6 个月。如在验收款支付函签署后 6 个月内由于买方原因合同设备仍未进行考核或仍未达到技术性能考核指标，则买卖双方应在该 6 个月届满后 7 日内或专用合同条款另行约定的时间内签署结清款支付函。

在上述两种情形下，卖方也可单方签署验收款支付函提交买方，如果买方在收到卖方签署的验收款支付函后 14 日内未向卖方提出书面异议，则验收款支付函自签署之日起生效。

合同设备验收证书的签署不能免除卖方在质量保证期内对合同设备应承担的保证责任。

（七）技术服务

卖方应派遣技术熟练、称职的技术人员到施工场地为买方提供技术服务。卖方的技术服务应符合合同的约定。

买方应免费为卖方技术人员提供工作条件及便利，包括但不限于必要的办公场所、技术资料及出入许可等。除专用合同条款另有约定外，卖方技术人员的交通、食宿费用由卖方承担。

卖方技术人员应遵守买方施工现场的各项规章制度和安全操作规程，并服从买方的现场管理。

如果任何技术人员不合格，买方有权要求卖方撤换，因撤换而产生的费用应由卖方承担。在不影响技术服务并且征得买方同意的条件下，卖方也可自负费用更换其技术人员。

（八）质量保证期

除专用合同条款和（或）供货要求等合同文件另有约定外，合同设备整体质量保证期为验收之日起 12 个月。如对合同设备中关键部件的质量保证期有特殊要求的，买卖双方可在专用合同条款中约定。

在质量保证期内如果合同设备出现故障，卖方应自负费用提供质保期服务，对相关合同设备进行修理或更换以消除故障。更换的合同设备和（或）关键部件的质量保证期应重新计算。但如果合同设备的故障是由于买方原因造成的，则对合同设备进行修理和更换的费用应由买方承担。

质量保证期届满后，买方应在 7 日内或专用合同条款另行约定的时间内向卖方出具合同设备的质量保证期届满证书。

（九）质保期服务

卖方应为质保期服务配备充足的技术人员、工具和备件，并保证提供的联系方式畅通。除专用合同条款和（或）供货要求等合同文件另有约定外，卖方应在收到买方通知后 24 小时内做出响应，如需卖方到合同设备现场，卖方应在收到买方通知后 48 小时内到达，并在到达后 7 日内解决合同设备的故障(重大故障除外)。如果卖方未在上述时间内作出响应,则买方有权自行或委托他人解决相关问题或查找和解决合同设备的故障,卖方应承担由此发生的全部费用。

如卖方技术人员需到合同设备现场进行质保期服务,则买方应免费为卖方技术人员提供工作条件及便利,包括但不限于必要的办公场所、技术资料及出入许可等。除专用合同条款另有约定外,卖方技术人员的交通、食宿费用由卖方承担。卖方技术人员应遵守买方施工现场的各项规章制度和安全操作规程,并服从买方的现场管理。

如果卖方技术人员不合格,买方有权要求卖方撤换,因撤换而产生的费用应由卖方承担。在不影响质保期服务并且征得买方同意的条件下,卖方也可自负费用更换其技术人员。

除专用合同条款另有约定外,卖方应就在施工现场进行质保期服务的情况进行记录,记载合同设备故障发生的时间、原因及解决情况等,由买方签字确认,并在质量保证期结束后提交给买方。

(十)履约保证金

除专用合同条款另有约定外,履约保证金自合同生效之日起生效,在合同设备验收证书或验收款支付函签署之日起 28 日后失效。如果卖方不履行合同约定的义务或其履行不符合合同的约定,买方有权扣划相应金额的履约保证金。

(十一)保证

卖方保证其具有完全的能力履行合同项下的全部义务。

卖方保证其所提供的合同设备及对合同的履行符合所有应适用的法律、行政法规、地方性法规、自治条例和单行条例、规章及其他规范性文件的强制性规定。

卖方保证其对合同设备的销售不损害任何第三方的合法权益和社会公众利益。任何第三方不会因卖方原因而基于所有权、抵押权、留置权或其他任何权利或事由对合同设备主张权利。

卖方保证合同设备符合合同约定的规格、标准、技术性能考核指标等,能够安全和稳定地运行,且合同设备(包括全部部件)全新、完整、未使用过,除非专用合同条款和(或)供货要求等合同文件另有约定。

卖方保证卖方所提供的技术资料完整、清晰、准确,符合合同约定并且能够满足合同设备的安装、调试、考核、操作以及维修和保养的需要。

卖方保证合同范围内提供的备品备件能够满足合同设备在质量保证期结束前正常运行及维修的需要,如在质量保证期结束前因卖方原因出现备品备件短缺影响合同设备正常运行的,卖方应免费提供。

除专用合同条款和(或)供货要求等合同文件另有约定外,如果在合同设备设计使用寿命期内发生合同项下备品备件停止生产的情况,卖方应事先将拟停止生产的计划通知买方,使买方有足够的时间考虑备品备件的需求量。根据买方要求,卖方应在下列方式中任选其一:

(1)以不高于同期市场价格或其向任何第三方销售同类产品的价格提供合同设备正常运行所需的全部备品备件。

(2)免费提供可供买方或第三方制造停产备品备件所需的全部技术资料,以便买方持续获得上述备品备件以满足合同设备在寿命期内正常运行的需要。卖方保证买方或买方委托的第三方制造及买方使用这些备品备件不侵犯任何人的知识产权。

卖方保证在合同设备设计使用寿命期内,如果卖方发现合同设备由于设计、制造、标识等原因存在足以危及人身、财产安全的缺陷，卖方将及时通知买方并及时采取修正或者补充标识、修理、更换等措施消除缺陷。

典型例题

【单选题】根据《标准设备采购招标文件》，关于合同设备和备品备件卖方保证的说法，错误的是（　　）。

A. 合同设备符合合同约定的规格、标准、技术性能考核指标，能够安全和稳定运行

B. 合同设备为全新、完整、未使用过

C. 合同范围内提供的备品备件，满足在质保期结束前正常运行及维修需要

D. 在合同设备设计寿命结束前，因卖方原因出现备品备件短缺而影响设备正常运行，卖方免费提供

D。【解析】根据《标准设备采购招标文件》，卖方保证合同范围内提供的备品备件能够满足合同设备在质量保证期结束前正常运行及维修的需要，如在质量保证期结束前因卖方原因出现备品备件短缺影响合同设备正常运行的，卖方应免费提供。有关卖方保证的其他内容，详见上文。

（十二）违约责任

合同一方不履行合同义务、履行合同义务不符合约定或者违反合同项下所作保证的，应向对方承担继续履行、采取修理、更换、退货等补救措施或者赔偿损失等违约责任。

卖方未能按时交付合同设备（包括仅迟延交付技术资料但足以导致合同设备安装、调试、考核、验收工作推迟的）的，应向买方支付迟延交付违约金。除专用合同条款另有约定外，迟延交付违约金的计算方法如下：

（1）从迟交的第1周到第4周，每周迟延交付违约金为迟交合同设备价格的0.5%。

（2）从迟交的第5周到第8周，每周迟延交付违约金为迟交合同设备价格的1%。

（3）从迟交第9周起，每周迟延交付违约金为迟交合同设备价格的1.5%。

在计算迟延交付违约金时，迟交不足1周的按1周计算。迟延交付违约金的总额不得超过合同价格的10%。迟延交付违约金的支付不能免除卖方继续交付相关合同设备的义务，但如迟延交付必然导致合同设备安装、调试、考核、验收工作推迟的，相关工作应相应顺延。

买方未能按合同约定支付合同价款的，应向卖方支付延迟付款违约金。除专用合同条款另有约定外，迟延付款违约金的计算方法如下：

（1）从迟付的第1周到第4周，每周迟延付款违约金为迟延付款金额的0.5%。

（2）从迟付的第5周到第8周，每周迟延付款违约金为迟延付款金额的1%。

（3）从迟付第9周起，每周迟延付款违约金为迟延付款金额的1.5%。

在计算迟延付款违约金时，迟付不足1周的按1周计算。迟延付款违约金的总额不得超过合同价格的10%。

典型例题

【单选题】货物采购合同中，卖方未能按时交付合同设备的，从迟交的第5周到第8周，每周迟延交付违约金为迟交合同设备价格的（　　）。

A. 0.5%　　B. 1%

C. 1.5%　　D. 3%

B。【解析】有关迟延交付违约金计算方法的内容，详见上文。

(十三)争议的解决

因合同引起的或与合同有关的任何争议，双方可通过友好协商解决。友好协商解决不成的，可在专用合同条款中约定下列一种方式解决：向约定的仲裁委员会申请仲裁；向有管辖权的人民法院提起诉讼。

二、材料采购合同管理

(一)合同当事人

合同当事人：指买方和(或)卖方。

买方：指与卖方签订合同协议书，购买合同材料和相关服务的当事人，及其合法继承人。

卖方：指与买方签订合同协议书，提供合同材料和相关服务的当事人，及其合法继承人。

(二)合同范围

卖方应根据供货要求、中标材料质量标准的详细描述、相关服务计划等合同文件的约定向买方提供合同材料和相关服务。

(三)合同价格与支付

1.合同价格

合同协议书中载明的签约合同价包括卖方为完成合同全部义务应承担的一切成本、费用和支出以及卖方的合理利润。

除专用合同条款另有约定外，供货周期不超过12个月的签约合同价为固定价格。供货周期超过12个月且合同材料交付时材料价格变化超过专用合同条款约定的幅度的，双方应按照专用合同条款中约定的调整方法对合同价格进行调整。

2.合同价款的支付

除专用合同条款另有约定外，买方应通过以下方式和比例向卖方支付合同价款：

(1)预付款。合同生效后，买方在收到卖方开具的注明应付预付款金额的财务收据正本一份并经审核无误后28日内，向卖方支付签约合同价的10%作为预付款。买方支付预付款后，如卖方未履行合同义务，则买方有权收回预付款；如卖方依约履行了合同义务，则预付款抵作进度款。

(2)进度款。卖方按照合同约定的进度交付合同材料并提供相关服务后，买方在收到卖方提交的下列单据并经审核无误后28日内，应向卖方支付进度款，进度款支付至该批次合同材料的合同价格的95%：

①卖方出具的交货清单正本一份。

②买方签署的收货清单正本一份。

③制造商出具的出厂质量合格证正本一份。

④合同材料验收证书或进度款支付函正本一份。

⑤合同价格100%金额的增值税发票正本一份。

(3)结清款。全部合同材料质量保证期届满后，买方在收到卖方提交的由买方签署的质量保证期届满证书并经审核无误后28日内，向卖方支付合同价格5%的结清款。

3.买方扣款的权利

当卖方应向买方支付合同项下的违约金或赔偿金时，买方有权从上述任何一笔应付款中予以直接扣除和(或)兑付履约保证金。

(四)材料交付

除专用合同条款另有约定外，卖方应根据合同约定的交付时间和批次在施工场地卸货后将合同材料交付给买方,买方对卖方交付的合同材料的外观及件数进行清点核验后应签发收货清单。买方签发收货清单不代表对合同材料的接受,双方还应按合同约定进行后续的检验和验收。

合同材料的所有权和风险自交付时起由卖方转移至买方,合同材料交付给买方之前包括运输在内的所有风险均由卖方承担。

除专用合同条款另有约定外,买方如果发现技术资料存在短缺和(或)损坏,卖方应在收到买方的通知后7日内免费补齐短缺和(或)损坏的部分。如果买方发现卖方提供的技术资料有误,卖方应在收到买方通知后7日内免费替换。如由于买方原因导致技术资料丢失和(或)损坏,卖方应在收到买方的通知后7日内补齐丢失(和)或损坏的部分,但买方应向卖方支付合理的复制、邮寄费用。

(五)检验和验收

合同材料交付前,卖方应对其进行全面检验,并在交付合同材料时向买方提交合同材料的质量合格证书。

合同材料交付后,买方应在专用合同条款约定的期限内安排对合同材料的规格、质量等进行检验,检验按照专用合同条款约定的下列一种方式进行:

(1)由买方对合同材料进行检验。

(2)由专用合同条款约定的拥有资质的第三方检验机构对合同材料进行检验。

(3)专用合同条款约定的其他方式。

买方应在检验日期3日前将检验的时间和地点通知卖方,卖方应自负费用派遣代表参加检验。若卖方未按买方通知到场参加检验,则检验可正常进行,卖方应接受对合同材料的检验结果。

合同材料经检验合格,买卖双方应签署合同材料验收证书一式二份,双方各持一份。

若合同约定了合同材料的最低质量标准,且合同材料经检验达到了合同约定的最低质量标准的,视为合同材料符合质量标准,买方应验收合同材料,但卖方应按专用合同条款的约定进行减价或向买方支付补偿金。

合同材料由第三方检验机构进行检验的,第三方检验机构的检验结果对双方均具有约束力。

除专用合同条款另有约定外,买方在全部合同材料交付后3个月内未安排检验和验收的,卖方可签署进度款支付函提交买方,如买方在收到后7日内未提出书面异议,则进度款支付函自签署之日起生效。进度款支付函的生效不免除卖方继续配合买方进行检验和验收的义务,合同材料验收后双方应签署合同材料验收证书。

合同材料验收证书的签署不能免除卖方在质量保证期内对合同材料应承担的保证责任。

(六)质量保证期

除专用合同条款和(或)供货要求等合同文件另有约定外,合同材料的质量保证期自合同材料验收之日起算,至合同材料验收证书或进度款支付函签署之日起12个月止(以先到的为准)。

除非因买方使用不当,合同材料在质量保证期内如破损、变质或被发现存在任何质量问题,卖方应负责对合同材料进行修补和退换。更换的合同材料的质量保证期应重新计算。

质量保证期届满且卖方按照合同约定履行完毕质量保证期内义务后,买方应在7日内向卖方出具合同材料的质量保证期届满证书。

(七)违约责任

合同一方不履行合同义务、履行合同义务不符合约定或者违反合同项下所作保证的,应向对方承担继续履行、采取补救措施或者赔偿损失等违约责任。

卖方未能按时交付合同材料的,应向买方支付迟延交货违约金。卖方支付迟延交货违约金,不能免除其继续交付合同材料的义务。除专用合同条款另有约定外,迟延交付违约金的最高限额为合同价格的10%,迟延交付违约金计算方法如下:

延迟交付违约金 = 延迟交付材料金额 ×0.08% ×延迟交货天数

买方未能按合同约定支付合同价款的,应向卖方支付延迟付款违约金。除专用合同条款另有约定,迟延付款违约金的总额不得超过合同价格的10%外,迟延付款违约金的计算方法如下:

延迟付款违约金 = 延迟付款金额 ×0.08% ×延迟付款天数

第四节　工程项目咨询服务合同管理

一、勘察合同的主要内容

(一)合同当事人

合同当事人:指发包人和(或)勘察人。

发包人:指与勘察人签订合同协议书的当事人,及其合法继承人。

勘察人:指与发包人签订合同协议书的当事人,及其合法继承人。

(二)发包人义务

1. 遵守法律

发包人在履行合同过程中应遵守法律,并保证勘察人免于承担因发包人违反法律而引起的任何责任。

2. 发出开始勘察通知

发包人应按约定向勘察人发出开始勘察通知。

3. 办理证件和批件

法律规定和(或)合同约定由发包人负责办理的工程建设项目必须履行的各类审批、核准或备案手续,发包人应当按时办理,勘察人应给予必要的协助。

法律规定和(或)合同约定由勘察人负责办理的勘察所需的证件和批件,发包人应给予必要的协助。

4. 支付合同价款

发包人应按合同约定向勘察人及时支付合同价款。

5. 提供勘察资料

发包人应按约定向勘察人提供勘察资料。

6. 其他义务

发包人应履行合同约定的其他义务。

典型例题

【单选题】下列不属于勘察合同中约定的发包人义务的是(　　)。

A. 依法纳税　　B. 提供勘察资料

C. 办理证件和批件　　D. 发出勘察通知

A。【解析】根据《标准勘察招标文件》,发包人的义务如下:(1)遵守法律。(2)发出开始勘察通知。(3)办理证件和批件。(4)支付合同价款。(5)提供勘察资料。(6)其他义务。详细内容见上文。

(三)勘察人的一般义务

1. 遵守法律

勘察人在履行合同过程中应遵守法律,并保证发包人免于承担因勘察人违反法律而引起的任何责任。

2. 依法纳税

勘察人应按有关法律规定纳税,应缴纳的税金(含增值税)包括在合同价格之中。

3. 完成全部勘察工作

勘察人应按合同约定以及发包人要求,完成合同约定的全部工作,并对工作中的任何缺陷进行整改、完善和修补,使其满足合同约定的目的。勘察人应按合同约定提供勘察文件,以及为完成勘察服务所需的劳务、材料、勘察设备、实验设施等,并应自行承担勘探场地临时设施的搭设、维护、管理和拆除。

4. 保证勘察作业规范、安全和环保

勘察人应按法律、规范标准和发包人要求,采取各项有效措施,确保勘察作业操作规范、安全、文明和环保,在风险性较大的环境中作业时应当编制安全防护方案并制定应急预案,防止因勘察作业造成的人身伤害和财产损失。

5. 避免勘探对公众与他人的利益造成损害

勘察人在进行合同约定的各项工作时,不得侵害发包人与他人使用公用道路、水源、市政管网等公共设施的权利,避免对邻近的公共设施产生干扰,保证勘探场地的周边设施、建构筑物、地下管线、架空线和其他物体的安全运行。勘察人占用或使用他人的施工场地,影响他人作业或生活的,应承担相应责任。

6. 其他义务

勘察人应履行合同约定的其他义务。

(四)勘察要求

1. 一般要求

发包人应当遵守法律和规范标准,不得以任何理由要求勘察人违反法律和工程质量、安全标准进行勘察服务,降低工程质量。

勘察人应按照法律规定,以及国家、行业和地方的规范和标准完成勘察工作,并应符合发包人要求。各项规范、标准和发包人要求之间如对同一内容的描述不一致时,应以描述更为严格的内容为准。

除专用合同条款另有约定外,勘察人完成勘察工作所应遵守的法律规定,以及国家、行业和地方的规范和标准,均应视为在基准日适用的版本。基准日之后,前述版本发生重大变化,或者有新的法律,以及国家、行业和地方的规范和标准实施的,勘察人应向发包人提出遵守新规定的建议。发包人应在收到建议后7天内发出是否遵守新规定的指示。发包人指示

遵守新规定的，按照约定执行。

2. 勘察依据

除专用合同条款另有约定外，工程的勘察依据如下：适用的法律、行政法规及部门规章；与工程有关的规范、标准、规程；工程基础资料及其他文件；勘察服务合同及补充合同；工程设计和施工需求；合同履行中与勘察服务有关的来往函件；其他勘察依据。

3. 勘察范围

合同的勘察范围包括工程范围、阶段范围和工作范围，具体勘察范围应当根据三者之间的关联内容进行确定。

工程范围指所勘察工程的建设内容，具体范围在专用合同条款中约定。

阶段范围指工程建设程序中的可行性研究勘察、初步勘察、详细勘察、施工勘察等阶段中的一个或者多个阶段，具体范围在专用合同条款中约定。

工作范围指工程测量、岩土工程勘察、岩土工程设计（如有）、提供技术交底、施工配合、参加试车（试运行）、竣工验收和发包人委托的其他服务中的一项或者多项工作，具体范围在专用合同条款中约定。

典型例题

【多选题】下列工作中，属于勘察工作范围的有（　　）。

A. 可行性研究勘察　　B. 工程测量

C. 岩土工程勘察　　D. 岩土工程设计

E. 参加试车（试运行）

BCDE。【解析】根据《标准勘察招标文件》，勘察范围包括工程范围、阶段范围和工作范围。工程测量、岩土工程勘察、岩土工程设计、参加试车（试运行）均属于工作范围；可行性研究勘察属于阶段范围。其他内容，详见上文。

（五）开始勘察和完成勘察

1. 开始勘察

符合专用合同条款约定的开始勘察条件的，发包人应提前 7 天向勘察人发出开始勘察通知。勘察服务期限自开始勘察通知中载明的开始勘察日期起计算。

除专用合同条款另有约定外，因发包人原因造成合同签订之日起 90 天内未能发出开始勘察通知的，勘察人有权提出价格调整要求，或者解除合同。发包人应当承担由此增加的费用和（或）周期延误。

2. 发包人引起的周期延误

在履行合同过程中，由于发包人的下列原因造成勘察服务期限延误的，发包人应当延长勘察服务期限并增加勘察费用，具体方法在专用合同条款中约定：

（1）合同变更。

（2）未按合同约定期限及时答复勘察事项。

（3）因发包人原因导致的暂停勘察。

（4）未按合同约定及时支付勘察费用。

（5）发包人提供的基准资料错误。

（6）未及时按照合同履行约定的相关义务。

（7）未能按照合同约定期限对勘察文件进行审查。

（8）发包人造成周期延误的其他原因。

3. 非人为因素引起的周期延误

由于出现专用合同条款规定的异常恶劣气候条件、不利物质条件等因素导致周期延误的，勘察人有权要求发包人延长周期和(或)增加费用。

勘察人发现地下文物或化石时，应按规定及时报告发包人和文物部门，并采取有效措施进行保护；勘察人有权要求发包人延长周期和(或)增加费用。

4. 勘察人引起的周期延误

由于勘察人原因造成周期延误，勘察人应支付逾期违约金。逾期违约金的计算方法和最高限额在专用合同条款中约定。

5. 第三人引起的周期延误

由于行政管理部门审查或其他第三人原因造成费用增加和(或)周期延误的，由发包人承担。

6. 完成勘察

勘察人完成勘察任务之后，应当根据法律、规范标准、合同约定和发包人要求编制勘察文件。

勘察文件是工程勘察的最终成果和设计施工的重要依据，应当根据本工程的勘察内容和不同阶段的勘察任务、目的和要求等进行编制。勘察文件的内容和深度应当满足对应阶段的设计需求。

除专用合同条款另有约定外，勘察文件包括纸质文件和电子文件两种形式，两者若有不一致时，应以纸质文件为准。纸质文件一式八份，应当加盖单位章和项目负责人注册执业印章；电子文件中的文字为 WORD 格式、图形为 CAD 格式，并应使用光盘和 U 盘分别贮存。

7. 提前完成勘察

根据发包人要求或者基于专业能力判断，勘察人认为能够提前完成勘察的，可向发包人递交一份提前完成勘察建议书，包括实施方案、提前时间、勘察费用变动等内容。除专用合同条款另有约定之外，发包人接受建议书的，不因提前完成勘察而减少勘察费用；增加勘察费用的，所增费用由发包人承担。

发包人要求提前完成勘察但勘察人认为无法实施的，应在收到发包人书面指示后 7 天内提出异议，说明不能提前完成的理由。发包人应在收到异议后 7 天内予以答复。任何情况下，发包人不得压缩合理的勘察服务期限。

由于勘察人提前完成勘察而给发包人带来经济效益的，发包人可以在专用合同条款中约定勘察人因此获得的奖励内容。

（六）勘察责任

1. 工作质量责任

勘察工作质量应满足法律规定、规范标准、合同约定和发包人要求等。

勘察人应做好勘察服务的质量与技术管理工作，建立健全内部质量管理体系和质量责任制度，加强勘察服务全过程的质量控制，建立完整的勘察文件的设计、复核、审核、会签和批准制度，明确各阶段的责任人。勘察人应当强化现场作业质量和试验工作管理，保证原始记录和试验数据的可靠性、真实性和完整性，严禁离开现场进行追记、补记和修改记录。勘察人应按合同约定对勘察服务进行全过程的质量检查和检验，并作详细记录，编制勘察工作质量报表，报送发包人审查。

发包人有权对勘察工作质量进行检查和审核。勘察人应为发包人的检查和检验提供方便，包括发包人到勘察场地、试验室或合同约定的其他地方进行察看，查阅、审核勘察的原始记录和其他文件。发包人的检查和审核，不免除勘察人按合同约定应负的责任。

2. 勘察文件错误责任

勘察文件存在错误、遗漏、含混、矛盾、不充分之处或其他缺陷，无论勘察人是否通过了发包人审查或审查机构审查，勘察人均应自费对前述问题带来的缺陷和工程问题进行改正，但因合同约定由发包人提供的文件错误导致的除外。

因勘察人原因造成勘察文件不合格的，发包人有权要求勘察人采取补救措施，直至达到合同要求的质量标准，并按合同的约定承担责任。

因发包人原因造成勘察文件不合格的，勘察人应当采取补救措施，直至达到合同要求的质量标准，由此造成的勘察费用增加和（或）勘察服务期限延误由发包人承担。

3. 勘察责任主体

勘察人应运用一切合理的专业技术、知识技能和项目经验，按照职业道德准则和行业公认标准尽其全部职责，勤勉、谨慎、公正地履行其在本合同项下的责任和义务。

勘察责任为勘察单位项目负责人终身责任制。项目负责人应当保证勘察文件符合法律法规和工程建设强制性标准的要求，对因勘察导致的工程质量事故或质量问题承担责任。

项目负责人应当在办理工程质量监督手续前签署工程质量终身责任承诺书，连同法定代表人出具的授权书，报工程质量监督机构备案。

（七）知识产权

除专用合同条款另有约定外，勘察人完成的勘察工作成果，除署名权以外的著作权和其他知识产权均归发包人享有。

勘察人在从事勘察活动时，不得侵犯他人的知识产权。因侵犯专利权或其他知识产权所引起的责任，由勘察人自行承担。因发包人提供的勘察资料导致侵权的，由发包人承担责任。

勘察人在投标文件中采用专利技术、专有技术的，相应的使用费视为已包含在投标报价之中。

（八）合同变更

1. 变更情形

合同履行中发生下述情形时，合同一方均可向对方提出变更请求，经双方协商一致后进行变更，勘察服务期限和勘察费用的调整方法在专用合同条款中约定。

（1）勘察范围发生变化。

（2）除不可抗力外，非勘察人的原因引起的周期延误。

（3）非勘察人的原因，对工程同一部分重复进行勘察。

（4）非勘察人的原因，对工程暂停勘察及恢复勘察。

基准日后，因颁布新的或修订原有法律、法规、规范和标准等引发合同变更情形的，按照上述约定进行调整。

2. 合理化建议

合同履行中，勘察人可对发包人要求提出合理化建议。合理化建议应以书面形式提交发包人，被发包人采纳并构成变更的，执行相关约定。

勘察人提出的合理化建议降低了工程投资、缩短了施工期限或者提高了工程经济效益的，发包人应按专用合同条款中的约定给予奖励。

（九）合同价格

签约合同价是指签订合同时合同协议书中写明的勘察费用总金额。合同价格是指勘察人按合同约定完成了全部勘察工作后，发包人应付给勘察人的金额，包括在履行合同过程中按合同约定进行的变更和调整。费用是指为履行合同所发生的或将要发生的所有合理开支,包括管理费和应分摊的其他费用,但不包括利润。

合同的价款确定方式、调整方式和风险范围划分,在专用合同条款中约定。

勘察费用实行发包人签证制度,即勘察人完成勘察项目后通知发包人进行验收,通过验收后由发包人代表对实施的勘察项目、数量、质量和实施时间签字确认,以此作为计算勘察费用的依据之一。

除专用合同条款另有约定外,合同价格应当包括收集资料,踏勘现场,制订纲要,进行测绘、勘探、取样、试验、测试、分析、评估、配合审查等,编制勘察文件,设计施工配合,青苗和园林绿化补偿,占地补偿,扰民及民扰,占道施工,安全防护、文明施工、环境保护,农民工工伤保险等全部费用和国家规定的增值税税金。

发包人要求勘察人进行外出考察、试验检测、专项咨询或专家评审时,相应费用不含在合同价格之中,由发包人另行支付。

二、设计合同的主要内容

设计合同与勘察合同的内容存在部分相似,因此相似部分不再列举,可参考上述内容学习,下面重点介绍设计合同与勘察合同的不同之处。

(一)合同当事人

合同当事人:指发包人和(或)设计人。

发包人:指与设计人签订合同协议书的当事人,及其合法继承人。

设计人:指与发包人签订合同协议书的当事人,及其合法继承人。

(二)设计要求

1. 一般要求

发包人应当遵守法律和规范标准,不得以任何理由要求设计人违反法律和工程质量、安全标准进行设计服务,降低工程质量。

设计人应按照法律规定,以及国家、行业和地方的规范和标准完成设计工作,并应符合发包人要求。各项规范、标准和发包人要求之间如对同一内容的描述不一致时,应以描述更为严格的内容为准。

除专用合同条款另有约定外,设计人完成设计工作所应遵守的法律规定,以及国家、行业和地方的规范和标准,均应视为在基准日适用的版本。基准日之后,前述版本发生重大变化,或者有新的法律,以及国家、行业和地方的规范和标准实施的,设计人应向发包人提出遵守新规定的建议。发包人应在收到建议后7天内发出是否遵守新规定的指示。发包人指示遵守新规定的,按照约定执行。

设计人在设计服务中选用的材料、设备,应当注明其规格、型号、性能等技术指标及适应性,满足质量、安全、节能、环保等要求。

2. 设计依据

除专用合同条款另有约定外,工程的设计依据如下:适用的法律、行政法规及部门规章;与工程有关的规范、标准、规程;工程基础资料及其他文件;设计服务合同及补充合同;工程勘察文件和施工需求;合同履行中与设计服务有关的来往函件;其他设计依据。

3. 设计范围

合同的设计范围包括工程范围、阶段范围和工作范围,具体设计范围应当根据三者之间的关联内容进行确定。

工程范围指所设计工程的建设内容,具体范围在专用合同条款中约定。

阶段范围指工程建设程序中的方案设计、初步设计、扩大初步(招标)设计、施工图设计等阶段中的一个或者多个阶段,具体范围在专用合同条款中约定。

工作范围指编制设计文件、编制设计概算、预算、提供技术交底、施工配合、参加试车(试运行)、编制竣工图、竣工验收和发包人委托的其他服务中的一项或者多项工作,具体范围在专用合同条款中约定。

(三)设计文件要求

设计文件的编制应符合法律法规、规范标准的强制性规定和发包人要求,相关设计依据应完整、准确、可靠,设计方案论证充分,计算成果规范可靠,并能够实施。

设计服务应当根据法律、规范标准和发包人要求,保证工程的合理使用寿命年限,并在设计文件中予以注明。

设计文件的深度应满足本合同相应设计阶段的规定要求,满足发包人的下步工作需要,并应符合国家和行业现行规定。

设计文件必须保证工程质量和施工安全等方面的要求,按照有关法律法规规定在设计文件中提出保障施工作业人员安全和预防生产安全事故的措施建议。

三、监理合同的主要内容

监理合同与勘察合同、设计合同的内容均存在部分相似,因此相似部分不再列举,可参考上述内容学习,下面重点介绍监理合同与勘察合同、设计合同的不同之处。

(一)合同当事人

合同当事人:指委托人和(或)监理人。

委托人:指与监理人签订合同协议书的当事人,及其合法继承人。

监理人:指与委托人签订合同协议书的当事人,及其合法继承人。

(二)监理要求

1. 监理范围

合同的监理范围包括工程范围、阶段范围和工作范围,具体监理范围应当根据三者之间的关联内容进行确定。

工程范围指所监理工程的建设内容,具体范围在专用合同条款中约定。

阶段范围指工程建设程序中的勘察阶段、设计阶段、施工阶段、缺陷责任期及保修阶段中的一个或者多个阶段,具体范围在专用合同条款中约定。

工作范围指监理工作中的质量控制、进度控制、投资控制、合同管理、信息管理、组织协调和安全监理、环保监理中的一项或者多项工作,具体范围在专用合同条款中约定。

2. 监理依据

除专用合同条款另有约定外,工程的监理依据如下:适用的法律、行政法规及部门规章;与工程有关的规范、标准、规程;工程勘察文件、设计文件及其他文件;工程监理的委托合同及补充合同;委托人签订的勘察、设计和施工承包合同;合同履行中与监理服务有关的来往函件;其他监理依据。

(三)合同价格

合同的价款确定方式、调整方式和风险范围划分,在专用合同条款中约定。

除专用合同条款另有约定外,合同价格应当包括收集资料、踏勘现场、制订纲要、实施监理、编制监理文件等全部费用和国家规定的增值税税金。

委托人要求监理人进行外出考察、试验检测、专项咨询或专家评审时,相应费用不含在合同价格之中,由委托人另行支付。

第五节 FIDIC 合同范本

一、FIDIC 组织简介

FIDIC 是国际咨询工程师联合会的法语缩写，于 1913 年由欧洲三个国家（比利时、法国和瑞士）的咨询工程师协会共同成立。FIDIC 是世界上大多数独立咨询工程师的代表，也是最权威的咨询工程师组织，致力于促进全球高质量，高水平的工程咨询服务的发展。目前已有 70 多个国家和地区成为其会员，中国于 1996 年正式加入。

FIDIC 合同是国际咨询工程师联合会聘请知名咨询工程师、法学专家、律师等编制的一套适用于国际建筑和土木工程项目的标准合同格式。FIDIC 合同的最大特点是程序公开、机会平等。这种公开，公平和透明的工作原则也符合世界贸易组织政治采购协议的原则，因此 FIDIC 合同已广泛应用于国际工程。

FIDIC 作为国际上权威的咨询工程师机构，多年来所编写的标准合同条件是国际工程界几十年来实践经验的总结，公正的规定了合同各方的职责、权利和义务，程序严谨，可操作性强。如今已在工程建设、机械和电气设备的提供等方面被广泛使用。我国出台的《建设工程施工合同（示范文本）》分别参照、等同和等效采用了 FIDIC 合同的模式。

二、FIDIC 合同体系简介

FIDIC 专业委员会制定了一系列规范合同条件，构成 FIDIC 合同条件体系。它们不仅被世界各地的 FIDIC 成员国广泛使用，而且还被世界银行、亚投行、非开行等世界金融组织用于招标文件。根据合同的性质，FIDIC 出版的合同范本包括两大类：

（1）工程合同范本，即用于业主与承包商之间以及承包商与分包商之间的合同范本（简称“工程合同”）。其包括：

①《土木工程施工合同条件》（1987 年第 4 版，1992 年修订版）（红皮书）。

②《土木工程施工分包合同条件》（1994 年第 1 版）（与红皮书配套使用）。

③《电气与机械工程标准合同条件》（1992 年第 3 版）（黄皮书）。

④《设计——建造和交钥匙合同条件》（1995 年第 1 版）（橘皮书）。

⑤《施工合同条件》（1999 年第 1 版）（新红皮书）。

⑥《生产设备和设计——施工合同条件》（1999 年第 1 版）（新黄皮书）。

⑦《设计采购施工（EPC）/交钥匙工程合同条件》（1999 年第 1 版）（银皮书）。

⑧《简明合同格式》（1999 年第 1 版）（绿皮书）。

⑨《设计、建造及运营项目合同条件》（2008 年第 1 版）（金皮书）。

⑩《施工合同条件——多边开发银行和谐版》（2010 年版）。

⑪《施工分包合同条件》（2009 年试用版）。

⑫《施工合同条件》（2017 年版）（新红皮书）。

⑬《生产设备和设计——施工合同条件》（2017 年版）（新黄皮书）。

⑭《设计采购施工（EPC）/交钥匙工程合同条件》（2017 年版）（银皮书）。

（2）工程咨询服务合同范本，主要用于咨询服务公司与业主之间以及咨询服务公司之间等签订的咨询服务协议或合作协议（简称“咨询服务合同”）。其包括：

①《联营体协议书》。

②《咨询分包协议书》。

③《业主/咨询工程师服务协议书》。

④《代表协议书范本》。

自1957首次正式发布《土木工程施工合同条件》(红皮书第一版)以来,FIDIC紧跟国际工程市场和商务模式发展和变化,大约每十年会对其已有的合同范本进行修订更新,并适时增加编制新型合同范本,逐步形成了独具特色的FIDIC合同体系,被广泛地用于国际工程承包和咨询市场,并在国际工程界具有巨大的影响力。FIDIC合同体系具有公平、务实、严谨、操作性强、适用范围广等特点。

三、FIDIC合同条件简介

自1913年成立后,FIDIC致力于编写工程合同范本。1999年出版具有里程碑意义的一套四本彩虹族合同范本后,截至2017年,FIDIC一直在补充、修改、更改原来的范本。为了满足市场发展的需要,也增加或计划增加编制新型的合同范本。

(一)FIDIC合同条件的适用范围

1.《施工合同条件》(2017年版)(新红皮书)

新红皮书与原红皮书相对应,但其名称改变后合同的适用范围更大。该合同主要用于由业主设计的或由咨询工程师设计的房屋建筑工程和土木工程。

《施工合同条件》推荐用于由雇主设计的、或由其代表——工程师设计的房屋建筑或工程。在这种合同形式下,承包商一般都按照雇主提供的设计施工。但工程中的某些土木、机械、电力和(或)建造工程也可能由承包商设计。

2.《生产设备和设计——施工合同条件》(2017年版)(新黄皮书)

新黄皮书与原黄皮书相对应,其名称的改变便于与新红皮书相区别。在新黄皮书条件下,承包商的基本义务是完成永久设备的设计、制造和安装。

《生产设备和设计——施工合同条件》推荐用于电力和(或)机械设备的提供,以及房屋建筑或工程的设计和实施。在这种合同形式下,一般都是由承包商按照雇主的要求设计和提供设备和(或)其他工程[可能包括由土木、机械、电力和(或)建造工程的任何组合形式]。

3.《设计采购施工(EPC)/交钥匙工程合同条件》(2017年版)(银皮书)

银皮书又可译为“设计-采购-施工交钥匙项目合同条件”,它与橘皮书相似但不完全相同。它适于工厂建设之类的开发项目。是包含了项目策划、可行性研究、具体设计、采购、建造、安装、试运行等在内的全过程承包方式。承包商“交钥匙”时,提供的是一套配套完整的可以运行的设施。

《设计采购施工(EPC)/交钥匙工程合同条件》适用于在交钥匙的基础上进行的工厂或其他类似设施的加工或能源设备的提供,或基础设施项目和其他类型的开发项目的实施,这种合同条件所适用的项目对最终价格和施工时间的确定性要求较高,承包商完全负责项目的设计和施工,雇主基本不参与工作。在交钥匙项目中,一般情况下由承包商实施所有的设计、采购和建造工作:即在“交钥匙”时,提供一个配备完整、可以运行的设施。

提示

以上知识点是关于银皮书的基本知识点,另外还需掌握不适合采用银皮书的范围,具体以考题形式展示,试题如下。

典型例题

【多选题】下列项目中，不适合采用 FIDIC《设计采购施工(EPC)/交钥匙工程合同条件》(2017 版银皮书)的有(　　)。

A. 投标人没有足够时间或资料以仔细研究和核查业务要求，或进行他们的设计、风险评估和估算

B. 工程涉及相当数量的地下工程，且在特殊条款中未对不可预见的条件予以说明

C. 大型基础设施项目、厂房以及工业综合体项目

D. 业主要严密监督或控制承包商的工作，或要审核大部分施工图纸

E. 业主希望对项目价格或工期有更高的确定性

ABD。【解析】不适合采用银皮书的 3 种情况：(1)投标人没有足够的时间或资料对业主的要求进行研究、核查以及进行设计、风险评估等。(2)工程涉及相当数量的地下工程，或投标人未能调查区域内的工程，特殊条款对不可预见的条件予以说明的除外。(3)业主对承包商的工作进行严格监督控制，或对大部分施工图纸进行审核。

4.《简明合同格式》(1999 年第 1 版)(绿皮书)

《简明合同格式》推荐用于价值相对较低的建筑或工程。根据工程的类型和具体条件的不同，此格式也适用于价值较高的工程，特别是较简单的，或重复性的，或工期短的工程。在这种合同形式下，一般都是由承包商按照雇主或其代表——工程师提供的设计实施工程，但对于部分或完全由承包商设计的土木、机械、电力和(或)建造工程的合同也同样适用。

5.《设计、建造及运营项目合同条件》(2008 年第 1 版)(金皮书)

《设计、建造及运营项目合同条件》是基于国际基础设施开发的需要，在《生产设备和设计——施工合同条件》(1999 年第 1 版)的基础上，加入了有关运营和维护的要求和内容编制而成，主要区别是承包商在工程竣工后按照约定的期间，运营一段时间，并收取相应的运营费。其最大的优势是对项目全寿命周期成本进行优化，简化项目程序、保证质量，具有广阔的应用前景，适用于将设计、建造义务同长期的运营承诺结合起来的项目，该项目建成后的运营期通常为 20 年。

(二) FIDIC 合同条件的特点

1999 年版的 FIDIC 合同条件，同过去版本比较具有以下特点：

(1)在编排格式上统一化。条款的标题以至部分条款的内容能一致的都尽量一致。

(2)适用的范围更加广泛。

(3)内容作了较大的改进和补充。

(4)在编写思想上更为灵活。新版本的目的是使用户便于在专用条件中自行修改编写。

(5)条款的规定更为严格、明确。比如 1999 年版本对业主、承包商双方的职责、业务以及工程师的职权都作了更为严格而明确的规定，提出了更高的要求。

(6)1999 年版本使用的英文语言更简明，句子的结构也相对简单清楚，易读易懂。

2017 版三本合同条件各自的应用范围、业主与承包商的职责和义务，尤其是风险分配原则与 1999 年版基本保持一致；合同条件的总体结构基本不变，但通用条件将索赔与争端区分开，并增加了争端预警机制。根据陈勇强、张水波、吕文学发表于《国际经济合作》(2018 年 05 期)上《2017 年版 FIDIC 系列合同条件修订对比》一文的研究成果，2017 年版的 FIDIC 合同条件，与 1999 年版比较具有以下特点：

(1)合同条件在篇幅上大幅增加，融入了更多项目管理思维，相关规定更加详细和明确，更具可操作性。

(2)合同条件总体结构基本保持不变,但做了局部调整,将"不可抗力"重新命名为"例外事件",将索赔与争端区分开并增加了争端预警机制。

(3)加强和拓展了工程师的地位和作用,同时强调工程师的中立性。

(4)有关合同管理和项目管理方面的相应规定更加详细、清晰,更具可操作性,更强调在风险与责任分配及各项处理程序上业主和承包商的对等关系。

(三)2017 版 FIDIC 合同条件的异同

1. 合同各方的职责范围

2017 版的红皮书(以下称"红皮书")规定由业主承担大部分或全部的设计工作,由承包商承担施工工作,由工程师承担设计工作的管理和决定专业事项的工作;2017 版黄皮书(以下称"黄皮书")规定由承包商承担设计、施工和采购等工作,也有工程师参与设计工作的管理,相较于红皮书更专业;2017 版银皮书(以下称"银皮书")代表业主方,规定由承包商承担大部分的采购工作,以及项目试运行和业主人员培训等工作。

2. 合同类型

红皮书为单价合同,黄皮书与银皮书为固定总价合同。

3. 工程价款支付方式

红皮书、黄皮书和银皮书一般都按月进度款支付,以月为固定周期由业主向承包商支付。但红皮书需明确支付周期内实际完成的工程量,黄皮书只确定了支付周期需完成的节点,银皮书与黄皮书类似,但是支付由业主直接决定。

4. 风险的承担

在红皮书中,由承包商承担施工风险,业主承担其余大部分或全部风险。黄皮书中由承包商承担设计风险、工程变更及 FFP 风险,业主承担不可预见的和例外事件的风险。银皮书中由承包商承担设计风险、工程变更风险、不可预见及 FFP 风险,业主承担例外事件产生的风险。

5. 招标文件

相比于红皮书,黄皮书和银皮书条件文件中特别重要的是"业主要求"。

典型例题

【多选题】FIDIC《生产设备和设计——施工合同条件》(2017 版黄皮书)中,业主应该承担风险的有(　　)。

A. 设计风险　　B. 不可预见风险

C. 工程量变化风险　　D. 例外事件风险

E. 符合预期目的风险

BD。【解析】根据《施工合同条件》(2017 版红皮书),业主主要承担的风险有大部分或全部设计风险、工程量变化风险、不可预见的物质条件风险和例外事件的风险;根据《生产设备和设计——施工合同条件》(2017 版黄皮书),业主主要承担不可预见的风险和例外事件的风险;根据《设计采购施工(EPC)/交钥匙工程合同条件》(2017 版银皮书),业主主要承担例外事件的风险。

(四)FIDIC 施工合同条件主要条款

1. 质量管理体系与合规验证体系

承包商应在开工后 28 天内向工程师提交质量管理体系文件,工程师应在收到质量管理体系文件 21 天内做出回应,发不反对通知或通知承包商修改。工程师可随时向承包商发出通知,说明承包商未能按照合同规定,在承包商的活动中正确实施质量管理体系的程度,承包商应在收到通知后立即改正此类问题。承包商应至少每 6 个月进行一次质量管理体系内部审计，并在审计结束后 7 天内将审计报告提交给工程师，审计报告应说明每次审计的结果，包括改进措施。

2. 工程估价

工程师应根据计量出的每项工作的工程量乘以相应费率或价格进行估价。如合同中无某项内容，应取类似工作的费率或价格。同时满足情况一中的 4 个条件，或同时满足情况二中的 3 个条件的，可对该项工作规定的费率或价格加以调整：

(1)情况一：

①此项工作测量的工程量比工程量表或其他报表中规定的工程量的变动超过 10%。

②工程量的变动与费率的乘积超过中标合同额的 0.01%。

③工程量的变动直接导致该项工作每单位成本的变动超过 1%。

④合同中没有规定此项工作为固定费率。

(2)情况二：

①根据变更和调整的规定指示的工作。

②合同中没有规定该项工作的费率或价格。

③由于该项工作的性质不同或实施条件不同，合同中未规定适合的费率或价格。

(五) FIDIC 关于专用条件起草的五项黄金原则

FIDIC 一直是以公平和均衡地在业主和承包商之间分配风险和责任而著称的(即使是将大多风险交由承包商承担的银皮书，FIDIC 也明确说明了其不适用的范围和情况)，每一本 FIDIC 合同条件都有其特定的适用范围。随着 FIDIC 合同条件在业界的使用越来越广泛，出现了一些用户虽然以 FIDIC 合同条件为蓝本，但直接或通过专用条件无限制的修改通用条件的内容，最终形成的合同文件严重背离了 FIDIC 相应合同条件的起草原则，扰乱了行业秩序，也严重损害了 FIDIC 的声誉。针对业界存在的越来越多 FIDIC 合同条件被滥用的问题，在发布 2017 版系列合同条件的同时，FIDIC 首次提出了专用条件起草的五项黄金原则，以提醒用户在起草专用条件时慎重考虑。这五项原则是：

(1)合同所有参与方的职责、权利、义务、角色以及责任一般都在通用条件中默示，并适应项目的需求。

(2)专用条件的起草必须明确和清晰。

(3)专用条件不允许改变通用条件中风险与回报分配的平衡。

(4)合同中规定的各参与方履行义务的时间必须合理。

(5)所有正式的争端在提交仲裁之前必须提交 DAAB 取得临时性具有约束力的决定。

FIDIC 强调，通用条件为合同双方提供了一个基准，而专用条件的起草和对通用条件的修改可视为在特定情境下通过双方的博弈对基准的偏离。FIDIC 给出的五项黄金原则，力图确保在专用条件起草过程中对通用条件的风险与责任分配原则以及各项规定不发生严重的偏离。

第五章 工程项目进度管理

第一节 工程项目进度管理过程、工作定义与工作顺序安排

一、项目进度管理过程

组织应建立项目进度管理制度，明确进度管理程序，规定进度管理职责及工作要求。进度管理制度包括进度管理内容、程序、进度管理的部门和岗位职责及工作具体要求。项目进度计划分别由项目不同的相关方编制，如建设单位、施工单位、勘察设计单位、监理单位等，其内部相关成员均需承担相应进度管理责任。

项目进度管理应遵循的程序为：编制进度计划；进度计划交底，落实管理责任；实施进度计划；进行进度控制和变更管理。

项目进度管理过程为：规划进度管理→定义工作→安排工作顺序→估算工作资源→估算工作持续时间→制定进度计划→控制进度。

二、工作定义

工作定义应在工作分解的基础上进行。

通过工作分解结构（WBS，是一种层次化的树状结构，是将项目划分为可以管理的项目工作任务单元），项目管理者可将项目工作分解为一系列更小、更易管理且具有一定可交付成果的工作。工作定义则是对这些小的工作的内容进行明确和细化。在项目实施中，要将这些所有的工作编制成一个明确的工作清单，并且使项目团队的每一个成员能够清楚有多少工作需要完成。工作清单应采取文档形式，以便于项目其他过程的使用和管理。

工作定义实际上属于范围管理的范畴，但又是进度管理中工作顺序安排和工作时间估算的依据，因此，它也是进度管理的启动步骤。

（一）工作定义的输入依据

1.进度管理计划

进度管理计划是项目管理计划的组成部分，为编制、监督和控制项目进度建立了准则。根据项目需要，进度管理计划可以是正式或非正式的，且非常详细或高度概括的，其中应包括合适的控制临界值。进度管理计划规定了管理工作所需的详细程度。

2.范围基准

在定义工作时，需明确考虑范围基准中的工作分解结构（WBS）、可交付成果、制约因素和假设条件。

范围基准是经过批准的范围说明书、工作分解结构（WBS）和相应的 WBS 词典，只有通过正式的变更控制程序才能进行变更，是被用作比较的基础。范围基准是项目管理计划的组成部分，包括：

（1）项目范围说明书。

项目范围说明书包括对项目范围、主要可交付成果、假设条件和制约因素的描述。

（2）工作分解结构（WBS）。

WBS 归纳和定义项目的整个工作范围。WBS 将项目工作分解成更小、更便于管理的工作单元。WBS 每向下分解一个层次，就代表对项目工作的进一步详细定义。位于 WBS 最低层次的工作组件叫作工作包，可以对其进行进度计划、成本估算、监管和控制。

WBS 为定义工作提供基础，与项目目标紧密关联。WBS 同时也为保证工作的最后完成确立管理框架。

WBS 在项目中有以下作用：

①根据可交付成果定义项目工作范围，并把可交付成果进一步分解成更详细的组件。使用不同的分解方法，WBS 还能定义项目生命周期，以及项目、项目集及项目组合分别对应的可交付成果。通过在 WBS 中细分到合适的层次，项目范围分解可以平衡管理层对项目控制的需要。

②为项目管理团队提供一个报告项目现状及进展情况的基础框架。

③便于在整个项目生命周期内，项目经理和相关方之间的沟通。WBS 可以用来交流与项目范围相关的信息。结合其他数据，WBS 可以作为信息交流的框架，包括但不限于进度、风险、绩效、依赖关系和预算等方面的信息。

④作为其他项目管理过程及可交付成果的主要依据。WBS 被认为是其他项目管理过程及可交付成果的关键依据，如工作定义、项目进度网络图、项目和项目集进度计划、绩效报告、风险分析及应对、控制工具或项目组织等。另外，尽管 WBS 是这些项目管理过程及可交付成果的一项主要依据，但 WBS 本身不能取代它们中的任何一项。

（3）WBS 词典。

WBS 词典是针对每个 WBS 组件，详细描述可交付成果、工作和进度信息的文件。WBS 词典对 WBS 提供支持。WBS 词典中的内容可能包括（但不限于）：账户编码标识；工作描述；假设条件和制约因素；负责的组织；进度里程碑；相关的进度工作；所需资源；成本估算；质量要求；验收标准；技术参考文献；协议信息。

3. 事业环境因素

事业环境因素是指项目团队不能控制的，将对项目产生影响、限制或指令作用的各种条件。事业环境因素是大多数规划过程的输入，可能提高或限制项目管理的灵活性，并可能对项目结果产生积极或消极的影响。

会影响定义工作过程的事业环境因素包括（但不限于）：组织文化和结构；商业数据库中发布的商业信息；项目管理信息系统。

4. 组织过程资产

组织过程资产是执行组织所特有并使用的计划、流程、政策、程序和知识库，包括来自任何（或所有）项目参与工作的，可用于执行或治理项目的任何产物、实践或知识。过程资产还包括组织的知识库，如经验教训和历史信息。组织过程资产可能还包括完整的进度计划、风险数据和挣值数据。组织过程资产是大部分规划过程的输入。在项目全过程中，项目团队成员可以对组织过程资产进行必要的更新和增补。

能够影响定义工作过程中的组织过程资产包括(但不限于):

(1)经验教训知识库,其中包括以往类似项目的工作清单等历史信息。

(2)标准化的流程。

(3)来自以往项目的、包含标准工作清单或部分工作清单的模板。

(4)现有的、正式和非正式的、与工作规划相关的政策、程序和指南,如进度规划方法论,在编制工作定义时应考虑这些因素。

(二)工作定义的输出结果

1. 工作清单

工作清单是一份包含项目所需的全部进度工作的综合清单。工作清单还包括每个工作的标识及工作范围详述,使项目团队成员知道需要完成什么工作。每个工作都应该有一个独特的名称,用来表示它在进度计划中的位置,即使此工作名称可能显示在项目进度计划文件之外。

2. 里程碑清单

里程碑是指项目实施过程中的重要时点或事件。里程碑清单应列出所有项目里程碑,并对里程碑进行说明,指明每个里程碑是强制性的(如合同要求的)还是选择性的(如根据历史信息确定的)。与常规的进度工作相比,里程碑有相同的结构和属性,但是里程碑的持续时间为零。

3. 工作属性

与里程碑不同,工作具有持续时间,需要在该持续时间内开展工作,可能需要相应的资源和成本。工作属性是指每项工作所具有的多重属性,用来对工作进行详细描述,可描述事件之间的顺序要求。工作属性随时间演进。在项目初始阶段,工作属性包括工作标识、WBS标识和工作标签或名称;在工作属性编制完成时,可能还包括工作编码、工作描述、紧前工作、紧后工作、逻辑关系、提前量与滞后量、资源需求、强制日期、制约因素和假设条件。工作属性可用于分配执行工作的负责人,确定开展工作的地区或地点,编制开展工作的项目日历,以及明确工作类型,如支持型工作、独立型工作和依附型工作。工作属性还可用于编制进度计划。根据工作属性,可在报告中以各种方式对计划进度工作进行选择、排序和分类,工作属性的数量因应用领域而异。

链接

另外,工作定义的输出结果可能还包括新(修正后)的工作分解结构。当项目成员在进行一些必要工作时,可能对某项工作进行细化,从而会产生一个新的工作分解结构。

典型例题

【多选题】项目进度管理的工作定义过程中,关于工作(任务)属性的说法,正确的有(　　)。

A. 可能描述了事件之间的顺序要求　B. 可用于确定开展的工作地点

C. 不能区分支持性工作和依附性工作　D. 可用于编制开展工作的项目日历

E. 不能用于工作选择、排序、分类

ABD。【解析】项目进度管理的工作定义过程中,工作属性可用于明确工作类型,如支持型工作、独立型工作和依附型工作。故选项C错误。工作属性也可对计划进度工作进行各种方式的选择、排序和分类。故选项E错误。具体内容,详见上文。

（三）工作定义的方法

1. 分解法

分解法是一种把项目范围和项目可交付成果逐步划分为更小、更便于管理的组成部分的方法。工作表示完成工作包所需的投入。定义工作过程的最终输出是工作而不是可交付成果，可交付成果是创建 WBS 过程的输出。

WBS、WBS 词典和工作清单可依次或同时编制，其中 WBS 和 WBS 词典是制定最终工作清单的基础。WBS 中的每个工作包都需分解成工作，以便通过这些工作来完成相应的可交付成果。让团队成员参与分解过程，有助于得到更好、更准确的结果。

2. 滚动式规划法

滚动式规划法是一种迭代式规划的方法，通过一次次对近期要完成的工作进行详细规划，同时在较高层级上粗略规划远期工作实现工作的渐进明细。在项目生命周期的不同阶段，由于信息搜集程度的不同，定义工作的详细程度会有所不同。在早期的战略规划阶段，信息缺乏，工作包只能分解到已知的详细水平；而后，随着工作进程的推进更多的信息被发掘，近期即将实施的工作包就可以分解到具体的工作。

3. 专家判断

借鉴在制定详细项目范围说明书、工作分解结构和项目进度计划方面具有经验和技能的项目团队成员或其他专家提供的专业知识，有利于对工作进行定义。

4. 模板法

模板法是指在进行工作定义时借用历史资料，尤其是类似项目的历史资料，参考之前的模板。尽管项目具有一次性和独特性的特点（即不存在两个一模一样的项目），但不同项目的 WBS，在某些部分可能很相似，工作内容也很相近。因此，过去已完成的项目某些部分通常也可以作为下一个新项目的模板使用，可加快工作分解过程。

三、工作顺序安排

工作顺序安排，也称工作排序，这项工作主要是确定各个工作之间的依赖关系，并形成文档。在一个项目中，一个工作的执行可能要依赖于一定工作的完成，也就是说它的执行必须在某些工作完成之后，这就是工作之间的先后依赖关系。为了编制切实可行的进度计划，项目管理者应首先对工作进行准确的顺序安排。工作排序可以利用计算机辅助工具完成，也可以采用手工方式进行，或两种手段结合使用。在较小的项目，或者在大中型项目的早期阶段，手工方式可能更为有效。

（一）工作顺序安排的输入依据

1. 进度管理计划

进度管理计划规定了用于项目的进度规划方法和工具，对工作顺序安排具有指导作用。

2. 工作清单

工作清单列出了项目所需的，待安排顺序的全部进度工作。这些工作的依赖关系和其他制约因素会对工作顺序安排产生影响。

3. 工作属性

工作属性中可能描述了事件之间的必然顺序或确定的紧前紧后关系。

4. 里程碑清单

里程碑清单中可能已经列出特定里程碑的实现日期，这可能影响工作顺序安排的方式。

5. 项目范围说明书

项目范围说明书中包含产品范围描述，而产品范围描述中又包含可能影响工作顺序安排的产品特征，如待建厂房的布局图或软件项目中的子系统界面。项目范围说明书中的其他信息也可能影响工作顺序安排，如项目可交付成果、项目制约因素和假设条件。虽然工作清单中已经体现了这些因素的影响结果，但还是需要对产品范围描述进行整体审查以确保准确性。

6. 事业环境因素

会影响工作顺序安排过程的事业环境因素包括（但不限于）：政府或行业标准；项目管理信息系统（PMIS）；进度规划工具；公司的工作授权系统。

7. 组织过程资产

能够影响排列工作顺序过程的组织过程资产包括（但不限于）：公司知识库中有助于确定进度规划方法论的项目档案；现有的、正式或非正式的、与工作规划有关的政策、程序和指南（如用于确定逻辑关系的进度规划方法论）；有助于加快项目工作网络图编制的各种模板。模板中也会包括有助于工作顺序安排的、与工作属性有关的信息。

（二）工作顺序安排的输出结果

1. 项目进度网络图

项目进度网络图是辨识项目进度工作之间的逻辑关系（也叫依赖关系）的图形。项目进度网络图可手工或借助项目管理软件来绘制。进度网络图可包含项目的全部细节，也可只列出一项或多项概括性工作。项目进度网络图应附有简要文字描述，说明工作顺序安排所使用的基本方法。在文字描述中，还应该对任何异常的工作序列做详细说明。

工作进行时客观上存在的一种相互制约或依赖的关系叫作逻辑关系，也就是先后顺序关系。逻辑关系可划分为两大类：一类是施工工艺的关系，称为工艺逻辑关系；另一类是组织上的关系，称为组织逻辑关系。

工艺逻辑关系是由非生产性工作的工作程序或生产性工作的工艺关系所决定的各个施工过程之间客观上存在的先后顺序关系。对于一个具体的分部工程来说，当确定了施工方法以后，则该分部工程的各个施工过程的先后顺序一般是固定的，有些是绝对不能颠倒的。因此，这种关系也称硬逻辑关系。

组织逻辑关系是施工组织安排中，考虑劳动力、机具、材料或资金等影响因素，在各施工过程之间主观上安排的先后顺序关系。这种关系不是工程性质本身决定的，而是在保证施工质量、安全和工期的前提下，可以人为安排的顺序关系。必要时可调整，也称软逻辑关系。

在网络图中，各工作之间在逻辑上的关系是变化多端的，逻辑关系的表达分为平行、顺序和搭接三种形式。

两项工作同时开始即为平行关系。

相邻两项工作先后进行即为顺序关系。如前一工作结束，后一工作马上开始则为紧连顺序关系。如后一工作在前一工作结束后隔一段时间才开始则为间隔顺序关系。在顺序关系中，当一项工作只有在另一项工作完成以后方能开始，并且中间不插入其他工作，则称另一项工作为该工作的紧前工作；反之，当一项工作只有在它完成以后，另一项工作才能开始，并且中间不插入其他工作，则称另一工作为该工作的紧后工作。

两项工作只有一段时间是同时进行的则为搭接关系。

典型例题

【单选题】在工程网络计划中，如果生产性工作 A 和 B 之间属于硬逻辑关系，则表明他们的先后顺序是由(　　)决定的。

A. 组织关系　　B. 工艺过程

C. 劳动力安排需要　　D. 原材料安排需要

B。【解析】工作进行时客观上存在的一种相互制约或依赖的关系叫作逻辑关系，也就是先后顺序关系。对于生产性工作而言，一般硬逻辑关系是由工艺关系决定的。

2. 项目文件更新

可能需要更新的项目文件包括(但不限于)：工作清单；工作属性；里程碑清单；风险登记册。

(三)工作顺序安排的方法

工作顺序安排的方法很多，如双代号网络图法、单代号网络图法、搭接网络计划法、时标网络计划法、条件网络图法等，也可以利用网络样板。

提示

网络计划图中的箭线、节点、线路以及逻辑关系等是基础，一定要掌握；关于时间参数的计算以及各种工作顺序安排的方法，必须理解记忆。

1. 双代号网络图法(AOA)

双代号网络图法是利用箭线同时表示工作和逻辑关系的一种网络图表示方法，如图 5-1 所示。这种方法也叫箭线图法(ADM)。

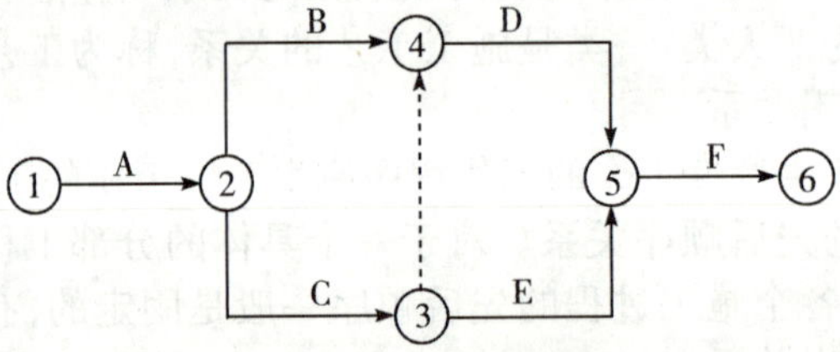

图 5-1　双代号网络图

(1)基本要素。

双代号网络图由箭线(工作)、节点、线路三个基本要素组成。

在双代号网络图中，一条箭线代表一项工作(活动、作业或工序)。工作就是计划任务按需要的粗细程度划分而成的一个消耗时间也消耗资源的子项目或子任务。它是网络图的组成要素之一，用一根箭线和两个圆圈来表示。工作的名称标注在箭线的上面，工作持续时间标注在箭线的下面，箭线的箭尾节点表示工作的开始，箭头节点表示工作的结束，如图 5-2 所示。圆圈中的两个号码代表这项工作的名称，由于是两个代号表示一项工作，故称为双代号表示法，由双代号表示法构成的网络图称为双代号网络图。

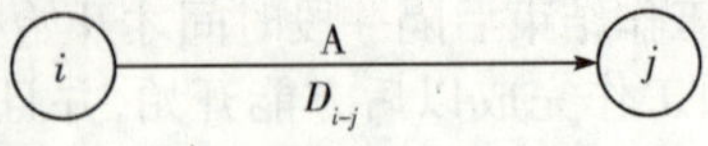

图 5-2　双代号网络工作表示方法

在双代号网络图中，工作可分为实工作和虚工作。实工作是指要消耗时间和资源的工作(如墙体砌筑)，用实箭线表示。虚工作是指既不消耗时间也不消耗资源，只表示相邻工作之间相互制约、相互依赖的逻辑关系，用虚箭线表示。

节点是指网络图中箭线端部的圆圈或其他形状的封闭图形。在双代号网络图中，节点表示一项工作的开始或结束，只是一个"瞬间"，它既不消耗时间也不消耗资源，起连接工作的作用，在一定程度上可以表示工作间的逻辑关系。任何一项工作的名称都可以用其箭线及两端节点的编号表示。

对于任何一项工作而言，箭线尾部的节点称开始节点，它表示一项工作或任务的开始；箭线头部的节点称结束节点，它表示一项工作或任务的结束。

在网络图中，对一个节点来讲，可能有许多条箭线通向该节点，这些箭线就称为"内向箭线"(或内向工作)；同样也可能有许多条箭线由同一节点发出，这些箭线就称为"外向箭线"(或外向工作)。起点节点没有内向箭线，终点节点没有外向箭线。

在双代号网络图中，一项工作是由一条箭线和两个节点来表示的，为了使网络图便于检查、识别各项工作和计算各项工作的时间参数，以及编制网络计划电算程序，必须对每个节点进行编号。节点编号必须满足：箭尾节点编号小于箭头节点编号；不重号、不漏编。节点编号方法主要有沿水平方向编号、沿垂直方向编号、连续编号(按自然数的顺序进行编号)和间断编号。采用间断编号，主要是为了适应计划的调整，考虑增添工作的需要，编号留有余地。上述编号均应遵循从左至右，先上后下，由起点节点开始，直到终点节点为止的原则。

从网络图的起点节点出发，沿着箭线方向连续通过一系列箭线与节点，最后到达终点节点的通路称为线路。线路持续时间是指完成网络计划图中某条线路的全部工作所必需的持续时间的总和，它代表该条线路的计算工期。线路可分为关键线路和非关键线路两种。

在网络图中，线路持续时间最长的线路，称为关键线路。关键线路具有以下性质：

①关键线路的线路持续时间代表整个网络计划的计算总工期。

②关键线路上的工作，称为关键工作。关键工作均没有机动时间。

③在同一网络图中，关键线路可能同时存在多条，但至少应有一条。

④如果缩短某些关键工作持续时间，关键线路可能转化为非关键线路。

(2)绘图规则。

双代号网络图绘图规则如下：

①双代号网络图应正确表达工作之间已定的逻辑关系。

②双代号网络图中，不得出现回路。

③双代号网络图中，不得出现带双向箭头或无箭头的连线。

④双代号网络图中，不得出现没有箭头节点或没有箭尾节点的箭线。

⑤当双代号网络图的开始节点有多条外向箭线或终点节点有多条内向箭线时，对起点节点和终点节点可使用母线法绘图。

⑥绘制网络图时，箭线不宜交叉，当交叉不可避免时，可用过桥法、断线法或指向法。

⑦双代号网络图中应只有一个起点节点；在不分期完成任务的网络图中，应只有一个终点节点；其他所有应是中间节点。

⑧绘制网络图时，所有节点必须编号，且箭头编号要大于箭尾编号，同一网络图中，编号不能重复使用。

⑨双代号网络图中，箭线始终保持自左向右的方向，并严禁在箭线上引出或引入箭线。

(3)时间参数计算。

计算工作时间参数应在确定各项工作的持续时间之后进行。虚工作可视同工作进行计算,其持续时间应为零。

工作时间参数的计算结果应分别标注,如图 5-3 所示。

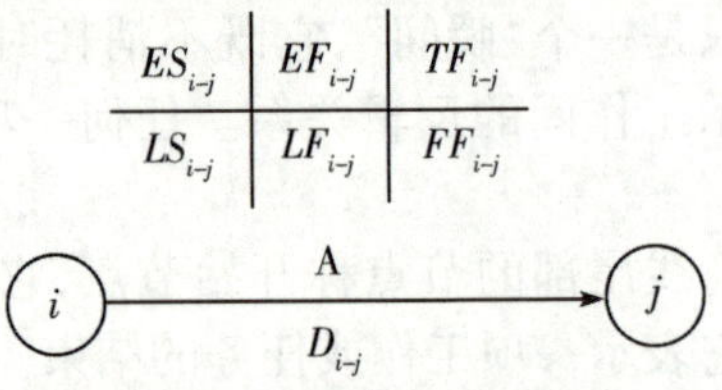

图 5-3　工作计算法的标注

图中,ES_{i-j}为工作最早开始时间;EF_{i-j}为工作最早完成时间;LS_{i-j}为工作最迟开始时间;LF_{i-j}为工作最迟完成时间;TF_{i-j}为总时差;FF_{i-j}为自由时差;A 为工作;D_{i-j}为持续时间。

工作最早开始时间的计算应符合下列规定:

①工作 $i-j$ 的最早开始时间(ES_{i-j})应从网络计划的起点节点开始顺着箭线方向依次逐项计算。

②以起点节点 i 为箭尾节点的工作 $i-j$,当未规定其最早开始时间时应按下式计算:

$$ES_{i-j}=0$$

式中,ES_{i-j}为工作 $i-j$ 的最早开始时间。

③其他工作的最早开始时间(ES_{i-j})应按下式计算:

$$ES_{i-j}=\max\{ES_{h-i}+D_{h-i}\}$$

式中,D_{h-i}为工作 $i-j$ 的各项紧前工作 $h-i$ 的持续时间;ES_{h-i}为工作 $i-j$ 的各项紧前工作 $h-i$ 的最早开始时间。

工作 $i-j$ 的最早完成时间(EF_{i-j})应按下式计算:

$$EF_{i-j}=ES_{i-j}+D_{i-j}$$

网络计划的计算工期 T_c 应按下式计算:

$$T_c=\max\{EF_{i-n}\}$$

式中,EF_{i-n}为以终点节点($j=n$)为箭头节点的工作 $i-n$ 的最早完成时间。

网络计划的计划工期(T_p)应按下列情况确定:

①当已规定要求工期(T_r)时:

$$T_p\leqslant T_r$$

②当未规定要求工期(T_r)时:

$$T_p=T_c$$

工作最迟完成时间的计算应符合下列规定:

①工作 $i-j$ 的最迟完成时间(LF_{i-j})应从网络计划的终点节点开始,逆着箭线方向依次逐项计算。

②以终点节点($j=n$)为箭头节点的工作,最迟完成时间(LF_{i-n}),应按下式计算:

$$LF_{i-n}=T_p$$

③其他工作的最迟完成时间(LF_{i-j})应按下式计算:

$$LF_{i-j}=\min\{LF_{j-k}-D_{j-k}\}$$

式中,LF_{j-k}为工作 $i-j$ 的各项紧后工作 $j-k$ 的最迟完成时间;D_{j-k}为工作 $i-j$ 的各项紧

后工作 $j-k$ 的持续时间。

工作 $i-j$ 的最迟开始时间(LS_{i-j})应按下式计算:

$$LS_{i-j}=LF_{i-j}-D_{i-j}$$

工作 $i-j$ 的总时差(TF_{i-j})应按下列公式计算:

$$TF_{i-j}=LS_{i-j}-ES_{i-j}$$

或

$$TF_{i-j}=LF_{i-j}-EF_{i-j}$$

工作 $i-j$ 的自由时差(FF_{i-j})的计算应符合下列规定。

①当工作 $i-j$ 有紧后工作 $j-k$ 时,其自由时差应按下式计算:

$$FF_{i-j}=\min\{ES_{j-k}\}-EF_{i-j}$$

式中,ES_{j-k}为工作 $i-j$ 的紧后工作 $j-k$ 的最早开始时间。

②以终点节点($j=n$)为箭头节点的工作,其自由时差应按下式计算:

$$FF_{i-n}=T_p-EF_{i-n}$$

通常,在计算时间参数时,可通过节点计算法简化计算。

节点时间参数计算结果应分别标注,如图 5-4 所示。

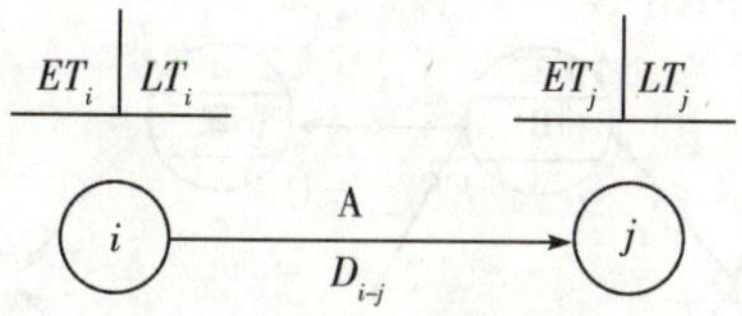

图 5-4　节点计算法的标注

图中,ET_i 为节点 i 最早时间;LT_i 为节点 i 最迟时间;ET_j 为节点 j 最早时间;LT_j 为节点 j 最迟时间;A 为工作;D_{i-j}为持续时间。

节点最早时间的计算应符合下列规定:

①节点 i 的最早开始时间(ET_i),应从网络计划的起点节点开始,顺着箭线方向依次逐项计算。

②起点节点 i 的最早时间,当未规定最早时间时,应按下式计算:

$$ET_i=0(i=1)$$

③其他节点 j 的最早时间(ET_j)应按下式计算:

$$ET_j=\max\{ET_i+D_{i-j}\}$$

式中,D_{i-j}为工作 $i-j$ 的持续时间。

网络计划的计算工期(T_c)应按下式计算:

$$T_c=ET_n$$

式中,ET_n 为终点节点 n 的最早时间。

节点最迟时间的计算应符合下列规定:

①节点 i 最迟时间(LT_i)应从网络计划的终点节点开始,逆着箭线方向依次逐项计算。

②终点节点 n 的最迟时间(LT_n)应按下式计算:

$$LT_n=T_p$$

③其他节点的最迟时间(LT_i)应按下式计算:

$$LT_i=\min\{LT_j-D_{i-j}\}$$

式中,LT_j 为工作 $i-j$ 的箭头节点 j 的最迟时间。

通过节点的最早时间和最迟时间可以很容易判断某个工作的各项时间参数。

典型例题

【单选题】关于双代号网络图的说法，正确的是(　　)。

A. 节点起着连接工作的作用，但也需要消耗时间和资源

B. 虚工作用虚箭线表示，表示相邻两项工作之间的逻辑关系

C. 总持续时间最大的线路称作关键线路，关键线路只有1条

D. 工作与其紧前工作之间，工作与其紧后工作之间不得出现虚工作

B。【解析】双代号网络图中，节点表示工作开始或完成的时刻，起着连接工作的作用，但不需要消耗时间或资源。故选项A错误。关键线路可以有多条。故选项C错误。虚工作表示工作间逻辑关系，可以存在于工作与其紧前工作之间，也可以存在于工作与其紧后工作之间。故选项D错误。

2. 单代号网络图法（AON）

单代号网络图是一种利用节点表示工作，箭头表示工作逻辑关系的项目网络图，如图5-5所示。这种方法也叫前导图法。

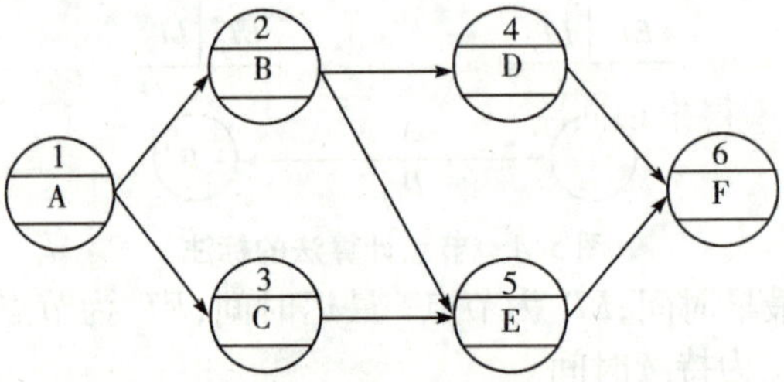

图5-5　单代号网络图

链接

与双代号网络图相比，单代号网络图具有以下特点：

(1)单代号网络图网络图以节点及其编号表示工作，以箭线表示工作之间的逻辑关系。

(2)由于单代号网络图中没有虚箭线，故编制单代号网络计划产生逻辑错误的概率较小。

(3)由于工作的持续时间标注在节点内，没有长度，故不够形象，也不便于绘制时标网络计划，更不能据图优化。

(4)表示工作之间逻辑关系的箭线可能产生较多的纵横交叉现象。

(1)基本要素。

单代号网络图由节点、箭线、线路组成。

单代号网络图的节点表示工作，可以用圆圈表示，也可以用方框或其他图形表示。用圆圈表示的节点内，应标注代号(以数字表示)、工作名称和工作持续时间，如图5-6所示；用方框表示的节点内除标注以上三项外，还可以标注经计算得到的时间参数，如图5-7所示。节点必须编号，此编号即该工作的代号，由于代号只有一个，故称为“单代号”。节点编号标注在节点内，可连续编号，亦可间断编号，但严禁重复编号。一项工作必须有唯一的一个节点和唯一的一个编号。

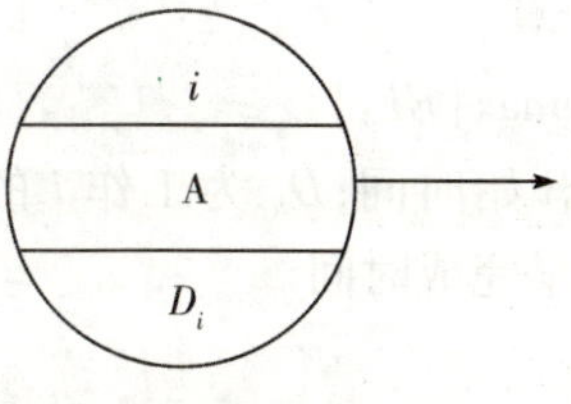

图 5-6　圆节点表示方法

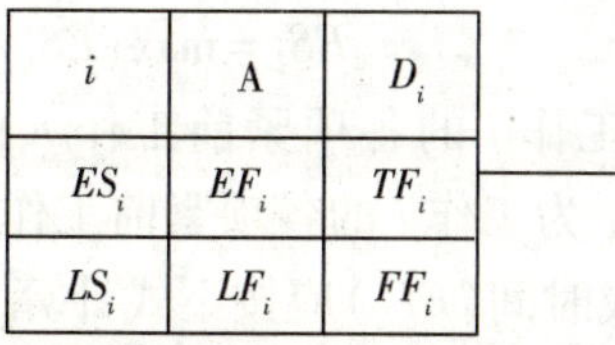

图 5-7　方框节点表示方法

单代号网络图以箭线表示相邻工作之间的逻辑关系，箭线的形状和方向可根据绘图的需要而定。箭线应画成水平直线、折线或斜线，箭线水平投影的方向应自左向右，表示工作的进行方向。箭线的箭尾节点编号应小于箭头节点的编号。单代号网络图中不设虚箭线。

与双代号网络图中线路的含义相同，单代号网络图的线路是指从起点节点至终点节点，沿箭线方向顺序经过一系列箭线与节点的通路。其中持续时间最长的线路为关键线路，其余的线路称为非关键线路。

(2)绘图规则。

单代号网络图的绘图规则如下：

①单代号网络图应正确表达工作之间已定的逻辑关系。

②单代号网络图中，不得出现回路。

③单代号网络图中，不得出现带双向箭头或无箭头的连线，不得出现没有箭头节点或没有箭尾节点的箭线。

④绘制网络图时，箭线不宜交叉；当交叉不可避免时，可用过桥法或指向法绘制。

⑤单代号网络图中应只有一个起点节点；当网络图中有多项起点节点或多项终点节点时，应在网络图的两端分别设置一项虚拟节点，作为该网络图的起点节点和终点节点。

(3)时间参数计算。

时间参数计算应在确定各项工作持续时间之后进行，应分别标注，如图 5-8 所示。

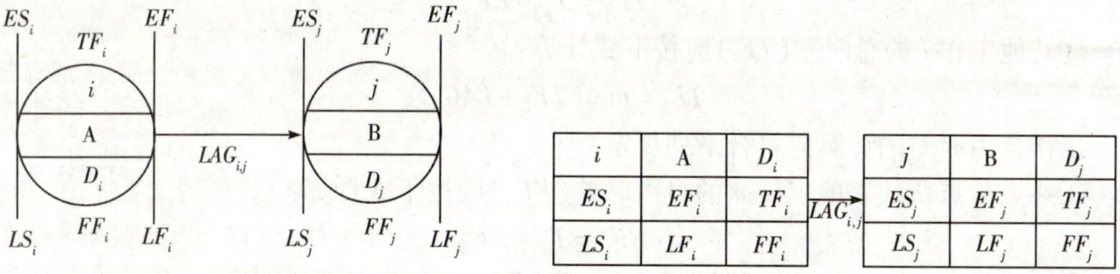

(a)时间参数标注形式一　　(b)时间参数标注形式二

图 5-8　单代号网络计划时间参数的标注

图中，i，j 为节点编号；A，B 为工作；D_i，D_j 为持续时间；ES_i，ES_j 为最早开始时间；EF_i，EF_j 为最早完成时间；LS_i，LS_j 为最迟开始时间；LF_i，LF_j 为最迟完成时间；TF_i，TF_j 为总时差；FF_i，FF_j 为自由时差；$LAG_{i,j}$ 为间隔时间。

工作 i 的最早开始时间（ES_i）应从网络计划的起点节点开始顺着箭线方向依次逐项计算。

①当起点节点 i 的最早开始时间（ES_i）无规定时，应按下式结算：

$$ES_i = 0$$

②其他工作 i 的最早开始时间(ES_i)应按下式计算:

$$ES_i = \max\{ES_h + D_h\} = \max\{EF_h\}$$

式中,ES_h 为工作 i 的各项紧前工作 h 的最早开始时间;D_h 为工作 i 的各项紧前工作 h 的持续时间;EF_h 为工作 i 的各项紧前工作 h 的最早完成时间。

工作最早完成时间(EF_i)应按下式计算:

$$EF_i = ES_i + D_i$$

网络计划计算工期(T_c)应按下式计算:

$$T_c = EF_n$$

式中,EF_n 为终点节点 n 的最早完成时间。

网络计划的计划工期(T_p),应按下列情况确定:

①当已规定要求工期(T_r)时:

$$T_p \leqslant T_r$$

②当未规定要求工期(T_r)时:

$$T_p = T_c$$

相邻两项工作 i 和 j 之间的间隔时间($LAG_{i,j}$)的计算应符合下列规定:

①当终点节点为虚拟节点时,其间隔时间应按下式计算:

$$LAG_{i,n} = T_p - EF_i$$

②其他节点之间的间隔时间应按下式计算:

$$LAG_{i,j} = ES_j - EF_i$$

工作总时差的计算应符合下列规定:

①工作 i 的总时差(TF_i)应从网络计划的终点节点开始,逆着箭线方向依次逐项计算。

②终点节点所代表工作 n 的总时差(TF_n)应按下式计算:

$$TF_n = T_p - EF_n$$

③其他工作 i 的总时差(TF_i)应按下式计算:

$$TF_i = \min(TF_j + LAG_{i,j})$$

工作自由时差的计算应符合下列规定:

①终点节点所代表的工作 n 的自由时差(FF_n)应按下式计算:

$$FF_n = T_p - EF_n$$

②其他工作 i 的自由时差(FF_i)应按下式计算:

$$FF_i = \min\{LAG_{i,j}\}$$

工作最迟完成时间的计算应符合下列规定:

①终点节点所代表的工作 n 的最迟完成时间(LF_n)应按下式计算:

$$LF_n = T_p$$

②其他工作 i 的最迟完成时间(LF_i)应按下列公式计算:

$$LF_i = \min\{LS_j\}$$

或

$$LF_i = EF_i + TF_i$$

式中,LS_j 为工作 i 的各项紧后工作 j 的最迟开始时间。

工作 i 的最迟开始时间（LS_i）应按下列公式计算：

$$LS_i = LF_i - D_i$$

或

$$LS_i = ES_i + TF_i$$

典型例题

【单选题】在单代号网络图中，箭线表示（　　）。

A. 需要消耗时间和资源的工作　　B. 需要消耗时间但不需要消耗资源的工作

C. 工作持续时间　　D. 紧邻工作之间的逻辑关系

D。【解析】单代号网络图中，箭线是指网络图中一端带箭头的实线。在单代号网络计划中，箭线表示相邻工作之间的逻辑关系，既不占用时间，也不消耗资源。故选项 D 正确。

3. 单代号搭接网络计划法

单代号搭接网络计划是用单代号网络计划的形式表示，能够充分反映各工作之间各种搭接关系。单代号搭接网络计划的工作时距应标注在箭线旁，节点的标注应与单代号网络相同，如图 5-9 所示。

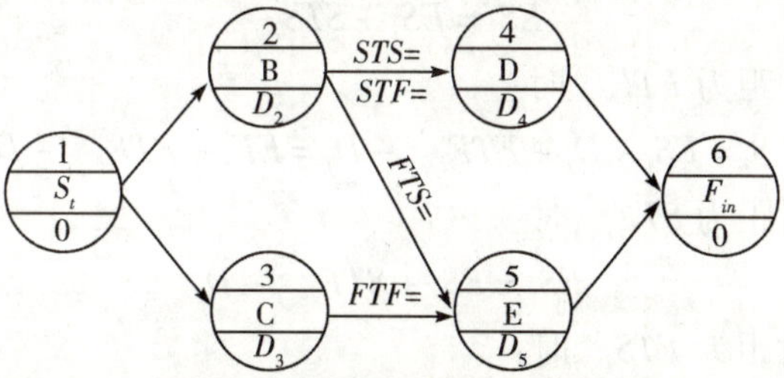

图 5-9　单代号搭接网络计划

单代号搭接网络计划是前后工作之间有多种逻辑关系的肯定型网络计划，它具有以下的一些特点：

（1）一般采用单代号网络图表示比较简单，用箭线单向联系使逻辑关系比较清晰，不需要虚箭线。

（2）只有同时采用箭线联系并用时距标注才能正确表达其逻辑关系。

（3）单代号搭接网络计划的工期不一定决定于与终点相联系的工作的完成时间，而可能决定于中间工作完成时间。

（4）要求每项工作创造工作面的速度大致是均匀的，或稳定地递增或递减。

在单代号搭接网络计划中，工作之间的逻辑关系是由相邻两工作之间的不同时距决定的。时距就是单代号搭接网络计划中相邻工作的时间差值，可用来表示搭接关系。由于相邻工作各有开始和结束时间，故工作间搭接关系有四种情况：结束到开始（*FTS*）、开始到开始（*STS*）、结束到结束（*FTF*）、开始到结束（*STF*）。此外，同时由四种基本搭接关系中两种以上来限制工作之间的逻辑关系称为混合搭接关系。

单代号搭接网络计划时间参数的计算应符合下列规定：

（1）时间参数的计算，应在确定工作持续时间和工作之间的时距之后进行，应分别标注，如图 5-10 所示。

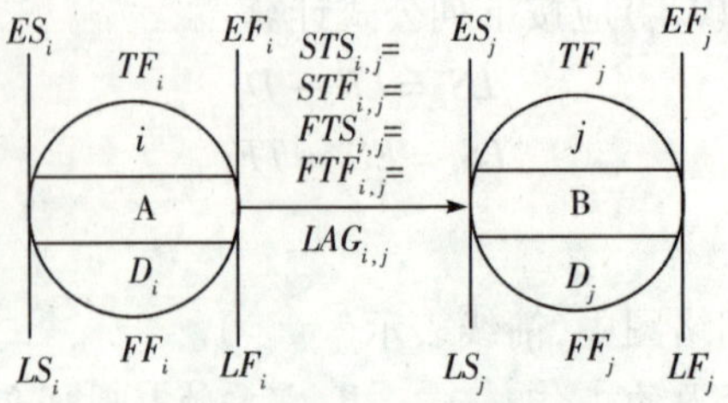

图 5-10 单代号搭接网络计划时间参数标注形式

图中，$STS_{i,j}$为 i,j 两项工作开始到开始时距；$FTF_{i,j}$为 i,j 两项工作完成到完成时距；$STF_{i,j}$为 i,j 两项工作开始到完成时距；$FTS_{i,j}$为 i,j 两项工作完成到开始时距。

(2)计算工作最早开始时间应从起点节点开始依次进行，只有紧前工作计算完毕，才能计算本工作。凡与起点节点相连的工作，最早开始时间应按下式计算：

$$ES_i=0$$

(3)其他工作 j 的最早开始时间，应根据时距按下列公式计算：

①i,j 两项工作的时距为 $STS_{i,j}$时：

$$ES_j=ES_i+STS_{i,j}$$

②i,j 两项工作的时距为 $FTF_{i,j}$时：

$$ES_j=ES_i+D_i+FTF_{i,j}-D_j=EF_i+FTF_{i,j}-D_j$$

③i,j 两项工作的时距为 $STF_{i,j}$时：

$$ES_j=ES_i+STF_{i,j}-D_j$$

④i,j 两项工作的时距为 $FTS_{i,j}$时：

$$ES_j=ES_i+D_i+FTS_{i,j}=EF_i+FTS_{i,j}$$

当最早开始时间为负值时，应将该工作与起点节点用虚箭线相连接，并取其时距(STS)为零。当有两项或两项以上紧前工作时，应按上述规定分别计算其最早开始时间，并取最大值。

(4)工作 j 的最早完成时间(EF_j)应按下式计算：

$$EF_j=ES_j+D_j$$

当中间工作的最早完成时间大于终点节点的最早完成时间时，应将该工作与终点节点用虚箭线相连接，并取其时距(FTF)为零。

(5)搭接网络计划计算工期(T_c)应为终点节点的最早完成时间。

(6)相邻两项工作 i 和 j 之间在满足时距外，间隔时间($LAG_{i,j}$)应按下列公式计算：

①i,j 两项工作的时距为 $STS_{i,j}$时：

$$LAG_{i,j}=ES_j-ES_i-STS_{i,j}$$

②i,j 两项工作的时距为 $FTF_{i,j}$时：

$$LAG_{i,j}=EF_j-EF_i-FTF_{i,j}$$

③i,j 两项工作的时距为 $STF_{i,j}$时：

$$LAG_{i,j}=EF_j-ES_i-STF_{i,j}$$

④i,j 两项工作的时距为 $FTS_{i,j}$ 时：

$$LAG_{i,j}=ES_j-EF_i-FTS_{i,j}$$

当相邻两项工作之间存在两种时距及以上的搭接关系时，应分别计算出间隔时间并取最小值。

(7)当某项工作的最迟完成时间大于计划工期时，应将该工作与终点节点用虚箭线相连，并重新计算其最迟完成时间。

总时差最小的工作应确定为关键工作。自始至终全部由关键工作组成且关键工作间的间隔时间为零的线路或总持续时间最长的线路确定为关键线路，并宜用粗线、双线或彩色线标注。

4. 双代号时标网络计划法

双代号时标网络计划是网络计划的一种表示形式，亦称带时间坐标的网络计划，是以时间坐标为尺度编制的网络计划。在一般双代号网络计划中，箭线长短并不表明工作时间的长短，而在双代号时标网络计划中，箭线长短和所在位置即表示工作的时间进程，这是双代号时标网络计划与一般双代号网络计划的主要区别。

双代号时标网络计划应以实箭线表示工作，实箭线的水平投影长度表示该工作的持续时间；以虚箭线表示虚工作，由于虚工作的持续时间为零，故虚箭线只能垂直画，水平段用波形线绘制；以波形线表示工作与其紧后工作之间的时间间隔，即工作的自由时差（以终点节点为完成节点的工作除外，当计划工期等于计算工期时，工作箭线中波形线的水平投影长度表示其自由时差）。

双代号时标网络计划具有以下特点：

(1)双代号时标网络计划既是一个网络计划，又是一个水平进度计划，它能表明计划的时间进程，便于网络计划的使用。

(2)双代号时标网络计划能在图上显示各项工作的开始与完成时间、时差和关键线路。

(3)双代号时标网络计划能在图上计算劳动力、材料等资源的需用量，并能在图上调整时差，进行网络计划的时间和资源的优化。

(4)调整双代号时标网络计划的工作较繁琐。对一般的双代号网络计划，若改变某一工作的持续时间，只需更改箭线上所标注的时间数字就行，十分简便。但是，双代号时标网络计划是用箭线或线段的长短来表示每一工作的持续时间的，若改变时间就需改变箭线的长度和位置，这样往往会引起整个网络图的变动。

实践经验说明，双代号时标网络计划对以下两种情况比较适用：

(1)编制工作项目较少，并且工艺过程较简单的建筑施工计划。它能迅速地边绘、边算、边调整。对于工作项目较多，并且工艺复杂的工程仍以采用常用的网络计划为宜。

(2)将已编制并计算好的网络计划再复制成双代号时标网络计划，以便在图上直接表示各工作的进程。目前在我国已编制出相应的程序，可应用电子计算机来完成这项工作，并已经用于生产实际。

双代号时标网络计划的编制应符合下列规定：

(1)双代号时标网络计划宜按最早时间编制。

(2)编制双代号时标网络计划之前,应先按已确定的时间单位绘出时标计划表。时标可标注在时标计划表的顶部或底部。时标的长度单位必须注明。可在顶部时标之上或底部时标之下加注日历的对应时间。时标计划表格式如表5-1所示。

表5-1 时标计划表

计算坐标体系	0	1	2	3	4	5			…					n
工作日坐标体系	1	2	3	4	5	6								n
日历坐标体系														
时标网络计划														

注:时标计划表中部的刻度线宜为细线。为使图面清晰,此线也可不画或少画。

(3)间接法绘制时标网络计划可按下列步骤进行:

①绘制出无时标网络计划。

②计算各节点的最早时间。

③根据节点最早时间在时标计划表上确定节点的位置。

④按要求连线,某些工作箭线长度不足以达到该工作的完成节点时,用波形线补足。

(4)直接法绘制时标网络计划可按下列步骤进行:

①将起点节点定位在时标计划表的起始刻度线上。

②按工作持续时间在时标计划表上绘制起点节点的外向箭线。

③其他工作的开始节点必须在所有紧前工作都绘出以后,定位在这些紧前工作最早完成时间最大值的时间刻度上;某些工作的箭线长度不足以到达该节点时,用波形线补足;箭头画在波形线与节点连接处。

④从左至右依次确定其他节点位置,直至网络计划终点节点,绘图完成。

双代号时标网络计划时间参数的确定应符合下列规定:

(1)双代号时标网络计划的计算工期,应为计算坐标体系中终点节点与起点节点所在位置的时标值之差。

(2)按最早时间绘制的双代号时标网络计划,箭尾节点中心所对应的时标值为工作的最早开始时间;当箭线不存在波形线时,箭头节点中心所对应的时标值为工作的最早完成时间;当箭线存在波形线时,箭线实线部分的右端点所对应的时标值为工作的最早完成时间。

(3)工作的自由时差应为工作的箭线中波形线部分在坐标轴上的水平投影长度。

(4)双代号时标网络计划工作总时差的计算应自右向左进行,并应符合下列规定:

①以终点节点($j=n$)的为箭头节点的工作,总时差(TF_{i-j})应按下式计算:

$$TF_{i-j}=T_p-EF_{i-n}$$

②其他工作$i-j$的总时差应按下式计算:

$$TF_{i-j}=\min\{TF_{j-k}+FF_{i-j}\}$$

式中,TF_{j-k}为工作$i-j$的紧后工作$j-k$的总时差。

(5)双代号时标网络计划中工作的最迟开始时间和最迟完成时间,应按下列公式计算:

$$LS_{i-j}=ES_{i-j}+TF_{i-j}$$

$$LF_{i-j}=EF_{i-j}+TF_{i-j}$$

第二节 工程项目工作资源估算与工作时间估算

一、工作资源估算

（一）基本概念

工作资源估算是指根据项目工作定义和排序所获得信息，为了满足项目工作工期估算、项目成本估算和项目进度计划安排等方面工作的需要，由人们对每项工作所需资源作出的大致估计和测算。

工作资源估算，包括需要什么资源（人力、设备、原料）和每一样资源应该用多少，以及何时使用资源来有效地执行项目工作。它必须和成本估算相结合。估算时，必须对资源可用性进行评价，否则工作资源估算将是纸上谈兵。

在工程项目实施的不同阶段，其所需要的工作资源也不相同。工程项目各阶段所需资源的情况如图 5-11 所示。

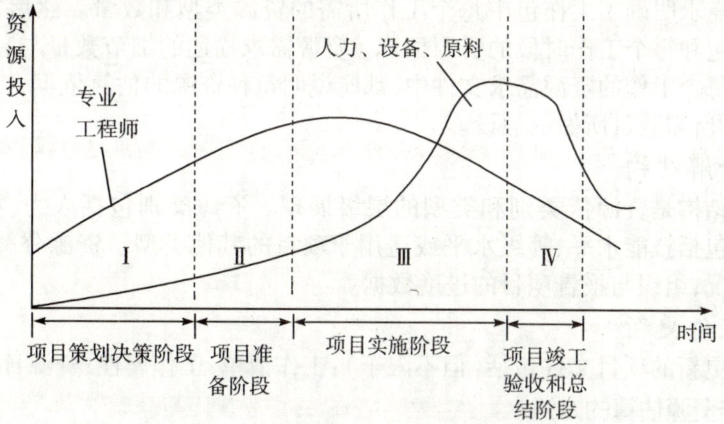

图 5-11 工程项目各阶段所需资源的情况

（二）工作资源估算的输入依据

1. 进度管理计划

进度管理计划中确定了工作资源估算准确度和所使用的计量单位。

2. 工作清单

工作清单中定义了需要资源的工作。

3. 工作属性

工作属性为估算每项工作所需的资源提供了主要输入依据。

4. 资源日历

资源日历是表明每种具体资源的可用工作日或工作班次的日历。在估算资源需求情况时，需要了解在规划的工作期间，哪些资源（如人力资源、设备和材料）可用。资源日历规定了在项目期间特定的项目资源何时可用、可用多久。可以在工作或项目层面建立资源日历。另外还需考虑更多的资源属性，例如，经验和（或）技术水平、来源地和可用时间。

5. 风险登记册

风险事件可能影响资源的可用性及对资源的选择。从规划风险应对过程得到的项目文件更新,其中包含对风险登记册的更新。

6. 工作成本估算

资源的成本可能影响对资源的选择。

7. 事业环境因素

能够影响工作资源估算过程的事业环境因素包括(但不限于)资源所在位置、可用性和技术水平。

8. 组织过程资产

能够影响工作资源估算过程的组织过程资产包括(但不限于):

(1)关于人员配备的政策和程序。

(2)关于租用、购买用品和设备的政策与程序。

(3)关于以往项目中类似工作所使用的资源类型的历史信息。

(三)工作资源估算的输出结果

1. 工作资源需求

工作资源需求明确了工作包中每个工作所需的资源类型和数量。然后,把这些需求汇总成每个工作包和每个工作时段的资源估算。资源需求描述的细节数量与具体程度因应用领域而异。在每个工作的资源需求文件中,都应说明每种资源的估算依据,以及为确定资源类型、可用性和所需数量所做的假设。

2. 资源分解结构

资源分解结构是资源依类别和类型的层级展现。资源类别包括人力、材料、设备和用品。资源类型包括技能水平、等级水平或适用于项目的其他类型。资源分解结构有助于结合资源使用情况,组织与报告项目的进度数据。

3. 项目文件更新

可能需要更新的项目文件包括(但不限于):工作清单;工作属性;资源日历。

(四)工作资源估算的方法

1. 资源供给分析

资源供给分析是对内外部资源的可获得性以及获取的难易程度进行分析。

2. 资源需求分析

资源需求分析是分析在项目前期、施工等阶段的资源种类以及需求的数量、使用的时间。

3. 备选方案分析

很多进度工作都有若干种备选的实施方案,如使用能力或技能水平不同的资源、不同规模或类型的机器、不同的工具(手工或自动的),以及自制、租赁或购买相关资源。

4. 资源分配

分析了资源的供给和需求后,根据资源的不同要进行合理地分配,要做到既不浪费又不紧缺资源。

5. 资源计划的编制

可以通过自下而上估算进行资源计划的编制,即通过从下到上逐层汇总 WBS 组件的估算而得到项目估算。

6. 优化资源计划

先依据资源的数量、价值量、增减可能性、获取程度、替代性、供应问题以及对项目的影响判断资源的重要性(优先级),然后进行资源计划的优化和调整,从而实现成本最小、收益最大化的目标。

二、工作时间估算

工作时间估算是指对完成每一项工作可能需要时间的估计。工作时间估算是项目制订计划的一项重要工作,它直接关系到各项工作、各项工作网络时间和完成整个项目所需要总体时间的估算。工作时间估算是根据资源估算的结果,估算完成单项工作所需工作时段数的过程。本过程的主要作用是,确定完成每个工作所需花费的时间量,为制定进度计划过程提供主要输入。

项目的时间估算在项目管理中起到很重要的作用,在此基础上可以进行工作计划的制定与控制,并给出各种工作分配相应的资源(人力和物力),而项目成本是和完成项目所需要的时间紧密相关的。只有比较准确地估算出项目的时间结构,才能对项目各方面的工作有比较全面的了解,实现有效的项目管理。

(一)工作时间估算的输入依据

1. 进度管理计划

进度管理计划规定了用于估算工作时间的方法和准确度,以及其他标准,如项目更新周期。

2. 工作清单

工作清单列出了需要进行工作时间估算的所有工作。

3. 工作属性

工作属性为估算每个工作的时间提供了主要输入依据。

4. 工作资源需求

估算的工作资源需求会对工作时间产生影响。对于大多数工作来说,所分配的资源能否达到要求,将对其工作时间有显著影响。例如,向某个工作新增资源或分配低技能资源,就需要增加沟通、培训和协调工作,从而可能导致工作效率或生产率下降,以致需要更长的持续时间。

5. 资源日历

资源日历中的资源可用性、资源类型和资源性质,都会影响进度工作的持续时间。例如,由全职人员实施某项工作,熟练人员通常能比不熟练人员在更短时间内完成该工作。

6. 项目范围说明书

在估算工作时间时,需要考虑项目范围说明书中所列的假设条件和制约因素。假设条件包括(但不限于):现有条件;信息的可用性;报告期的长度。制约因素包括(但不限于):可用的熟练资源;合同条款和要求。

7. 已识别的风险

项目团队对每一个项目进行时间估算时,均要考虑风险因素,尤其是那些发生频率较高和影响程度较大的风险。风险登记册提供了已识别风险的清单,以及应对规划的结果。

8. 资源分解结构

资源分解结构按照资源类别和资源类型,提供了已识别资源的层级结构。

9. 事业环境因素

能够影响估算工作时间过程的事业环境因素包括(但不限于):工作时间估算数据库和其他参考数据;生产率测量指标;发布的商业信息;团队成员的所在地。

10. 组织过程资产

能够影响估算工作时间过程的组织过程资产包括(但不限于):关于持续时间的历史信息;项目日历;进度规划方法论;经验教训。

(二)工作时间估算的输出结果

1. 工作时间估算

工作时间估算是对完成某项工作所需的工作时段数的定量评估。工作时间估算中不包括任何滞后量。在工作时间估算中,可以指出一定的变动区间,例如:

(1)2 周 ±2 天,表明工作至少需要 8 天,最多不超过 12 天(假定每周工作 5 天)。

(2)超过 3 周的概率为 15%,表明该工作将在 3 周内(含 3 周)完工的概率为 85%。

2. 项目文件更新

可能需要更新的项目文件包括(但不限于):工作属性;为估算工作时间而制定的假设条件,如技能水平、可用性,以及估算依据。

(三)工作时间估算的方法

1. 参考历史数据

通过借鉴历史数据,专家判断能提供工作时间估算所需的信息。专家判断也可用于决定是否需要联合使用多种估算方法,以及如何协调各种估算方法之间的差异。历史数据资料包括定额、项目档案、商业化的时间估算数据库、成员的知识等。

2. 类比估算

类比估算法是一种使用相似工作或项目的历史数据,来估算当前工作或项目的工作时间或成本的技术。类比估算以过去类似项目的参数值(如持续时间、预算、规模、质量和复杂性等)为基础,来估算未来项目的同类参数或指标。在估算工作时间时,类比估算技术以过去类似项目的实际工作时间为依据,来估算当前项目的工作时间。这是一种粗略的估算方法,有时需要根据项目复杂性方面的已知差异进行调整。在项目详细信息不足时,就经常使用这种技术来估算工作时间。

相对于其他估算技术,类比估算通常成本较低、耗时较少,但准确性也较低。可以针对整个项目或项目中的某个部分,进行类比估算。类比估算可以与其他估算方法联合使用。如果以往工作是本质上而不是表面上类似,并且从事估算的项目团队成员具备必要的专业知识,那么类比估算就最为可靠。

3. 模拟法

计算出更多假定条件下工作的多种持续时间,最常用的有蒙特卡罗分析法。

4. 三点估算

通过考虑估算中的不确定性和风险,可以提高工作时间估算的准确性。假设任务工期估算服从 β 分布,则工作时间估算的简易公式为:$E=(O+4M+P)/6$。式中,O 为最乐观估计的工期;P 为最悲观估计的工期;M 为最可能实现的工期;E 为最后估算出的工期。该简易公式经常用于处理专家的评估值。工期的 β 分布如图 5-12 所示。

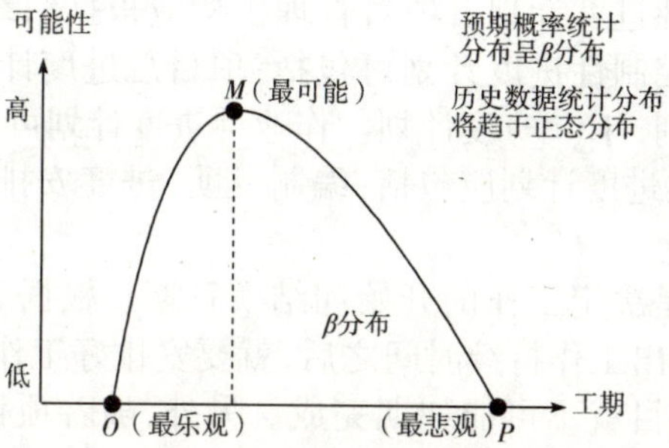

图 5-12 工期的 β 分布

由图中可知，β 分布的特点：最可能的评估值与最乐观的评估值之间的距离较短，而与最悲观的评估值之间的距离较长。β 分布表现了时间估算的特殊性，因为最乐观的时间是有极限的，而最悲观的时间在理论上却可以无限向后拖延。

5. 群体决策技术

如头脑风暴、德尔菲技术或名义小组技术等基于团队的方法可以调动团队成员的参与，以提高估算的准确度，并提高对估算结果的责任感。选择一组与技术工作密切相关的人员参与估算过程，可以获取额外的信息，得到更准确的估算。另外，让成员亲自参与估算，能够提高他们对实现估算的责任感。

6. 储备分析

在进行工作时间估算时，需考虑应急储备（有时称为时间储备或缓冲时间），并将其纳入项目进度计划中，用来应对进度方面的不确定性。应急储备是包含在进度基准中的一段持续时间，用来应对已经接受的已识别风险，以及已经制定应急或减轻措施的已识别风险。应急准备与“已知－未知”风险相关，需要加以合理估算，用于完成未知的工作量。应急储备可取工作时间估算值的某一百分比、某一固定的时间段，或者通过定量分析来确定，如蒙特卡洛模拟法。

随着项目信息越来越明确，可以动用、减少或取消应急储备。应该在项目进度文件中清楚地列出应急储备。

也可以估算项目所需要的管理储备。管理储备是为管理控制的目的而特别留出的项目时段，用来应对项目范围中不可预见的工作。管理储备用来应对会影响项目的“未知－未知”风险。管理储备不包括在进度基准中，但属于项目总持续时间的一部分。依据合同条款，使用管理储备可能需要变更进度基准。

第三节 工程项目进度计划制定

一、项目进度计划概述

项目进度计划是指反映项目中各项工作的开展顺序、工作间的逻辑关系、工作开始完成时间及项目工期的计划，以确保项目按期完成。项目进度计划分别由不同的项目管理组织，如建设单位、施工单位、勘察设计单位、监理单位等制定，其内部相关成员均需承担相应进度管理责任。

组织应提出项目控制性进度计划。项目管理机构应根据组织的控制性进度计划,编制项目的作业性进度计划。控制性进度计划可包括:项目总进度计划;分阶段进度计划;子项目进度计划和单体进度计划;年(季)度计划。作业性进度计划可包括:分部分项工程进度计划;月(周)进度计划。各类进度计划应包括:编制说明;进度安排;资源需求计划;进度保证措施。

制定项目进度计划就是决定工作的开始和结束日期。根据对项目工作进行分解,找出项目工作的先后顺序,估计出工作持续时间之后,就要安排好工作的进度计划。如果没有制定现实可行的进度计划,项目就不可能如期完成。另外,随着项目的进展,我们就会获得更多的数据,那么进度计划也将不断更新。

项目进度计划应按有关规定经批准后实施。项目进度计划实施前,应由负责人向执行者交底、落实进度责任;进度计划执行者应制定实施计划的措施。

二、项目进度计划的输入依据和输出结果

(一)项目进度计划的输入依据

1. 进度管理计划

进度管理计划规定了用于制定进度计划的进度规划方法和工具,以及推算进度计划的方法。

2. 工作清单

工作清单明确了需要在进度模型中包含的工作。

3. 工作属性

工作属性提供了创建进度模型所需的细节信息。

4. 项目进度网络图

项目进度网络图中包含用于推算进度计划的紧前和紧后工作的逻辑关系。

5. 工作资源需求

工作资源需求明确了每个工作所需的资源类型和数量,用于创建进度模型。

6. 资源日历

资源日历规定了在项目期间的资源可用性。

7. 工作时间估算

工作时间估算是完成各工作所需的工作时段数,用于进度计划的推算。

8. 项目范围说明书

项目范围说明书中包含了会影响项目进度计划制定的假设条件和制约因素。

9. 风险登记册

风险登记册中的所有已识别风险的详细信息及特征,会影响进度模型。

10. 项目人员分派

项目人员分派明确了分配到每个工作的资源。

11. 资源分解结构

资源分解结构提供的详细信息,有助于开展资源分析和情况报告。

12. 事业环境因素

事业环境因素包括(但不限于):标准;沟通渠道;用以创建进度模型的进度规划工具。

13. 组织过程资产

能够影响制定进度计划过程的组织过程资产包括(但不限于):进度规划方法论和项目日历。

(二) 项目进度计划的输出结果

1. 进度基准

进度基准是经过批准的进度模型,只有通过正式的变更控制程序才能进行变更,用作与实际结果进行比较的依据。它被相关干系人接受和批准,其中包含基准开始日期和基准结束日期。在监控过程中,将用实际开始和结束日期与批准的基准日期进行比较,以确定是否存在偏差。进度基准是项目管理计划的组成部分。

2. 项目进度计划

项目进度计划是进度模型的输出,展示工作之间的相互关联,以及计划日期、持续时间、里程碑和所需资源。项目进度计划中至少要包括每个工作的计划开始日期与计划结束日期。即使在早期阶段就进行了资源规划,在未确认资源分配和计划开始与结束日期之前,项目进度计划都只是初步的。一般要在项目管理计划编制完成之前进行这些确认。还可以编制一份目标项目进度模型,规定每个工作的目标开始日期与目标结束日期。项目进度计划可以是概括(有时称为主进度计划或里程碑进度计划)或详细的。虽然项目进度计划可用列表形式,但图形方式更常见,如横道图(甘特图)、里程碑图、项目进度网络图等。

3. 进度数据

项目进度模型中的进度数据是用以描述和控制进度计划的信息集合。进度数据至少包括进度里程碑、进度工作、工作属性,以及已知的全部假设条件与制约因素。所需的其他数据因应用领域而异。经常可用作支持细节的信息包括(但不限于):

(1)按时段计列的资源需求,往往以资源直方图表示。

(2)备选的进度计划,如最好情况或最坏情况下的进度计划、经资源平衡或未经资源平衡的进度计划、有强制日期或无强制日期的进度计划。

(3)进度应急储备。

进度数据还可包括资源直方图、现金流预测,以及订购与交付进度安排等。

4. 项目日历

在项目日历中规定可以开展进度工作的工作日和工作班次。它把可用于开展进度工作的时间段(按天或更小的时间单位)与不可用的时间段区分开来。在一个进度模型中,可能需要采用不止一个项目日历来编制项目进度计划,因为有些工作需要不同的工作时段。可能需要对项目日历进行更新。

5. 项目管理计划更新

项目管理计划中可能需要更新的内容包括(但不限于):进度基准;进度管理计划。

6. 项目文件更新

可能需要更新的项目文件包括(但不限于):

(1)工作资源需求。资源平衡可能对所需资源类型与数量的初步估算产生显著影响。如果资源平衡改变了项目资源需求,就需要对其进行更新。

(2)工作属性。更新工作属性以反映在制定进度计划过程中所产生的对资源需求和其他相关内容的修改。

(3)日历。每个项目都可能有多个日历,如项目日历、单个资源的日历等,作为规划项目进度的基础。

(4)风险登记册。可能需要更新风险登记册,以反映进度假设条件所隐含的机会或威胁。

三、制定进度计划的方法

(一)关键日期表

这是最简单的一种进度计划表,它只列出一些关键工作和进行的日期。

(二)里程碑法

里程碑法是根据客户的需求和合同条款要求,对项目进行充分分析的基础上确定的总的粗线条的时间进度安排。对于一般项目而言,都要有里程碑计划。里程碑计划是根据客户的需求和合同条款要求,结合已有的经验及对项目进行充分分析的基础上确定项目总的粗线条的时间进度安排。主要用于项目的招投标管理、项目的谈判、用于指导项目详细进度计划的制定、主管领导的项目控制等。

(三)垂直图

垂直图采用直角坐标系表示,纵向为日期,横向为里程或位置;表达分项工程施工进度、工程量;进行施工组织平面示意,用曲线反映工程资源平衡情况。垂直图弥补了横道图的不足。但垂直图不反映完成某项工作提前或滞后对整个计划的影响程度;不能明确表示主要工程、关键工序;不能直观地评定计划安排的优劣;不适合电子计算机运用。

(四)横道图

横道图,也叫甘特图或条形图,它是以施工过程的名称和顺序为纵坐标,以时间进度作为横坐标而绘制的一系列水平线段,用来分别表示各施工过程在各个施工段上工作的起止时间和先后顺序。

横道图的优点是简单、明了、直观,易于编制,因此到目前为止仍然是小型项目中常用的工具。即使在大型工程项目中,它也是高级管理层了解全局、基层安排进度时有用的工具。

在横道图上,可以看出各项工作的开始和终止时间。在绘制各项工作的起止时间时,也考虑了它们的先后顺序。但各项工作之间的逻辑关系难以表示出来,同时也没有指出影响项目寿命周期的关键所在。因此,对于复杂的项目来说,横道图就显得不足以适应。

(五)网络计划技术

网络计划技术是在20世纪50年代发展起来的一种科学的计划方法,是在网络图上加上工作的时间参数等而编制的进度计划。采用网络图表达各项工作的先后顺序和相互关系,逻辑严密,工作安排紧凑,管理重点突出,有利于计划的优化。网络计划技术是制定进度计划最常用的方法。

1. 关键路线法

关键路线法(Critical Path Method,简称CPM),是一种计划管理方法。它是通过分析项目过程中哪个工作序列进度安排的总时差最少来预测项目工期的网络分析。它用网络图表示各项工作之间的相互关系,找出控制工期的关键路线,在一定工期、成本、资源条件下获得最佳的计划安排,以达到缩短工期、提高工效、降低成本的目的。CPM中工序时间是确定的,这种方法多用于建筑施工和大修工程的计划安排。它适用于有很多作业而且必须按时完成的项目。关键路线法是一个动态系统,它会随着项目的进展不断更新,该方法采用单一时间估计法,其中工作持续时间被视为一定的或确定的。

2. 计划评审技术

计划评审技术(Program Evaluation and Review Technique,简称 PERT),是指用网络图来表达项目中各项工作的进度和它们之间的相互关系,在此基础上,进行网络分析和时间估计。该方法认为项目持续时间以及整个项目完成时间长短是随机的,服从某种概率分布,可以利用工作逻辑关系和项目持续时间的加权合计,即项目持续时间的数学期望计算项目时间。计划评审技术是以时间为中心,找出从开工到完工所需要时间的最长路线,并围绕关键路线对系统进行统筹规划,合理安排以及对各项工作的完成进度进行严密的控制,以达到用最少的时间和资源消耗来完成系统预定目标的一种计划与控制方法。

CPM 和 PERT 是 50 年代后期几乎同时出现的两种计划方法。这两种计划方法是分别独立发展起来的,但其基本原理是一致的,即用网络图来表达项目中各项工作的进度和它们之间的相互关系,并在此基础上,进行网络分析,计算网络中各项时间参数,确定关键工作与关键路线,利用时差不断地调整与优化网络,以求得最短周期。然后,还可将成本与资源问题考虑进去,以求得综合优化的项目计划方案。因这两种方法都是通过网络图和相应的计算来反映整个项目的全貌,所以都属于网络计划技术。相比于 CPM,PERT 的一个最大特征是其采用了加权平均估算。

此外,后来还陆续提出了一些新的网络计划技术,如图示评审技术(Graphical Evaluation and Review Technique,简称 GERT),风险评审技术(Venture Evaluation and Review Technique,简称 VERT)等。

典型例题

【单选题】可以表示计划中工作与工作之间的逻辑关系肯定,但每项工作的持续时间不肯定的进度计划编制方法是(　　)。

A. 里程碑法　　B. 关键线路法

C. 计划评审技术法　　D. 图示评审技术法

C。【解析】里程碑法只是基于相关要求的时间安排,不表达逻辑关系。关键线路法对进度计划中各工作之间的逻辑关系及工作持续时间都表示肯定。图示评审技术法对各工作之间的逻辑关系与持续时间均不能肯定。

【单选题】下面表格中关键线路是(　　)。

工作	A	B	C	D	E	F	G	H	I
紧前工作	—	—	—	A	B	C	D,E,F	D,E,F	G,H
持续时间/天	7	5	10	9	2	4	5	8	2

A. B—E—H—I　　B. A—D—H—I

C. C—D—G—I　　D. A—D—G—I

B。【解析】由关键工作组成的线路或总持续时间最长的线路称为关键线路。根据题干,线路为 B—E—H—I 的计算工期 =5 +2 +8 +2 =17(天);线路为 A—D—H—I 的计算工期 =7 +9 +8 +2 =26(天);由于工作 D 的紧前工作是工作 A,故线路 C—D—G—I 存在错误;线路为 A—D—G—I 的计算工期 =7 +9 +5 +2 =23(天)。由此可知,关键线路为 A—D—H—I。

四、网络计划的优化

(一)一般规定

网络计划的优化目标应包括工期目标、费用目标和资源目标。优化目标应按计划项目的需要和条件选定。

网络计划的优化应按选定目标,在满足既定约束条件下,通过不断改进网络计划,寻求满意方案。

编制完成的网络计划应满足预定的目标要求,否则应做出调整。当经多次修改方案和调整计划均不能达到预定目标时,对预定目标应重新审定。

网络计划的优化不得影响工程的质量和安全。

(二)工期优化

当计算工期大于要求工期时,可通过压缩关键工作持续时间来满足工期要求。

工期优化的计算,应按以下步骤进行:

(1)计算工期与时间参数并找出关键线路及关键工作。

(2)按要求工期计算应缩短的时间。

(3)确定各关键工作能缩短的持续时间。

(4)按规定选择关键工作,压缩持续时间,并重新计算网络计划的计算工期。当被压缩的关键工作变成了非关键工作,则应延长其持续时间,使之仍为关键工作。

(5)当计算工期仍超过要求工期时,则重复第(1)~(4)项的步骤,直到满足工期要求或工期已不能再缩短为止。

(6)当所有关键工作的持续时间都已达到其能缩短的极限而工期仍不能满足要求时,应符合规定对计划的技术方案、组织方案进行调整或对要求工期重新审定。

选择缩短持续时间的关键工作,应优先考虑有作业空间、充足备用资源、影响不大和增加费用最小的工作。

(三)资源优化

网络计划宜按"资源有限,工期最短"和"工期固定,资源均衡"进行资源优化。

"资源有限,工期最短"的优化,宜逐个检查各个时段的资源需用量(网络计划中各项工作在某一单位时间内所需某种资源数量之和),当出现资源需用量大于资源限量(单位时间内可供使用的某种资源的最大数量)时,应进行计划调整。

调整计划时,应对超过资源限量时段内的工作做新的顺序安排,并计算工期的变化。工期变化的计算应符合下列规定:

(1)双代号网络计划应按下列公式计算:

$$\Delta T_{m-n,i-j} = EF_{m-n} - LS_{i-j}$$

$$\Delta T_{m'-n',i'-j'} = \min\{\Delta T_{m-n,i-j}\}$$

式中,$\Delta T_{m-n,i-j}$为在超过资源限量的时段中,工作 $i-j$ 排在工作 $m-n$ 之后工期的延长;$\Delta T_{m'-n',i'-j'}$为在各种安排顺序中,工期延长最小值。

(2)单代号网络计划应按下列公式计算:

$$\Delta T_{m,i} = EF_m - LS_i$$

$$\Delta T_{m',i'} = \min\{\Delta T_{m,i}\}$$

式中,$\Delta T_{m,i}$为在超过资源限量的时段中,工作 i 排在工作 m 之后工期的延长;$\Delta T_{m',i'}$为在各种顺序安排中,工期延长最小值。

"资源有限,工期最短"的优化,应按下列步骤调整工作的最早开始时间:

(1)计算网络计划各个时段的资源需用量。

(2)从计划开始日期起,逐个检查各个时段资源需用量,当计划工期内各个时段的资源需用量均能满足资源限量的要求,网络计划优化即完成,否则必须进行计划调整。

(3)超过资源限量的时段,按上述公式计算 $\Delta T_{m'-n',i'-j'}$,或计算 $\Delta T_{m',i'}$ 值,并确定新的顺序。

(4)绘制调整后的网络计划,重复上述(1)~(3)项的步骤,直到满足要求。

"工期固定,资源均衡"的优化可用削高峰法,利用时差降低资源高峰值,获得资源消耗量尽可能均衡的优化方案。

削高峰法应按下列步骤进行:

(1)计算网络计划各个时段的资源需求量。

(2)确定削高峰目标,其值等于各个时段资源需用量的最大值减去一个单位资源量。

(3)找到高峰时段的最后时间(T_h)及相关工作的最早开始时间(ES_{i-j}或 ES_i)和总时差(TF_{i-j}或 TF_i)。

(4)按下列公式计算有关工作的时间差值(ΔT_{i-j}或 ΔT_i):

双代号网络计划:

$$\Delta T_{i-j} = TF_{i-j} - (T_h - ES_{i-j})$$

单代号网络计划:

$$\Delta T_i = TF_i - (T_h - ES_i)$$

应优先以时间差值最大的工作($i'-j'$或 i')为调整对象,令 $ES_{i'-j'} = T_h$ 或 $ES_{i'} = T_h$。

(5)当峰值不能再减少时,即得到优化方案。否则,重复上述(1)~(4)项的步骤。

(四)费用优化

费用优化,应计算出不同工期下的直接费用,并考虑相应的间接费用的影响,通过叠加求出工程总费用最低时的工期。

费用优化应按下列步骤进行:

(1)按工作的正常持续时间确定关键工作、关键线路和计算工期。

(2)各项工作的直接费用率(为缩短每一单位工作持续时间所需增加的直接费用)应按下列公式计算。

①对双代号网络计划:

$$\Delta C_{i-j} = \frac{CC_{i-j} - CN_{i-j}}{DN_{i-j} - DC_{i-j}}$$

式中,ΔC_{i-j}为工作 $i-j$ 的直接费用率;CC_{i-j}为工作 $i-j$ 的持续时间缩短为最短持续时间后,完成该工作所需的直接费用;CN_{i-j}为在正常条件下,完成 $i-j$ 所需直接费用;DN_{i-j}为工作 $i-j$ 的正常持续时间;DC_{i-j}为工作 $i-j$ 的最短持续时间。

②对单代号网络计划:

$$\Delta C_i = \frac{CC_i - CN_i}{DN_i - DC_i}$$

式中,ΔC_i 为工作 i 的直接费用率;CC_i 为将工作 i 的持续时间缩短为最短持续时间后,完成该工作所需的直接费用;CN_i 为在正常条件下完成工作 i 所需的直接费用;DN_i 为工作

i 的正常持续时间；DC_i 为工作 i 的最短持续时间。

③找出直接费用率最低的一项或一组关键工作，作为缩短持续时间的对象。

④缩短找出的一项或一组关键工作的持续时间，缩短值必须符合不能压缩成非关键工作和缩短后持续时间不小于最短持续时间的原则。

⑤计算相应增加的直接费用。

⑥根据间接费用的变化，计算工程总费用。

⑦重复上述③～⑥条的步骤，计算到工程总费用（C_i）最低为止。

提示

关于缩短持续时间的工作，并不是盲目选择的，而是有一定的原则，选择合适的关键工作进行缩短，会使工程项目工期优化达到最大化。

典型例题

【多选题】选择缩短关键工作的持续时间进行工程项目工期优化时，应优先选择（　　）。

A. 对质量影响不大的工作

B. 增加费用最少的工作

C. 持续时间最长的工作

D. 可以最后进行的工作

E. 有充足备用资源的工作

ABE。【解析】选择压缩关键工作的持续时间进行项目工期优化的，应优先选择：（1）对质量和安全影响不大的工作。（2）备用资源充足的工作。（3）缩短持续时间导致费用增加最少的工作。

第四节　工程项目进度控制

一、项目进度控制概述

项目进度控制是以项目进度计划为控制基准，通过定期对进度绩效的测量，计算进度偏差，并对偏差原因进行分析，采取相应的纠正措施。当项目范围发生较大变化，或出现重大进度偏差时，经过批准可调整进度计划。进行项目进度控制主要包括以下内容：

（1）熟悉进度计划的目标、顺序、步骤、数量、时间和技术要求。

（2）实施跟踪检查，进行数据记录与统计。

（3）将实际数据与计划目标对照，分析计划执行情况。

（4）采取纠偏措施，确保各项计划目标实现。

项目管理机构应确保进度工作界面的合理衔接，使协调工作符合提高效率和效益的需求。需要进行协调的进度工作界面包括设计与采购、采购与施工、施工与设计、施工与试运行、设计与试运行、采购与施工等接口。

项目管理机构的进度控制过程应符合下列规定：

（1）将关键线路上的各项工作过程和主要影响因素作为项目进度控制的重点。

(2)对项目进度有影响的相关方的工作进行跟踪协调。

项目管理机构应按规定的统计周期,检查进度计划并保存相关记录。进度计划检查应包括:工作完成数量;工作时间的执行情况;工作顺序的执行情况;资源使用及其与进度计划的匹配情况;前次检查提出问题的整改情况。

进度计划检查记录可选用的方法有:用文字记录;在计划图(表)上记录;用切割线记录;用S形曲线或香蕉曲线记录;用实际进度前锋线记录。

进度计划检查后,项目管理机构应编制进度管理报告并向相关方发布。进度管理报告应包括:进度执行情况的综合描述;实际进度与计划进度对比;进度计划执行中的问题及其原因分析;进度计划执行情况对质量、安全、成本、环境的影响分析;已经采取及拟采取的措施;对未来计划进度的预测;需协调解决的问题。

二、项目进度控制的输入依据与输出结果

(一)项目进度控制的输入依据

1. 项目管理计划

项目管理计划中包含进度管理计划和进度基准。进度管理计划描述了应该如何管理和控制项目进度。进度基准作为与实际结果相比较的依据,用于判断是否需要进行变更、采取纠正措施或采取预防措施。

2. 项目进度计划

项目进度计划指的是最新版本的项目进度计划,其中用符号标明了截至数据日期的更新情况、已经完成的工作和已经开始的工作。

3. 进度报告

进度报告主要提供工作绩效数据。工作绩效数据是关于项目进展情况的信息,例如哪些工作已经开始,它们的进展如何(如实际持续时间、剩余持续时间和实际完成百分比),哪些活动已经完成。

4. 项目日历

在一个进度模型中,可能需要采用不止一个项目日历来编制项目进度计划。因为有些工作需要不同的工作时段。可能需要对项目日历进行更新。

5. 进度数据

在控制进度过程中需要对进度数据进行审查和更新。

6. 组织过程资产

会影响控制进度过程的组织过程资产包括(但不限于):

(1)现有的、正式和非正式的、与进度控制有关的政策、程序和指南。

(2)进度控制工具。

(3)可用的监督和报告方法。

(二)项目进度控制的输出结果

1. 工作绩效信息

针对WBS组件,特别是工作包和控制账户,计算出进度偏差(SV)与进度绩效指数(SPI),并记录在案,传达给干系人。

2. 进度预测

进度预测是根据已有的信息和知识，对项目未来的情况和事件进行的估算或预计。随着项目执行，应该基于工作绩效信息，更新和重新发布预测。这些信息包括项目的过去绩效和期望的未来绩效，以及可能影响项目未来绩效的挣值绩效指数。

3. 变更请求

通过分析进度偏差，审查进展报告、绩效测量结果和项目范围或进度调整情况，可能会对进度基准、范围基准和(或)项目管理计划的其他组成部分提出变更请求。应该把变更请求提交给实施整体变更控制过程审查和处理。预防措施可包括推荐的变更，以消除或降低不利进度偏差的发生概率。

4. 项目管理计划更新

项目管理计划中可能需要更新的内容包括(但不限于)：

(1)进度基准。在项目范围、工作资源或工作时间等方面的变更获得批准后，可能需要对进度基准做相应变更。另外，因采用进度压缩技术造成变更时，也可能需要更新进度基准。

(2)进度管理计划。可能需要更新进度管理计划，以反映进度管理方法的变更。

(3)成本基准。可能需要更新成本基准，以反映批准的变更请求或因进度压缩技术导致的成本变更。

5. 项目文件更新

可能需要更新的项目文件包括(但不限于)：

(1)进度数据。可能需要重新绘制项目进度网络图，以反映经批准的剩余工作时间和经批准的进度计划修改。有时，项目进度延误非常严重，以至于必须重新预测开始与完成日期，编制新的目标进度计划，才能为指导工作、测量绩效和度量进展提供现实的数据。

(2)项目进度计划。把更新后的进度数据代入进度模型，生成更新后的项目进度计划，以反映进度变更并有效管理项目。

(3)风险登记册。采用进度压缩技术可能导致风险，也就可能需要更新风险登记册及其中的风险应对计划。

6. 组织过程资产更新

可能需要更新的组织过程资产包括(但不限于)：偏差的原因；采取的纠正措施及其理由；从项目进度控制中得到的其他经验教训。

三、项目进度控制的步骤与方法

(一)实施跟踪检查与记录数据

1. 进度计划执行中的跟踪检查

对进度计划的执行情况进行跟踪检查是计划执行信息的主要来源，是进度分析和调整的依据。通过跟踪检查，可以收集到反映工程实际进度的有关数据，以此来为后续工作提供依据。为了全面、准确地掌握进度计划的执行情况，保证进度数据的真实有效，应认真做好以下三方面的工作：

(1)定期收集进度报表资料。进度报表是反映工程实际进度的主要方式之一。进度计划执行单位应按照进度管理制度规定的时间和报表内容,定期填写进度报表。管理者可通过收集进度报表资料掌握工程实际进展情况。

(2)现场实地检查工程进展情况。管理者应深入现场,随时检查进度计划的实际执行情况,这样可以加强进度监测工作,掌握工程实际进度的第一手资料,使数据的获取更加及时、准确。

(3)定期召开现场会议。定期召开现场会议,通过与进度计划执行单位有关人员面对面交谈,既可以了解工程实际进度状况,同时也可以协调有关方面的进度关系。

一般说来,进度控制的效果与收集数据资料的时间间隔有关。究竟多长时间进行一次进度检查,这是项目经理应当确定的问题。如果不经常、定期地收集实际进度数据,就难以有效地控制实际进度。进度检查的时间间隔与工程项目的类型、规模、咨询对象及有关条件等多方面因素相关,可视工程的具体情况,每月、每半月或每周进行一次检查。在特殊情况下,甚至需要每日进行一次进度检查。

2. 实际进度数据的加工处理

为了进行实际进度与计划进度的比较,必须对收集到的实际进度数据进行加工处理,形成与计划进度具有可比性的数据。

(二)比较实际进度与计划进度

通过跟踪检查收集到的数据,与计划进度数据进行比较,可以确定建设工程实际执行状况与计划目标之间的差距。为了直观反映实际进度偏差,通常采用趋势分析法、关键路径法和挣值管理法等方法进行实际进度与计划进度的对比分析,从而得出进度超前、滞后还是正常的结论。

1. 趋势分析法

趋势分析检查项目绩效根据时间的变化情况来确定绩效是在改善还是恶化。常用的有以下方法。

(1)横道图比较法。

横道图比较法是指将项目实施过程中检查实际进度收集到的数据,经过加工整理后直接用横道线平行于原计划的横道线处,进行实际进度(黑线)与计划进度(白线)比较的方法。

横道图比较法根据各项工作进展是否匀速,可分为匀速进展横道图比较法和非匀速进展横道图比较法。

匀速进展是指在工程项目中,每项工作在单位时间内完成的任务量都是相等的,即工作的进展速度是均匀的。完成的任务量可以用实物工程量、劳动消耗量或费用支出表示。为了便于比较,通常用上述物理量的百分比表示。

当工作在不同的单位时间里的进展速度不同时,可以采用非匀速进展横道图比较法。该方法在表示工作实际进度的涂黑粗线同时,还要标出其对应时刻完成任务量的累计百分比,并将该百分比与其同时刻计划完成任务量的累计百分比相比较,判断工作实际进度与计划进度之间的关系。

(2)列表比较法。

列表比较法是指记录检查正在进行的工作名称和已进行的天数,然后列表计算有关参数,根据原有总时差和尚有总时差比较实际进度与计划进度的方法。当工程进度计划采用非时标网络图时,可采取此方法。

(3)S 形曲线比较法。

S 曲线可以清晰地描述进度与时间的关系。其原则包括:实际进度点落在计划 S 曲线左侧——进度超前;实际进度点落在计划 S 曲线右侧——进度落后;实际进度点落在计划 S 曲线上——进度正常。S 形曲线图和 S 形曲线比较图分别如图 5-13 和图 5-14 所示。

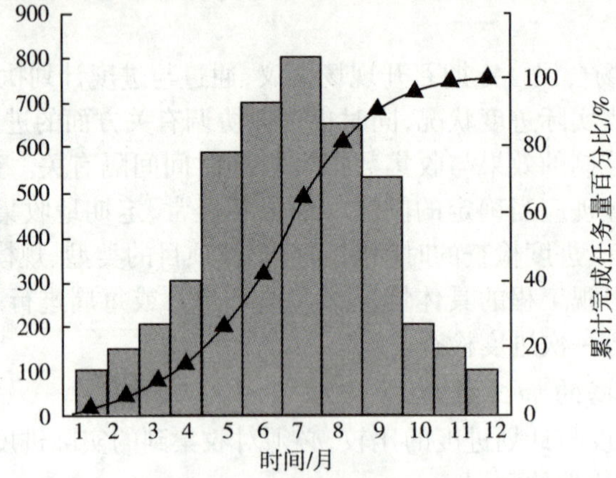

图 5-13　S 形曲线图

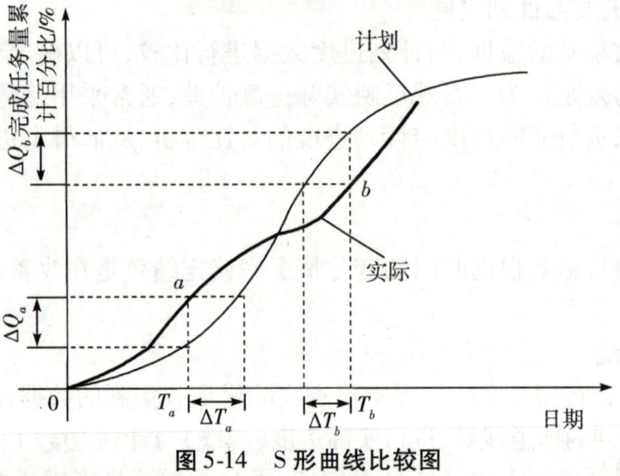

图 5-14　S 形曲线比较图

(4)香蕉曲线比较法。

香蕉曲线实际上是由两条 S 形曲线组合而成的,如图 5-15 所示。与 S 形曲线的不同之处在于它是以工作的最早开始时间和最迟开始时间绘制,通常用来表示某设备工程的总体进展情况。

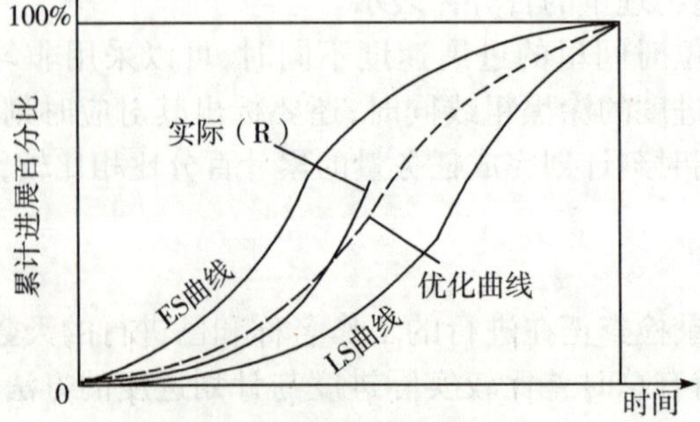

图 5-15　香蕉曲线比较图

(5)前锋线比较法。

实际进度前锋线是指在时标网络计划图上，将检查时刻各项工作的实际进度所达到的前锋点连接而成的折线。前锋线比较法既可以看出工作(局部)的进展情况，同时也可通过对工作自由时差和总时差的分析，获得工程总体进展情况，主要适用于时标网络计划。前锋线比较图如图 5-16 所示。

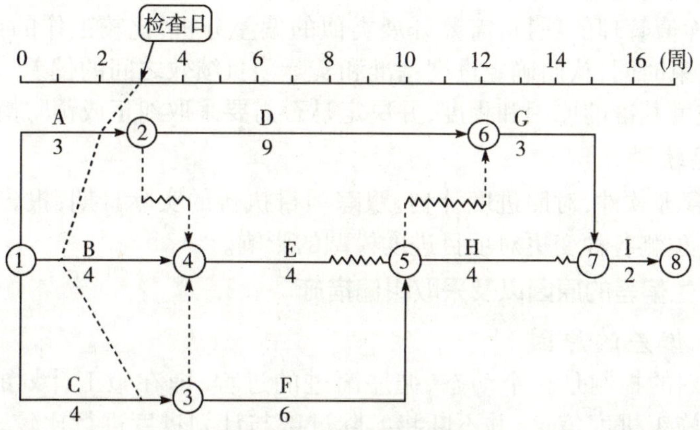

图 5-16　前锋线比较图

典型例题

【单选题】某工程双代号时标网络计划如图所示，当计划执行到第 5 周末检查时，其实际进度如图中前锋线所示，检查结果表明(　　)。

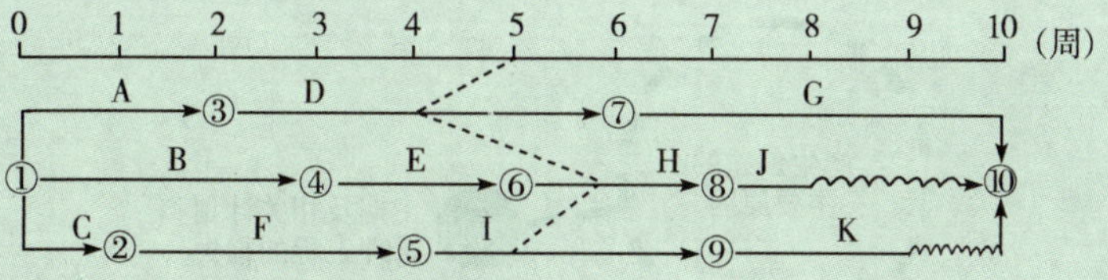

A. D 工作滞后 1 周，不影响总工期

B. I 工作滞后 1 周，预计总工期延长 1 周

C. E 工作提前 1 周，预计总工期缩短 1 周

D. H 工作提前 1 周，不影响总工期

D。【解析】由题干所示，运用前锋线比较法，第 5 周末检查时，由于 D 工作为关键线路工作，其总时差为零，D 工作延误 1 周，则将造成总工期拖后 1 周；由于 H 工作的总时差为 2 周，H 工作提前 1 周，则不会影响总工期；I 工作按计划完成，不会影响总工期。

2. 关键路径法

关键路径法是指通过比较关键线路的进展情况来确定进度状态的方法。关键线路上存在进度异常将对项目的结束日期产生直接影响。评估次关键路径上的工作进展情况，有助于识别进度风险。

3. 关键链法

关键链法是指比较剩余缓冲时间与所需缓冲时间(为保证按期交付)，有助于确定进度状态的方法。是否需要采取纠正措施，取决于所需缓冲与剩余缓冲之间的差值大小。

4. 挣值管理法

挣值管理法是指采用进度绩效测量指标，如进度偏差（SV）和进度绩效指数（SPI），评价偏离初始进度基准的程度。总时差和最早结束时间偏差也是评价项目时间绩效的基本指标。该方法下进度控制的重要工作包括分析偏离进度基准的原因与程度，评估这些偏差对未来工作的影响，确定是否需要采取纠正或预防措施。

对于不使用挣值管理的项目，需要开展类似的偏差分析，比较工作的计划开始、结束时间与实际开始、结束时间，从而确定进度基准和实际项目绩效之间的偏差。还可以进一步分析，以确定偏离进度基准的原因和程度，并决定是否需要采取纠正或预防措施。

5. 项目管理软件

可借助项目管理软件，对照进度计划，跟踪项目执行的实际日期，报告与进度基准相比的差异和进展，并预测各种变更对项目进度模型的影响。

（三）分析产生偏差的原因以及采取纠偏措施

1. 分析产生偏差的原因

施工进度计划的控制是一个动态、循序渐进的过程，即在施工计划的执行过程中，要定期收集现场的施工进度信息，并不断将实际进度与计划进度进行比较，从中发现实际进度是提前、拖后还是正常。一旦发现进度偏差，首先要分析产生偏差的原因，并系统地分析对后续工作产生的影响，在此基础上提出纠偏措施，并具体落实以保证项目最终实现预计的进度目标，按照这一过程建立起施工进度目标的纠偏控制系统。产生偏差的主要原因如图 5-17 所示。

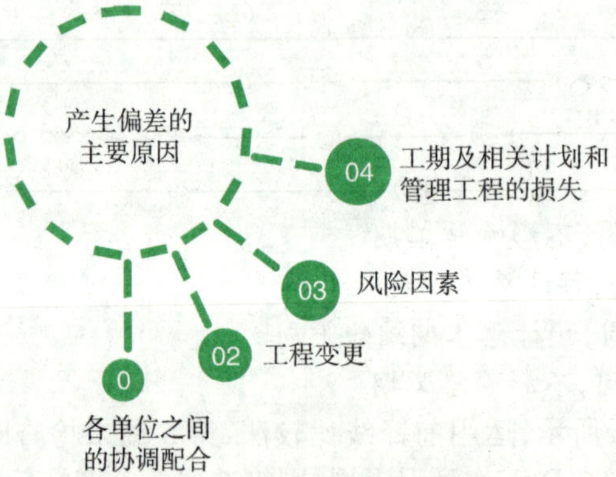

图 5-17 产生偏差的主要原因

2. 采取纠偏措施

项目管理机构应根据进度管理报告提供的信息，纠正进度计划执行中的偏差，对进度计划进行变更调整。产生进度变更（如延误）后，受损方可按合同及有关索赔规定向责任方进行索赔。进度变更（如延误）索赔应由发起索赔方提交工期影响分析报告，以得到批准确认的进度计划为基准申请索赔。

工程进度调整的系统步骤为：发现进度偏差→分析偏差出现的原因→分析偏差对后续工作和工期的影响→确定影响后续工作和工期的条件→采取进度调整措施→形成新的进度计划→采取预防风险的相应措施→实施新的进度计划→进度监测系统。

进度计划变更内容可包括：工程量或工作量；工作的起止时间；工作关系；资源供应。采取进度调整措施，应以后续工作和总工期的限制条件为依据，确保要求的进度目标得到实现。

进度计划的调整措施具体有：

(1)增减工程量。增减工程量主要是指改变施工方案、施工方法，从而导致工程量的增加或减少，以保证工期不变。

(2)增减施工内容。增减施工内容应做到不打乱原计划的逻辑关系，只对局部逻辑关系进行调整。在增减施工内容以后，应重新计算时间参数，分析对原网络计划的影响。当对工期有影响时，应采取调整措施，保证计划工期不变。

(3)起止时间的改变。起止时间的改变应在相应的工作时差范围内进行，每次调整必须重新计算时间参数，观察该项调整对整个施工计划的影响。

(4)缩短某些工作的持续时间。通过缩短某些工作的持续时间，使施工进度加快，以此来保证实现计划工期。这些被压缩持续时间的工作是位于由于实际施工进度的拖延而引起总工期增长的关键线路和某些非关键线路上的工作。同时，这些工作又是可压缩持续时间的工作。这种方法实际上就是网络计划优化中的工期优化方法和工期与费用优化的方法。

(5)改变某些工作间的逻辑关系。当工程项目实施中产生的进度偏差影响到总工期，且有关工作的逻辑关系允许改变时，可以改变关键线路和超过计划工期的非关键线路上的有关工作之间的逻辑关系，达到保证工期的目的。

(6)资源供应的调整。对于因资源供应发生异常而引起进度计划执行问题，应采用资源优化方法对计划进行调整，或采取应急措施，使其对工期影响最小。

项目管理机构应识别进度计划变更风险，并在进度计划变更前制定预防风险的措施：组织措施；技术措施；经济措施；沟通协调措施。

当采取措施后仍不能实现原目标时，项目管理机构应变更进度计划，并报原计划审批部门批准。项目管理机构进度计划的变更控制应符合下列规定：

(1)调整相关资源供应计划，并与相关方进行沟通。每一顾客和供方都应采取必要措施(会议、报告、备忘录等)以实现自身与其供方和顾客之间定期且有效的沟通，以确保相关各方(如系统的设计者、制造商及用户)之间的信息交换。

(2)变更计划的实施应与组织管理规定及相关合同要求一致。项目管理机构需预防进度计划变更的风险，并注意下列事项：不应强迫计划实施者在不具备条件的情况下对进度计划进行变更；当发现关键线路进度超前时，可视为有益，并使非关键线路的进度协调加速；当发现关键线路的进度延误时，可依次缩短有压缩潜力且追加利用资源最少的关键工作；关键工作被缩短的时间量需是与其平行的各非关键工作的自由时差的最小值；当被缩短的关键工作有平行的其他关键工作时，需同时缩短平行的各关键工作；缩短关键线路的持续时间应以满足工期目标要求为止；如果自由时差被全部利用后仍然不能达到原计划目标要求，需变更计划目标或变更工作方案。

第六章　工程项目投资控制

第一节　工程项目总投资组成与计算

一、工程项目总投资组成

建设项目总投资是指为完成工程项目建设并达到使用要求或生产条件，在建设期内预计或实际投入的总费用，包括建设投资、建设期利息以及流动资金，如图6-1所示。

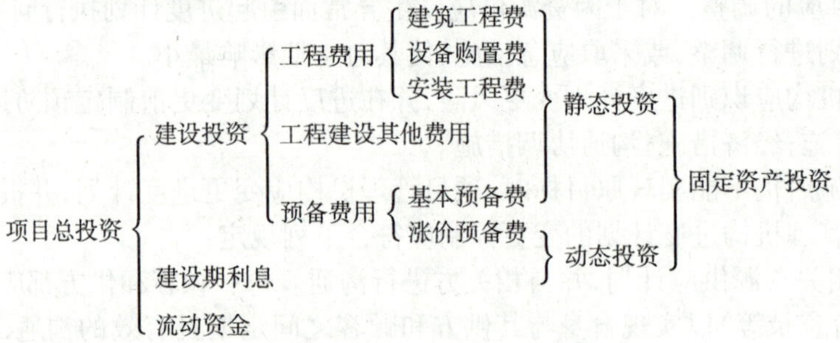

图6-1　项目总投资组成图

建设投资，是由建筑工程费、设备购置费、安装工程费、工程建设其他费用、预备费组成。其中，预备费包括基本预备费和涨价预备费。

建筑工程费，是指建筑工程涉及范围内的建(构)筑物及线路、道路、管道敷设等工程费用。

设备购置费，是由设备及工器具原价和运杂费组成，是按照设计文件购置自制达到固定资产标准的设备和配套的工器具、生产家具等所需费用。

安装工程费，指各种需要安装的机电设备的装配、装置工程，与设备相连的工作台、梯子的装设工程，附属于被安装设备的管线敷设，以及被安装设备的绝缘、刷油、保温和调整试验所需的费用。

工程建设其他费用，主要包括建设用地费、与项目建设有关的费用、与未来企业经营有关的费用三类。其中，建设用地费包括土地征用费、迁移补偿费以及土地使用权出让金；与项目建设有关的费用包括可行性研究费、专项评价费、工程保险费、建设管理费、勘察设计费、研究试验费以及工程监理费等；与未来企业经营有关的费用包括生产准备费、家具购置费以及联合试运转费等。

基本预备费主要为解决在施工过程中,经上级批准的设计变更和国家政策性调整所增加的投资以及为解决意外事故而采取措施所增加的工程项目和费用。涨价预备费是对建设工期较长的投资项目,在建设期内可能发生的材料、人工、设备、施工机械等价格上涨,以及费率、利率、汇率等变化,而引起项目投资的增加,需要事先预留的费用。

建设期利息主要是指工程项目在建设期间内发生并计入固定资产的利息,主要是建设期发生的支付银行贷款、出口信贷、债券等的借款利息和融资费用。

流动资金,是指运营期内长期占用并周转使用的营运资金,不包括运营中需要的临时性营运资金。对于非生产性项目,由于没有运营期,因此其建设项目总投资不包含此部分资金。而对于生产性项目,在初步设计阶段及后续阶段通常只计算全部流动资金的30%作为铺底流动资金。

典型例题

【单选题】某工程设备的购置费3 500万元,建筑安装费2 000万元,其他工程费1 200万元,基本预备费300万元,涨价预备费700万元,建设期利息500万元,流动资金300万元,静态投资为(　　)万元。

A. 6 700　　B. 7 000

C. 7 700　　D. 8 000

B。【解析】建设投资和建设期利息之和称为固定资产投资。固定资产投资又可分为静态投资和动态投资两部分。其中,静态投资包括建筑工程费、安装工程费、设备及工器具购置费、工程建设其他费和基本预备费。本题中,静态投资 = 设备购置费 + 建筑安装费 + 其他工程费 + 基本预备费 = 3 500 + 2 000 + 1 200 + 300 = 7 000(万元)。

【多选题】下列费用中,属于工程建设其他费的有(　　)。

A. 可行性研究费　　B. 专项评价费

C. 工程保险费　　D. 建设期利息

E. 生产准备费

ABCE。【解析】工程建设其他费用主要内容见上文。此外,考试中还可能出现场地准备费和临时设施费、引进技术和进口设备材料其他费、特殊设备安全监督检验费、市政公用配套设施费、专利及专有技术使用费等也属于工程建设其他费。

二、建筑安装工程费用项目组成

(一)按费用构成要素划分的建筑安装工程费用项目组成

建筑安装工程费按照费用构成要素可划分为人工费、材料(包含工程设备,下同)费、施工机具使用费、企业管理费、利润、规费和税金(增值税)。其中,人工费、材料费、施工机具使用费、企业管理费和利润包含在分部分项工程费、措施项目费、其他项目费中。如图6-2所示。

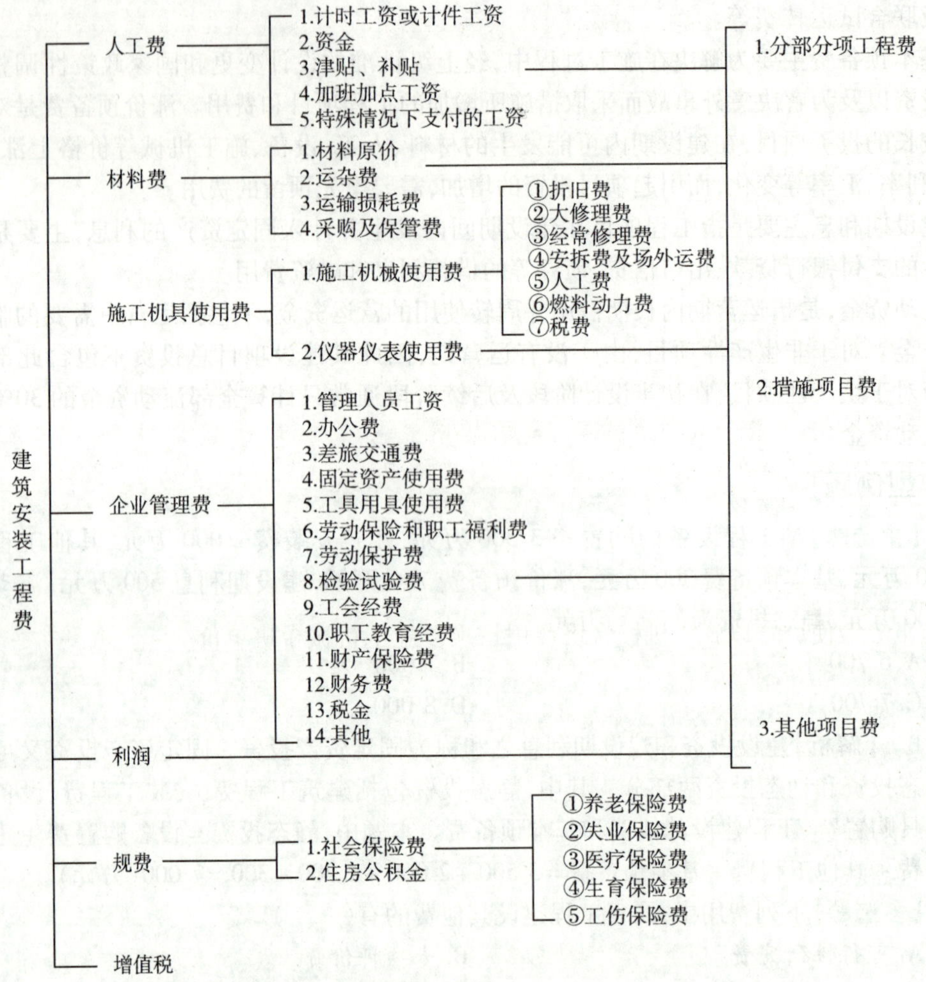

图 6-2　建筑安装工程费用项目组成表(按费用构成要素划分)

1. 人工费

人工费是指按照工资总额的构成规定,支付给从事建筑安装工程施工的生产工人和附属生产单位的工人的各种费用。内容包括:

(1)计时工资或计件工资:指按计时工资标准和工作时间或对已做工作按计件单价支付给个人的劳动报酬。

(2)奖金:指对超额劳动和增收节支支付给个人的劳动报酬。如节约奖、劳动竞赛奖等。

(3)津贴补贴:指为了补偿职工特殊或额外的劳动消耗和因其他特殊原因支付给个人的津贴,以及为了保证职工工资水平不受物价影响支付给个人的物价补贴。如流动施工津贴、特殊地区施工津贴、高温(寒)作业临时津贴、高空津贴等。

(4)加班加点工资:指按规定支付的在法定节假日工作的加班工资和在法定日工作时间外延时工作的加点工资。

(5)特殊情况下支付的工资:指根据国家法律、法规和政策规定,因病、工伤、产假、计划生育假、婚丧假、事假、探亲假、定期休假、停工学习、执行国家或社会义务等原因按计时工资标准或计时工资标准的一定比例支付的工资。

2. 材料费

材料费是指施工过程中消耗的原材料、辅助材料、构配件、零件、半成品或成品、工程设备的费用。内容包括：

(1)材料原价：指材料、工程设备的出厂价格或商家供应价格。

(2)运杂费：指材料、工程设备自来源地运至工地仓库或指定堆放地点所发生的全部费用。

(3)运输损耗费：指材料在运输装卸过程中不可避免的损耗。

(4)采购及保管费：指为组织采购、供应和保管材料、工程设备的过程中所需要的各项费用。包括采购费、仓储费、工地保管费、仓储损耗。

工程设备是指构成或计划构成永久工程一部分的机电设备、金属结构设备、仪器装置及其他类似的设备和装置。

3. 施工机具使用费

施工机具使用费是指施工作业所发生的施工机械、仪器仪表使用费或其租赁费。

施工机械使用费以施工机械台班耗用量乘以施工机械台班单价表示，施工机械台班单价应由下列七项费用组成：

(1)折旧费：指施工机械在规定的使用年限内，陆续收回其原值的费用。

(2)大修理费：指施工机械按规定的大修理间隔台班进行必要的大修理，以恢复其正常功能所需的费用。

(3)经常修理费：指施工机械除大修理以外的各级保养和临时故障排除所需的费用，包括为保障机械正常运转所需替换设备与随机配备工具附具的摊销和维护费用，机械运转中日常保养所需润滑与擦拭的材料费用及机械停滞期间的维护和保养费用等。

(4)安拆费及场外运费：安拆费指施工机械(大型机械除外)在现场进行安装与拆卸所需的人工、材料、机械和试运转费用以及机械辅助设施的折旧、搭设、拆除等费用；场外运费指施工机械整体或分体自停放地点运至施工现场或由一施工地点运至另一施工地点的运输、装卸、辅助材料及架线等费用。

(5)人工费：指机上司机(司炉)和其他操作人员的人工费。

(6)燃料动力费：指施工机械在运转作业中所消耗的各种燃料及水、电等。

(7)税费：指施工机械按照国家规定应缴纳的车船使用税、保险费及年检费等。

仪器仪表使用费是指工程施工所需使用的仪器仪表的摊销及维修费用。

典型例题

【单选题】下列费用中，不属于建筑安装工程施工机械使用费的是(　　)。

A. 大修理费　　B. 经常修理费

C. 财产保险费　　D. 燃料动力费

C。【解析】施工机械使用费应由下列 7 项费用组成：(1)折旧费。(2)大修理费。(3)经常修理费。(4)安拆费及场外运费。(5)人工费。(6)燃料动力费。(7)税费。具体内容详见上文。

4. 企业管理费

企业管理费是指建筑安装企业组织施工生产和经营管理所需的费用。内容包括：

(1)管理人员工资：指按规定支付给管理人员的计时工资、奖金、津贴补贴、加班加点工资及特殊情况下支付的工资等。

(2)办公费：指企业管理办公用的文具、纸张、账表、印刷、邮电、书报、办公软件、现场监控、会议、水电、烧水和集体取暖降温(包括现场临时宿舍取暖降温)等费用。

(3)差旅交通费：指职工因公出差、调动工作的差旅费、住勤补助费，市内交通费和误餐补助费，职工探亲路费，劳动力招募费，职工退休、退职一次性路费，工伤人员就医路费，工地转移费以及管理部门使用的交通工具的油料、燃料等费用。

(4)固定资产使用费：指管理和试验部门及附属生产单位使用的属于固定资产的房屋、设备、仪器等的折旧、大修、维修或租赁费。

(5)工具、用具使用费：指企业施工生产和管理使用的不属于固定资产的工具、器具、家具、交通工具和检验、试验、测绘、消防用具等的购置、维修和摊销费。

(6)劳动保险和职工福利费：指由企业支付的职工退职金、按规定支付给离休干部的经费、集体福利费、夏季防暑降温、冬季取暖补贴、上下班交通补贴等。

(7)劳动保护费：企业按规定发放的劳动保护用品的支出。如工作服、手套、防暑降温饮料以及在有碍身体健康的环境中施工的保健费用等。

(8)检验试验费：指施工企业按照有关标准规定，对建筑以及材料、构件和建筑安装物进行一般鉴定、检查所发生的费用，包括自设试验室进行试验所耗用的材料等费用。不包括新结构、新材料的试验费，对构件做破坏性试验及其他特殊要求检验试验的费用和建设单位委托检测机构进行检测的费用，对此类检测发生的费用，由建设单位在工程建设其他费用中列支。但对施工企业提供的具有合格证明的材料进行检测不合格的，该检测费用由施工企业支付。

(9)工会经费：指企业按《工会法》规定的全部职工工资总额比例计提的工会经费。

(10)职工教育经费：指按职工工资总额的规定比例计提，企业为职工进行专业技术和职业技能培训，专业技术人员继续教育、职工职业技能鉴定、职业资格认定以及根据需要对职工进行各类文化教育所发生的费用。

(11)财产保险费：指施工管理用财产、车辆等的保险费用。

(12)财务费：指企业为施工生产筹集资金或提供预付款担保、履约担保、职工工资支付担保等所发生的各种费用。

(13)税金：指企业按规定缴纳的房产税、车船使用税、土地使用税、印花税等。

(14)城市维护建设税：城市维护建设税的计税依据为纳税人实际缴纳的增值税、消费税税额，以及出口货物、劳务或者跨境销售服务、无形资产增值税免抵税额。城市维护建设税的税率如下：纳税人所在地在市区的，税率为7%；纳税人所在地不在市区的，税率为5%。

(15)教育费附加：教育费附加是以各单位和个人实际缴纳的增值税、消费税的税额为计征依据，教育费附加率为3%，分别与增值税、消费税同时缴纳。

（16）地方教育附加：地方教育附加要全面开征，各地区要加强收入征管，依法足额征收，不得随意减免。地方教育附加统一按增值税、消费税实际缴纳税额的2%征收。

（17）其他：包括技术转让费、技术开发费、投标费、业务招待费、绿化费、广告费、公证费、法律顾问费、审计费、咨询费、保险费等。

典型例题

【多选题】下列建筑安装工程费用中，属于企业管理费的有（　　）。

A. 养老保险费　　B. 夏季防暑降温费

C. 职工探亲路费　　D. 失业保险费

E. 夏季支付给露天工作工人的高温作业临时津贴

BC。【解析】企业管理费是指建筑安装企业组织施工生产和经营管理所需的费用。内容包括：管理人员工资；办公费；差旅交通费；固定资产使用费；工具用具使用费；劳动保险和职工福利费；劳动保护费；检验试验费；工会经费；职工教育经费；财产保险费；财务费；税金；其他。本题中，夏季防暑降温费属于劳动保险和职工福利费；职工探亲路费属于差旅交通费。具体内容详见上文。

5. 利润

利润是指施工企业完成所承包工程获得的盈利。

6. 规费

规费是指按国家法律、法规规定，由省级政府和省级有关权力部门规定必须缴纳或计取的费用。包括社会保险费（养老保险费、失业保险费、医疗保险费、生育保险费、工伤保险费）和住房公积金。其他应列而未列入的规费，按实际发生计取。

注：《环境保护税法》于2018年1月1日起施行，依照该法规定征收环境保护税，不再征收排污费。

7. 增值税

增值税是以商品（含应税劳务）在流转过程中产生的增值额作为计税依据而征收的一种流转税。从计税原理上说，增值税是对商品生产、流通、劳务服务中多个环节的新增价值或商品的附加值征收的一种流转税。实行价外税，也就是由消费者负担，有增值才征税，没增值不征税。增值税是对销售货物或者提供加工、修理修配劳务以及进口货物的单位和个人就其实现的增值额征收的一个税种。2016年“营改增”后，建筑业主要征收的税金便是增值税。

（二）按照工程造价形式划分的建筑安装工程费用项目组成

建筑安装工程费按照工程造价形成可划分为分部分项工程费、措施项目费、其他项目费、规费、增值税组成。分部分项工程费、措施项目费、其他项目费包含人工费、材料费、施工机具使用费、企业管理费和利润。如图6-3所示。

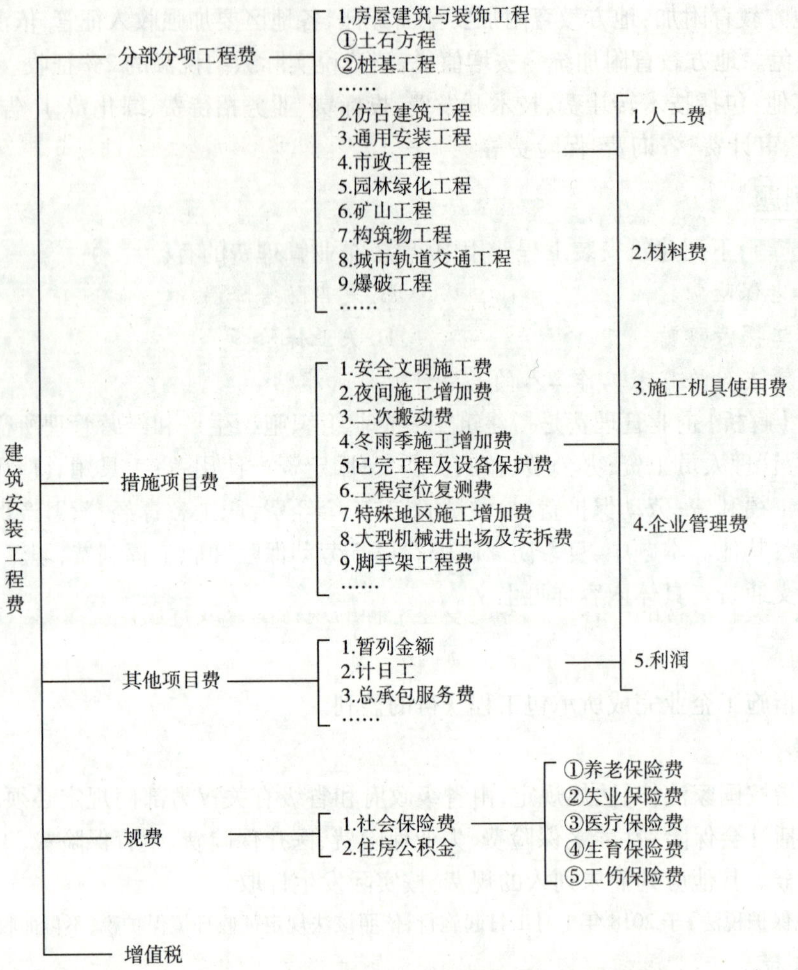

图 6-3　建筑安装工程费用项目组成表(按造价形成划分)

1. 分部分项工程费

分部分项工程费是指各专业工程的分部分项工程应予列支的各项费用。

专业工程是指按现行国家计量规范划分的房屋建筑与装饰工程、仿古建筑工程、通用安装工程、市政工程、园林绿化工程、矿山工程、构筑物工程、城市轨道交通工程、爆破工程等各类工程。

分部分项工程指按现行国家计量规范对各专业工程划分的项目。如房屋建筑与装饰工程划分的土石方工程、地基处理与桩基工程、砌筑工程、钢筋及钢筋混凝土工程等。

各类专业工程的分部分项工程划分见现行国家或行业计量规范。

2. 措施项目费

措施项目费是指为完成建设工程施工,发生于该工程施工前和施工过程中的技术、生活、安全、环境保护等方面的费用。内容包括:

(1)安全文明施工费:包括环境保护费、文明施工费、安全施工费、临时设施费、建筑工人实名制管理费。

(2)夜间施工增加费:指因夜间施工所发生的夜班补助费、夜间施工降效、夜间施工照明设备摊销及照明用电等费用。

(3)二次搬运费:指因施工场地条件限制而发生的材料、构配件、半成品等一次运输不能到达堆放地点,必须进行二次或多次搬运所发生的费用。

(4)冬雨季施工增加费:指在冬季或雨季施工需增加的临时设施、防滑、排除雨雪,人工及施工机械效率降低等费用。

(5)已完工程及设备保护费:指竣工验收前,对已完工程及设备采取的必要保护措施所发生的费用。

(6)工程定位复测费:指工程施工过程中进行全部施工测量放线和复测工作的费用。

(7)特殊地区施工增加费:指工程在沙漠或其边缘地区、高海拔、高寒、原始森林等特殊地区施工增加的费用。

(8)大型机械设备进出场及安拆费:指机械整体或分体自停放场地运至施工现场或由一个施工地点运至另一个施工地点,所发生的机械进出场运输及转移费用及机械在施工现场进行安装、拆卸所需的人工费、材料费、机械费、试运转费和安装所需的辅助设施的费用。

(9)脚手架工程费:指施工需要的各种脚手架搭、拆、运输费用以及脚手架购置费的摊销(或租赁)费用。

措施项目及其包含的内容详见各类专业工程的现行国家或行业计量规范。

典型例题

【单选题】下列不属于安全文明施工费的是(　　)。

A. 环境保护费　　B. 临时设施费

C. 安全施工费　　D. 冬雨季施工增加费

D。【解析】安全文明施工费主要内容见上文。

3. 其他项目费

(1)暂列金额:指建设单位在工程量清单中暂定并包括在工程合同价款中的一笔款项。用于施工合同签订时尚未确定或者不可预见的所需材料、工程设备、服务的采购,施工中可能发生的工程变更、合同约定调整因素出现时的工程价款调整以及发生的索赔、现场签证确认等的费用。

(2)计日工:指在施工过程中,施工企业完成建设单位提出的施工图纸以外的零星项目或工作所需的费用。

(3)总承包服务费:指总承包人为配合、协调建设单位进行的专业工程发包,对建设单位自行采购的材料、工程设备等进行保管以及施工现场管理、竣工资料汇总整理等服务所需的费用。

4. 规费

定义同按费用构成要素划分的建筑安装工程费用项目组成。

5. 增值税

定义同按费用构成要素划分的建筑安装工程费用项目组成。

提示

关于建筑安装工程费用项目组成是历年考试的热点,需全面掌握并区分两种不同划分方法的费用组成。

三、建筑安装工程费用参考计算方法

（一）各费用构成要素参考计算方法

1. 人工费

公式(1)：

$$人工费=\sum(工日消耗量\times日工资单价)$$

日工资单价=[生产工人平均月工资(计时、计件)+平均月(奖金+津贴补贴+特殊情况下支付的工资)]/年平均每月法定工作日

注：公式(1)主要适用于施工企业投标报价时自主确定人工费，也是工程造价管理机构编制计价定额确定定额人工单价或发布人工成本信息的参考依据。

公式(2)：

$$人工费=\sum(工程工日消耗量\times日工资单价)$$

注：公式(2)适用于工程造价管理机构编制计价定额时确定定额人工费，是施工企业投标报价的参考依据。

日工资单价是指施工企业平均技术熟练程度的生产工人在每工作日(国家法定工作时间内)按规定从事施工作业应得的日工资总额。

工程造价管理机构确定日工资单价应通过市场调查、根据工程项目的技术要求，参考实物工程量人工单价综合分析确定，最低日工资单价不得低于工程所在地人力资源和社会保障部门所发布的最低工资标准为普工1.3倍、一般技工2倍、高级技工3倍。

工程计价定额不可只列一个综合工日单价，应根据工程项目技术要求和工种差别适当划分多种日人工单价，确保各分部工程人工费的合理构成。

典型例题

【单选题】一般技工的最低日工资单价不得低于工程所在地人力资源和社会保障部门所发布的最低工资标准的(　　)倍。

A. 1.3　　B. 1.5

C. 2　　D. 3

C。【解析】根据《建筑安装工程费用项目组成》，工程造价管理机构确定日工资单价应通过市场调查、根据工程项目的技术要求，参考实物工程量人工单价综合分析确定，最低日工资单价不得低于工程所在地人力资源和社会保障部门所发布的最低工资标准的为普工1.3倍、一般技工2倍、高级技工3倍。

2. 材料费

(1)材料费计算公式：

$$材料费=\sum(材料消耗量\times材料单价)$$

材料单价=(材料原价+运杂费)×[1+运输损耗率(%)]×[1+采购保管费率(%)]

(2)工程设备费计算公式：

$$工程设备费=\sum(工程设备量\times工程设备单价)$$

工程设备单价=(设备原价+运杂费)×[1+采购保管费率(%)]

3. 施工机具使用费

(1)施工机械使用费计算公式：

$$施工机械使用费=\sum(施工机械台班消耗量\times机械台班单价)$$

机械台班单价 = 台班折旧费 + 台班大修费 + 台班经常修理费 + 台班安拆费及场外运费 + 台班人工费 + 台班燃料动力费 + 台班车船税费

注：工程造价管理机构在确定计价定额中的施工机械使用费时，应根据《建筑施工机械台班费用计算规则》结合市场调查编制施工机械台班单价。施工企业可以参考工程造价管理机构发布的台班单价，自主确定施工机械使用费的报价，如租赁施工机械，公式为：施工机械使用费 = ∑（施工机械台班消耗量 × 机械台班租赁单价）。

（2）仪器仪表使用费计算公式：

仪器仪表使用费 = 工程使用的仪器仪表摊销费 + 维修费

4. 企业管理费费率

（1）以分部分项工程费为计算基础：

企业管理费费率（%）= 生产工人年平均管理费/（年有效施工天数 × 人工单价）× 人工费占分部分项工程费比例（%）

（2）以人工费和机械费合计为计算基础：

企业管理费费率（%）= 生产工人年平均管理费/[年有效施工天数 ×（人工单价 + 每一工日机械使用费）]×100%

（3）以人工费为计算基础：

企业管理费费率（%）= 生产工人年平均管理费/（年有效施工天数 × 人工单价）×100%

注：上述公式适用于施工企业投标报价时自主确定管理费，是工程造价管理机构编制计价定额确定企业管理费的参考依据。

在确定计价定额中企业管理费时，应以定额人工费或（定额人工费 + 定额机械费）作为计算基数，其费率根据之前工程积累的资料，并结合调查数据确定，列入分部分项工程和措施项目中。

5. 利润

利润应由施工企业根据企业自身需求并结合建筑市场实际自主确定，列入报价中。

在确定计价定额中利润时，应以定额人工费或（定额人工费 + 定额机械费）作为计算基数。其费率的确定应根据历年工程造价积累的资料，并结合建筑市场实际确定。单位（单项）工程的利润在税前建筑安装工程费的比重可按不低于5%且不高于7%的费率计算。利润应列入分部分项工程和措施项目中。

6. 规费

社会保险费和住房公积金应以定额人工费为计算基础，根据工程所在地省、自治区、直辖市或行业建设主管部门规定费率计算。

社会保险费和住房公积金 = ∑（工程定额人工费 × 社会保险费和住房公积金费率）

式中，社会保险费和住房公积金费率可以每万元发承包价的生产工人人工费和管理人员工资含量与工程所在地规定的缴纳标准综合分析取定。

7. 增值税

2016年3月24日，财政部、国家税务总局发布《关于全面推开营业税改征增值税试点的通知》，明确自2016年5月1日起，在全国范围内全面推开营业税改征增值税试点，建筑业、房地产业、金融业、生活服务业等全部营业税纳税人，纳入试点范围，由缴纳营业税改为缴纳增值税。

建筑安装工程费用的税金是指国家税法规定应计入建筑安装工程造价内的增值税销项税额。建筑业增值税一般纳税人适用税率9%，增值税小规模纳税人简易征收率3%。建筑业营改增后，工程造价按“价税分离”计价规则计算，具体要素价格适用增值税税率执行财税部门的相关规定。增值税计税方法，包括一般计税方法和简易计税方法。

（1）当采用一般计税方法时，建筑业的增值税税率为9%，计算公式如下：

$$增值税销项税额 = 税前造价 \times 9\%$$

建筑安装工程税前工程造价为人工费、材料费、施工机具使用费、企业管理费、利润和规费之和。各费用项目均不包含增值税可抵扣进项税额的价格计算。

（2）当采用简易计税方法时，建筑业的增值税税率为3%，计算公式如下：

$$增值税 = 税前造价 \times 3\%$$

建筑安装工程税前工程造价为人工费、材料费、施工机具使用费、企业管理费、利润和规费之和。各费用项目均已包含增值税进项税额的含税价格计算。

（二）建筑安装工程计价参考计算方法

1. 分部分项工程费

$$分部分项工程费 = \sum (分部分项工程量 \times 综合单价)$$

式中，综合单价包括人工费、材料费、施工机具使用费、企业管理费和利润以及一定范围的风险费用（下同）。

2. 措施项目费

国家计量规范规定应予计量的措施项目，其计算公式为：

$$措施项目费 = \sum (措施项目工程量 \times 综合单价)$$

国家计量规范规定不宜计量的措施项目计算方法如下。

（1）安全文明施工费：

$$安全文明施工费 = 计算基数 \times 安全文明施工费费率(\%)$$

计算基数应为定额基价（定额分部分项工程费 + 定额中可以计量的措施项目费）、定额人工费或（定额人工费 + 定额机械费），其费率由工程造价管理机构根据各专业工程的特点综合确定。

（2）夜间施工增加费：

$$夜间施工增加费 = 计算基数 \times 夜间施工增加费费率(\%)$$

（3）二次搬运费：

$$二次搬运费 = 计算基数 \times 二次搬运费费率(\%)$$

（4）冬雨季施工增加费：

$$冬雨季施工增加费 = 计算基数 \times 冬雨季施工增加费费率(\%)$$

（5）已完工程及设备保护费：

$$已完工程及设备保护费 = 计算基数 \times 已完工程及设备保护费费率(\%)$$

上述（2）~（5）项措施项目的计费基数应为定额人工费或（定额人工费 + 定额机械费），其费率由工程造价管理机构根据各专业工程特点和调查资料综合分析后确定。

3. 其他项目费

暂列金额由建设单位根据工程特点，按有关计价规定估算，施工过程中由建设单位掌握使用、扣除合同价款调整后如有余额，归建设单位。

计日工由建设单位和施工企业按施工过程中的签证计价。

总承包服务费由建设单位在招标控制价中根据总包服务范围和有关计价规定编制，施工企业投标时自主报价，施工过程中按签约合同价执行。

4. 规费和税金

建设单位和施工企业均应按照省、自治区、直辖市或行业建设主管部门发布标准计算规费和税金，不得作为竞争性费用。

第二节　工程项目设计阶段投资控制

一、设计概算的编制与审核

（一）设计概算的编制依据

设计概算指设计单位在初步设计或扩大初步设计图纸及说明书，依据概算定额（或概算指标）及其他有关费用定额等，计算和确定建筑安装工程全部建设费用的经济文件。设计概算由项目设计单位负责编制，并对其编制质量负责。设计概算按委托内容可分为建设项目总概算、单项工程综合概算、单位工程设计概算及调整概算。建设项目总概算是指以初步设计文件为依据，在单项工程综合概算的基础上计算建设项目概算总投资的成果文件。单项工程综合概算是指以初步设计文件为依据，在单位工程概算的基础上汇总单项工程工程费用的成果文件。单位工程概算是指以初步设计文件为依据，按照规定的程序、方法和依据，计算单位工程费用的成果文件。

设计概算的编制依据应包括下列内容：

（1）国家、行业和地方有关规定。

（2）相应工程造价管理机构发布的概算定额（或指标）。

（3）工程勘察与设计文件。

（4）拟定或常规的施工组织设计和施工方案。

（5）建设项目资金筹措方案。

（6）工程所在地编制同期的人工、材料、机械台班市场价格，以及设备供应方式及供应价格。

（7）建设项目的技术复杂程度，新技术、新材料、新工艺以及专利使用情况等。

（8）建设项目批准的相关文件、合同、协议等。

（9）政府有关部门、金融机构等发布的价格指数、利率、汇率、税率、工程建设其他费用以及工程造价指数等。

（10）委托单位提供的其他技术经济资料。

典型例题

【单选题】初步设计概算的编制依据不包括（　　）。

A. 工程勘察设计文件　　B. 资金筹措方案

C. 正常施工条件　　D. 项目的技术复杂程度

C。【解析】工程勘察设计文件、资金筹措方案以及项目的技术复杂程度均属于初步设计概算的编制依据。编制的其他依据详见上文。

（二）设计概算的编制要求

1. 一般编制要求

建设项目设计概算是设计文件的重要组成部分，是确定和控制建设项目全部投资的文件，是编制固定资产投资计划、实行建设项目投资包干、签订承发包合同的依据，同时也是签订贷款合同、项目实施全过程造价控制管理以及考核项目经济合理性的依据。

设计概算应按编制时（期）项目所在地的价格水平编制，总投资应完整地反映编制时期建设项目的实际投资；设计概算应考虑建设项目施工条件等因素对投资的影响。

设计概算文件应包括封面、签署页、目录、编制说明、总概算表、工程建设其他费用表、综合概算表、单位工程概算表等，设计概算成果文件可按相关规定编制。

建设项目设计概算的编制有两种形式，即三级概算编制和二级概算编制。当建设项目有多个单项工程时，应采用三级概算编制形式，三级概算编制形式由建设项目设计总概算、单项工程综合概算、单位工程概算组成。当建设项目只有一个单项工程时，应采用二级概算编制形式，二级概算编制形式由建设项目总概算和单位工程概算组成。

三级编制（总概算、综合概算、单位工程概算）形式的设计概算文件组成：封面、签署页及目录；编制说明；总概算表；工程建设其他费用表；综合概算表；单位工程概算表；概算综合单价分析表；附件：其他表。

二级编制（总概算、单位工程概算）形式的设计概算文件组成：封面、签署页及目录；编制说明；总概算表；工程建设其他费用表；单位工程概算表；概算综合单价分析表；附件：其他表。

设计概算应按逐级汇总进行编制，总概算应以综合概算为基础进行编制，综合概算应以建筑工程单位工程概算和设备及安装工程单位工程概算为基础进行编制。

总概算表纵向应依据综合概算已经计算好的单项工程费逐项计列形成工程费用，然后在总概算表中汇总工程建设其他费用，最后以工程费用和工程建设其他费用为基数计算预备费、建设期利息等。对于生产经营性项目还应计算流动资金和铺底流动资金，铺底流动资金应按国家或行业的有关规定进行估算，一般为流动资金总额的30%。总概算表横向应分解到建筑工程费、设备购置费、安装工程费和其他费用。

综合概算表纵向应分解到单项工程，并计算主要单位工程费，横向应分解到建筑工程费、设备购置费及安装工程费。

工程建设其他费用、预备费、建设期利息、流动资金等，有合同约定的应按合同约定计算；无合同约定的应分别按相关规定计算。

概算编制人员应根据项目特点和工程的具体情况，计算并分析整个建设项目的费用构成，以及各单项工程和主要单位工程的主要技术经济指标。主要技术经济指标是指设计概算表中技术经济指标，应分别在总概算表和综合概算表中列明，一般总概算表主要反映费用构成，综合概算表反映单位工程造价指标。

2. 建筑工程单位工程概算表的编制要求

建筑工程单位工程概算费用由分部分项工程费和措施项目费组成。

建筑工程概算的分部分项工程费应由各子目的工程量乘以各子目的综合单价汇总而成。各子目的工程量应按概算定额或概算指标的分部分项工程项目划分及其工程量计算规则计算。各子目的综合单价应包括人工费、材料费、机械费、管理费、利润、规费和增值税。各子目综合单价的计算方法包括：

（1）概算定额法。采用概算定额法时人工费、材料费、机械费应依据相应的概算定额子目的人、材、机要素消耗量，以及报告编制期人、材、机的市场价格等因素确定；管理费、利润、规费、增值税等应依据概算定额配套的费用定额或取费标准，并依据报告编制期拟建项目的实际情况、市场水平等因素确定。

概算定额单价 = 概算定额人工费 + 概算定额材料费 + 概算定额机械台班使用费

（2）概算指标法。采用概算指标法时应结合拟建工程项目特点，参照类似工程的概算指标，并应考虑指标编制期与报告编制期的人、材、机要素价格等变化情况确定该子目的全费用综合单价。

建筑工程单位工程概算的措施项目费应按下列规定计算：

（1）可以计量的措施项目费与分部分项工程费的计算方法相同，其费用应按相关规定计算。

（2）综合计取的措施项目费应以该单位工程的分部分项工程费和可以计量的措施项目费之和为基数乘以相应费率计算。

典型例题

【单选题】当初步设计深度不够，不能准确地计算出工程量，但工程设计技术比较成熟而又有类似工程概算指标可以利用时，可采用（　　）编制工程概算。

A. 概算定额法　　B. 概算指标法

C. 类似工程预算法　　D. 扩大单价法

B。【解析】概算指标法可适用于当初步设计深度不够，不能准确地计算出工程量，但工程设计技术比较成熟而又有类似工程概算指标可以利用的情况。

3. 设备及安装工程单位工程概算表的编制要求

设备及安装工程单位工程费用由设备购置费、安装工程费组成，其概算的编制应符合下列规定：

（1）设备购置费以及未纳入安装工程费的主要材料费，有订货合同的，应按订货合同确定，计算至抵达建设项目工地的入库价；无订货合同的应按类似工程的工程量，结合设备市场价格的实际情况，区分国产标准设备、国产非标准设备和进口设备分类计算，并应考虑设备运杂费和备品备件费。

（2）安装工程费应由分部分项工程费和措施项目费组成。安装工程的分部分项工程费应由各子目的工程量乘以各子目的综合单价汇总而成。各子目的工程量应按概算定额或概算指标的分部分项工程项目划分及其工程量计算规则计算。各子目的综合单价应包括人工费、材料费、机械费、管理费、利润、规费和增值税。安装工程各子目综合单价的计算可采用概算定额法和概算指标法，具体计算方法可参照各子目综合单价的计算方法。安装工程的措施项目费可参照措施项目费的规定计算。

设备购置费的计算方法如下：

（1）定型或成套设备。设备费 = 设备出厂价 + 运杂费。

（2）非标准设备。设备费 = $\sum$［综合单价（元/吨）× 设备单重（吨）］。

（3）进口设备。进口设备的国外运输费、国外运输保险费、关税、消费税、进口环节增值税、外贸手续费、银行财务费、国内运杂费等，按照引进货价（FOB 或 CIF）计算后进入相应的设备购置费中。

（4）超限设备运输特殊措施费。当设备质量、尺寸超过铁路、公路等交通部门所规定的限度，在运输过程中必须进行路面处理、桥涵加固、铁路设施改造或造成正常交通中断进行补偿所发生的费用，应根据超限设备运输方案计算超限设备运输特殊措施费。

设备安装工程费概算的编制方法应根据初步设计深度和要求所明确的程度来采用。设备安装工程概算的编制方法有：

(1)预算单价法。当初步设计较深，有详细的设备清单时，可直接按安装工程预算定额单价编制安装工程概算，概算编制程序基本与安装工程施工图预算相同。该方法的优点为计算的准确度较高，且比较具体。

(2)扩大单价法。当初步设计深度不够，设备清单不完备，只有主体设备或仅有成套设备重量时，可采用主体设备、成套设备的综合扩大安装单价来编制概算。

(3)设备价值百分比法(又称为安装设备百分比法)。当初步设计深度不够，只有设备出厂价而无详细规格、重量时，安装费可按占设备费的百分比计算。该法常用于价格波动不大的定型产品和通用设备产品。计算公式为：

$$设备安装费=设备原价\times安装费率(\%)$$

(4)综合吨位指标法。当初步设计提供的设备清单有规格和设备重量时，可采用综合吨位指标编制概算，其综合吨位指标由相关主管部门或由设计院根据已完类似工程资料确定。该法常用于价格波动较大的非标准设备和引进设备的安装工程概算。计算公式为：

$$设备安装费=设备吨重\times每吨设备安装费指标(元/吨)$$

4. 调整概算的编制要求

设计概算批准后，一般不得调整。由于下列所述原因需要调整概算时，由建设单位调查分析变更原因，报主管部门审批同意后，由原设计单位核实编制调整概算，并按有关审批程序报批。

调整概算的原因包括：

(1)超出原设计范围的重大变更。

(2)超出基本预备费规定范围不可抗拒的重大自然灾害引起的工程变动和费用增加。

(3)超出工程造价调整预备费的国家重大政策性的调整，如财务税收、金融、产业调整、安全环保等，同时包括在国家市场经济调控范围内的影响工程造价的主要设备材料的价格大幅度波动等因素。

建设单位(项目业主)自行扩大建设规模、提高建设标准等而增加费用不予调整。

影响工程概算的主要因素已经清楚，工程量完成了一定量后方可进行调整，一个工程只允许调整一次概算。

调整概算编制深度与要求、文件组成及表格形式同原设计概算，调整概算还应对工程概算调整的原因做详尽分析说明，所调整的内容在调整概算总说明中要逐项与原批准概算对比，并编制调整前后概算对比表，分析主要变更原因。

在上报调整概算时，应同时提供有关文件和调整依据。

(三)设计概算的审核内容

设计概算的审核内容主要包括以下几个方面：设计概算的编制依据(时效性、合法性、适用范围等)；建筑工程概算(费用、工程量、材料预算价格、定额或指标等)；设备及安装工程概算(标准和非标准设备的原价、运杂费、进口设备费用等)；综合概算和总概算(与国家政策的符合性、与已批准的可行性研究报告的符合性等)。

(四)设计概算的审核依据

设计概算审核的依据主要包括以下几个方面的内容：

(1)国家行业主管部门及有关部门颁布的计价规范、计价定额及工程技术规范、概算编制规定。

(2)经审查通过的设计技术文件。

(3)具有相应资质的单位编制的概算书。

(4)经批准的可行性研究报告、环境影响评价报告、建设项目选址意见书等。

(5)合理预测的施工方案、现场施工作业条件。

(6)与建设项目有关的市场价格信息,类似工程的技术经济指标及其他参考资料。

(五)设计概算的审核方法

工程造价咨询企业对于设计概算的审核可采用对比分析法、主要问题复核法、查询核实法、分类整理法、联合会审法等方法,并应依据工程造价管理机构发布的计价依据及有关资料,分别审核编制依据、编制方法、编制内容及各项费用。

1. 对比分析法

对比分析法能较快较好地判别设计概算的偏差程度和准确性。进行对比分析的主要内容有:建设规模、标准与立项批文;各项取费与规定标准;综合范围、内容与编制方法、规定;工程数量与设计图纸;材料、人工单价与统一信息;引进投资与报价要求;技术经济指标与同类工程等。

2. 查询核实法

查询核实法的对象一般是引进工程图纸不全、难以核算的较大投资,以及一些关键设备和设施、重要装置等。如对于图纸设计深度有疑问的,可以直接向编制人员、设计人员进行询问;对于引进设备相关费用不清楚的,可以向进出口公司等进行查询;对于主要设备的市场价格,可以向设备供应部门等进行核实;对于一些重要装置、设施,可以向同类工程进行查询;对于复杂的建筑安装工程,可以向同类工程的相关单位进行咨询。

3. 联合会审法

采用联合会审法的基本步骤如下:

(1)联合会审前,应先由设计单位进行自审,然后由建设、承包单位进行初审,再由工程造价咨询公司进行评审,并邀请同行专家进行预审,最后由审批部门进行复审等。

(2)经过以上步骤的审查后,再由有关单位和专家进行联合会审。一般由设计单位汇总相关概算编制情况及发现的问题,然后由相关单位、专家汇报初审、预审意见,对于以上问题进行分析、讨论,核实原概算出现的问题,经商讨进行处理和调整。

对于审查中发现的问题和偏差,进行分类整理,具体审核数据。对于差错较多、问题较大或不能满足要求的,责成按会审意见修改返工后,重新报批;对于无重大原则问题、深度基本满足要求,投资增减不多的,当场核定概算投资额,提价审批部门复核,正式下达审批概算。

典型例题

【多选题】工程项目中,审核设计概算的方法包括(　　)。

A. 对比分析法　　　　B. 筛选审查法

C. 查询核实法　　　　D. 重点抽查法

E. 联合会审法

ACE。【解析】工程造价咨询企业对于设计概算的审核一般采用对比分析法、查询核实法、联合会审法,并应依据工程造价管理机构发布的计价依据及有关资料,分别审核编制依据、编制方法、编制内容及各项费用。

二、施工图预算的编制与审核

(一)施工图预算的编制依据

施工图预算是指以施工图设计文件为依据,按照规定的程序、方法和依据,在工程施工前对工程项目的工程费用进行的预测与计算。

建设项目施工图预算由总预算、综合预算和单位工程预算组成。建设项目总预算由综合预算汇总而成。综合预算由组成本单项工程的各单位工程预算汇总而成。单位工程预算包括建筑工程预算和设备及安装工程预算。

总预算是反映施工图设计阶段建设项目投资总额的造价文件,是施工图预算文件的主要组成部分。由组成该建设项目的各个单项工程综合预算和相关费用组成。综合预算是反映施工图设计阶段一个单项工程(设计单元)造价的文件,是总预算的组成部分,由构成该单项工程的各个单位工程施工图预算组成。单位工程预算是依据单位工程施工图设计文件、现行预算定额以及人工、材料和施工机械台班价格等,按照规定的计价方法编制的工程造价文件。

单位建筑工程预算是建筑工程各专业单位工程施工图预算的总称,建筑工程施工图预算按其工程性质分为一般土建工程预算、建筑安装工程预算、构筑物工程预算等。安装工程预算是安装工程各专业单位工程预算的总称,安装工程预算按其工程性质分为机械设备安装工程预算、电气设备安装工程预算、工业管道安装工程预算和热力设备安装工程预算等。

施工图预算总投资包含建筑工程费、设备及工器具购置费、安装工程费、工程建设其他费用、预备费、建设期贷款利息及铺底流动资金。

施工图预算的编制依据应包括下列内容:

(1)国家、行业和地方有关规定。

(2)相应工程造价管理机构发布的预算定额。

(3)施工图设计文件及相关标准图集和规范。

(4)项目相关文件、合同、协议等。

(5)工程所在地的人工、材料、设备、施工机械市场价格、工程造价指数。

(6)施工组织设计和施工方案。

(7)项目的管理模式、发包模式及施工条件。

(8)其他应提供的资料。

(二)施工图预算的编制要求

1.一般编制要求

工程造价咨询企业接受委托编制施工图预算,应根据已批准的建设项目设计概算的编制范围、工程内容、确定的标准进行编制,将施工图预算值控制在已批准的设计概算范围内,与设计概算存在偏差时,应在施工图预算书中予以说明,需调整概算的应告知委托人并报原审批部门核准。

施工图预算的编制应保证编制依据的合法性、全面性和有效性,以及预算编制成果文件的准确性、完整性。施工图预算应考虑施工现场实际情况,并结合拟建建设项目合理的施工组织设计进行编制。

施工图预算根据建设项目实际情况可采用三级预算编制或二级预算编制形式。当建设项目有多个单项工程时,应采用三级预算编制形式,三级预算编制形式由建设项目施工图总预算、单项工程综合预算、单位工程施工图预算组成。当建设项目只有一个单项工程时,应采用二级预算编制形式，二级预算编制形式由建设项目施工图总预算和单位工程施工图预算组成。

三级预算编制形式的工程预算文件的组成如下：封面、签署页及目录；编制说明；总预算表；综合预算表；单位工程预算表；附件。

二级预算编制形式的工程预算文件的组成如下：封面、签署页及目录；编制说明；总预算表；单位工程预算表；附件。

2. 单位工程预算的编制要求

单位工程预算的编制应根据施工图设计文件、预算定额（或综合单价）以及人工、材料及施工机械台班等价格资料进行编制。主要编制方法有单价法和实物量法；其中单价法分为定额单价法和工程量清单单价法。定额单价法是用事先编制好的分项工程的单位估价表来编制施工图预算的方法。工程量清单单价法是指招标人按照国家统一的工程量计算规则提供工程数量，采用综合单价的形式计算工程造价的方法。实物量法是依据施工图纸和预算定额的项目划分及工程量计算规则，先计算出分部分项工程量，然后套用预算定额（实物量定额）来编制施工图预算的方法。

单位工程施工图预算成果文件应包括施工图预算封面、签署页及目录、编制说明、单位工程施工图预算汇总表、单位工程施工图预算表、补充单位估价表等。单位工程施工图预算成果文件可按相关规定编制。

编制说明应包括工程概况、主要技术经济指标、编制依据、建筑及安装工程费用计算方法及其费用计取的说明及其他有关说明等。

施工图预算汇总表，纵向应按土建和安装两类单位工程进行汇总，也可按施工单位所承担的各单位工程项目进行汇总，还可按建设项目的各单项工程构成进行汇总。

编制单位工程施工图预算表纵向应按照预算定额的定额子目划分，细分到预算定额子目层级。建筑工程施工图预算表横向可分解为序号、定额编号、工程项目（或定额名称）、单位、数量、综合单价、合价等项目；安装工程施工图预算表横向可分解为序号、定额编号、工程项目（或定额名称）、单位、数量、综合单价、合价、其中主材费等项目。

建筑工程施工图预算费用由分部分项工程费和措施项目费组成。

建筑工程预算的分部分项工程费应由各子目的工程量乘以各子目的综合单价汇总而成。各子目的工程量应按预算定额的项目划分及其工程量计算规则计算。各子目的综合单价应包括人工费、材料费、机械费、管理费、利润、规费和增值税。各子目综合单价的计算可通过预算定额及其配套的费用定额确定。其中人工费、材料费、机械费应依据相应的预算定额子目的人、材、机要素消耗量，以及报告编制期人、材、机的市场价格等因素确定；管理费、利润、规费、增值税等应依据预算定额配套的费用定额或取费标准，并依据报告编制期拟建项目的实际情况、市场水平等因素确定。编制建筑工程预算时应同时编制综合单价分析表。

建筑工程预算的措施项目费应按下列规定计算：

(1)可以计量的措施项目费与分部分项工程费的计算方法相同，其费用应按相关规定计算。

(2)综合计取的措施项目费应以该单位工程的分部分项工程费和可以计量的措施项目费之和为基数乘以相应费率计算。

安装工程预算的安装工程费应由分部分项工程费和措施项目费组成：

(1)安装工程的分部分项工程费应由各子目的工程量乘以各子目的综合单价汇总而成。

各子目的工程量应按预算定额项目划分及其工程量计算规则计算。各子目的综合单价应包括人工费、材料费、机械费、管理费、利润、规费和增值税。安装工程各子目综合单价可参照建筑工程各子目综合单价的规定确定。

(2)安装工程的措施项目费可参照建筑工程措施项目费的规定计算。

编制施工图预算时,对预算定额中缺项的子目,应依据预算定额的编制的原则和方法编制补充单位估价表。

典型例题

【多选题】单位工程预算的编制方法主要有(　　)。

A. 扩大单价法　　B. 概算定额法

C. 综合单价法　　D. 定额单价法

E. 工程量清单单价法

DE。【解析】单位工程预算的编制应根据施工图设计文件、预算定额(或综合单价)以及人工、材料、设备及施工机械台班市场价格等资料进行编制,其编制方法主要包括定额单价法和工程量清单单价法。

3. 调整预算的编制要求

工程预算批准后,一般情况下不得调整。由于重大设计变更、政策性调整及不可抗力等原因造成的可以调整。

调整预算编制深度与要求、文件组成及表格形式同原施工图预算。调整预算还应对工程预算调整的原因做详尽分析说明,所调整的内容在调整预算总说明中要逐项与原批准预算对比,并编制调整前后预算对比表,分析主要变更原因。在上报调整预算时,应同时提供有关文件和调整依据。

(三)施工图预算的审核内容

施工图预算文件的审核,应当委托具有相应资质的工程造价咨询机构进行。

施工图预算审核的主要内容包括:

(1)审核施工图预算的编制是否符合现行国家、行业、地方政府有关法律、法规和规定要求。

(2)审核工程量计算的准确性、工程量计算规则与计价规范规则或定额规则的一致性。

(3)审核在施工图预算的编制过程中,各种计价依据使用是否恰当,各项费率计取是否正确;审核依据主要有施工图设计资料、有关定额、施工组织设计、有关造价文件规定和技术规范、规程等。

(4)审核各种要素市场价格选用是否合理。

(5)审核施工图预算是否超过概算以及进行偏差分析。

(四)施工图预算的审查步骤

施工图预算的审查应包括以下步骤:

(1)准备工作,主要包括熟悉图纸和预算编制说明以及单位估价表。

(2)根据不同的内容,选择相应的审查方法。

(3)对审查资料进行综合整理,并综合各单位意见适当调整后定案。

(五)施工图预算的审核方法

工程造价咨询企业可接受委托对由其他专业机构负责编制的建设项目施工图预算,依据工程造价管理机构发布的计价依据及有关资料，运用全面审核法、标准预算审核法、分组计算审核法、对比审核法、筛选审核法、重点审核法、分解对比审核法等方法，审核施工图预算的编制依据、编制方法、编制内容及各项费用，并向委托人提供审核意见与建议。

1. 全面审核法

全面审核法又叫逐项审核法，就是按概算或预算定额顺序或施工的先后顺序，逐一地全部进行审核的方法，其具体计算方法和审核过程与编制概算或施工图预算基本相同。此方法的优点是全面、细致，经审核的设计概算或工程预算差错比较少，质量比较高；缺点是工作量大。因而在一些工程量比较小、工艺比较简单的工程，编制工程预算的技术力量又比较薄弱的，采用全面审核法的相对较多。

2. 标准预算审核法

标准预算审核法，是指对于利用标准图纸或通用图纸施工的工程，先集中力量，编制标准概算或预算，以此为标准审核概算或预算的方法。按标准图纸设计或通用图纸施工的工程一般上部结构和做法相同，可集中力量编制或审核一份概算或预算，作为这种标准图纸的标准概算或预算，或以这种标准图纸的工程量为标准，对照审核，对局部不同部分作单独审核即可。这种方法的优点是时间短、效果好、好定案；缺点是只适应按标准图纸设计的工程，适用范围小。

3. 分组计算审核法

分组计算审核法，是一种加快审核工程量速度的方法，把概算或预算中的项目划分为若干组，并把相邻且有一定内在联系的项目编为一组，审核或计算同一组中某个分项工程量，利用工程量间具有相同或相似计算基础的关系，判断同组中其他几个分项工程量计算的准确程度的方法。

4. 对比审核法

对比审核法，是用已建成工程或虽未建成但已审核修正的概算或预算对比审核拟建的类似工程概算或预算的一种方法。

5. 筛选审核法

筛选审核法，筛选法是统筹法的一种，也是一种对比方法。建筑工程虽然建筑面积和高度的不同，但是它们的各个分部分项工程的工程量、造价、用工量在每个单位面积上的数值变化不大，我们把这些数据加以汇集、优选，归纳为工程量、造价（价值）、用工三个单方基本值表，并注明其适用的建筑标准。这些基本值犹如“筛子孔”，用来筛选各分部分项工程，筛下去的就不审了，没有筛下去的就意味着此分部分项的单位建筑面积数值不在基本值范围之内，应对该分部分项工程详细审核。当所审核的预算的建筑面积标准与“基本值”所适用的标准不同，就要对其进行调整，筛选法的优点是简单易懂，便于掌握，审核速度和发现问题快。但想要解决差错并分析其原因则需继续审核。因此，此法适用于住宅工程或不具备全面审核条件的工程。

6. 重点审核法

重点审核法，是对工程概算或预算中的重点项目进行审核的方法，一般适用于工程量大或造价较高、工程结构复杂的工程。

7. 分解对比审核法

分解对比审核法，是把一个单位工程按直接费与间接费进行分解，然后再把直接费按工种和分部工程进行分解，分别与审定的标准预算进行对比分析的方法。

第三节 工程项目招标阶段投资控制

一、工程量清单的编制及计价

(一)一般规定

工程量清单是指载明建设工程分部分项工程项目、措施项目、其他项目的名称和相应数量以及规费、税金项目等内容的明细清单。工程量清单应采用综合单价计价。综合单价是指完成一个规定清单项目所需的人工费、材料和工程设备费、施工机具使用费和企业管理费、利润以及一定范围内的风险费用。

工程量清单的编制应符合下列规定:

(1)工程量清单编制使用统一的表格。

(2)扉页应按规定的内容填写、签字、盖章,由造价员编制的工程量清单应有负责审核的造价工程师签字、盖章。受委托编制的工程量清单,应有造价工程师签字、盖章以及工程造价咨询人盖章。

(3)总说明应按下列内容填写:

①工程概况,包括建设规模、工程特征、计划工期、施工现场实际情况、自然地理条件、环境保护要求等。

②工程招标和专业工程发包范围。

③工程量清单编制依据。

④工程质量、材料、施工等的特殊要求。

⑤其他需要说明的问题。

使用国有资金投资的建设工程发承包,必须采用工程量清单计价。非国有资金投资的建设工程,宜采用工程量清单计价。不采用工程量清单计价的建设工程,应执行《建设工程工程量清单计价规范》除工程量清单等专门性规定外的其他规定。

招标工程量清单是工程量清单计价的基础,应作为编制招标控制价、投标报价、计算或调整工程量、索赔等的依据之一。招标工程量清单是指招标人依据国家标准、招标文件、设计文件以及施工现场实际情况编制的,随招标文件发布供投标报价的工程量清单,包括其说明和表格。招标工程量清单应由具有编制能力的招标人或受其委托、具有相应资质的工程造价咨询人编制。

工程施工招标发包可采用多种方式,但采用工程量清单方式招标发包。招标人必须将工程量清单作为招标文件的组成部分,连同招标文件一并发(或售)给投标人。招标人对编制的招标工程量清单的准确性和完整性负责,投标人依据招标工程量清单进行投标报价。招标工程量清单应以单位(项)工程为单位编制,应由分部分项工程项目清单、措施项目清单、其他项目清单、规费和税金项目清单组成。

编制招标工程量清单应依据:

(1)《建设工程工程量清单计价规范》和相关工程的国家计量规范。

(2)国家或省级、行业建设主管部门颁发的计价定额和办法。

(3)建设工程设计文件及相关资料。

(4)与建设工程有关的标准、规范、技术资料。

(5)拟定的招标文件。

(6)施工现场情况、地勘水文资料、工程特点及常规施工方案。

(7)其他相关资料。

(二)工程量清单的编制要求

1. 分部分项工程项目清单

分部分项工程项目清单必须载明项目编码、项目名称、项目特征、计量单位和工程量，这五个要件在分部分项工程项目清单的组成中缺一不可。项目编码是指分部分项工程和措施项目清单名称的阿拉伯数字标识。项目特征是指构成分部分项工程项目、措施项目自身价值的本质特征。

分部分项工程项目清单必须根据相关工程现行国家计量规范规定的项目编码、项目名称、项目特征、计量单位和工程量计算规则进行编制。

2. 措施项目清单

措施项目清单必须根据相关工程现行国家计量规范的规定编制。措施项目清单的编制需考虑多种因素，除工程本身的因素外，还涉及水文、气象、环境、安全等因素。在编制措施项目清单时，因工程情况不同，出现计量规范中未列的措施项目，可根据工程的具体情况对措施项目清单作补充。

措施项目清单应根据拟建工程的实际情况列项。计量规范将措施项目划分为两类：一类是不能计算工程量的项目，如文明施工和安全防护、临时设施等，就以"项"计价，称为"总价项目"；另一类是可以计算工程量的项目，如脚手架、降水工程等，就以"量"计价，更有利于措施费的确定和调整，称为"单价项目"。

3. 其他项目清单

其他项目清单应按照下列内容列项：

(1)暂列金额。暂列金额应根据工程特点按有关计价规定估算。

(2)暂估价。暂估价包括材料暂估单价、工程设备暂估单价、专业工程暂估价。暂估价中的材料、工程设备暂估单价应根据工程造价信息或参照市场价格估算，列出明细表；专业工程暂估价应分不同专业，按有关计价规定估算，列出明细表。

(3)计日工。计日工应列出项目名称、计量单位和暂估数量。

(4)总承包服务费。总承包服务费应列出服务项目及其内容等。

工程建设标准的高低、工程的复杂程度、工程的工期长短、工程的组成内容、发包人对工程管理要求等都直接影响其他项目清单的具体内容，下列仅提供了四项内容作为列项参考，不足部分，可根据工程的具体情况进行补充：

(1)暂列金额是指招标人在工程量清单中暂定并包括在合同价款中的一笔款项，用于工程合同签订时尚未确定或者不可预见的所需材料、工程设备、服务的采购，施工中可能发生的工程变更、合同约定调整因素出现时的合同价款调整以及发生的索赔、现场签证确认等的费用。

(2)暂估价是指招标人在工程量清单中提供的用于支付必然发生但暂时不能确定价格的材料、工程设备的单价以及专业工程的金额。暂估价在招标阶段预见肯定要发生，只是因为标准不明确或者需要由专业承包人完成，暂时无法确定价格。

(3)计日工是指在施工过程中，承包人完成发包人提出的工程合同范围以外的零星项目或工作，按合同中约定的单价计价的一种方式。国际上常见的标准合同条款中，大多数都设立了计日工计价机制。计日工对完成零星工作所消耗的人工工时、材料数量、施工机械台班进行计量,并按照计日工表中填报的适用项目的单价进行计价支付。计日工适用的所谓零星工作一般是指合同约定之外或者因变更而产生的、工程量清单中没有相应项目的额外工作,尤其是那些时间不允许事先商定价格的额外工作。

(4)总承包服务费是指总承包人为配合协调发包人进行的专业工程发包,对发包人自行采购的材料、工程设备等进行保管以及施工现场管理、竣工资料汇总整理等服务所需的费用。招标人应预计该项费用,并按投标人的投标报价向投标人支付该项费用。

4. 规费项目清单

规费项目清单应按照下列内容列项:

(1)社会保险费,包括养老保险费、失业保险费、医疗保险费、生育保险费、工伤保险费。

(2)住房公积金。

规费作为政府和有关权力部门规定必须缴纳的费用,出现上述未列的项目,编制人在编制规费项目清单时应根据省级政府或省级有关权力部门的规定列项。

5. 税金项目清单

建筑安装工程费用的税金是指国家税法规定应计入建筑安装工程造价内的增值税销项税额。

典型例题

【多选题】根据《建设工程工程量清单计价规范》,下列清单中,属于招标工程量清单编制内容的有( )。

A. 规费和税金清单　　B. 措施项目费清单

C. 其他项目费清单　　D. 零星工程费清单

E. 分部分项工程费清单

ABCE。【解析】《建设工程工程量清单计价规范》第 4.1.4 条规定,招标工程量清单应以单位(项)工程为单位编制,应由分部分项工程项目清单、措施项目清单、其他项目清单、规费和税金清单组成。

(三)工程量清单的计价要求

1. 工程量清单计价方式

工程量清单计价的方式如表 6-1 所示。

表 6-1　工程量清单计价的方式

方法	计算公式
工料单价法	人工费 + 材料费 + 施工机具使用费
综合单价法	人工费 + 材料费 + 施工机具使用费 + 管理费 + 利润
全费用单价法	人工费 + 材料费 + 施工机具使用费 + 管理费 + 利润 + 规费 + 税金

实行工程量清单计价应采用综合单价法。利用综合单价法计算出各清单项目的费用,再汇总求和得到工程报价。实行工程量清单计价方式的单位工程报价如下:

$$建设项目总报价 = \sum 单项工程报价$$

$$单项工程报价 = \sum 单位工程报价$$

$$单位工程报价 = 分部分项工程费 + 措施项目费 + 其他项目费 + 规费 + 税金$$

2. 分部分项工程费

$$分部分项工程费 = \sum(分部分项工程量 \times 综合单价)$$

式中，综合单价包括人工费、材料费、施工机具使用费、企业管理费和利润以及一定范围的风险费用。招标文件的工程量清单中显示的工程量是编制人员按施工图图示尺寸和清单工程量计算规则计算得到的工程净量，它是招标人编制招标控制价和投标人投标报价的共同基础。

3. 措施项目费

对可以计算工程量的措施项目，应按分部分项工程量清单的方式采用综合单价计价；其余的措施项目可以“项”为单位的方式计价，应包括除规费、税金外的全部费用。公式如下：

$$措施项目费 = \sum(措施项目工程量 \times 综合单价)$$

措施项目清单的计价可采用：

(1)定额计价，如脚手架、模板套用定额。

(2)实物计价，如安全措施费。

(3)参数计价，如文明施工，采用费率方式计算。

(4)分包计价。

措施项目中的安全文明施工费必须按国家或省级、行业建设主管部门的规定计算，不得作为竞争性费用。

典型例题

【多选题】下列措施费用中，适合采用参数法计价的有(　　)。

A. 脚手架搭设　　B. 夜间施工

C. 冬雨期施工　　D. 二次搬运

E. 混凝土模板拆除

BCD。【解析】措施项目费的计算方法包括综合单价计价、参数法计价和分包法计价等。其中，参数法计价是指采用规定的基数与系数相乘的方法或自定义公式的计算方法，措施项目费中的夜间施工、冬雨期施工和二次搬运均可采用该方法计价。选项A，E适用于综合单价法。

4. 其他项目费

其他项目费的计算公式如下：

$$其他项目费 = 暂列金额 + 暂估价 + 计日工 + 总承包服务费$$

5. 规费和税金

规费和税金必须按国家或省级、行业建设主管部门的规定计算，不得作为竞争性费用。

二、招标控制价的编制

(一)一般规定

招标控制价是指招标人根据国家或省级、行业建设主管部门颁发的有关计价依据和办法，以及拟定的招标文件和招标工程量清单，结合工程具体情况编制的招标工程的最高投标限价。

我国对国有资金投资项目的投资控制实行的是投资概算审批制度，国有资金投资的工程原则上不能超过批准的投资概算。国有资金投资的工程实行工程量清单招标,为了客观、合理地评审投标报价和避免哄抬标价,避免造成国有资产流失,招标人必须编制招标控制价,规定最高投标限价。

招标控制价应由具有编制能力的招标人或受其委托具有相应资质的工程造价咨询人编制和复核。工程造价咨询人接受招标人委托编制招标控制价,不得再就同一工程接受投标人委托编制投标报价。当招标控制价超过批准的概算时,招标人应将其报原概算审批部门审核。

招标控制价的作用决定了招标控制价不同于标底,无需保密。为体现招标的公平、公正性,防止招标人有意抬高或压低工程造价,招标人应在招标文件中如实公布招标控制价,同时,招标人应将招标控制价报工程所在地或有该工程管辖权的行业管理部门的工程造价管理机构备查。

(二)编制与复核

招标控制价应根据下列依据编制与复核,不应上调或下浮:

(1)《建设工程工程量清单计价规范》。

(2)国家或省级、行业建设主管部门颁发的计价定额和计价办法。

(3)建设工程设计文件及相关资料。

(4)拟定的招标文件及招标工程量清单。

(5)与建设项目相关的标准、规范、技术资料。

(6)施工现场情况、工程特点及常规施工方案。

(7)工程造价管理机构发布的工程造价信息,当工程造价信息没有发布时,参照市场价。

(8)其他的相关资料。

为使招标控制价与投标报价所包含的内容一致,综合单价中应包括招标文件中要求投标人承担的风险内容及其范围(幅度)产生的风险费用。招标文件中没有明确的,如是工程造价咨询人编制,应提请招标人明确;如是招标人编制,应予明确。

分部分项工程和措施项目中的单价项目,应根据拟定的招标文件和招标工程量清单项目中的特征描述及有关要求确定综合单价计算。措施项目中的总价项目应根据拟定的招标文件和常规施工方案按相关规定计价。

其他项目应按下列规定计价:

(1)暂列金额应按招标工程量清单中列出的金额填写。暂列金额由招标人根据工程特点、工期长短,按有关计价规定进行估算确定,一般可以分部分项工程费的10% ~15%为参考。

(2)暂估价中的材料、工程设备单价应按招标工程量清单中列出的单价计入综合单价。材料单价应按照工程造价管理机构发布的工程造价信息或参考市场价格确定。

(3)暂估价中的专业工程金额应按招标工程量清单中列出的金额填写。专业工程暂估价应分不同专业,按有关计价规定估算。

(4)计日工应按招标工程量清单中列出的项目根据工程特点和有关计价依据确定综合单价计算。

(5)总承包服务费应根据招标工程量清单列出的内容和要求估算。招标人应根据招标文件中列出的内容和向总承包人提出的要求参照下列标准计算:

①招标人仅要求对分包的专业工程进行总承包管理和协调时,按分包的专业工程估算造价的1.5%计算。

②招标人要求对分包的专业工程进行总承包管理和协调并同时要求提供配合服务时，根据招标文件中列出的配合服务内容和提出的要求按分包的专业工程估算造价的3%～5%计算。

③招标人自行供应材料的，按招标人供应材料价值的1%计算。

典型例题

【单选题】下列不属于招标控制价的编制依据的是(　　)。

A. 特殊施工方案　　B. 施工现场情况

C. 建设工程设计文件　　D. 拟定的招标工程量清单

A。【解析】施工现场情况、建设工程设计文件以及拟定的招标工程量清单均属于招标控制价的编制依据。编制的其他依据详见上文。

第四节　工程项目施工阶段投资控制

一、项目资金使用计划的编制

项目管理机构应编制项目资金需求计划、收入计划和使用计划。

项目资金收支管理、资金使用成本管理、资金风险管理应满足项目的规定要求。

项目管理机构应按资金使用计划控制资金使用，节约开支；应按会计制度规定设立资金台账，记录项目资金收支情况，实施财务核算和盈亏盘点。

项目管理机构可编制年、季、月度(周)资金管理计划。项目管理机构需将资金管理计划进行分解，制定相应的季度或月度资金计划，作为资金收取和支付的依据。

工程造价咨询企业应根据发承包合同约定及项目实施计划编制项目资金使用计划。项目资金使用计划应根据施工合同和批准的施工组织设计进行编制，应与计划工期、预付款支付时间、进度款支付节点、竣工结算支付节点等相符。工程造价咨询企业应根据项目标段的变化、施工组织设计的调整、建设单位资金状况适时调整项目资金使用计划。

工程造价咨询企业应根据由粗到细、由近期及远期、逐期调整的原则编制项目资金使用计划，具体步骤与方法如下：

(1)对比与设计阶段编制的项目资金使用计划是否存在较大偏差，如果存在较大偏差，则应分析原因并向委托人提出相关建议。

(2)资金使用计划应根据项目实施计划编制，并结合已签署的发承包合同适时调整更新。对尚未签署的发承包合同可参照项目概算或目标成本编制。

(3)当期项目资金使用计划中，对于可相对准确预期的近期(如三个月之内)资金流可采用较短的计算周期(如按月度)为单位；对于中远期(如三个月之后)的资金流可适当增加计算周期(如季度或半年度)为单位。

(4)对于经批准的概算或目标成本占比较大的发承包合同，当合同金额与目标成本发生较大偏差时，应实时调整资金使用计划。

随着建设资金的筹措方式多元化，建设单位需要专业造价咨询单位能及时提供项目资金的使用计划，以便于提前做好相应的资金筹措安排。工程造价咨询企业宜在造价咨询合同中明确项目资金使用计划的具体编制范围,如明确仅要求提供建安工程费用资金使用计划,或者除建安工程费用外还须包括工程建设其他费用的项目资金使用计划等。

项目投资目标的分解是编制资金使用计划最重要的步骤,其按照投资控制目标和要求的不同可分为按时间、按子项目、按投资构成分解三种类型。

二、合同价款支付

(一)预付款

预付款用于承包人为合同工程施工购置材料、工程设备、施工设备、修建临时设施以及组织施工队伍进场等。预付款的额度和预付办法在合同中约定。预付款必须专用于合同工程。

1. 预付款保函

除合同另有约定外,承包人应在收到预付款的同时向发包人提交预付款保函,预付款保函的担保金额应与预付款金额相同。保函的担保金额可根据预付款扣回的金额相应递减。

2. 预付款的扣回与还清

预付款在进度付款中扣回,扣回办法在合同中约定。在颁发工程接收证书前,由于不可抗力或其他原因解除合同时,预付款尚未扣清的,尚未扣清的预付款余额应作为承包人的到期应付款。

(二)进度付款

1. 付款周期

付款周期同工程量计量周期。

2. 进度付款申请单

承包人应在每个付款周期末,按经监理人批准的格式和合同约定的份数,向监理人提交进度付款申请单,并附相应的支持性证明文件。

3. 进度付款证书和支付时间

监理人在收到承包人进度付款申请单以及相应的支持性证明文件后的 14 天内完成核查,提出发包人到期应支付给承包人的金额以及相应的支持性材料,经发包人审查同意后,由监理人向承包人出具经发包人签认的进度付款证书。

发包人应在监理人收到进度付款申请单后的 28 天内,将进度应付款支付给承包人。发包人不按期支付的,按合同的约定支付逾期付款违约金。

提示

其他相关内容见本书第四章合同管理。

4. 工程进度付款的修正

在对以往历次已签发的进度付款证书进行汇总和复核中发现错、漏或重复的,监理人有权予以修正,承包人也有权提出修正申请。经双方复核同意的修正,应在本次进度付款中支付或扣除。

(三)竣工结算

1. 竣工付款申请单

工程接收证书颁发后,承包人应按合同约定的份数和期限向监理人提交竣工付款申请单,并提供相关证明材料。除合同另有约定外,竣工付款申请单应包括下列内容:竣工结算合同总价、发包人已支付承包人的工程价款、应扣留的质量保证金、应支付的竣工付款金额。

监理人对竣工付款申请单有异议的,有权要求承包人进行修正和提供补充资料。经监理人和承包人协商后,由承包人向监理人提交修正后的竣工付款申请单。

2. 竣工付款证书及支付时间

监理人在收到承包人提交的竣工付款申请单后的 14 天内完成核查,提出发包人到期应支付给承包人的价款送发包人审核并抄送承包人。发包人应在收到后 14 天内审核完毕,由监理人向承包人出具经发包人签认的竣工付款证书。监理人未在约定时间内核查,又未提出具体意见的,视为承包人提交的竣工付款申请单已经监理人核查同意;发包人未在约定时间内审核又未提出具体意见的,监理人提出发包人到期应支付给承包人的价款视为已经发包人同意。

发包人应在监理人出具竣工付款证书后的 14 天内,将应支付款支付给承包人。发包人不按期支付的,按约定将逾期付款违约金支付给承包人。

承包人对发包人签认的竣工付款证书有异议的,发包人可出具竣工付款申请单中承包人已同意部分的临时付款证书。存在争议的部分,按约定办理。

竣工付款涉及政府投资资金的,按约定办理。

(四)最终结清

1. 最终结清申请单

缺陷责任期终止证书签发后,承包人可按合同约定的份数和期限向监理人提交最终结清申请单,并提供相关证明材料。

发包人对最终结清申请单内容有异议的,有权要求承包人进行修正和提供补充资料,由承包人向监理人提交修正后的最终结清申请单。

2. 最终结清证书和支付时间

监理人收到承包人提交的最终结清申请单后的 14 天内,提出发包人应支付给承包人的价款送发包人审核并抄送承包人。发包人应在收到后 14 天内审核完毕,由监理人向承包人出具经发包人签认的最终结清证书。监理人未在约定时间内核查,又未提出具体意见的,视为承包人提交的最终结清申请已经监理人核查同意;发包人未在约定时间内审核又未提出具体意见的,监理人提出应支付给承包人的价款视为已经发包人同意。

发包人应在监理人出具最终结清证书后的 14 天内,将应支付款支付给承包人。发包人不按期支付的,按约定将逾期付款违约金支付给承包人。

承包人对发包人签认的最终结清证书有异议的,按约定办理。

最终结清付款涉及政府投资资金的,按约定办理。

(五)质量保证金

经合同当事人协商一致扣留质量保证金的,应在专用合同条款中予以明确。在工程项目竣工前,承包人已经提供履约担保的,发包人不得同时预留工程质量保证金。

1. 承包人提供质量保证金的方式

承包人提供质量保证金有以下三种方式:

(1)质量保证金保函。

(2)相应比例的工程款。

(3)双方约定的其他方式。

除专用合同条款另有约定外,质量保证金原则上采用上述第(1)种方式。

2. 质量保证金的扣留

质量保证金的扣留有以下三种方式:

(1)在支付工程进度款时逐次扣留,在此情形下,质量保证金的计算基数不包括预付款的支付、扣回以及价格调整的金额。

(2)工程竣工结算时一次性扣留质量保证金。

(3)双方约定的其他扣留方式。

除专用合同条款另有约定外,质量保证金的扣留原则上采用上述第(1)种方式。

发包人累计扣留的质量保证金不得超过工程价款结算总额的3%。如承包人在发包人签发竣工付款证书后28天内提交质量保证金保函,发包人应同时退还扣留的作为质量保证金的工程价款;保函金额不得超过工程价款结算总额的3%。

发包人在退还质量保证金的同时按照中国人民银行发布的同期同类贷款基准利率支付利息。

3. 质量保证金的退还

质量保证金退还的具体内容可参考第四章第二节“工程项目施工合同管理”中的相应内容。

提示

发包人和承包人对保证金预留、返还以及工程维修质量、费用有争议的,按合同约定的争议和纠纷解决程序处理

典型例题

【单选题】承包人提供质量保证金的方式原则上采用(　　)。

A. 相应比例的工程款　　B. 质量保证金保函

C. 相应额度的担保物　　D. 相应额度的现金

B。【解析】根据《建设工程施工合同(示范文本)》,承包人提供质量保证金有三种方式。除专用合同条款另有约定外,质量保证金原则上应采用质量保证金保函的方式。

三、合同价款调整

(一)一般规定

下列事项(但不限于)发生,发承包双方应当按照合同约定调整合同价款:法律法规变化;工程变更;项目特征不符;工程量清单缺项;工程量偏差;计日工;物价变化;暂估价;不可抗力;提前竣工(赶工补偿);误期赔偿;索赔;现场签证;暂列金额;发承包双方约定的其他调整事项。

出现合同价款调增事项(不含工程量偏差、计日工、现场签证、索赔)后的 14 天内,承包人应向发包人提交合同价款调增报告并附上相关资料;承包人在 14 天内未提交合同价款调增报告的,应视为承包人对该事项不存在调整价款请求。

出现合同价款调减事项(不含工程量偏差、索赔)后的 14 天内,发包人应向承包人提交合同价款调减报告并附相关资料;发包人在 14 天内未提交合同价款调减报告的,应视为发包人对该事项不存在调整价款请求。

发(承)包人应在收到承(发)包人合同价款调增(减)报告及相关资料之日起 14 天内对其核实,予以确认的应书面通知承(发)包人。当有疑问时,应向承(发)包人提出协商意见。发(承)包人在收到合同价款调增(减)报告之日起 14 天内未确认也未提出协商意见的,应视为承(发)包人提交的合同价款调增(减)报告已被发(承)包人认可。发(承)包人提出协商意见的,承(发)包人应在收到协商意见后的 14 天内对其核实,予以确认的应书面通知发(承)包人。承(发)包人在收到发(承)包人的协商意见后 14 天内既不确认也未提出不同意见的,应视为发(承)包人提出的意见已被承(发)包人认可。

发包人与承包人对合同价款调整的不同意见不能达成一致的,只要对发承包双方履约不产生实质影响,双方应继续履行合同义务,直到其按照合同约定的争议解决方式得到处理。

经发承包双方确认调整的合同价款,作为追加(减)合同价款,应与工程进度款或结算款同期支付。

(二)法律法规变化

招标工程以投标截止日前 28 天、非招标工程以合同签订前 28 天为基准日,其后因国家的法律、法规、规章和政策发生变化引起工程造价增减变化的,发承包双方应按照省级或行业建设主管部门或其授权的工程造价管理机构据此发布的规定调整合同价款。

因承包人原因导致工期延误的,按规定的调整时间,在合同工程原定竣工时间之后,合同价款调增的不予调整,合同价款调减的予以调整。

(三)工程变更

因工程变更引起已标价工程量清单项目或其工程数量发生变化时,应按照下列规定调整:

(1)已标价工程量清单中有适用于变更工程项目的,应采用该项目的单价;但当工程变更导致该清单项目的工程数量发生变化,且工程量偏差超过 15% 时,该项目单价应按照规定调整。

(2)已标价工程量清单中没有适用但有类似于变更工程项目的,可在合理范围内参照类似项目的单价。

(3)已标价工程量清单中没有适用也没有类似于变更工程项目的,应由承包人根据变更工程资料、计量规则和计价办法、工程造价管理机构发布的信息价格和承包人报价浮动率提出变更工程项目的单价,并应报发包人确认后调整。承包人报价浮动率可按下列公式计算:

招标工程:

$$承包人报价浮动率\ L=(1-中标价/招标控制价)\times 100\%$$

非招标工程:

$$承包人报价浮动率\ L=(1-报价/施工图预算)\times 100\%$$

(4)已标价工程量清单中没有适用也没有类似于变更工程项目,且工程造价管理机构发布的信息价格缺价的,应由承包人根据变更工程资料、计量规则、计价办法和通过市场调查等取得有合法依据的市场价格提出变更工程项目的单价,并应报发包人确认后调整。

工程变更引起施工方案改变并使措施项目发生变化时,承包人提出调整措施项目费的,应事先将拟实施的方案提交发包人确认,并应详细说明与原方案措施项目相比的变化情况。拟实施的方案经发承包双方确认后执行,并应按照下列规定调整措施项目费:

(1)安全文明施工费应按照实际发生变化的措施项目依据规定计算。

(2)采用单价计算的措施项目费,应按照实际发生变化的措施项目,按规定确定单价。

(3)按总价(或系数)计算的措施项目费,按照实际发生变化的措施项目调整,但应考虑承包人报价浮动因素,即调整金额按照实际调整金额乘以规定的承包人报价浮动率计算。

如果承包人未事先将拟实施的方案提交给发包人确认,则应视为工程变更不引起措施项目费的调整或承包人放弃调整措施项目费的权利。

当发包人提出的工程变更因非承包人原因删减了合同中的某项原定工作或工程,致使承包人发生的费用或(和)得到的收益不能被包括在其他已支付或应支付的项目中,也未被包含在任何替代的工作或工程中时,承包人有权提出并应得到合理的费用及利润补偿。

(四)项目特征不符

发包人在招标工程量清单中对项目特征的描述,应被认为是准确的和全面的,并且与实际施工要求相符合。承包人应按照发包人提供的招标工程量清单,根据项目特征描述的内容及有关要求实施合同工程,直到项目被改变为止。

承包人应按照发包人提供的设计图纸实施合同工程,若在合同履行期间出现设计图纸(含设计变更)与招标工程量清单任一项目的特征描述不符,且该变化引起该项目工程造价增减变化的,应按照实际施工的项目特征,按规定重新确定相应工程量清单项目的综合单价,并调整合同价款。

(五)工程量清单缺项

合同履行期间,由于招标工程量清单中缺项,新增分部分项工程清单项目的,应按照规定确定单价,并调整合同价款。

新增分部分项工程清单项目后,引起措施项目发生变化的,应按照规定,在承包人提交的实施方案被发包人批准后调整合同价款。

由于招标工程量清单中措施项目缺项,承包人应将新增措施项目实施方案提交发包人批准后,按照规定调整合同价款。

(六)工程量偏差

合同履行期间,当应予计算的实际工程量与招标工程量清单出现偏差,且符合规定时,发承包双方应调整合同价款。

对于任一招标工程量清单项目,当因规定的工程量偏差和工程变更等原因导致工程量偏差超过15%时,可进行调整。当工程量增加15%以上时,增加部分的工程量的综合单价应予调低;当工程量减少15%以上时,减少后剩余部分的工程量的综合单价应予调高。可按下列公式调整:

(1)当 $Q_1 > 1.15Q_0$ 时:

$$S = 1.15Q_0 \times P_0 + (Q_1 - 1.15Q_0) \times P_1$$

(2)当 $Q_1 < 0.85Q_0$ 时:

$$S = Q_1 \times P_1$$

式中,S 为调整后的某一分部分项工程费结算价;Q_1 为最终完成的工程量;Q_0 为招标工程量清单中列出的工程量;P_1 为按照最终完成工程量重新调整后的综合单价;P_0 为承包人在工程量清单中填报的综合单价。

当工程量出现上述变化，且该变化引起相关措施项目相应发生变化时，按系数或单一总价方式计价的，工程量增加的措施项目费调增，工程量减少的措施项目费调减。

典型例题

【单选题】某工程计划工程量为16 m，计划费用为60元/m，实际进行中，出现工程量偏差，按实际费用50元/m。经确认的工程量为20 m，最终结算费用为(　　)元。

A. 1 000　　B. 1 184

C. 1 194　　D. 1 200

B。【解析】根据题干，合同约定范围内(15%以内)的工程款为：16×(1+15%)×60=1 104(万元)；超过15%之后部分工程量的工程款为：[20－16×(1+15%)]×50=80(万元)。则最终结算费用为：1 104+80=1 184(万元)。

(七)计日工

发包人通知承包人以计日工方式实施的零星工作，承包人应予执行。

采用计日工计价的任何一项变更工作，在该项变更的实施过程中，承包人应按合同约定提交下列报表和有关凭证送发包人复核：

(1)工作名称、内容和数量。

(2)投入该工作所有人员的姓名、工种、级别和耗用工时。

(3)投入该工作的材料名称、类别和数量。

(4)投入该工作的施工设备型号、台数和耗用台时。

(5)发包人要求提交的其他资料和凭证。

任一计日工项目持续进行时，承包人应在该项工作实施结束后的24小时内向发包人提交有计日工记录汇总的现场签证报告一式三份。发包人在收到承包人提交现场签证报告后的2天内予以确认并将其中一份返还给承包人，作为计日工计价和支付的依据。发包人逾期未确认也未提出修改意见的，应视为承包人提交的现场签证报告已被发包人认可。

任一计日工项目实施结束后，承包人应按照确认的计日工现场签证报告核实该类项目的工程数量，并应根据核实的工程数量和承包人已标价工程量清单中的计日工单价计算，提出应付价款；已标价工程量清单中没有该类计日工单价的，由发承包双方按规定商定计日工单价计算。

每个支付期末，承包人应按照规定向发包人提交本期间所有计日工记录的签证汇总表，并应说明本期间自己认为有权得到的计日工金额，调整合同价款，列入进度款支付。

(八)物价变化

合同履行期间，因人工、材料、工程设备、机械台班价格波动影响合同价款时，应根据合同约定，按规定调整合同价款。

承包人采购材料和工程设备的，应在合同中约定主要材料、工程设备价格变化的范围或幅度；当没有约定，且材料、工程设备单价变化超过5%时，超过部分的价格应按照规定方法计算调整材料、工程设备费。

发生合同工程工期延误的，应按照下列规定确定合同履行期的价格调整：

(1)因非承包人原因导致工期延误的，计划进度日期后续工程的价格，应采用计划进度日期与实际进度日期两者的较高者。

(2)因承包人原因导致工期延误的，计划进度日期后续工程的价格，应采用计划进度日期与实际进度日期两者的较低者。

发包人供应材料和工程设备的，不适用上述规定，应由发包人按照实际变化调整，列入合同工程的工程造价内。

物价变化合同价款调整方法包括：

(1)采用价格指数调整价格差额。

①价格调整公式。因人工、材料和工程设备、施工机械台班等价格波动影响合同价格时，根据招标人提供的承包人提供主要材料和工程设备一览表，并由投标人在投标函附录中的价格指数和权重表约定的数据，应按下式计算差额并调整合同价款：

$$\Delta P = P_0\left[A + \left(B_1 \times \frac{F_{t1}}{F_{01}} + B_2 \times \frac{F_{t2}}{F_{02}} + B_3 \times \frac{F_{t3}}{F_{03}} + \cdots + B_n \times \frac{F_{tn}}{F_{0n}}\right) - 1\right]$$

式中，ΔP 为需调整的价格差额；P_0 为约定的付款证书中承包人应得到的已完成工程量的金额。此项金额应不包括价格调整、不计质量保证金的扣留和支付、预付款的支付和扣回。约定的变更及其他金额已按现行价格计价的，也不计在内；A 为定值权重（即不调部分的权重）；$B_1, B_2, B_3, \cdots, B_n$ 为各可调因子的变值权重（即可调部分的权重），为各可调因子在投标函投标总报价中所占的比例；$F_{t1}, F_{t2}, F_{t3}, \cdots, F_{tn}$ 为各可调因子的现行价格指数，指约定的付款证书相关周期最后一天的前42天的各可调因子的价格指数；$F_{01}, F_{02}, F_{03}, \cdots, F_{0n}$ 为各可调因子的基本价格指数，指基准日期的各可调因子的价格指数。

以上价格调整公式中的各可调因子、定值和变值权重，以及基本价格指数及其来源在投标函附录价格指数和权重表中约定。价格指数应首先采用工程造价管理机构提供的价格指数，缺乏上述价格指数时，可采用工程造价管理机构提供的价格代替。

②暂时确定调整差额。在计算调整差额时得不到现行价格指数的，可暂用上一次价格指数计算，并在以后的付款中再按实际价格指数进行调整。

③权重的调整。约定的变更导致原定合同中的权重不合理时，由承包人和发包人协商后进行调整。

④承包人工期延误后的价格调整。由于承包人原因未在约定的工期内竣工的，对原约定竣工日期后继续施工的工程，在使用价格调整公式时，应采用原约定竣工日期与实际竣工日期的两个价格指数中较低的一个作为现行价格指数。

(2)采用造价信息调整价格差额。

施工期内，因人工、材料和工程设备、施工机械台班价格波动影响合同价格时，人工、机械使用费按照国家或省、自治区、直辖市建设行政管理部门、行业建设管理部门或其授权的工程造价管理机构发布的人工成本信息、机械台班单价或机械使用费系数进行调整；需要进行价格调整的材料，其单价和采购数应由发包人复核，发包人确认需调整的材料单价及数量，作为调整合同价款差额的依据。

人工单价发生变化且符合应由发包人承担的影响合同价款调整的因素时，发承包双方应按省级或行业建设主管部门或其授权的工程造价管理机构发布的人工成本文件调整合同价款。

材料、工程设备价格变化按照发包人提供的承包人提供主要材料和工程设备一览表，由发承包双方约定的风险范围按下列规定调整合同价款：

①承包人投标报价中材料单价低于基准单价：施工期间材料单价涨幅以基准单价为基础超过合同约定的风险幅度值，或材料单价跌幅以投标报价为基础超过合同约定的风险幅度值时，其超过部分按实调整。

②承包人投标报价中材料单价高于基准单价：施工期间材料单价跌幅以基准单价为基

础超过合同约定的风险幅度值，或材料单价涨幅以投标报价为基础超过合同约定的风险幅度值时，其超过部分按实调整。

③承包人投标报价中材料单价等于基准单价：施工期间材料单价涨、跌幅以基准单价为基础超过合同约定的风险幅度值时，其超过部分按实调整。

④承包人应在采购材料前将采购数量和新的材料单价报送发包人核对，确认用于本合同工程时，发包人应确认采购材料的数量和单价。发包人在收到承包人报送的确认资料后3个工作日不予答复的视为已经认可，作为调整合同价款的依据。如果承包人未报经发包人核对即自行采购材料，再报发包人确认调整合同价款的，如发包人不同意，则不作调整。

施工机械台班单价或施工机械使用费发生变化超过省级或行业建设主管部门或其授权的工程造价管理机构规定的范围时，按其规定调整合同价款。

典型例题

【单选题】根据《建设工程施工合同（示范文本）》，招标工程的价格调整公式中的变值权重在（　　）中约定范围。

A. 合同专用条款　　B. 投标函附录

C. 合同补充条款　　D. 投标报价说明

B。【解析】根据《建设工程施工合同（示范文本）》，价格调整公式中的各可调因子、定值和变值权重，以及基本价格指数及其来源在投标函附录价格指数和权重表中约定，非招标订立的合同，由合同当事人在专用合同条款中约定。

（九）暂估价

发包人在招标工程量清单中给定暂估价的材料、工程设备属于依法必须招标的，应由发承包双方以招标的方式选择供应商，确定价格，并应以此为依据取代暂估价，调整合同价款。

发包人在招标工程量清单中给定暂估价的材料、工程设备不属于依法必须招标的，应由承包人按照合同约定采购，经发包人确认单价后取代暂估价，调整合同价款。

发包人在工程量清单中给定暂估价的专业工程不属于依法必须招标的，应按照相关规定确定专业工程价款，并应以此为依据取代专业工程暂估价，调整合同价款。

发包人在招标工程量清单中给定暂估价的专业工程，依法必须招标的，应当由发承包双方依法组织招标选择专业分包人，并接受有管辖权的建设工程招标投标管理机构的监督，还应符合下列要求：

(1)除合同另有约定外，承包人不参加投标的专业工程发包招标，应由承包人作为招标人，但拟定的招标文件、评标工作、评标结果应报送发包人批准。与组织招标工作有关的费用应当被认为已经包括在承包人的签约合同价（投标总报价）中。

(2)承包人参加投标的专业工程发包招标，应由发包人作为招标人，与组织招标工作有关的费用由发包人承担。同等条件下，应优先选择承包人中标。

(3)应以专业工程发包中标价为依据取代专业工程暂估价，调整合同价款。

（十）不可抗力

不可抗力的具体内容可参考第四章第二节“工程项目施工合同管理”中的相应内容。

（十一）提前竣工（赶工补偿）

招标人应依据相关工程的工期定额合理计算工期，压缩的工期天数不得超过定额工期的20%，超过者，应在招标文件中明示增加赶工费用。

发包人要求合同工程提前竣工的，应征得承包人同意后与承包人商定采取加快工程进度的措施,并应修订合同工程进度计划。发包人应承担承包人由此增加的提前竣工(赶工补偿)费用。

发承包双方应在合同中约定提前竣工每日历天应补偿额度,此项费用应作为增加合同价款列入竣工结算文件中,应与结算款一并支付。

(十二)误期赔偿

承包人未按照合同约定施工,导致实际进度迟于计划进度的,承包人应加快进度,实现合同工期。合同工程发生误期,承包人应赔偿发包人由此造成的损失,并应按照合同约定向发包人支付误期赔偿费。即使承包人支付误期赔偿费,也不能免除承包人按照合同约定应承担的任何责任和应履行的任何义务。

发承包双方应在合同中约定误期赔偿费,并应明确每日历天应赔额度。误期赔偿费应列入竣工结算文件中,并应在结算款中扣除。

在工程竣工之前,合同工程内的某单项(位)工程已通过了竣工验收,且该单项(位)工程接收证书中表明的竣工日期并未延误,而是合同工程的其他部分产生了工期延误时,误期赔偿费应按照已颁发工程接收证书的单项(位)工程造价占合同价款的比例幅度予以扣减。

(十三)索赔

索赔的具体内容可参考第四章第二节“工程项目施工合同管理”中的相应内容。

(十四)现场签证

承包人应发包人要求完成合同以外的零星项目、非承包人责任事件等工作的,发包人应及时以书面形式向承包人发出指令,并应提供所需的相关资料;承包人在收到指令后,应及时向发包人提出现场签证要求。

承包人应在收到发包人指令后的 7 天内向发包人提交现场签证报告,发包人应在收到现场签证报告后的 48 小时内对报告内容进行核实,予以确认或提出修改意见。发包人在收到承包人现场签证报告后的 48 小时内未确认也未提出修改意见的,应视为承包人提交的现场签证报告已被发包人认可。

现场签证的工作如已有相应的计日工单价,现场签证中应列明完成该类项目所需的人工、材料、工程设备和施工机械台班的数量。如现场签证的工作没有相应的计日工单价,应在现场签证报告中列明完成该签证工作所需的人工、材料设备和施工机械台班的数量及单价。

合同工程发生现场签证事项,未经发包人签证确认,承包人便擅自施工的,除非征得发包人书面同意,否则发生的费用应由承包人承担。

现场签证工作完成后的 7 天内,承包人应按照现场签证内容计算价款,报送发包人确认后,作为增加合同价款,与进度款同期支付。

在施工过程中,当发现合同工程内容因场地条件、地质水文、发包人要求等不一致时,承包人应提供所需的相关资料,并提交发包人签证认可,作为合同价款调整的依据。

(十五)暂列金额

已签约合同价中的暂列金额应由发包人掌握使用。发包人按照规定支付后,暂列金额余额应归发包人所有。

四、投资偏差分析方法

投资偏差是指工程项目在投资建设过程中,各阶段投资实际投入量与计划值的差额。

按工程建设程序，投资偏差可分为计划偏差和实际偏差。计划偏差是指投资主管部门在制订投资计划时，按工程量确定的投资计划值与实际需要量的差额，这部分偏差也可称之为决策偏差；实际偏差是指在建设过程中，受各种客观因素影响，如不可预见因素、物价、费率调整等造成的计划外增加的投资差额。为了使建设投资偏差原因的综合分析更加形象和直观，常常借助一些示意图和表格来进行分析。投资偏差分析可以采用横道图、表格法和挣值曲线等方法。

（一）横道图

横道图是用横线表示的工作（或工序）置于时间坐标之上，用以表示整个计划中各项工作（或工序）的起始时间和持续时间的工序流程图。此外，也可以用不同横道表示已完工程的计划投资、拟完成的投资和已完工程实际投资，用以进行投资偏差分析。

横道图简单直观，便于了解项目的项目成本概况，但这种方法的信息量较少，主要反映累计偏差和局部偏差，因而其应用有一定的局限性。

（二）表格法

表格法是指充分利用各类办公软件的表格功能，将成本项目编码、费用指标和偏差数值汇总到表格中，对各项数据进行运算对比，是进行偏差分析的一种常用方法。

用表格法分析某建设项目投资偏差原因时，首先需要汇总计算该建设项目已经完成的全部投资情况，然后针对各分部分项工程，分析确定其产生投资偏差的主要原因，注意此时不光要确定偏差产生的原因，还要用一些统计学的知识对收集的数据进行适当的处理，得到每种偏差原因出现的次数和发生的频率，以及该偏差原因相对于计划投资所产生的绝对偏差、平均绝对偏差和相对偏差，最后重新排列全部投资偏差原因，得到建设投资偏差原因综合分析表。

（三）挣值曲线

1. 挣值法基本概念

挣值分析法是在工程项目实施中使用较多的一种方法，是对项目进度和费用进行综合控制的一种有效方法。

挣值法的价值在于将项目的进度和费用综合度量，从而能准确描述项目的进展状态。挣值法的另一个重要优点是可以预测项目可能发生的工期滞后量和费用超支量，从而及时采取纠正措施，为项目管理和控制提供有效手段。

采用挣值管理技术对项目的费用、进度综合控制，可以克服过去费用、进度分开控制的缺点：即当费用超支时，很难判断是由于费用超出预算，还是由于进度提前；当费用低于预算时，很难判断是由于费用节省，还是由于进度拖延。引入挣值管理技术即可定量地判断进度、费用的执行效果。

2. 挣值法三个基本值

挣值法进行费用、进度综合分析控制用三个基本值来表示项目的实施状态，并以此预测项目可能的完工时间和完工时的可能成本，三个基本值是计划值 BCWS、挣值 BCWP、实际值 ACWP。

（1）计划值 BCWS，即计划工作预算投资。也就是说根据批准认可的进度计划和预算到某一时刻点应当完成的工作所需投入资金的累计值，可以理解为“计划要完成多少工作量”。这个值对衡量项目进度和项目成本都是一个基准。一般来说，BCWS 在工作实施过程中应保持不变，除非合同有变更。如果合同变更影响了工作的进度和成本，经过批准认可，

BCWS 也应作相应的更改。按我国的习惯,建设方一般将其称为“计划投资额”,承包商一般将其称为“计划完成产值”。

(2)挣值 BCWP,即已完工作预算投资。也就是说根据批准认可的预算,到某一时刻点已经完成的工作所需投入资金的累计值(已完成工作的货币体现),可以理解为“已经完成了多少工作量”。由于业主正是根据这个值对承包商完成的工程量进行支付,也就是承包商获得(挣得)的金额,故称挣值。按照我国的习惯,在建设方的角度挣值可称为“完成投资额”,在承包商的角度可称为“获得的工程价款”。

(3)实际值 ACWP,即已完工作实际投资。也就是说到某一时刻点已完成工作所实际花费的总金额,可以理解为“完成挣值花费了多少钱”。按照我国的习惯,在建设方的角度可称为“消耗投资额”,在承包商的角度可称为“实际支出成本”。

3. 挣值法四个评价指标

在三项基本参数的基础上,可以确定挣值法的四个评价指标:投资差值 CV、进度差值 SV、投资绩效指数 CPI 和进度绩效指数 SPI,它们也都是时间的函数。

(1)投资差值 CV。CV 是某个日期检查点上挣值 BCWP 与实际值 ACWP 之间的差值,用来反映项目进展的费用差异,即 CV = BCWP - ACWP。当 CV = 0 时,表示实际投资与预算投资相符。当 CV > 0 时,表示实际投资低于预算投资,即成本节余。当 CV < 0 时,表示实际投资高于预算投资,即成本超支。若在几个不同的检查点都出现 CV < 0 的问题,则说明项目成本执行效果不好。

(2)进度差值 SV。SV 是某个日期检查点上挣值 BCWP 与计划值 BCWS 之间的差值,用来反映项目进展的进度差异,即 SV = BCWP - BCWS。当 SV = 0 时,表示实际进度与计划进度相符;当 SV > 0 时,表示进度提前;当 SV < 0 时,表示进度延误。

(3)投资绩效指数 CPI。CPI 是指挣值与实际值的比值,即 CPI = BCWP/ACWP。当 CPI > 1 时,表示成本节余,即实际投资低于预算投资;当 CPI < 1 时,表示成本超支,即实际投资高于预算投资。

(4)进度绩效指数 SPI。SPI 是指挣值与计划值的比值,即 SPI = BCWP/BCWS。当 SPI > 1 时,表示进度提前,即实际进度比计划进度快;当 SPI < 1 时,表示进度延误,即实际进度比计划进度拖后。

4. 挣值曲线的实际分析

根据《建设项目工程总承包管理规范》,在项目实施过程中,以上三个参数可以形成三条曲线,即 BCWS,BCWP,ACWP 曲线,如图 6-4 所示。

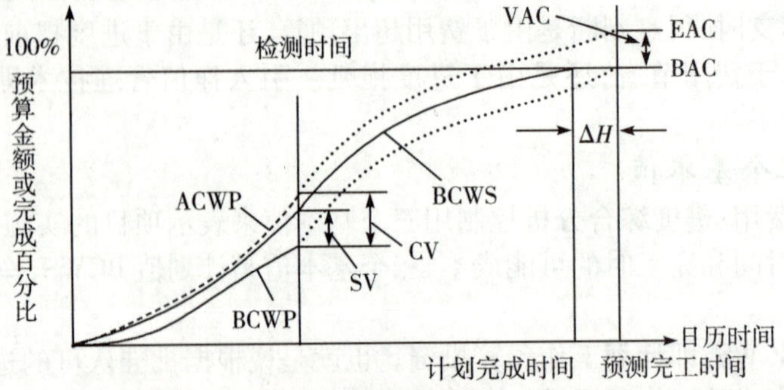

图 6-4 挣值曲线

CV 为 BCWP 和 ACWP 的差值,由于两项参数均以已完工作为计算基准,所以两项参数之差,反映项目进展的费用偏差。

SV 为 BCWP 和 BCWS 的差值，由于两项参数均以预算值作为计算基准，所以两者之差，反映项目进展的进度偏差。

采用挣值管理技术，除了可以进行费用、进度综合控制外，还可以根据当前的进度、费用偏差情况，通过原因分析，对趋势进行预测，预测项目结束时的进度、费用情况。

另外，BAC 为项目完工预算。EAC 为预测的项目完工估算。VAC 为预测项目完工时的费用偏差。即有 VAC = BAC - EAC。

典型例题

【单选题】运用进度偏差、进度绩效指数等指标进行工程项目绩效评价的方法是(　　)。

A. 关键绩效指标法　　B. 平衡计分卡法

C. 挣值法　　D. 逻辑框架法

C。【解析】挣值法从时间与费用的角度去分析问题，是常用的一种评价绩效、进度的方法，现在通常采用它来进行投资偏差分析。关于挣值法的四个评价指标和三个参数是考试要点，应熟练掌握，避免混淆。

【单选题】某工程项目，已完工作预算投资为 8 000 万元，已完工作实际投资为 8 600 万元，计划工作预算投资为 7 800 万元，计算该工程的投资偏差和进度偏差分别为(　　)万元。

A. 600，200　　B. 600，-200

C. -600，200　　D. -600，-200

C。【解析】本题投资偏差 = 8 000 - 8 600 = -600(万元)；进度偏差 = 8 000 - 7 800 = 200(万元)。

五、投资偏差原因和纠正措施

项目管理机构投资控制应依据下列内容：合同文件；投资计划；进度报告；工程变更与索赔资料；各种资源的市场信息。

项目投资控制应遵循的程序为：确定项目投资管理分层次目标→采集投资数据，监测投资形成过程→找出偏差，分析原因→制定对策，纠正偏差→调整改进投资管理方法。

(一) 投资偏差原因

一般来讲，可以从四个方面去归纳建设投资偏差的产生原因：

(1) 客观原因，主要包括劳动力价格变化、材料涨价、自然因素、地基因素、交通原因、社会原因、法律变化、其他。

(2) 业主原因，包括投资计划存在缺陷、组织措施不得力、应提前办理的手续不全、未按时完成结算或付款、协调不佳等。

(3) 设计原因，包括设计错误或缺陷、未按规划标准产生设计变更、未及时提供图纸、结构变更等。

(4) 施工原因，包括施工准备不足、施工计划不合理、质量事故、施工进度不能按计划执行等。

为了便于分析，往往还需要对偏差类型做出划分，任何偏差都会表现出某种特点，其结果对造价控制工作的影响也各不相同。一般来说，偏差不外乎以下四种情况：投资增加且工期拖延；投资增加但工期提前；工期拖延但投资节约；投资节约且工期提前。不同的偏差情况在实际中需要采用不同的纠正措施，以利于工程造价的控制。

（二）投资偏差纠正措施

在上述的四个投资偏差的产生原因中，客观原因属于无法避免的原因，在实际中只能做到防患未然或采取其他的风险规避措施，以尽可能地减小该原因产生的经济损失，因此，客观原因就不能作为纠正偏差的主要对象考虑。而设计原因和业主原因，在实际中由于它们引起的投资偏差对工程造价的最终结果影响很大，更重要的是对设计单位和业主单位采取措施进行有效控制的，因此，它们应该作为投资偏差的主要对象重点考虑。投资偏差纠偏的主要对象是需要通过综合分析合理确定的，需要造价控制人员权衡轻重，抓住事物的主要矛盾，进而采取有效地纠偏措施，以达到控制工程造价的最终目的。

投资偏差的纠正措施一方面取决于所选择的纠偏对象，另一方面取决于建设项目的特殊情况和造价控制人员的基本素质。因此，对于具体的建设项目，其纠偏措施的确定需要专业团队的分析讨论，需要实践的检验和不断调整。一般来讲，投资偏差的纠正措施包括组织措施、经济措施、技术措施和合同措施，各种措施所适用的对象不同，产生的效果也不同。

（1）组织措施是从组织论和组织管理角度采取的措施，比如说调整组织机构的设置和人员，将投资目标分解并按照级别分派给造价控制人员，明确职责分工，改善工作流程等。这种措施在实际中容易被人忽视，但这种措施如果运用得当可以收到意想不到的效果，还不用增加多余的费用，只需将原来的机构和人员整合即可。

（2）经济措施是人们最容易想到的措施，但是在实际中要注意不能把这种措施简单地认为是审核已完工程量和相应的支付款，而应该从整个工程项目出发来考虑，比如重新审视投资计划的合理性、检查投资目标的执行情况及目标分解的合理性、投资计划与施工进度计划是否相适应或是否会发生冲突、工程变更的必要性等。这些问题一般需要从整体和全局的角度去考虑，所以往往会达到“标本兼治，事半功倍”的效果。另外，在解决这些问题时需要进行深入的投资偏差分析和投资结果预测，此时可以及时发现项目存在的潜在问题，以便提前预防，达到主动控制工程造价的效果。

（3）技术措施主要是针对技术方案而言的，它主要是运用技术的措施对技术方案进行必要的调整和修改，主要包括变更技术方案、采用高效的施工方案和施工机具等。但这样做并不是说技术方案出了问题，而是通过这种技术处理达到控制工程造价的目的，一般在出现了较大的投资偏差时才考虑运用，因为施工方案的变化会引起施工计划、施工组织等一系列问题的调整，需要对技术方案进行深入地技术经济分析，同时采用不同的技术措施也会产生不同的经济效果。

（4）合同措施一般是指由于合同的因素影响项目成本管理目标实现而采取相应的措施，主要包括变更合同内容、签订补充协议、采取索赔手段等。在纠正投资偏差时主要指索赔。在工程项目实施过程中，发生索赔是不可避免的，通常在索赔事件发生后，投资控制人员要根据合同规定对索赔依据以及索赔款项计算的准确性和合理性进行审查。另外，在项目管理过程中，还要加强合同管理和索赔管理，争取在日常管理中实行对工程造价的主动控制。

第七章 工程项目质量管理

第一节 工程项目质量管理概述

一、质量管理的基本概念

质量管理指确立质量方针及实施质量方针的全部职能及工作内容,并对其工作效果进行评价和改进的一系列工作。根据《质量管理体系 基础和术语》,相关质量管理的基本概念如下。

(一)质量

以质量为中心的组织倡导一种通过满足顾客和其他相关方的需求和期望来实现其价值的文化,这种文化将反映在其行为、态度、活动和流程中。

组织的产品和服务质量取决于满足顾客的能力以及对有关相关方的有意和无意的影响。产品和服务的质量不仅包括其预期的功能和性能,还包括顾客对其价值和受益的感知。

(二)质量管理体系

质量管理体系包括组织确定其目标以及为获得期望的结果确定其过程和所需资源的活动。质量管理体系管理相互作用的过程和所需的资源,以向有关相关方提供价值并实现结果。质量管理体系能够使高层管理人员通过考虑其决策的长期和短期影响而优化资源的利用。质量管理体系给出了在提供产品和服务方面,针对预期和非预期的结果确定所采取措施的方法。

(三)组织环境

了解组织环境是一个过程。该过程确定了影响组织的宗旨,目标和可持续性的因素。它需要考虑内部因素,如组织价值观、文化、知识和绩效等,还需要考虑外部因素,如法律、技术、竞争、市场、文化、社会和经济环境等。

组织的宗旨可以表述为包括其愿景、使命、方向和目标。

(四)相关方

相关方的概念扩展了仅关注顾客的观点,而考虑所有有关相关方是至关重要的。

识别相关方是理解组织环境的过程的组成部分。有关相关方是指如果不满足其需求和期望,将对组织的持续发展产生重大风险的那些相关方。为降低这些风险,组织需确定向有关相关方提供何种必要的结果。

组织的成功,有赖于吸引、赢得和保持有关相关方的支持。

二、工程项目质量管理

建设工程质量的好坏，既关系到国民经济的发展，又关系到企业的切身利益。从另一个层面来讲，工程质量问题引发的后果往往比其他产品还要严重。工程建设中，国家早就提出“百年大计，质量第一”的建设方针。

（一）工程项目质量

工程项目质量是指通过项目施工全过程所形成的、能满足规程规范、技术标准、合同所规定的要求以及满足业主需要的特性综合。工程项目质量主要包括以下四个方面：

（1）适用性。指工程项目满足使用要求的能力，包括空间布置合理、操作及维修方便、生产及生活方便等。

（2）可靠性。指工程项目在规定的条件下，规定的时间之内，满足规定的要求、指标和功能，包括强度、刚度、稳定性和耐久性要求以及满足有效使用和安全使用。

（3）经济性。指工程项目在全寿命周期内提高生产效率和经济效益，即在耗用较少的资源下，有效降低成本，缩短工期。包括投资收益高、运行和维修费用低等。

（4）与环境的协调性。指工程项目与其周围生态、经济环境协调，适应可持续发展的要求。包括与生态环境协调、与所在地区经济环境协调、与社区环境协调以及与周围已建工程协调。

典型例题

【单选题】下列不属于工程项目质量规定要求的方面是（　　）。

A. 经济性　　B. 可靠性

C. 节能性　　D. 协调性

C。【解析】工程项目质量是指通过项目施工全过程所形成的、能满足规程规范、技术标准、合同所规定的要求以及满足业主需要的特性综合，主要体现在适用性、可靠性、经济性和协调性四个方面。

（二）影响工程项目质量的因素

在工程建设过程中，从项目可行性研究、项目决策、工程设计、工程施工、工程验收到工程的使用和运营，影响质量的因素主要有人（Man）、材料（Material）、机械（Machine）、方法（Method）和环境（Environment），简称为4M1E。工程质量管理，重点就是要加强这五个方面的控制。

1. 人的因素

人有很高的主观能动性，项目建设中有很多人参与，比如决策者、管理者、指挥者和操作人员等，他们都将直接或间接地影响工程项目的质量。人的工作质量是工程项目质量的基础。因此，在建设过程中，要提高人的工作质量，充分调动其积极性，让其全身心投入到项目的建设中，避免发生错误，充分发挥人的主导作用。在提高工程项目质量的过程中，人对质量的影响一般从以下三个方面考虑：

（1）工程领导者的素质。在施工时，我们必须注意领导者的素质，因为项目负责人的素质对项目的质量有重要影响。如果领导的整体素质良好、管理有序、实践经验丰富、社会声誉高，则具有较强的决策能力。组织健全，管理制度完善、技术措施得力可以有效地保证项目的质量。

（2）操作人员的理论和技术水平。操作人员的理论和技术水平将直接影响项目的质量。

有更高层次的理论和技术水平可以更容易理解并了解工程设计和技术的要求，并且可以在施工过程中及时发现意外问题，甚至可以根据自己的经验给出解决问题的方法。

(3)人员的工作态度、注意力、情感和责任。这些状态过于主观，会在不同的时间和地点发生变化。因此，在施工过程中，必须注意人员状况的变化，特别是那些需要确保项目质量、控制意识形态的活动和精确过程，稳定情绪波动是关键。

2. 工程材料的因素

工程材料(包括原材料、半成品和结构部件等)是工程建设的物质条件。没有材料工程就不能进行，材料质量是确保项目质量的基础。只有当材料质量符合施工要求时，工程质量才能符合标准。因此，加强材料质量控制是提高工程质量的重要保证。控制材料质量对于创造正常的施工条件、提高工程质量以及实现经济效益具有重要意义。

(1)物料管理。必须明确物料进入和验收的职责、步骤和依据，加强材料的验收，严格控制质量，同时掌握物料的现场管理、合理分配和使用。

(2)项目中使用的主要材料和部件必须具有产品证书和其他质量认证材料。经过现场监督，并做好材料质量的试测和检测工作。未经检验合格的原材料、成品和半成品等材料不得投入使用。

(3)严格控制工程中材料的使用，正确合理地使用材料，消除对经济效益的片面极端追求，坚决避免工程建设中使用不合格的材料。

3. 机械设备因素

机械设备包括工程设备、施工机械和各类施工工器具，对工程的施工进度和施工质量产生直接而重要的影响。施工机械和设备是所有施工方案和工法得以实施的重要物质基础。项目施工阶段，在综合考虑施工现场条件的基础上，有必要系统地考虑施工结构的类型、机械设备的功能、施工组织和管理、施工工艺和方法及其他因素，合理选择工程机械的类型和性能参数，正确地使用机械设备。机械设备的合理选择和使用需要考虑很多因素，主要包括以下三个方面：

(1)机械设备的选择。应充分考虑项目的实际特点和条件，按照技术先进、经济合理、生产合理、性能可靠、使用安全、操作方便和维护方便的原则，突出结构与机械相结合，使其适用于工程，且具有确保工程质量的可靠性以及操作的便利性和安全性。

(2)设备性能参数。性能参数是选择机械设备的基础。根据工程量的大小和施工进度，选择符合施工要求的设备，保证工程质量要求。

(3)使用操作要求。机械设备的操作规范对于确保施工安全非常重要，会直接影响工程项目的质量。因此，设备操作人员必须严格遵守规章制度，认真执行操作规程，防止安全和质量事故的发生。

4. 方法的因素

方法因素主要包括施工方法、方案和技术因素，如施工计划，工艺和操作技能。主要包括对项目整个施工期采用的施工组织设计、组织措施、技术方案、工艺流程和检测手段的控制。

施工计划是所有项目的来源。计划是否正确将直接影响项目的三个主要目标(进度、质量和投资)是否能够顺利实现。因此，在制定和审查方法时，必须结合工程实际情况进行全面系统的分析，综合考虑技术、经济、组织、管理等方面，有利于提高工程质量，加快工程进度，并降低建设成本。

5. 环境的因素

环境因素也是影响项目质量的重要因素,环境因素对工程质量的影响复杂而多变。主要包括施工现场自然环境、工程技术环境、工程建设环境等。不同的工程项目将有不同的环境,以及相同的工程项目,在不同的时间,环境因素也会发生变化,这些变化将对项目的质量产生一定的影响。因此,应根据项目的具体特点和条件,综合考虑影响质量的环境因素,加强环境管理、改善工程作业条件、强化环境管理制度、完善预控措施。

(1)施工现场自然环境。主要包括工程地质、水文、气象条件及其他不可抗力的影响因素。如项目需要在冬季雨季、炎热季节或风季期间建设,应根据项目特点,特别是混凝土工程、土方工程和水下工程等,制定有效措施,确保施工质量。

(2)工程技术环境。主要包括工程施工需要用到的标准、规章和规范等。满足工程施工的技术要求有利于创造良好的工程技术环境,确保工程项目质量。

(3)工程建设环境。主要包括质量检验、管理制度、施工现场平面和空间环境条件等。工程建设环境是否良好将直接影响到施工能否顺利进行,以及工程项目质量能否得到保证。

(三)工程项目质量管理的特点

1. 影响质量的因素多

项目建设是动态的,影响项目质量的因素也是动态的。项目的不同阶段、不同环节、不同流程影响质量的因素都不同。如设计、材料、自然条件、施工技术、机械设备、社会环境、管理系统等,直接影响项目的质量。

2. 质量管理困难

由于建筑产品是一次性成果,每个项目都有其各自的特点和区别,具有单件性和施工生产的流动性,不可能像其他工业产品一样进行标准化施工,施工质量容易产生较大波动。同时施工周期长、人员数量多、工序数量多、关系复杂、工作环境差,质量管理的难度就较大。

3. 检验评估方法的特殊性

项目质量的检查评估和验收按照检验批、分项工程、分部工程和单位工程进行。检验批的质量是分项工程甚至整个工程质量检验的基础。结构安全的试块、试件和相关材料应按规定进行见证抽样检验,对涉及结构安全和功能的重要子项目进行抽样检验。工程质量是在施工单位按合格质量标准自检和评估的基础上,由监理工程师(或建设单位项目负责人)组织有关单位和人员进行检查验收。这种评价方法体现了"检验分离、强化验收、完善手段、过程控制"的指导思想。

4. 质量波动大

由于工程项目形体庞大,投资较大,且工程项目建设周期长,牵涉面广泛,风险多,因此工程质量容易产生较大波动。这就要求工程质量控制要以预防为主,防患于未然,将质量波动控制在可控范围之内。

5. 质量具有隐蔽性

在施工过程中,有许多子项目、中间产品和隐藏项目,因此质量存在隐蔽性。在施工质量控制工作中,要加强施工过程的质量监督检验,及时发现和纠正现有的质量问题,避免事后检查。因为施工过程完成后的检查只能从表面上检查,很难发现施工过程中产生的内在质量问题和质量危害。

6. 工程项目质量的特性较多

工程项目除了要满足项目要求的物理化学功能特性外，还要考虑工程的可靠性、耐久性、安全性、经济性以及与环境的协调性。

（四）工程项目质量管理体系的原则

1. 以顾客为关注焦点

质量管理的主要重点是满足顾客要求并努力超越顾客期望。

组织只有通过赢得并保持顾客和其他有关相关方的信任才能取得持续成功。与顾客相互作用的每个方面，都提供了为顾客创造更多价值的机会。理解顾客和其他相关方当前和未来的需求，有助于组织的持续成功。

主要益处可能有：提升顾客价值；增强顾客满意；增进顾客忠诚；增加重复性业务；提高组织的声誉；扩展顾客群；增加收入和市场份额。

可开展的活动包括：识别从组织获得价值的直接顾客和间接顾客；理解顾客当前和未来的需求和期望；将组织的目标与顾客的需求和期望联系起来；在整个组织内沟通顾客的需求和期望；为满足顾客的需求和期望，对产品和服务进行策划、设计、开发、生产、交付和支持；测量和监视顾客满意情况，并采取适当的措施；在有可能影响到顾客满意的有关相关方的需求和适宜的期望方面，确定并采取措施；主动管理与顾客的关系，以实现持续成功。

2. 领导作用

各级领导建立统一的宗旨和方向，为所有成员积极参与实现组织的质量目标创造条件。建立统一的宗旨和方向，以及所有成员的积极参与，能够使组织将战略、方针、过程和资源协调一致，以实现其目标。最高管理者应对质量管理体系的有效性负责；确保制定质量管理体系的质量方针和质量目标，并与组织环境相适应，与战略方向相一致；确保制定质量管理体系要求融入组织的业务过程；促进使用过程方法和基于风险的思维；确保质量管理体系所需的资源是可获得的；沟通有效的质量管理和符合质量管理体系要求的重要性；确保质量管理体系实现其预期结果；促使人员积极参与，指导和支持他们为质量管理体系的有效性作出贡献；推动改进；支持其他相关管理者在其职责范围内发挥领导作用。上述可用来证实最高管理者对质量管理体系的领导作用和承诺。

主要益处可能有：提高实现组织质量目标的有效性和效率；组织的过程更加协调；改善组织各层级、各职能间的沟通；开发和提高组织及其人员的能力，以获得期望的结果。

可开展的活动包括：在整个组织内，就其使命、愿景、战略、方针和过程进行沟通；在组织的所有层级创建并保持共同的价值观，以及公平和道德的行为模式；培育诚信和正直的文化；鼓励在整个组织范围内履行对质量的承诺；确保各级领导者成为组织中的榜样；为员工提供履行职责所需的资源、培训和权限；激发、鼓励和表彰员工的贡献。

3. 全员积极参与

在整个组织中各级胜任、经授权并积极参与的人员，是提高组织创造能力和提供价值能力的必要条件。为了有效和高效地管理组织，各级人员得到尊重并参与其中是极其重要的。通过表彰、授权和提高能力，促进所有成员积极参与到实现组织质量目标的过程中。

主要益处可能有：组织内人员对质量目标有更深入的理解，以及更强的加以实现的动力；在改进活动中，提高人员的参与程度；促进个人发展、主动性和创造力；提高人员的满意程度；增强整个组织内的相互信任和协作；促进整个组织对共同价值观和文化的关注。

可开展的活动包括：与员工沟通，以增强他们对个人贡献的重要性的认识；促进整个组织内部的协作;提倡公开讨论,分享知识和经验;让员工确定影响执行力的制约因素,并且毫无顾虑地主动参与;赞赏和表彰员工的贡献、学识和进步;针对个人目标进行绩效的自我评价;进行调查以评估人员的满意程度,沟通结果并采取适当的措施。

4. 过程方法

当活动被理解和管理为相互关联和功能性过程的系统时,可以更有效和高效地获得一致的、可预知的结果。质量管理体系由相互关联的过程组成。理解系统是如何产生结果的,使组织能够尽可能地完善其系统并优化其绩效。

主要益处可能有:提高关注关键过程的结果和改进的机会的能力;通过由协调一致的过程所构成的体系,得到一致的、可预知的结果;通过过程的有效管理、资源的高效利用及跨职能壁垒的减少,尽可能提升其绩效;使组织能够向相关方提供关于其一致性、有效性和效率方面的信任。

可开展的活动包括:确定体系的目标和实现这些目标所需的过程;为管理过程确定职责、权限和义务;了解组织的能力,预先确定资源约束条件;确定过程相互依赖的关系,分析个别过程的变更对整个体系的影响;将过程及其相互关系作为一个体系进行管理,以有效和高效地实现组织的质量目标;确保获得必要的信息,以运行和改进过程并监视、分析和评价整个体系的绩效;管理可能影响过程输出和质量管理体系整体结果的风险。

5. 改进

成功的组织持续关注改进。改进对于组织保持当前的绩效水平,对其内、外部条件的变化做出反应,并创造新的机会,都是非常必要的。组织应确定和选择改进机会,并采取必要措施,以满足顾客要求和增强顾客满意。包括:改进产品和服务,以满足要求并应对未来的需求和期望;纠正、预防或减少不利影响;改进质量管理体系的绩效和有效性。

主要益处可能有:提高过程绩效、组织能力和顾客满意;增强对调查和确定根本原因及后续的预防和纠正措施的关注;提高对内外部风险和机遇的预测和反应能力;增加对渐进性和突破性改进的考虑;更好地利用学习来改进;增强创新的动力。

可开展的活动包括:促进在组织的所有层级建立改进目标;对各层级人员进行教育和培训,使其懂得如何应用基本工具和方法实现改进目标;确保员工有能力成功地促进和完成改进项目;开发和展开过程,以在整个组织内实施改进项目;跟踪、评审和审核改进项目的策划、实施、完成和结果;将改进与新的或变更的产品、服务和过程的开发结合在一起予以考虑;赞赏和表彰改进。

6. 循证决策

基于数据和信息的分析和评价的决策,更有可能产生期望的结果。决策是一个复杂的过程,并且总是涉及某些不确定性。它经常涉及多种类型和来源的输入及其理解,而这些理解可能是主观的。重要的是理解因果关系和潜在的非预期后果。对事实、证据和数据的分析可导致决策更加客观、可信。

主要益处可能有:改进决策过程;改进对过程绩效和实现目标的能力的评估;改进运行的有效性和效率;提高评审、挑战和改变观点和决策的能力;提高证实以往决策有效性的能力。

可开展的活动包括:确定、测量和监视关键指标,以证实组织的绩效;使相关人员能够获得所需的全部数据;确保数据和信息足够准确、可靠和安全;使用适宜的方法对数据和信息进行分析和评价;确保人员有能力分析和评价所需的数据;权衡经验和直觉,基于证据进行决策并采取措施。

典型例题

【单选题】在工程项目质量管理过程中，确定、测量和监视关键指标，以证实组织绩效，这体现了质量管理体系的(　　)原则。

A. 关系管理　　B. 以顾客为关注焦点

C. 循证决策　　D. 领导作用

C。【解析】循证决策是基于数据和信息的分析和评价的决策，更有可能产生期望的结果。确定、测量和监视关键指标，以证实组织的绩效属于循环决策可开展的活动。其他活动，详见上文。

7. 关系管理

为了持续成功，组织需要管理与有关相关方(如供方)的关系。有关相关方影响组织的绩效。当组织管理与所有相关方的关系，以尽可能有效地发挥其在组织绩效方面的作用时，持续成功更有可能实现。对供方和合作伙伴网络的关系管理尤为重要。

主要益处可能有：通过对每一个与相关方有关的机会和限制的响应，提高组织及其有关相关方的绩效；对目标和价值观，与相关方有共同的理解；通过共享资源和人员能力，以及管理与质量有关的风险，增强为相关方创造价值的能力；具有管理良好、可稳定提供产品和服务的供应链。

可开展的活动包括：确定有关相关方(如供方、合作伙伴、顾客、投资者、雇员或整个社会)及其与组织的关系；确定和排序需要管理的相关方的关系；建立平衡短期利益与长期考虑的关系；与有关相关方共同收集和共享信息、专业知识和资源；适当时，测量绩效并向相关方报告，以增加改进的主动性；与供方、合作伙伴及其他相关方合作开展开发和改进活动；鼓励和表彰供方及合作伙伴的改进和成绩。

三、工程项目管理体系要求

根据《质量管理体系　要求》，采用质量管理体系是组织的一项战略决策，能够帮助其提高整体绩效，为推动可持续发展奠定良好基础。其具体要求如下。

(一)组织环境

1. 理解组织及其环境

组织应确定与其宗旨和战略方向相关并影响其实现质量管理体系预期结果的能力的各种外部和内部因素。组织应对这些内部和外部因素的相关信息进行监视和评审。

2. 理解相关方的需求和期望

由于相关方对组织稳定提供符合顾客要求及适用法律法规要求的产品和服务的能力具有影响或潜在影响，因此，组织应确定：与质量管理体系有关的相关方；与质量管理体系有关的相关方的要求。组织应监视和评审这些相关方的信息及其相关要求。

3. 确定质量管理体系的范围

组织应明确质量管理体系的边界和适用性，以确定其范围。在确定范围时，组织应考虑：理解组织及其环境中提及的各种外部和内部因素；理解相关方的需求和期望中提及的相关方的要求；组织的产品和服务。

4. 质量管理体系及其过程

组织应按照本标准的要求，建立、实施、保持和持续改进质量管理体系，包括所需过程及其相互作用。

（二）领导作用

1. 领导作用和承诺

最高管理者应证实其对质量管理体系和以顾客为关注焦点的领导作用和承诺。

2. 方针

制定质量方针与沟通方针。

3. 组织内的角色、职责和权限

最高管理者应确保组织相关角色的职责、权限得到分配、沟通和理解。

（三）策划

1. 应对风险和机遇的措施

在策划质量管理体系时，组织应考虑到上文所提及的因素和所提及的要求，并确定需要应对的风险和机遇。以：

(1)确保质量管理体系能够实现其预期结果。

(2)增强有利影响。

(3)预防或减少不利影响。

(4)实现改进。

组织应策划：

(1)应对这些风险和机遇的措施。

(2)如何：在质量管理体系过程中整合并实施这些措施；评价这些措施的有效性。

2. 质量目标及其实现的策划

组织应针对相关职能、层次和质量管理体系所需的过程建立质量目标。

3. 变更的策划

当组织确定需要对质量管理体系进行变更时，变更应按所策划的方式实施。

（四）支持

1. 资源

组织应确定并提供所需的资源，以建立、实施、保持和持续改进质量管理体系。组织应考虑：

(1)现有内部资源的能力和局限。

(2)需要从外部供方获得的资源。

2. 能力

组织应：

(1)确定在其控制下工作的人员所需具备的能力，这些人员从事的工作影响质量管理体系绩效和有效性。

(2)基于适当的教育、培训或经验，确保这些人员是胜任的。

(3)适用时，采取措施以获得所需的能力，并评价措施的有效性。

(4)保留适当的成文信息，作为人员能力的证据。

3. 意识

组织应确保在其控制下工作的人员知晓：

(1)质量方针。

(2)相关的质量目标。

(3)他们对质量管理体系有效性的贡献,包括改进绩效的益处。

(4)不符合质量管理体系要求的后果。

4. 沟通

组织应确定与质量管理体系相关的内部和外部沟通,包括:

(1)沟通什么。

(2)何时沟通。

(3)与谁沟通。

(4)如何沟通。

(5)谁来沟通。

5. 成文信息

组织的质量管理体系应包括:

(1)本标准要求的成文信息。

(2)组织所确定的、为确保质量管理体系有效性所需的成文信息。

(五)运行

1. 运行的策划和控制

策划的输出应适合于组织的运行。组织应控制策划的变更,评审非预期变更的后果,必要时,采取措施减轻不利影响。组织应确保外包过程受控。

2. 产品和服务的要求

包括顾客沟通、与产品和服务要求的确定、产品和服务要求的评审和更改。

3. 产品和服务的设计和开发

组织应建立、实施和保持适当的设计和开发过程,以确保后续的产品和服务的提供。

4. 外部提供的过程、产品和服务的控制

组织应确保外部提供的过程、产品和服务符合要求。在下列情况下,组织应确定对外部提供的过程、产品和服务实施的控制:

(1)外部供方的产品和服务将构成组织自身的产品和服务的一部分。

(2)外部供方代表组织直接将产品和服务提供给顾客。

(3)组织决定由外部供方提供过程或部分过程。组织应基于外部供方按照要求提供过程、产品和服务的能力,确定并实施对外部供方的评价、选择、绩效监视以及再评价的准则。对于这些活动和由评价引发的任何必要的措施,组织应保留成文信息。

5. 生产和服务提供

包括生产和服务提供的控制、标识和可追溯性、顾客或外部供方的财产、防护、交付后活动以及更改控制。

6. 产品和服务的放行

组织应在适当阶段实施策划的安排,以验证产品和服务的要求已得到满足。除非得到有关授权人员的批准,适用时得到顾客的批准,否则在策划的安排已圆满完成之前,不应向顾客放行产品和交付服务。

组织应保留有关产品和服务放行的成文信息。成文信息应包括符合接收准则的证据和可追溯到授权放行人员的信息。

7. 不合格输出的控制

组织应确保对不符合要求的输出进行识别和控制,以防止非预期的使用或交付。组织

应根据不合格的性质及其对产品和服务符合性的影响采取适当措施。这也适用于在产品交付之后，以及在服务提供期间或之后发现的不合格产品和服务。

(六)绩效评价

1. 监视、测量、分析和评价

组织应监视顾客对其需求和期望已得到满足的程度的感受。组织应确定获取、监视和评审该信息的方法。组织应分析和评价通过监视和测量获得的适当的数据和信息。

2. 内部审核

组织应按照策划的时间间隔进行内部审核，以提供有关质量管理体系的下列信息：

(1)是否符合：组织自身的质量管理体系要求；本标准的要求。

(2)是否得到有效的实施和保持。

3. 管理评审

最高管理者应按照策划的时间间隔对组织的质量管理体系进行评审，以确保其持续的适宜性、充分性和有效性，并与组织的战略方向保持一致。

(七)改进

组织应确定和选择改进机会，并采取必要措施，以满足顾客要求和增强顾客满意。这应包括：

(1)改进产品和服务，以满足要求并应对未来的需求和期望。

(2)纠正、预防或减少不利影响。

(3)改进质量管理体系的绩效和有效性。

当出现不合格时，包括来自投诉的不合格，组织应及时采取措施，并评价是否需要采取措施，以消除产生不合格的原因，避免其再次发生或者在其他场合发生。

组织应持续改进质量管理体系的适宜性、充分性和有效性。组织应考虑分析和评价的结果以及管理评审的输出，以确定是否存在需求或机遇，这些需求或机遇应作为持续改进的一部分加以应对。

典型例题

【单选题】根据《质量管理体系　要求》，包括组织的岗位、职责和权限的要素是(　　)。

A. 改进　　B. 领导作用

C. 绩效评价　　D. 运行

B。【解析】根据《质量管理体系　要求》，领导作用的要素包括：(1)领导作用和承诺。(2)方针。(3)组织内的角色、职责和权限。

【多选题】关于质量体系内部审核的说法，正确的有(　　)。

A. 审核其是否得到了有效实施和保持　　B. 组织者应按照策划的时间间隔进行评审

C. 审核其是否满足认证机构要求　　D. 应由该组织最高管理者组织

E. 审核能否支持组织奖的申报

AB。【解析】组织应按照策划的时间间隔进行内部审核，以提供有关质量管理体系的下列信息：(1)是否符合组织自身的质量管理体系要求，是否符合《质量管理体系　要求》的要求。(2)是否得到有效的实施和保持。

四、工程项目质量管理责任体系

由于工程项目质量本身的特点，在工程建设实施过程中，难免出现质量问题，参与工程建设的各方都应相应地承担一定的工程质量责任。根据《建设工程质量管理条例》,建立健全质量管理责任体系,明确各方主体责任。《建设工程质量管理条例》原文可扫描右侧二维码查看。

扫码获取更多内容

(一)建设单位的质量责任和义务

建设单位的质量责任和义务,如下所述:

(1)建设单位应当将工程发包给具有相应资质等级的单位。建设单位不得将建设工程肢解发包。

(2)建设单位应当依法对工程建设项目的勘察、设计、施工、监理以及与工程建设有关的重要设备、材料等的采购进行招标。

(3)建设单位必须向有关的勘察、设计、施工、工程监理等单位提供与建设工程有关的原始资料。原始资料必须真实、准确、齐全。

(4)建设工程发包单位不得迫使承包方以低于成本的价格竞标,不得任意压缩合理工期。建设单位不得明示或者暗示设计单位或者施工单位违反工程建设强制性标准,降低建设工程质量。

(5)施工图设计文件审查的具体办法,由国务院建设行政主管部门、国务院其他有关部门制定。施工图设计文件未经审查批准的,不得使用。

(6)实行监理的建设工程,建设单位应当委托具有相应资质等级的工程监理单位进行监理,也可以委托具有工程监理相应资质等级并与被监理工程的施工承包单位没有隶属关系或者其他利害关系的该工程的设计单位进行监理。必须实行监理的建设项目有:国家重点建设工程;大中型公用事业工程;成片开发建设的住宅小区工程;利用外国政府或国际组织贷款、援助资金的工程;国家规定必须实行监理的其他工程。

(7)建设单位在开工前,应当按照国家有关规定办理工程质量监督手续,工程质量监督手续可以与施工许可证或开工报告合并办理。

(8)按照合同约定,由建设单位采购建筑材料、建筑构配件和设备的,建设单位应当保证建筑材料、建筑构配件和设备符合设计文件和合同要求。建设单位不得明示或者暗示施工单位使用不合格的建筑材料、建筑构配件和设备。

(9)涉及建筑主体和承重结构变动的装修工程,建设单位应当在施工前委托原设计单位或者具有相应资质等级的设计单位提出设计方案;没有设计方案的,不得施工。房屋建筑使用者在装修过程中,不得擅自变动房屋建筑主体和承重结构。

(10)建设单位收到建设工程竣工报告后,应当组织设计、施工、工程监理等有关单位进行竣工验收。建设工程经验收合格的,方可交付使用。

(11)建设单位应当严格按照国家有关档案管理的规定,及时收集、整理建设项目各环节的文件资料,建立、健全建设项目档案,并在建设工程竣工验收后,及时向建设行政主管部门或者其他有关部门移交建设项目档案。

(二)施工单位的质量责任和义务

施工单位的质量责任和义务,如下所述:

(1)施工单位应当依法取得相应等级的资质证书,并在其资质等级许可的范围内承揽工程。禁止施工单位超越本单位资质等级许可的业务范围或者以其他施工单位的名义承揽工程。禁止施工单位允许其他单位或者个人以本单位的名义承揽工程。施工单位不得转包或者违法分包工程。

(2)施工单位对建设工程的施工质量负责。施工单位应当建立质量责任制,确定工程项目的项目经理、技术负责人和施工管理负责人。建设工程实行总承包的,总承包单位应当对全部建设工程质量负责;建设工程勘察、设计、施工、设备采购的一项或者多项实行总承包的,总承包单位应当对其承包的建设工程或者采购的设备的质量负责。

(3)总承包单位依法将建设工程分包给其他单位的,分包单位应当按照分包合同的约定对其分包工程的质量向总承包单位负责,总承包单位与分包单位对分包工程的质量承担连带责任。

(4)施工单位必须按照工程设计图纸和施工技术标准施工,不得擅自修改工程设计,不得偷工减料。施工单位在施工过程中发现设计文件和图纸有差错的,应当及时提出意见和建议。

(5)施工单位必须按照工程设计要求、施工技术标准和合同约定,对建筑材料、建筑构配件、设备和商品混凝土进行检验,检验应当有书面记录和专人签字;未经检验或者检验不合格的,不得使用。

(6)施工单位必须建立、健全施工质量的检验制度,严格工序管理,作好隐蔽工程的质量检查和记录。隐蔽项目在隐蔽前,施工单位应当通知建设单位和建设工程质量监督机构。

(7)施工人员对涉及结构安全的试块、试件以及有关材料,应当在建设单位或者工程监理单位监督下现场取样,并送具有相应资质等级的质量检测单位进行检测。

(8)施工单位对施工中出现质量问题的建设工程或者竣工验收不合格的建设工程,应当负责返修。

(9)施工单位应当建立、健全教育培训制度,加强对职工的教育培训;未经教育培训或者考核不合格的人员,不得上岗作业。

(三)工程监理单位的质量责任和义务

工程监理单位的质量责任和义务,如下所述:

(1)工程监理单位应当依法取得相应等级的资质证书,并在其资质等级许可的范围内承担工程监理业务。禁止工程监理单位超越本单位资质等级许可的范围或者以其他工程监理单位的名义承担工程监理业务。禁止工程监理单位允许其他单位或者个人以本单位的名义承担工程监理业务。工程监理单位不得转让工程监理业务。

(2)工程监理单位与被监理工程的施工承包单位以及建筑材料、建筑构配件和设备供应单位有隶属关系或者其他利害关系的,不得承担该项建设工程的监理业务。

(3)工程监理单位应当依照法律、法规以及有关技术标准、设计文件和建设工程承包合同,代表建设单位对施工质量实施监理,并对施工质量承担监理责任。

(4)工程监理单位应选派具备相应资格的总监理工程师和监理工程师进驻施工现场。未经监理工程师签字,建筑材料、建筑构配件和设备不得在工程上使用或者安装,施工单位不得进行下一道工序的施工。未经总监理工程师签名,建设单位不拨付工程款,不进行竣工验收。

(5)监理工程师应当按照工程监理规范的要求,采取旁站、巡视和平行检验等形式,对建设工程实施监理。

(四)勘察、设计单位的质量责任和义务

勘察、设计单位的质量责任和义务,如下所述:

(1)从事建设工程勘察、设计的单位应当依法取得相应等级的资质证书,并在其资质等级许可的范围内承揽工程。禁止勘察、设计单位超越其资质等级许可的范围或者以其他勘察、设计单位的名义承揽工程。禁止勘察、设计单位允许其他单位或者个人以本单位的名义承揽工程。勘察、设计单位不得转包或者违法分包所承揽的工程。

(2)勘察、设计单位必须按照工程建设强制性标准进行勘察、设计,并对其勘察、设计的质量负责。注册建筑师、注册结构工程师等注册执业人员应当在设计文件上签字,对设计文件负责。

(3)勘察单位提供的地质、测量、水文等勘察成果必须真实、准确。

(4)设计单位应当根据勘察成果文件进行建设工程设计。设计文件应当符合国家规定的设计深度要求,注明工程合理使用年限。

(5)设计单位在设计文件中选用的建筑材料、建筑构配件和设备,应当注明规格、型号、性能等技术指标,其质量要求必须符合国家规定的标准。除有特殊要求的建筑材料、专用设备、工艺生产线等外,设计单位不得指定生产厂、供应商。

(6)设计单位应当就审查合格的施工图设计文件向施工单位作出详细说明。

(7)设计单位应当参与建设工程质量事故分析,并对因设计造成的质量事故,提出相应的技术处理方案。

第二节　工程项目前期阶段的质量管理

一、工程项目前期阶段质量管理的重要性

工程项目前期阶段工作主要是在调查研究的基础上编写项目建议书、可行性研究报告、咨询评估报告等。前期工作一般是由业主委托咨询公司去做,咨询成果经评审后由业主或报经有关单位决策。前期工作的质量是整个工程项目的关键,处于十分重要的地位。

(一)投资决策应科学

工程项目规模、建设内容、产品构成、市场分析、技术水平分析、风险分析、财务分析、经济效益和社会效益分析、环境效益分析等是否深入全面,计算是否准确可靠,各项数据是否符合实际,直接决定着工程项目的前途和命运。

(二)工程项目实施的规定性文件

前期工作文件直接指导项目的设计、施工、监理、设备材料采购、竣工质量验收等各项工作。如果前期阶段工作质量不好,差错漏项较多,就会在工程实施过程中带来大量的变更,甚至会导致停工或返工,造成巨大的损失。

二、工程项目前期阶段质量管理的依据与标准

(一)工程项目前期阶段质量管理的依据

制定质量目标的依据包括:国家法律法规、产业政策以及相关部门编制的可行性研究报告内容和深度的规定。前期阶段的质量管理工作主要围绕质量目标的控制进行,质量目标也是质量管理工作的基础。工程咨询单位要制定出符合国家、社会和委托客户提出的各项要求的质量工作目标,并根据各方面要求的具体内容,将每项质量目标分解为若干个子目标。至少应包括六个目标:贯彻宏观经济政策、市场调查分析、多方案比选、经济分析、风险分析和生态环境影响论证。这六个目标又可分解为以下子目标:

(1)贯彻宏观经济政策的质量目标可分解为新建项目必要性论证、优化结构论证、经济规模论证、提高技术水平论证、合理布局论证等。

(2)市场调查分析质量目标可分解为历史和现状调查、市场影响因素分析、不同预测方法比较、产品规模合理性论证、制定营销策略等。

(3)多方案比选质量目标可分解为厂址和外部支持条件进行论证、比较选择技术方案、比较选择实施方案。

(4)经济分析质量目标可分解为投资估算的准确性、产品成本估算依据可靠性、销售收入估算可靠性、效益评估可靠性、资金实施示范等。

(5)风险分析质量目标可分解为业务风险分析、管理风险分析、财务风险分析、政策风险分析等。

(6)生态环境影响论证质量目标可分解为环境影响评价、环境治理措施、节约能源、水资源保护、土地安全、消防、职业健康等。

(二)工程项目前期阶段质量管理的标准

对于工业建设项目各质量目标、子目标的质量标准,要贯彻国家和有关行业部门的有关规定或要求,或国内外同类服务达到的工作水平。分别按照优秀、良好、合格、不合格四个质量等级,制定评价标准和方法,能实行定量考核的,尽可能采用定量标准;不能定量的,要有明确的定性的要求。不同行业和性质的工程项目,质量目标和质量标准也有不同之处,但一般要满足以下四个要求(详细标准可参考《工程咨询成果质量评价办法》):

(1)工程咨询结果必须符合国家要求。

(2)工程咨询的结果必须满足以习近平新时代中国特色社会主义思想为指导的中国特色社会主义发展要求,符合国民经济的根本利益。

(3)工程咨询结果必须符合业主的要求。

(4)工程咨询的结果应符合所有相关方的要求。

三、工程项目前期阶段质量管理的措施

(一)建立项目质量管理责任制

项目经理或项目负责人是工程项目前期工作质量的第一责任人,必须亲自把控质量工作。

如有必要,可以设置专门的质量经理进行工作。其职责是:

(1)明确各项前期工作的质量目标和质量方针的要求,按照要求编制工作计划。明确各层次的工作要求,制定分层次的质量职责,制定质量计划并落实。

(2)根据质量计划,特别是主要质量控制点的验证、检查和评审。对项目质量计划的各项工作内容的实施执行情况进行监督检查。

(3)如果发现有调查研究不详细、数据不真实、分析方法不科学、不合理等不符合有关规定的情况,要认真组织、做好相关工作,确保不出现二次失误。

(二)制定项目质量管理计划

项目质量管理计划是指确定项目应该达到的质量标准和如何达到这些质量标准的工作计划和安排。制定好项目质量管理计划需考虑以下几个方面:

(1)确定客户和关联方的要求和期望,明确咨询成果的质量目标和标准。

(2)将质量目标及其各项子目标进行层层分解,并根据质量计划和实施步骤分层实施,明确各个层次的职责、权限和资源分配。

(3)在质量计划中,有必要明确影响质量的控制节点,以及如何进行质量检查和控制。

(4)质量管理计划的复杂程度应符合业主的要求和项目组织的运作模式。

(5)根据咨询公司的质量管理体系文件和项目团队组织结构的特点,研究如何将企业的

质量管理体系文件应用于质量计划中，并视项目具体情况对企业的质量管理体系文件进行适当调整。

(6)在计划执行过程中不断反馈执行信息，及时解决实施中的问题。

四、工程项目前期阶段质量管理的方法

(一)工程咨询成果质量评审方式

工程咨询成果质量评审方式包括内部评审和外部评审。

内部评审包括项目团队组织的内部评审(项目经理组织项目参与人员对咨询结果进行自我评审)和咨询企业领导组织的内部评审(可邀请委托方有关部门及社会专家参与，最后由项目经理做汇报)。

外部评审包括业主组织的评审(业主邀请社会专家学者及相关单位的行政领导对咨询结果进行评审)和委托第三方进行评审。

两者都需要明确评审的参与者、程序、方法以及标准，建立评审制度，完成评审总结报告。

(二)建立咨询工作成果的质量评审制度

建立质量评审制度是确保咨询成果质量和改进质量的重要手段。通过评审，可以学到更多专家的知识和智慧。有利于提高咨询公司的竞争力；有利于工程咨询单位资格升级和扩大业务范围；有利于提高咨询单位的威望和信誉；有利于咨询单位及时发现不合理、不科学的地方，优化咨询结果，提高咨询质量。

(三)加强质量教育与培训

通过教育培训提高员工对质量工作的认知，并激励员工提高工作能力，增强质量和顾客意识，满足所从事的工作对质量的要求。项目领导班子应着重以下几方面的培训：质量意识教育；充分理解和掌握质量方针和目标；充分理解和掌握质量管理体系有关方面的内容；质量保持和持续改进意识。

可以通过面试、笔试、实际操作等方式检查培训的有效性。最好保留员工的教育、培训及技能认可的记录。

提示

工程项目前期阶段的质量管理是考试常考点，需重点掌握。

第三节 工程项目准备阶段的质量管理

工程项目准备阶段的主要质量管理任务是项目的勘察和设计工作，项目的勘察设计决定了工程总的质量目标和水平，同时也是工程项目的质量目标与水平的具体化表现。对项目今后的适用性、安全性、可靠性、经济性和环境的影响起着决定性作用。

一、工程项目准备阶段的质量管理依据

工程项目准备阶段的质量管理依据包括：

(1)勘察设计合同文件。

(2)国家规定的有关工程建设和质量管理,建筑工程勘察和设计深度要求的相关法律法规,城乡规划、铁路、交通、水利等工业项目也应当根据行业要求规划。

(3)与工程建设有关的技术标准、规范、程序、设计参数、配额、指标等强制性标准。

(4)项目批准文件,包括项目可行性研究报告、项目评估报告和选址报告。

(5)国家规定的建设工程勘察、设计深度要求。

(6)反映施工单位施工意图的勘察设计规划纲要。

(7)反映项目完成期间和之后所需的技术、资源、经济和社会合作的协议、数据、材料等。

(8)勘察设计的编制应真实准确,符合建设项目规划、选址、设计、岩土工程和施工的需要。

(9)设计文件的编制应满足编制初步设计文件和控制预算估算的需要,满足编制施工招标文件、订购主要设备材料和编制施工图设计文件的需要,满足生产和非生产要求。

编制建设工程勘察文件,应当真实、准确,满足建设工程规划、选址、设计、岩土治理和施工的需要;应当满足编制初步设计文件和控制概算的需要;编制初步设计文件,应当满足编制施工招标文件、主要设备材料订货和编制施工图设计文件的需要;编制施工图设计文件,应当满足设备材料采购、非标准设备制作和施工的需要,并注明建设工程合理使用年限。

二、勘察阶段的质量管理

勘察阶段一般分为三个阶段,即可行性研究勘察、初步勘察和详细勘察。建设工程勘察主要任务是根据建设工程的要求,查明、分析、评价建设场地的地质地理环境特征和岩土工程条件,编制建设工程勘察文件的活动。咨询工程师在此阶段进行质量控制的主要工作内容如下。

(一)协助建设单位(业主)优选勘察单位

按照国家计委和建设部有关规定,凡在国家建设工程设计资质分级标准规定范围内的建设项目,建设单位均应委托具有相应资质等级的工程勘察单位承担勘察业务工作,建设单位原则上应将整个建设工程项目的勘察业务委托给一个勘察单位,也可以根据勘察业务的专业特点和技术要求分别委托几个勘察单位。咨询工程师应协助建设单位组织勘察设计招标,对参加投标的勘察单位进行资格审查,优选勘察单位。

(二)勘察工作方案的审查和控制

工程勘察单位在实施勘察工作之前,应结合各勘察阶段的工作内容和深度要求,按照有关规范、规程的规定,结合工程的特点编制勘察工作方案(勘察纲要)。工作方案由项目负责人主持编写,勘察单位技术负责人员进行审批。

(三)勘察现场作业的质量管理

勘察现场作业的质量管理要求包括:

(1)项目负责人应始终在施工现场进行指导、监督和检查,并对各项作业资料检查验收签字。

(2)获取原始数据的方法、手段和设备应当正确合理。测量设备和实验室应有明确的管理程序。现场钻探、机具和取样应通过计量认证。

(3)原始记录表应按要求正确填写,并由有关工作人员检查并签字。

(4)现场操作人员应进行专业培训,重要岗位应实行持证上岗制度,并严格按勘察工作方案及有关操作规程的要求开展现场工作并留下印证记录。加强职工技术培训和职业道德教育,提高勘察人员的质量责任意识。观测员、试验员、记录员等现场作业人员应当接受专业培训,方可上岗。

(四)勘察文件的质量管理

对勘察文件进行质量管理,重在对工程勘察结果进行检查以及工程勘察报告进行审查。对涉及各种管理文件、报告、计算书、图纸图表以及原始资料等,均要判定是否符合有关规定和标准。

三、设计阶段的质量管理

根据《建设工程项目管理规范》,设计管理应根据项目实施过程,划分下列阶段:项目方案设计;项目初步设计;项目施工图设计;项目施工;项目竣工验收与竣工图;项目后评价。设计阶段的主要内容包括项目方案设计、项目初步设计以及项目施工图设计。组织应依据项目需求和相关规定组建或管理设计团队,明确设计策划,实施项目设计、验证、评审和确认活动,或组织设计单位编写设计报审文件,并审查设计人提交的设计成果,提出设计评估报告。

(一)设计阶段质量控制的流程

设计阶段质量控制的流程如下:按照设计合同要求进行设计策划;根据设计需求确定设计输入;实施设计活动并进行设计评审;验证和确认设计输出;实施设计变更控制。

链接

设计阶段质量管理方法包括加强设计质量流程管理、加强设计接口管理、加强设计文件会签管理、加强设计标准化工作管理以及加强设计文件报批管理等。

(二)设计阶段质量管理工作内容

1.项目方案设计阶段

项目管理机构应配合建设单位明确设计范围、划分设计界面、设计招标工作,确定项目设计方案,做出投资估算,完成项目方案设计任务。

2.项目初步设计阶段

收集和熟悉项目的原始资料,充分理解项目意图;根据初步确定的建设规模和质量要求,对获得的总投资和总进度进行分解,确定投资和进度计划;项目管理机构应完成项目初步设计任务,做出设计概算,对委托的设计承包人初步设计内容实施评审工作,并提出勘察工作需求,完成地勘报告申报管理工作;保证项目的总体目标得以实现。

3.项目施工图设计阶段

项目管理机构应根据初步设计要求,组织完成施工图设计或审查工作;确定施工图预算,并建立设计文件收发管理制度和流程。

(三)施工图设计评审

审查的重点是工程建设项目的功能是否符合质量目标的要求;是否符合国家强制性标准的要求;施工图预算是否超出设计预算。施工图设计评审的基本内容包括:总体审查;一般描述审查;图纸审查;审查总建设预算;其他政策要求;批准审查。

第四节　工程项目实施阶段的质量管理

工程项目实施阶段是工程实体的形成阶段,也是形成工程产品质量和工程使用价值的重要阶段。因此,实施阶段的质量控制是工程项目质量控制的重点。

一、工程项目实施阶段质量管理的依据

工程项目实施阶段质量管理的依据包括:

(1)工程合同文件。合同中规定了建设工程各参与方在质量管理上的权利与义务,是工程施工正常进行和质量管理的依据。咨询工程师必须熟悉合同中的内容,督促合同实施,监督工程项目的质量控制。

(2)国家及政府有关部门颁布的有关质量管理方面的法律法规及部门规章。

(3)有关质量检验与控制的专门技术法规性文件。针对不同质量管理对象或不同行业制定的技术性法规文件。主要有过程项目质量管理验收标准;有关材料、半成品和构配件等质量管理方面的专业技术性法规文件;施工作业活动质量控制的技术规程;新工艺、新技术、新材料的质量标准和施工工艺规程。

(4)设计文件。"按图施工"是工程项目实施阶段的一项重要原则,经过审批的设计图纸和技术说明等设计文件是实施阶段质量控制的重要依据。

二、工程项目实施阶段项目质量管理的程序

(一)确定项目质量计划

项目质量计划应在项目管理策划过程中编制。项目质量计划作为对外质量保证和对内质量控制的依据,体现着项目全过程质量管理的要求。编制完成后,应对项目质量计划进行审查。

(二)实施质量控制

项目管理机构应在质量控制过程中,跟踪、收集、整理实际数据,与质量要求进行比较,分析偏差,采取措施予以纠正和处置,并对处置效果复查。按照"预防为主"的原则,实施PDCA循环控制。施工质量控制应包括下列流程:施工质量目标分解;施工技术交底与工序控制;施工质量偏差控制;产品或服务的验证、评价和防护。

(三)开展质量检查和处置

项目管理机构应根据项目管理策划要求实施检验和监测,并按照规定配备检验和监测设备。对项目质量计划设置的质量控制点,项目管理机构应按规定进行检验和监测。质量控制点可包括下列内容:

(1)对施工质量有重要影响的关键质量特性、关键部位或重要影响因素。

(2)工艺上有严格要求,对下道工序的活动有重要影响的关键质量特性、部位。

(3)严重影响项目质量的材料质量和性能。

(4)影响下道工序质量的技术间歇时间。

(5)与施工质量密切相关的技术参数。

(6)容易出现质量通病的部位。

(7)紧缺工程材料、构配件和工程设备或可能对生产安排有严重影响的关键项目。

(8)隐蔽工程验收。

(四)落实质量改进

项目管理机构应定期对项目质量状况进行检查、分析,向组织提出质量报告,明确质量状况、发包人及其他相关方满意程度、产品要求的符合性以及项目管理机构的质量改进措施。

链接

上述流程中,可分解得到实施阶段的质量管理内容可包括:项目质量策划;施工组织设计和质量计划审查;实施策划、实施、检查、处置循环控制;加强人员、机具、材料、方法、环境因素的过程控制;做好验收检查工作;进行偏差纠正;处理质量问题和事故。

三、施工质量验收管理

工程项目施工质量验收是工程建设质量控制的一个重要环节,包括工程施工质量的中间验收和工程竣工验收两个方面。建设工程项目的竣工验收是项目建设程序的最后一个环节,是全面考核项目建设成果、检查设计和施工质量、确认项目是否能投入使用的重要步骤。

(一)工程项目质量验收的要求和条件

1. 工程项目质量验收的工作要求

建筑工程项目施工质量应按下列要求进行验收:

(1)工程质量验收均应在施工单位自检合格的基础上进行。

(2)参加工程质量验收的各方人员应具备相应的资格。资格包括职位要求、专业技术职称。具体要求应符合国家、行业和地方的有关法律、法规、标准和规范。

(3)检验批的质量应按主控项目和一般项目验收。

(4)对涉及结构安全、节能、环境保护和主要使用功能的试块、试件及材料,应在进场时或施工中按规定进行见证检验。

(5)隐蔽工程在隐蔽前应由施工单位通知监理单位进行验收,并应形成验收文件,验收合格后方可继续施工。

(6)对涉及结构安全、节能、环境保护和使用功能的重要分部工程,应在验收前按规定进行抽样检验。抽样检验的范围不仅包括涉及结构安全和功能的分工,还包括涉及节能和环保的分工。具体内容可以通过各个专业人员的验收标准来确定。抽样检验和实物检验的结果应符合相关专业验收规范的要求。

(7)工程的观感质量应由验收人员现场检查,并应共同确认。观感质量可以通过观察和简单测试来确定,观感质量的综合评估结果应由检查各方确认并同意。

2. 竣工验收条件

建设单位收到建设工程竣工报告后,应当组织设计、施工、工程监理等有关单位进行竣工验收。建设工程竣工验收应当具备下列条件:

(1)完成建设工程设计和合同约定的各项内容。

(2)有完整的技术档案和施工管理资料。

(3)有工程使用的主要建筑材料、建筑构配件和设备的进场试验报告。

(4)有勘察、设计、施工、工程监理等单位分别签署的质量合格文件。

(5)有施工单位签署的工程保修书。

(二)工程项目施工质量验收的划分

建设工程质量验收可分为单位工程、分部工程、分项工程和检验批。

(1)单位工程应按照以下原则进行划分:具有独立施工条件且可形成独立使用功能的建筑物或构筑物为一个单位工程;对于规模较大的单位工程,可将其能形成独立使用功能的部分划分为一个子单位工程。

(2)分部工程应按以下原则划分:可根据专业性质和工程部位确定;当分部工程较大或较复杂时,根据材料种类、施工特点、施工程序、专业系统和类别将分部工程划分为若干子分部工程。

(3)分项工程可按主要工种、材料、施工工艺和设备类别进行划分。

(4)检验批可根据施工、质量控制和专业验收的需要,按工程量、楼层、施工段、变形缝进行划分。

(三)建设工程施工质量验收规定

1.检验批质量验收合格规定

(1)主控项目的质量经抽样检验均应合格。主控项目是对检验批的基本质量起决定性影响的检验项目,因此从严要求是必需的,主控项目必须全部符合有关专业工程验收规范的规定。

(2)一般项目的质量经抽样检验合格。采用计数抽样时,合格点率应符合有关专业验收规范的规定,且不得存在严重缺陷。

(3)具有完整的施工操作依据、质量验收记录。

2.分项工程质量验收合格规定

分项工程的验收在检验批的基础上进行,一般情况下两者具有相同或相近的性质,只是批量的大小上有所不同。因此,将有关的检验批汇集构成分项工程。分项工程质量验收合格的规定如下:

(1)所含检验批的质量均应验收合格。

(2)所含检验批的质量验收记录应完整。

3.分部工程质量验收合格规定

分部工程的验收是在其所含分项工程验收的基础上进行的,其质量验收合格规定如下:

(1)所含分项工程的质量均应验收合格。

(2)质量控制资料应完整。

(3)有关安全、节能、环境保护和主要使用功能的抽样检验结果应符合相应规定。

(4)观感质量应符合要求。

4.单位工程质量验收合格规定

单位工程质量验收是建筑工程投入使用前的最后一次验收,也是最重要的一次验收,其质量验收合格规定如下:

(1)所含分部工程的质量均应验收合格。

(2)质量控制资料应完整。

(3)所含分部工程中有关安全、节能、环境保护和主要使用功能的检验资料应完整。

(4)主要使用功能的抽查结果应符合相关专业验收规范的规定。

(5)观感质量应符合要求。

5.建设项目施工质量不符合要求时的处理规定

(1)经返工或返修的检验批,应重新进行验收。

(2)经有资质的检测机构检测鉴定能够达到设计要求的检验批,应予以验收。

(3)经有资质的检测机构检测鉴定达不到设计要求、但经原设计单位核算认可能够满足安全和使用功能的检验批,可予以验收。

(4)经返修或加固处理的分项、分部工程,满足安全及使用功能要求时,可按技术处理方案和协商文件的要求予以验收。

(5)经返修或加固处理仍不能满足安全或重要使用要求的分部工程及单位工程,严禁验收。

典型例题

【多选题】根据《建筑工程施工质量验收统一标准》,下列属于分部工程质量验收合格标准的有(　　)。

A.主控项目质量经抽样检验合格　　B.所含检验批的质量验收记录完整

C.观感质量符合要求　　D.所含分项工程的质量均应验收合格

E.质量控制资料完整

CDE。【解析】观感质量符合要求、所含分项工程的质量均应验收合格、质量控制资料完整均属于分部工程质量验收合格标准。其他标准,详见上文。

(四)建设项目质量验收的程序和组织

检验批应由专业监理工程师组织施工单位项目专业质量检验员和专业工长进行验收。

分项工程应由专业监理工程师组织施工单位项目专业技术负责人等进行验收。

分部工程应由总监理工程师组织施工单位项目负责人和项目技术负责人等进行验收。勘察、设计单位负责人和施工单位技术、质量部门负责人应参加地基与基础分部工程的验收。设计单位负责人和施工单位技术、质量部门负责人应当参加主体结构、节能分部工程的验收。

单位工程分包工程完工后,分包单位应对所承包的工程进行自检,并应按规定的程序进行验收。验收时,总包单位应派人参加。分包单位应将所分包工程的质量控制资料整理完整,并移交给总包单位。

单位工程完工后,施工单位应组织有关人员进行自检。总监理工程师应组织各专业监理工程师对工程质量进行竣工预验收。存在施工质量问题时,应由施工单位整改。整改完毕后,由施工单位向建设单位提交工程竣工报告,申请工程竣工验收。

建设单位收到工程竣工报告后,应由建设单位项目负责人组织监理、施工、设计、勘察等单位项目负责人进行单位工程验收。

典型例题

【单选题】按照《建筑工程施工质量验收统一标准》,组织进行检验批质量验收的人员是(　　)。

A.总监理工程师　　B.专业监理工程师

C.施工单位总工程师　　D.施工单位项目经理

B。【解析】根据《建筑工程施工质量验收统一标准》,检验批应由专业监理工程师组织施工单位项目专业质量检查员、专业工长等进行验收。

四、工程建设项目质量保修管理

根据《建设工程项目管理规范》,发包人与承包人应签订工程保修期保修合同,确定质量保修范围、期限、责任与费用的计算方法。

(一)质量保修工作计划

承包人应根据保修合同文件、保修责任期、质量要求、回访安排和有关规定编制保修工作计划。在质量保修期内工程咨询单位应督促承包人编制保修工作计划,履行保修义务。保修工作计划应包括下列内容:主管保修的部门;执行保修工作的责任者;保修与回访时间;保修工作内容。

(二)质量保修制度

建设工程承包单位在向建设单位提交工程竣工验收报告时,应当向建设单位出具质量保修书。质量保修书中应当明确建设工程的保修范围、保修期限和保修责任等。

在正常使用条件下,建设工程的最低保修期限为:

(1)基础设施工程、房屋建筑的地基基础工程和主体结构工程,为设计文件规定的该工程的合理使用年限。

(2)屋面防水工程、有防水要求的卫生间、房间和外墙面的防渗漏,为5年。

(3)供热与供冷系统,为2个采暖期、供冷期。

(4)电气管线、给排水管道、设备安装和装修工程,为2年。

(5)其他项目的保修期限由发包方与承包方约定。

建设工程的保修期,自竣工验收合格之日起计算。

建设工程在保修范围和保修期限内发生质量问题的,施工单位应当履行保修义务,并对造成的损失承担赔偿责任。

建设工程在超过合理使用年限后需要继续使用的,产权所有人应当委托具有相应资质等级的勘察、设计单位鉴定,并根据鉴定结果采取加固、维修等措施,重新界定使用期。

链接

2019年2月,住房和城乡建设部办公厅发布的《住宅项目规范(征求意见稿)》中关于住宅建筑的设计工作年限应符合下表的规定。(只作参考,暂未实施,正式实施日期需官方通知)

类别	设计工作年限/年
结构	不低于50年
屋面与卫生间防水	不低于20年
地下室防水	不低于结构设计工作年限
管线工程	不低于15年
公用设备	不低于15年
户门及外窗	不低于20年
外保温系统	不低于25年

链接

需注意质量保修期与缺陷责任期的区别。缺陷责任期自实际竣工日期起计算，合同当事人应在专用合同条款约定缺陷责任期的具体期限，但该期限最长不超过 24 个月。对比来看，缺陷责任期相对较短，其主要涉及发包人预留质量保证金的返还。在缺陷责任期内发生的维修，应由承包人无偿提供。而在缺陷责任期外，质量保修期内承包人虽负维修责任，但不一定无偿提供服务。

典型例题

【单选题】根据《建设工程质量管理条例》，屋面防水工程的最低保修期限为(　　)年。

A. 2　　B. 3

C. 4　　D. 5

D。【解析】根据《建设工程质量管理条例》，屋面防水工程、有防水要求的卫生间、房间和外墙面的防渗漏，在正常使用条件下，建设工程的最低保修期限为 5 年。其他建设工程的最低保修期限见上文。

第五节　工程项目试运行阶段的质量管理

试运行是工程竣工后由业主组织进行的整体或部分试验性运行的全部过程。工程的整体性能、综合施工的效果、工程设计是否合理、是否达到合同和设计要求都必须通过试运行来检验。所以，工程项目的试运行阶段是对工程的规划设计和施工的最终检验和试验。

一、试运行阶段的内容

试运行是业主方和承包方的交接考核过程。工程项目建设全部按设计文件规定的内容建成，并符合设计要求及验收规范的规定，经机械竣工试验合格，业主签署了工程移交证书(办理了工程中间交接)后，即可按照试运行统筹计划进行试运行。

(一)试运行阶段的一般规定

根据《建设项目工程总承包管理规范》，项目试运行管理的一般规定如下：

(1)项目部应按合同约定进行项目试运行管理和服务。实施工程总承包的项目，工程总承包企业和项目组织单位必须为工程的试运行提供技术指导和服务，合同中应明确规定项目的范围和深度。

(2)项目试运行管理由试运行经理负责，并适时组建试运行组。在试运行管理和服务过程中，试运行经理应接受项目经理和工程总承包企业试运行管理部门的管理。项目试运行经理由工程公司的试运营部门选定，由工程公司指定。在项目部门接受项目经理和工程公司调试部门负责人的双重领导。项目试运行经理从合同项目的初始阶段开始，即为项目的试运行做准备。

(3)依据合同约定,试运行管理内容可包括试运行执行计划的编制、试运行准备、人员培训、试运行过程指导与服务等。

(二)试运行阶段划分

试运行一般分为无负荷试车和投料试运行两个阶段。

1. 无负荷试车阶段

无负荷试车必须在机械竣工完成并达到规定要求后进行,同时进行各种有关的质量检验工作,也称为竣工试验。无负荷试车成功后,经业主和承包方检查确认具备投料试车条件后方能进入投料试车运行阶段。

2. 投料试运行阶段

联合投料试车的合格标准是打通流程,生产出合格产品,并达到设计要求。投料试运行达到规定要求并稳定生产一段时间后开始生产考核。生产考核是对项目质量特性全面进行考核,合格后方能进行验收。

二、试运行阶段工程咨询单位质量管理的工作内容

(一)督促试运行经理组织编制试运行执行计划

试运行执行计划应由试运行经理负责组织编制,经项目经理批准、项目发包人确认后组织实施。试运行执行计划应按项目特点,安排试运行工作内容、程序和周期。试运行执行计划应包括下列主要内容:总体说明;组织机构;进度计划;试运行文件编制要求;培训计划;试运行准备工作要求;成本计划;项目发包人和相关方的责任分工等。

项目试运行执行计划的制订应根据项目类型和合同协议,主要包括以下内容:

(1)总体说明。总体说明包括:说明项目概况、编制管理计划的依据、主要生产设备的流程和特点以及试运行的步骤。

(2)组织机构。应从三个方面考虑试运行的组织。首先,工程承包公司的调试组织和试运营部门的典型机构设置,如图 7-1 所示。其次,根据指导和服务原则,协助业主建立生产领导团队,确定合格的生产领导。最后,建立试运营组织的原则,必须有利于集中统一指挥、有利于技术指导。

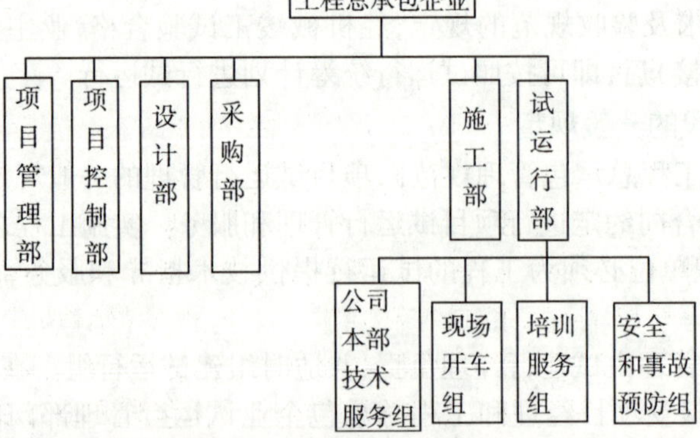

图 7-1 试运行机构组织图

(3)进度计划。试运行时间表必须基于项目的总体规划,试验计划必须"长",长期计划指导整个过程,简短安排指导分项工作。

(4)试运行文件编制。最重要的试运行文件是操作手册、设备维护手册、分析测试手册和安全手册。

(5)培训计划。培训计划应根据建设项目的类型和合同的内容制定。培训计划应说明培训的范围、方法、程序、时间和成本。

(6)试运行准备要求。需要准备的内容有:水、电、汽、原料、燃料以及试运行所需的其他材料;管理技术规范;安全法规和岗位责任制;编制的实施方案记录分类账目。

(7)试运行成本计划。合理安排试运行成本计划编制,包括预试验周期和供水试运行周期;预试车所需的水、电、汽消耗和物理测试操作。期限、负荷和产量以及原材料、能源和人力消耗均以综合方式计算,并严格按照业主的要求进行控制。

(8)项目发包人和相关方的责任分工。试运行(包括预试车辆)通常是承包公司负责技术指导,业主负责组织指挥并提供试运营所需的资源,施工单位配合试运行,制造商负责生产设备。

(二)督促承包方编制培训计划

培训计划应根据合同的约定和项目特点进行编制。培训计划宜包括:培训目标、培训岗位、培训人员、时间安排、培训与考核方式、培训地点、培训设备、培训费用以及培训教材等。培训计划应经业主批准后实施。培训计划应根据建设项目的类型和合同的内容制定。在分配人员后,所有成员都必须接受严格的培训。

(三)督促承包方编制考核计划

考核计划应依据合同约定的目标、考核内容和项目特点进行编制,考核计划应包括下列主要内容:考核项目名称;考核指标;责任分工;考核方式;手段及方法;考核时间;检测或测量;化验仪器设备及工机具;考核结果评价及确认等。

(四)协助编制试运行方案

试运行方案宜包括下列主要内容:工程概况;编制依据和原则;目标与采用标准;试运行应具备的条件;组织指挥系统;试运行进度安排;试运行资源配置;环境保护设施投运安排;安全及职业健康要求;试运行预计的技术难点和采取的应对措施等。

(五)考核合同目标的制定及其文件的签署

合同双方应在合同中共同约定考核合同目标的时间、内容及周期,并在目标达成后签署合同目标考核合格证书。

三、试运行实施

(一)试运行前的准备工作

项目部应检查试运行前的准备工作,确保已按设计文件及相关标准完成生产系统、配套系统和辅助系统的施工安装及调试工作,并达到竣工验收标准。

项目投入试运行前,其建设项目必须确保设计文件中规定的内容完整,符合相关施工和验收规范的要求,并符合机械完工的目标和要求。承包方要负责试运行现场的各项准备工作,包括现场清理、设备、管道内外部的清理以及电气、仪表等调试。业主方要负责落实供应的资源,包括原材料、备品配件、燃料、水、电等的供应。承包方要检查其质量和供应情况,以确认符合设计文件和试运行进度的要求。

(1)人力资源准备:遵循"按岗定质、按质进人、按岗培训、严格考核"的原则,及时有计划地选拔或聘用人才。

（2）技术准备：根据工作需要，分批在工艺、机械、电气、仪器仪表、计算机分析等技术骨干上进行技术准备工作。主要工作如下：组织编制试运行计划和操作手册；组织编制试运行方案；组织编制试车总体方案和投料试车方案；组织编制及审查预试车方案。

（3）安全工作准备：建立试运行范围内的各种安全系统，并根据设计文件和现行国家安全法规建立可靠的安全设施、设备和防护设备。由业主方组织实施，承包方应指导、检查并确认其符合安全规定。

（4）工厂管理准备：协助业主制定各种岗位责任制，建立以生产调度为中心的生产指挥系统和制度，建立试运行期间的原材料、燃料供应和产品储存、运输和销售管理系统。

（5）材料准备和外部准备工作：业主应根据品种、规格、数量、技术标准、包装形式、储存和运输条件以及供应渠道和使用时间准备试运行所需材料。建立物料检验、储存和配送管理系统，建立特殊储存要求的材料专用储存系统，如储存催化剂、长轴转子、仪器仪表、易燃、易爆、有毒物质等。根据试运行和生产的需要和时间表，将在外部条件下尽早签署供电、供水、供汽、铁路运输、码头等使用协议。

（6）合同目标考核：试运行经理应组织检查影响合同目标考核达标存在的问题，并对其解决措施进行落实。合同项目的生产考核，是在投料试运行打通生产流程，生产出设计规定的产品后，生产装置和辅助系统以及配套系统会暴露出一些问题，一般要停车进行检修，消除隐患和缺陷，有些问题甚至影响生产考核达标。根据《建设项目工程总承包管理规范》，合同项目试运行经理和试运行相关人员应参与合同项目的目标评估考核工作，并在所有生产评估中始终提供技术指导和服务。合同目标考核的时间和周期应按合同约定或商定执行。在考核期内当全部保证值达标时，合同双方及相关方代表应按规定签署合同目标考核合格证书。

（7）组织培训工作：培训服务的内容应依据合同约定或业主委托确定，宜包括对生产管理和操作人员进行模拟培训和实际操作培训，对其培训考核结果进行检查，防止不合格人员上岗给项目带来潜在风险等。对员工进行全面严格的安全教育，协助业主培训安全和环保专业人员以及消防和事故急救队。

（二）试运行工作中的质量要求

试运行工作中的质量要求如下：

（1）每项试运行工作都由业主方组织和指挥操作人员进行。承包方应予指导、监督并确认试运行结果。施工承包方协助处理试运行出现的施工安装问题。其中重要设备的试运行应在制造厂专家指导和监护下进行，其成员编入主要岗位，负责指导并协助排除故障。使用专利技术时，专利商也参加指导。

（2）试运行操作和合格标准应遵循和符合按试运行方案的规定。

（3）在试运行过程中，当发生不正常情况时，试运行指导人员应根据现场情况进行判断，相应做出调整工艺条件、减负荷、停止试运的决定。处理后应及时向业主报告。在紧急情况下，岗位人员具有紧急停止试运的权力。

（4）试运行中风险较大，必须将安全工作置于首位，循序渐进，不具备条件不得试运行，前一试运行工序的事故原因未查明，缺陷未清除，不得进行下一工序的试运行，决不能使风险后移。

（5）发生事故后，试运行指导人员应果断处理，切断事故源，防止事故扩大，并由责任方按国家规定及时提出事故报告。

第六节　质量管理的工具与方法

一、质量管理的工具

（一）调查（检查）表

调查(检查)表是用于收集数据的规范化表格，即把产品可能出现的情况及其分类预先列成表，在检查产品时只需在相应分类中进行统计，便可从调查表中进行粗略地整理和简单的原因分析，为下一步的统计分析与判断质量状况创造良好条件。其具有全面性和系统性的特点，且简单易懂，应用广泛，需要预先编制并及时完善。

链接

按照检查目的，调查(检查)表可分为工序分类检查表、缺陷项目检查表、缺陷原因检查表、操作检查表和特性检查表。

（二）数据分层（数据分类）

数据分层就是把所收集的数据进行合理地分类，把性质相同、在同一生产条件下收集的数据归在一起，把划分的组叫作“层”。常与其他统计方法相结合使用。

分层的目的是把杂乱无章和错综复杂的影响质量的数据，按照不同的目的、性质、来源等加以分类整理，使之系统化、条理化，能更确切地反映数据所代表的客观事实，便于查明产品质量波动的实质性原因和变化规律，以便抓住主要矛盾，从而对症下药，采取相应的措施。

数据分层可按时间、按操作者、按使用设备、按原材料、按操作方法、按测量工具等进行。另外，尽量使分层后层与层之间的差别增大，而同一层次的数据差别减小。

（三）直方图

直方图法是用于对大量计量值数据进行整理加工，找出其统计规律，分析数据的分布形态，以便对其总体的分布特征进行统计推断的方法。其分布形状一般包括对称型、偏向型、高原型、双峰型、平顶型、孤岛型、锯齿型以及犬牙型(或梳状型)等。

（四）散布图（相关图）

散布图是用图示的方式来辨认某两个相关变量之间的关系。这种图示方式具有快捷，易于交流，和易于理解的特点。一般相关关系可分为强正相关、弱正相关、强负相关、弱负相关、曲线相关和不相关。

（五）排列图（帕累托分析）

排列图是一种区分关键少数影响因素与次要多数影响因素的方法，建立在帕累托原理的基础上，通过区分最重要的与较次要的项目，可以用最少的努力获取最佳的改进效果。其结构由两个纵坐标和一个横坐标，若干个直方形和一条折线构成。左侧纵坐标表示不合格品出现的频数(出现次数或金额等)，右侧纵坐标表示不合格品出现的累计频率(如百分比表示)，横坐标表示影响质量的各种因素，按影响大小顺序排列，直方形高度表示相应的因素的影响程度(即出现频率为多少)，折线表示累计频率(也称帕累托曲线)。

（六）因果图

因果图是一种发现问题"根本原因"的方法。因果图是以结果作为特性，以原因作为因素，在它们之间用箭头联系表示因果关系。因其形状像鱼骨，故又称其为鱼骨图。按体系不同因果图分为结果分类型、工序分类型和原因罗列型。

（七）控制图（管制图）

控制图就是对生产过程的关键质量特性值进行测定、记录、评估并监测过程是否处于控制状态的一种图形方法。主要用于发现生产过程是否出现了异常情况，提供生产过程是否受控的实时信息。按用途不同控制图分为供分析用的控制图和供管理用的控制图。

提示

新七种工具包括关联图、亲和图、系统图、PDPC 法、矩阵图、矩阵数据分析法、网络法。

二、六西格玛（6σ）法

六西格玛管理法是一种追求零缺陷生产，防范产品责任风险，降低成本，提高生产率和市场占有率，提高顾客满意度和忠诚度的质量管理方法。6σ 管理既着眼于产品、服务质量，又关注过程的改进。

作为持续性的质量改进方法，6σ 管理具有如下特征：

(1)对顾客需求的高度关注。

(2)高度依赖统计数据。

(3)重视改善业务流程。

(4)突破管理。

(5)倡导无界限合作。

在推动 6σ 时，企业要真正能够获得巨大成效，必须把 6σ 当成一种管理哲学。其主要原则有：

(1)真诚关心顾客。

(2)根据资料和事实管理。

(3)以流程为重。

(4)主动管理。

(5)协力合作无界限。

(6)追求完美，但同时容忍失败。

第八章 工程项目健康、安全与环境管理

第一节 工程项目安全管理相关规定

一、《建设工程安全生产管理条例》相关规定

本部分只介绍部分关于《建设工程安全生产管理条例》的内容,全文可扫描右侧二维码获取。

扫码获取更多内容

(一)建设单位的安全责任

建设单位应当向施工单位提供施工现场及毗邻区域内供水、排水、供电、供气、供热、通信、广播电视等地下管线资料,气象和水文观测资料,相邻建筑物和构筑物、地下工程的有关资料,并保证资料的真实、准确、完整。建设单位因建设工程需要,向有关部门或者单位查询前款规定的资料时,有关部门或者单位应当及时提供。

建设单位不得对勘察、设计、施工、工程监理等单位提出不符合建设工程安全生产法律、法规和强制性标准规定的要求,不得压缩合同约定的工期。

建设单位在编制工程概算时,应当确定建设工程安全作业环境及安全施工措施所需费用。建设单位不得明示或者暗示施工单位购买、租赁、使用不符合安全施工要求的安全防护用具、机械设备、施工机具及配件、消防设施和器材。

建设单位在申请领取施工许可证时,应当提供建设工程有关安全施工措施的资料。依法批准开工报告的建设工程,建设单位应当自开工报告批准之日起15日内,将保证安全施工的措施报送建设工程所在地的县级以上地方人民政府建设行政主管部门或者其他有关部门备案。

建设单位应当将拆除工程发包给具有相应资质等级的施工单位。建设单位应当在拆除工程施工15日前,将下列资料报送建设工程所在地的县级以上地方人民政府建设行政主管部门或者其他有关部门备案:施工单位资质等级证明;拟拆除建筑物、构筑物及可能危及毗邻建筑的说明;拆除施工组织方案;堆放、清除废弃物的措施。实施爆破作业的,应当遵守国家有关民用爆炸物品管理的规定。

典型例题

【单选题】建设单位自开工之日起(　　)日内,将保证安全施工措施报送给建设主管部门。

A. 10　　　　B. 15

C. 20　　　　D. 30

B。【解析】保证安全施工措施的报送时限见上文。

（二）施工单位的安全责任

施工单位从事建设工程的新建、扩建、改建和拆除等活动，应当具备国家规定的注册资本、专业技术人员、技术装备和安全生产等条件，依法取得相应等级的资质证书，并在其资质等级许可的范围内承揽工程。

施工单位主要负责人依法对本单位的安全生产工作全面负责。施工单位应当建立健全安全生产责任制度和安全生产教育培训制度，制定安全生产规章制度和操作规程，保证本单位安全生产条件所需资金的投入，对所承担的建设工程进行定期和专项安全检查，并做好安全检查记录。

施工单位的项目负责人应当由取得相应执业资格的人员担任，对建设工程项目的安全施工负责，落实安全生产责任制度、安全生产规章制度和操作规程，确保安全生产费用的有效使用，并根据工程的特点组织制定安全施工措施，消除安全事故隐患，及时、如实报告生产安全事故。

施工单位对列入建设工程概算的安全作业环境及安全施工措施所需费用，应当用于施工安全防护用具及设施的采购和更新、安全施工措施的落实、安全生产条件的改善，不得挪作他用。

施工单位应当设立安全生产管理机构，配备专职安全生产管理人员。专职安全生产管理人员负责对安全生产进行现场监督检查。发现安全事故隐患，应当及时向项目负责人和安全生产管理机构报告；对违章指挥、违章操作的，应当立即制止。专职安全生产管理人员的配备办法由国务院建设行政主管部门会同国务院其他有关部门制定。

建设工程实行施工总承包的，由总承包单位对施工现场的安全生产负总责。总承包单位应当自行完成建设工程主体结构的施工。总承包单位依法将建设工程分包给其他单位的，分包合同中应当明确各自的安全生产方面的权利、义务。总承包单位和分包单位对分包工程的安全生产承担连带责任。分包单位应当服从总承包单位的安全生产管理，分包单位不服从管理导致生产安全事故的，由分包单位承担主要责任。

施工单位应当在施工组织设计中编制安全技术措施和施工现场临时用电方案，对下列达到一定规模的危险性较大的分部分项工程编制专项施工方案，并附具安全验算结果，经施工单位技术负责人、总监理工程师签字后实施，由专职安全生产管理人员进行现场监督：基坑支护与降水工程；土方开挖工程；模板工程；起重吊装工程；脚手架工程；拆除、爆破工程；国务院建设行政主管部门或者其他有关部门规定的其他危险性较大的工程。

对前款所列工程中涉及深基坑、地下暗挖工程、高大模板工程的专项施工方案，施工单位还应当组织专家进行论证、审查。

提示

上述达到一定规模的危险性较大工程的标准，可参考住建部《危险性较大的分部分项工程安全管理规定》及有关问题的通知。

施工单位应当遵守有关环境保护法律、法规的规定，在施工现场采取措施，防止或者减少粉尘、废气、废水、固体废物、噪声、振动和施工照明对人和环境的危害和污染。在城市市区内的建设工程，施工单位应当对施工现场实行封闭围挡。

施工单位应当在施工现场建立消防安全责任制度，确定消防安全责任人，制定用火、用电、使用易燃易爆材料等各项消防安全管理制度和操作规程，设置消防通道、消防水源，配备消防设施和灭火器材，并在施工现场入口处设置明显标志。

施工单位应当向作业人员提供安全防护用具和安全防护服装，并书面告知危险岗位的操作规程和违章操作的危害。作业人员有权对施工现场的作业条件、作业程序和作业方式中存在的安全问题提出批评、检举和控告，有权拒绝违章指挥和强令冒险作业。在施工中发生危及人身安全的紧急情况时，作业人员有权立即停止作业或者在采取必要的应急措施后撤离危险区域。

施工单位的主要负责人、项目负责人、专职安全生产管理人员应当经建设行政主管部门或者其他有关部门考核合格后方可任职。

施工单位应当对管理人员和作业人员每年至少进行一次安全生产教育培训，其教育培训情况记入个人工作档案。安全生产教育培训考核不合格的人员，不得上岗。

（三）其他有关单位的安全责任

勘察单位应当按照法律、法规和工程建设强制性标准进行勘察，提供的勘察文件应当真实、准确，满足建设工程安全生产的需要。勘察单位在勘察作业时，应当严格执行操作规程，采取措施保证各类管线、设施和周边建筑物、构筑物的安全。

设计单位应当按照法律、法规和工程建设强制性标准进行设计，防止因设计不合理导致生产安全事故的发生。设计单位应当考虑施工安全操作和防护的需要，对涉及施工安全的重点部位和环节在设计文件中注明，并对防范生产安全事故提出指导意见。采用新结构、新材料、新工艺的建设工程和特殊结构的建设工程，设计单位应当在设计中提出保障施工作业人员安全和预防生产安全事故的措施建议。设计单位和注册建筑师等注册执业人员应当对其设计负责。

工程监理单位应当审查施工组织设计中的安全技术措施或者专项施工方案是否符合工程建设强制性标准。工程监理单位在实施监理过程中，发现存在安全事故隐患的，应当要求施工单位整改；情况严重的，应当要求施工单位暂时停止施工，并及时报告建设单位。施工单位拒不整改或者不停止施工的，工程监理单位应当及时向有关主管部门报告。工程监理单位和监理工程师应当按照法律、法规和工程建设强制性标准实施监理，并对建设工程安全生产承担监理责任。

二、职业健康安全生产管理制度

（一）安全生产责任制度

1. 安全生产责任制度的内涵和意义

习近平总书记强调，要抓紧建立健全"党政同责、一岗双责、齐抓共管"的安全生产责任体系，把安全责任落实到岗位、落实到人头，坚持"管行业必须管安全，管业务必须管安全，管生产经营必须管安全"；所有企业必须认真履行安全生产主体责任，做到安全责任到位、安全投入到位、安全培训到位、安全管理到位、应急救援到位。

企业全员安全生产责任制是由企业根据安全生产法律法规和相关标准要求，在生产经营活动中，根据企业岗位的性质、特点和具体工作内容，明确所有层级、各类岗位从业人员的安全生产责任，通过加强教育培训、强化管理考核和严格奖惩等方式，建立起安全生产工作"层层负责、人人有责、各负其责"的工作体系。

全面加强企业全员安全生产责任制工作，是推动企业落实安全生产主体责任的重要抓手，有利于减少企业"三违"现象（违章指挥、违章作业、违反劳动纪律）的发生，有利于降低因人的不安全行为造成的生产安全事故，对解决企业安全生产责任传导不力问题，维护广大从业人员的生命安全和职业健康具有重要意义。

2. 建立健全安全生产责任制

安全生产工作坚持中国共产党的领导。安全生产工作应当以人为本，坚持人民至上、生命至上，把保护人民生命安全摆在首位，树牢安全发展理念，坚持安全第一、预防为主、综合治理的方针，从源头上防范化解重大安全风险。安全生产工作实行管行业必须管安全、管业务必须管安全、管生产经营必须管安全，强化和落实生产经营单位主体责任与政府监管责任，建立生产经营单位负责、职工参与、政府监管、行业自律和社会监督的机制。

生产经营单位应当具备《安全生产法》和有关法律、行政法规和国家标准或者行业标准规定的安全生产条件；不具备安全生产条件的，不得从事生产经营活动。生产经营单位的主要负责人是本单位安全生产第一责任人，对本单位的安全生产工作全面负责。其他负责人对职责范围内的安全生产工作负责。生产经营单位的主要负责人对本单位安全生产工作负有下列职责：

(1)建立健全并落实本单位全员安全生产责任制，加强安全生产标准化建设。

(2)组织制定并实施本单位安全生产规章制度和操作规程。

(3)组织制定并实施本单位安全生产教育和培训计划。

(4)保证本单位安全生产投入的有效实施。

(5)组织建立并落实安全风险分级管控和隐患排查治理双重预防工作机制，督促、检查本单位的安全生产工作，及时消除生产安全事故隐患。

(6)组织制定并实施本单位的生产安全事故应急救援预案。

(7)及时、如实报告生产安全事故。

生产经营单位的全员安全生产责任制应当明确各岗位的责任人员、责任范围和考核标准等内容。生产经营单位应当建立相应的机制，加强对全员安全生产责任制落实情况的监督考核，保证全员安全生产责任制的落实。

(二)职业健康安全管理“三同时”制度

“三同时”制度是指，凡是我国境内新建、改建、扩建的基本建设项目(工程)、技术改建项目(工程)和引进的建设项目，其职业健康安全设施必须符合国家规定的标准，必须与主体工程同时设计、同时施工、同时投入生产和使用。

“三同时”制度主要的法律法规依据是《安全生产法》《劳动法》《建设项目安全设施“三同时”监督管理办法》《建设项目职业病防护设施“三同时”监督管理办法》。

新建、改建、扩建工程的初步设计要经过行业主管部门、安全生产行政主管部门、卫生部门和工会的审查同意后方可进行施工；工程项目完成后，必须经主管部门、安全生产行政主管部门、卫生部门和工会的竣工验收合格后，方可投产和使用。

“三同时”制度具体包括以下内容：

(1)建设项目在进行可行性研究论证时，必须进行职业健康安全方面的论证，明确项目可能对职工造成危害的防范措施，并将论证结果载入可行性论证文件。

(2)设计单位在编制建设项目的初步设计文件时，应当同时编制《劳动安全卫生专篇》，职业健康安全设施的设计，必须符合国家标准、行业标准。

(3)施工单位必须按照审查批准的设计文件进行施工，不得擅自更改职业健康安全设施的设计，并对施工质量负责。

(4)建设项目的竣工验收必须按照国家有关建设项目职业健康安全验收规定进行。不符合职业健康安全标准的，不得验收和投产使用。

(5)建设项目验收合格正式投入运行后，不得将职业健康安全设施闲置不用，生产设施和职业健康安全设施必须同时使用。

链接

职业健康安全设施包括职业病防护设施、劳动安全卫生设施、安全技术设施、污染防治设施等。安全设施投资应纳入建设工程项目概算。

(三)劳动安全卫生预评价制度

下列建设项目必须进行劳动安全卫生预评价：

(1)属于《国家计划委员会、国家基本建设委员会、财政部关于基本建设项目和大中型划分标准的规定》中规定的大中型建设项目。

(2)属于《建筑设计防火规范》中规定的火灾危险性生产类别为甲类的建设项目。

(3)属于劳动部颁布的《爆炸危险场所安全规定》中规定的爆炸危险场所等级为特别危险场所和高度危险场所的建设项目。

(4)大量生产或使用《职业性接触毒物危害程度分级》规定的Ⅰ级、Ⅱ级危害程度的职业性接触毒物的建设项目。

(5)大量生产或使用石棉粉料或含有10%以上的游离二氧化硅粉料的建设项目。

(6)其他由劳动行政部门确认的危险、危害因素大的建设项目。

建设项目的劳动安全卫生预评价工作,应在工程可行性研究阶段进行,由建设单位自主选择本建设项目设计单位以外的、熟悉本行业和本建设项目技术特点的、有劳动安全卫生预评价资格的单位(以下简称预评价单位)承担,并与之签订书面委托合同。承担劳动安全卫生预评价工作的单位,应根据建设单位的委托,对建设项目存在的危险、危害因素的种类和程度,进行预评价,提出明确的防范措施。

(四)生产安全事故报告和调查处理制度

1. 生产安全事故的分类

根据生产安全事故(以下简称事故)造成的人员伤亡或者直接经济损失,事故一般分为以下等级:

(1)特别重大事故,是指造成30人以上死亡,或者100人以上重伤(包括急性工业中毒,下同),或者1亿元以上直接经济损失的事故。

(2)重大事故,是指造成10人以上30人以下死亡,或者50人以上100人以下重伤,或者5 000万元以上1亿元以下直接经济损失的事故。

(3)较大事故,是指造成3人以上10人以下死亡,或者10人以上50人以下重伤,或者1 000万元以上5 000万元以下直接经济损失的事故。

(4)一般事故,是指造成3人以下死亡,或者10人以下重伤,或者1 000万元以下直接经济损失的事故。

国务院应急管理部门可以会同国务院有关部门,制定事故等级划分的补充性规定。

上述所称的“以上”包括本数,所称的“以下”不包括本数。

典型例题

【单选题】根据《生产安全事故报告和调查处理条例》,造成65人重伤的安全事故是(　　)。

A. 一般事故　　B. 较大事故

C. 重大事故　　D. 特别重大事故

C。【解析】根据《生产安全事故报告和调查处理条例》,根据生产安全事故(以下简称事故)造成的人员伤亡或者直接经济损失,重大事故是指造成10人以上30人以下死亡,或者50人以上100人以下重伤,或者5 000万元以上1亿元以下直接经济损失的事故。根据题干,造成65人重伤的安全事故是重大事故。其他事故认定详见上文。

2. 生产安全事故报告

事故发生后,事故现场有关人员应当立即向本单位负责人报告;单位负责人接到报告后,应当于1小时内向事故发生地县级以上人民政府应急管理部门和负有安全生产监督管理职责的有关部门报告。情况紧急时,事故现场有关人员可以直接向事故发生地县级以上人民政府应急管理部门和负有安全生产监督管理职责的有关部门报告。

应急管理部门和负有安全生产监督管理职责的有关部门逐级上报事故情况,每级上报的时间不得超过2小时。事故报告应当及时、准确、完整,任何单位和个人对事故不得迟报、漏报、谎报或者瞒报。

事故调查处理应当坚持实事求是、尊重科学的原则,及时、准确地查清事故经过、事故原因和事故损失，查明事故性质，认定事故责任，总结事故教训，提出整改措施，并对事故责任者依法追究责任。

报告事故应当包括下列内容：事故发生单位概况；事故发生的时间、地点以及事故现场情况；事故的简要经过；事故已经造成或者可能造成的伤亡人数（包括下落不明的人数）和初步估计的直接经济损失；已经采取的措施；其他应当报告的情况。

3. 生产安全事故调查

特别重大事故由国务院或者国务院授权有关部门组织事故调查组进行调查。重大事故、较大事故、一般事故分别由事故发生地省级人民政府、设区的市级人民政府、县级人民政府负责调查。省级人民政府、设区的市级人民政府、县级人民政府可以直接组织事故调查组进行调查，也可以授权或者委托有关部门组织事故调查组进行调查。未造成人员伤亡的一般事故，县级人民政府也可以委托事故发生单位组织事故调查组进行调查。

事故调查组的组成应当遵循精简、效能的原则。根据事故的具体情况，事故调查组由有关人民政府、应急管理部门、负有安全生产监督管理职责的有关部门、监察机关、公安机关以及工会派人组成，并应当邀请人民检察院派人参加。事故调查组可以聘请有关专家参与调查。事故调查组成员应当具有事故调查所需要的知识和专长，并与所调查的事故没有直接利害关系。事故调查组组长由负责事故调查的人民政府指定。事故调查组组长主持事故调查组的工作。事故调查组履行下列职责：

（1）查明事故发生的经过、原因、人员伤亡情况及直接经济损失。

（2）认定事故的性质和事故责任。

（3）提出对事故责任者的处理建议。

（4）总结事故教训，提出防范和整改措施。

（5）提交事故调查报告。

事故调查组应当自事故发生之日起 60 日内提交事故调查报告；特殊情况下，经负责事故调查的人民政府批准，提交事故调查报告的期限可以适当延长，但延长的期限最长不超过 60 日。事故调查报告应当包括下列内容：

（1）事故发生单位概况。

（2）事故发生经过和事故救援情况。

（3）事故造成的人员伤亡和直接经济损失。

（4）事故发生的原因和事故性质。

（5）事故责任的认定以及对事故责任者的处理建议。

（6）事故防范和整改措施。

事故调查报告应当附具有关证据材料。事故调查组成员应当在事故调查报告上签名。

4. 生产安全事故处理

重大事故、较大事故、一般事故，负责事故调查的人民政府应当自收到事故调查报告之日起 15 日内做出批复；特别重大事故，30 日内做出批复，特殊情况下，批复时间可以适当延长，但延长的时间最长不超过 30 日。有关机关应当按照人民政府的批复，依照法律、行政法规规定的权限和程序，对事故发生单位和有关人员进行行政处罚，对负有事故责任的国家工作人员进行处分。事故发生单位应当按照负责事故调查的人民政府的批复，对本单位负有事故责任的人员进行处理。负有事故责任的人员涉嫌犯罪的，依法追究刑事责任。

事故发生单位应当认真吸取事故教训，落实防范和整改措施，防止事故再次发生。防范和整改措施的落实情况应当接受工会和职工的监督。应急管理部门和负有安全生产监督管理职责的有关部门应当对事故发生单位落实防范和整改措施的情况进行监督检查。

事故处理的情况由负责事故调查的人民政府或者其授权的有关部门、机构向社会公布，依法应当保密的除外。

第二节　工程项目安全管理

一、前期阶段安全管理与安全预评价

（一）建设方案研究阶段的安全管理

在建设方案研究阶段，应分析拟建项目生产过程中的危险因素，提出针对性的安全生产保障措施。

分析拟建项目生产过程中的危险因素时，主要应分析下列内容：技术、工艺、设施、设备的安全可靠性；项目的安全条件；重大危险源；生产过程用料的物理、化学性能；危险有害因素及其影响程度。

针对性的安全生产保障措施包括选用安全无害的技术、工艺、设施、设备，创建安全的生产环境，设置安全防护设施，确保安全距离，多采用自动化工艺作业等。

（二）安全预评价

建设项目安全预评价一般是指在建设项目可行性研究阶段，为贯彻"安全第一、预防为主、综合治理"方针，提高建设项目本质安全水平，定性、定量分析和预测建设项目可能存在的主要危险、有害因素的种类及其危险程度，评价项目建设方案与安全生产法律、规章、标准、规程等的符合性，并提出科学合理可行的安全对策及建议，做出安全评价结论的活动。

1. 安全预评价的程序

安全预评价程序包括：前期准备；辨识与分析危险、有害因素；划分评价单元；安全预评价方法的选定；定性、定量评价；提出安全对策措施建议；做出评价结论；编制安全预评价报告等。

典型例题

【单选题】下列不属于工程项目安全预评价程序的是（　　）。

A. 确定安全预评价单元　　B. 识别与分析有害因素

C. 选择评价方法　　D. 制定安全管理奖惩制度

D。【解析】根据《安全预评价导则》，确定安全预评价单元、识别与分析有害因素、选择评价方法均属于工程项目安全预评价程序。其他程序详见上文。

2. 安全预评价方法的分类

（1）根据安全预评价要达到的目的分类。

①事故致因因素安全评价方法：专家现场询问、观察法；危险和可操作性研究；故障类型及影响分析；事故树分析；事件树分析；安全检查表法；因素图分析法；事故引发和发展分析；事故顺序评价法；多系列失效分析法；双比较法；工作任务分析法；因果（鱼刺）图分析法。

②能够提供危险度分级的安全评价方法：危险和可操作性研究；故障类型及影响分析；事故树分析；逻辑树分析；风险矩阵评价法；安全度评价法；风险容忍度评价法；道化学公司火灾、爆炸危险指数评价法；蒙德火灾、爆炸、毒性指数评价法；日本劳动省六阶段评价法；前苏联化工过程危险性定量评价法；模糊矩阵法；直接数值估算法；人的认知可靠性分析法；我

国化工厂危险程度分级法;我国冶金工厂危险程度分级法;我国冶炼工厂危险程度分级法;重大危险源辨识方法;作业条件危险性评价法(格雷厄姆—金尼法);"安全检查表—危险指数评价—系统安全分析"评价法;统计图表分析法。

③可以提供事故后果的安全评价方法:故障类型及影响分析;事故树分析;逻辑树分析;概率理论分析;马尔可夫模型分析;道化学公司火灾爆炸危险指数评价法;蒙德火灾爆炸毒性指数评价法;日本劳动省六阶段评价法;前苏联化工过程危险性定量评价法;模糊矩阵法;成功可能性指数法;Safeti 评价法;易燃、易爆、有毒重大危险源评价法;"安全检查表—危险指数评价—系统安全分析"评价法;统计图表分析法;矿山工程安全评价法;尾矿库矩阵评价法;液体泄漏模型;气体泄漏模型;绝热扩散模型;池火火焰与辐射强度评价模型;火球爆炸伤害模型;爆炸冲击波超压伤害模型;蒸气云爆炸超压破坏模型;毒物泄漏扩散模型;锅炉爆炸伤害 TNT 当量法。

(2)根据评价结果的量化程度分类。

①典型定性安全评价方法:安全检查表;专家现场询问观察法;作业条件危险性评价法;故障类型和影响分析;危险可操作性研究等。

②典型定量安全评价方法:概率风险评价法,如故障类型及影响分析、故障树(事故树)分析等;伤害(或破坏)范围评价法,如事故后果计算模型;危险指数评价法,如道化学公司火灾、爆炸危险指数评价法,蒙德火灾、爆炸、毒性指数评价法,易燃、易爆、有毒重大危险源评价法。

典型例题

【多选题】下列安全评价方法中,属于事故致因因素安全评价方法的有(　　)。

A. 危险和可操作性研究　　B. 观察法

C. 因果图分析法　　D. 安全度评价法

E. 事故树分析法

ABCE。【解析】事故致因因素安全评价方法见上文。选项 D 安全度评价法属于能够提供危险度分级的安全评价法。

3. 安全预评价的内容

安全预评价的内容包括:

(1)前期准备工作的内容:明确评价对象和评价范围;组建评价组;收集国内相关法律法规、标准、规章、规范;收集并分析评价对象的基础资料、相关事故案例;对类比工程进行实地调查等内容。

(2)辨识和分析评价对象可能存在的各种危险、有害因素;分析危险、有害因素发生作用的途径及其变化规律。

(3)评价单元划分应考虑安全预评价的特点,以自然条件、基本工艺条件、危险、有害因素分布及状况、便于实施评价为原则进行。

(4)根据评价的目的、要求和评价对象的特点、工艺、功能或活动分布,选择科学、合理、适用的定性、定量评价方法对危险、有害因素导致事故发生的可能性及其严重程度进行评价。对于不同的评价单元,可根据评价的需要和单元特征选择不同的评价方法。

(5)为保障评价对象建成或实施后能安全运行,应从评价对象的总图布置、功能分布、工艺流程、设施、设备、装置等方面提出安全技术对策措施;从评价对象的组织机构设置、人员管理、物料管理、应急救援管理等方面提出安全管理对策措施;从保证评价对象安全运行的需要提出其他安全对策措施。

(6)建设项目安全预评价结论需要明确主要危险、有害因素排序,指出应重点防范的重大灾害事故和重要的安全建议。评价结论应概括评价结果，给出建设项目在评价条件下与国家有关法律法规、规章、标准、规程是否符合的结论，并给出建设项目危险、有害因素引发各类事故的可能性及其严重程度的预测性结论，明确建设项目投产后能否安全运行的结论。

4. 安全预评价报告

安全预评价报告是安全预评价工作过程的具体体现，是评价对象在建设过程中或实施过程中的安全技术性指导文件。安全预评价报告文字应简洁、准确，可同时采用图表和照片，以使评价过程和结论清楚、明确，利于阅读和审查。

安全预评价报告包括以下基本内容：

(1)结合评价对象的特点，阐述编制安全预评价报告的目的。

(2)列出有关的法律法规、标准、规章、规范和评价对象被批准设立的相关文件及其他有关参考资料等安全预评价的依据。

(3)介绍评价对象的选址、总图及平面布置、水文情况、地质条件、工业园区规划、生产规模、工艺流程、功能分布、主要设施、设备、装置、主要原材料、产品(中间产品)、经济技术指标、公用工程及辅助设施、人流、物流等概况。

(4)列出辨识与分析危险、有害因素的依据，阐述辨识与分析危险、有害因素的过程。

(5)阐述划分评价单元的原则、分析过程等。

(6)列出选定的评价方法，并做简单介绍。阐述选定此方法的原因。详细列出定性、定量评价过程。明确重大危险源的分布、监控情况以及预防事故扩大的应急预案内容。给出相关的评价结果，并对得出的评价结果进行分析。

(7)列出安全对策措施建议的依据、原则、内容。

(8)作出评价结论。安全预评价结论应简要列出主要危险、有害因素评价结果，指出评价对象应重点防范的重大危险有害因素，明确应重视的安全对策措施建议，明确评价对象潜在的危险、有害因素在采取安全对策措施后，能否得到控制以及受控的程度如何。给出评价对象从安全生产角度是否符合国家有关法律法规、标准、规章、规范的要求。

二、设计阶段安全报告的编制

初步设计阶段，应编写相应的安全报告，其主要内容如下：

(1)设计依据。主要包括项目批准文件、可行性研究报告、安全预评价报告、勘察报告、相关的法律法规及技术规范规程、政府部门的规定等。

(2)项目概况。主要包括项目基本情况，涉及安全的工艺、设备、因素及相应防范措施，对项目自身安全及项目对周边环境的影响的总体评价，存在的安全问题及相关建议。

(3)地质安全影响因素。主要包括地质状况对项目实施的影响，因地质情况引发灾害的可能性等。

(4)项目安全评述。主要包括工艺、设备、安全设施、应急设施的安全可靠性，机电设备及系统的安全可靠性，给水排水系统、供配电系统的安全可靠性，项目对周边环境的安全影响。

(5)总平面布置。

(6)安全设施。

施工图设计阶段，也应编写相应的安全报告，其主要内容如下：

(1)全项目性的安全文件。主要包括各类总体设计中的安全法律法规及技术规范规程规定、设计安全性说明，工程总概算中用于安全管理部分的费用。

(2)各建(构)筑物的设计文件。主要包括建筑设计与结构安全的协调，构造设计、设备管线安排的安全性，设备材料制作、安装、维护维修的安全性，单项工程预算中用于安全管理部分的费用。

(3)各专业工程与安全相关的计算数据及资料的安全性。

(4)工程施工中的安全要求。

三、安全教育培训

生产经营单位应当对从业人员进行安全生产教育和培训,保证从业人员具备必要的安全生产知识,熟悉有关的安全生产规章制度和安全操作规程,掌握本岗位的安全操作技能,了解事故应急处理措施,知悉自身在安全生产方面的权利和义务。未经安全生产教育和培训合格的从业人员,不得上岗作业。生产经营单位采用新工艺、新技术、新材料或者使用新设备,必须了解、掌握其安全技术特性,采取有效的安全防护措施,并对从业人员进行专门的安全生产教育和培训。

生产经营单位的特种作业人员必须按照国家有关规定经专门的安全作业培训,取得相应资格,方可上岗作业。

四、安全技术交底

施工安全技术交底是指交底方向被交底方对预防和控制生产安全事故发生及减少其危害的技术措施、施工方法进行说明的技术活动,用于指导施工行为。

建设工程施工前,施工单位负责项目管理的技术人员应当对有关安全施工的技术要求向施工作业班组、作业人员作出详细说明,并由双方签字确认。

施工各有关单位应组织开展分级、分层次的安全技术交底和安全技术实施验收活动,并明确参与交底和验收的技术人员和管理人员。

安全技术交底应依据国家有关法律法规和有关标准、工程设计文件、施工组织设计和安全技术规划、专项施工方案和安全技术措施、安全技术管理文件等的要求进行。

安全技术交底应符合下列规定:

(1)安全技术交底的内容应针对施工过程中潜在危险因素,明确安全技术措施内容和作业程序要求。

(2)危险等级为Ⅰ级、Ⅱ级的分部分项工程、机械设备及设施安装拆卸的施工作业,应单独进行安全技术交底。

安全技术交底的内容应包括工程项目和分部分项工程的概况、施工过程的危险部位和环节及可能导致生产安全事故的因素、针对危险因素采取的具体预防措施、作业中应遵守的安全操作规程以及应注意的安全事项、作业人员发现事故隐患应采取的措施、发生事故后应及时采取的避险和救援措施。

施工单位应建立分级、分层次的安全技术交底制度。安全技术交底应有书面记录,交底双方应履行签字手续,书面记录应在交底者、被交底者和安全管理者三方留存备查。

典型例题

【单选题】在单位工程开工前,必须将工程概况、安全技术措施向承担施工的作业队负责人进行交底的人员是(　　)。

A. 施工单位项目经理　　B. 设计单位技术负责人

C. 施工单位技术负责人　　D. 单位工程技术负责人

D。【解析】单位工程开工前,单位工程技术负责人必须向承担施工的作业队负责人、工长、班组长及相关人员进行交底,其内容包括工程概况、施工方法、安全技术交底的内容、交底时间以及参加人员、施工工艺、施工程序、安全技术措施。

五、安全生产检查

安全生产检查制度是落实安全生产责任制的一项具体措施，是防范和杜绝安全生产事故的一项有力保障。通过日常、专项和全面安全检查，可以及时发现可能危及生产的安全隐患，对检查中发现的安全问题及时进行处理。每次检查应将检查情况、安全隐患处理意见和处理结果记录在案，便于追溯。

安全生产检查时间、检查内容、检查方法主要有以下几种：

(1)安全生产检查时间，包括定期检查、经常性检查、季节性和节假日前检查、不定期巡视检查。

(2)安全检查内容，包括专业或专项检查、综合性检查，主要查思想、查管理、查隐患、查整改、查事故报告、调查及处理等。

(3)安全检查方法，包括常规检查法、安全检查表法、仪器检查法等。

链接

注意区分安全检查制度与安全生产监督检查制度。此处安全检查制度是指企业内部自行举行的安全检查。上述的安全生产监督检查制度是指政府部分对企业的安全生产活动实施的监督检查。

六、安全措施计划

安全措施计划是阐明安全管理方针、管理体系、安全制度和安全措施等的文件。安全措施计划包括安全技术措施计划、职业卫生安全措施计划、安全生产/防护设施措施计划、安全检查措施计划等。

安全措施计划涉及的主要方面包括安全生产责任制、安全生产管理目标、安全生产费用预算与投入、安全教育、危险源辨识与确定、风险评估与分级、风险控制措施、专项施工方案及论证、安全技术交底、安全检查与评审、安全应急管理等。

七、生产安全事故应急预案

（一）生产安全事故应急预案的分类

根据《生产安全事故应急预案管理办法》，生产经营单位应急预案分为综合应急预案、专项应急预案和现场处置方案。

综合应急预案，是指生产经营单位为应对各种生产安全事故而制定的综合性工作方案，是本单位应对生产安全事故的总体工作程序、措施和应急预案体系的总纲。

专项应急预案，是指生产经营单位为应对某一种或者多种类型生产安全事故，或者针对重要生产设施、重大危险源、重大活动防止生产安全事故而制定的专项性工作方案。

现场处置方案，是指生产经营单位根据不同生产安全事故类型，针对具体场所、装置或者设施所制定的应急处置措施。

（二）生产安全事故应急预案的编制

根据《生产安全事故应急预案管理办法》，应急预案的编制应当符合下列基本要求：

(1)有关法律、法规、规章和标准的规定。

(2)本地区、本部门、本单位的安全生产实际情况。

(3)本地区、本部门、本单位的危险性分析情况。

(4)应急组织和人员的职责分工明确，并有具体的落实措施。

(5)有明确、具体的应急程序和处置措施，并与其应急能力相适应。

(6)有明确的应急保障措施,满足本地区、本部门、本单位的应急工作需要。

(7)应急预案基本要素齐全、完整,应急预案附件提供的信息准确。

(8)应急预案内容与相关应急预案相互衔接。

编制应急预案前,编制单位应当进行事故风险辨识、评估和应急资源调查。事故风险辨识、评估是指针对不同事故种类及特点,识别存在的危险危害因素,分析事故可能产生的直接后果以及次生、衍生后果,评估各种后果的危害程度和影响范围,提出防范和控制事故风险措施的过程。应急资源调查是指全面调查本地区、本单位第一时间可以调用的应急资源状况和合作区域内可以请求援助的应急资源状况,并结合事故风险评估结论制定应急措施的过程。

生产经营单位应当根据有关法律、法规、规章和相关标准,结合本单位组织管理体系、生产规模和可能发生的事故特点,确立本单位的应急预案体系,编制相应的应急预案,并体现自救互救和先期处置等特点。

生产经营单位风险种类多、可能发生多种类型事故的,应当组织编制综合应急预案。综合应急预案应当规定应急组织机构及其职责、应急预案体系、事故风险描述、预警及信息报告、应急响应、保障措施、应急预案管理等内容。

对于某一种或者多种类型的事故风险,生产经营单位可以编制相应的专项应急预案,或将专项应急预案并入综合应急预案。专项应急预案应当规定应急指挥机构与职责、处置程序和措施等内容。

对于危险性较大的场所、装置或者设施,生产经营单位应当编制现场处置方案。现场处置方案应当规定应急工作职责、应急处置措施和注意事项等内容。事故风险单一、危险性小的生产经营单位,可以只编制现场处置方案。

生产经营单位应急预案应当包括向上级应急管理机构报告的内容、应急组织机构和人员的联系方式、应急物资储备清单等附件信息。附件信息发生变化时,应当及时更新,确保准确有效。

生产经营单位组织应急预案编制过程中,应当根据法律、法规、规章的规定或者实际需要,征求相关应急救援队伍、公民、法人或其他组织的意见。

生产经营单位编制的各类应急预案之间应当相互衔接,并与相关人民政府及其部门、应急救援队伍和涉及的其他单位的应急预案相衔接。

生产经营单位应当在编制应急预案的基础上,针对工作场所、岗位的特点,编制简明、实用、有效的应急处置卡。应急处置卡应当规定重点岗位、人员的应急处置程序和措施,以及相关联络人员和联系方式,便于从业人员携带。

(三)生产安全事故应急预案的评审、公布和备案

矿山、金属冶炼、建筑施工企业和易燃易爆物品、危险化学品的生产、经营(带储存设施的,下同)、储存、运输企业,以及使用危险化学品达到国家规定数量的化工企业、烟花爆竹生产、批发经营企业和中型规模以上的其他生产经营单位,应当对本单位编制的应急预案进行评审,并形成书面评审纪要。上述规定以外的其他生产经营单位可以根据需要,对本单位编制的应急预案进行论证。

参加应急预案评审的人员应当包括有关安全生产及应急管理方面的专家。评审人员与所评审应急预案的生产经营单位有利害关系的,应当回避。

应急预案的评审或者论证应当注重基本要素的完整性、组织体系的合理性、应急处置程序和措施的针对性、应急保障措施的可行性、应急预案的衔接性等内容。

生产经营单位的应急预案经评审或者论证后,由本单位主要负责人签署公布,并及时发

放到本单位有关部门、岗位和相关应急救援队伍。事故风险可能影响周边其他单位、人员的，生产经营单位应当将有关事故风险的性质、影响范围和应急防范措施告知周边的其他单位和人员。

易燃易爆物品、危险化学品等危险物品的生产、经营、储存、运输单位，矿山、金属冶炼、城市轨道交通运营、建筑施工单位，以及宾馆、商场、娱乐场所、旅游景区等人员密集场所经营单位，应当在应急预案公布之日起20个工作日内，按照分级属地原则，向县级以上人民政府应急管理部门和其他负有安全生产监督管理职责的部门进行备案，并依法向社会公布。上述所列单位属于中央企业的，其总部（上市公司）的应急预案，报国务院主管的负有安全生产监督管理职责的部门备案，并抄送应急管理部；其所属单位的应急预案报所在地的省、自治区、直辖市或者设区的市级人民政府主管的负有安全生产监督管理职责的部门备案，并抄送同级应急管理部门。

生产经营单位申报应急预案备案，应当提交下列材料：应急预案备案申报表；应急预案评审意见；应急预案电子文档；风险评估结果和应急资源调查清单。

受理备案登记的负有安全生产监督管理职责的部门应当在5个工作日内对应急预案材料进行核对，材料齐全的，应当予以备案并出具应急预案备案登记表；材料不齐全的，不予备案并一次性告知需要补齐的材料。逾期不予备案又不说明理由的，视为已经备案。对于实行安全生产许可的生产经营单位，已经进行应急预案备案的，在申请安全生产许可证时，可以不提供相应的应急预案，仅提供应急预案备案登记表。

（四）生产安全事故应急预案的实施

各级人民政府应急管理部门应当将本部门应急预案的培训纳入安全生产培训工作计划，并组织实施本行政区域内重点生产经营单位的应急预案培训工作。生产经营单位应当组织开展本单位的应急预案、应急知识、自救互救和避险逃生技能的培训活动，使有关人员了解应急预案内容，熟悉应急职责、应急处置程序和措施。应急培训的时间、地点、内容、师资、参加人员和考核结果等情况应当如实记入本单位的安全生产教育和培训档案。

各级人民政府应急管理部门应当至少每2年组织一次应急预案演练，提高本部门、本地区生产安全事故应急处置能力。生产经营单位应当制定本单位的应急预案演练计划，根据本单位的事故风险特点，每年至少组织一次综合应急预案演练或者专项应急预案演练，每半年至少组织一次现场处置方案演练。易燃易爆物品、危险化学品等危险物品的生产、经营、储存、运输单位，矿山、金属冶炼、城市轨道交通运营、建筑施工单位，以及宾馆、商场、娱乐场所、旅游景区等人员密集场所经营单位，应当至少每半年组织一次生产安全事故应急预案演练，并将演练情况报送所在地县级以上地方人民政府负有安全生产监督管理职责的部门。

应急预案演练结束后，应急预案演练组织单位应当对应急预案演练效果进行评估，撰写应急预案演练评估报告，分析存在的问题，并对应急预案提出修订意见。

应急预案编制单位应当建立应急预案定期评估制度，对预案内容的针对性和实用性进行分析，并对应急预案是否需要修订作出结论。矿山、金属冶炼、建筑施工企业和易燃易爆物品、危险化学品等危险物品的生产、经营、储存、运输企业、使用危险化学品达到国家规定数量的化工企业、烟花爆竹生产、批发经营企业和中型规模以上的其他生产经营单位，应当每3年进行一次应急预案评估。

生产经营单位发生事故时，应当第一时间启动应急响应，组织有关力量进行救援，并按照规定将事故信息及应急响应启动情况报告事故发生地县级以上人民政府应急管理部门和其他负有安全生产监督管理职责的部门。生产安全事故应急处置和应急救援结束后，事故发生单位应当对应急预案实施情况进行总结评估。

典型例题

【单选题】生产经营单位应根据本单位事故风险特点，每(　　)至少组织一次现场处置方案演练。

A.半年　　B.1年

C.2年　　D.3年

A。【解析】《生产安全事故应急预案管理办法》第三十三条规定，生产经营单位应当制定本单位的应急预案演练计划，根据本单位的事故风险特点，每年至少组织一次综合应急预案演练或者专项应急预案演练，每半年至少组织一次现场处置方案演练。

第三节　工程项目环境管理

一、工程项目绿色设计

(一)绿色设计的含义与原则

绿色设计也称生态设计、环境设计、环境意识设计。在产品整个生命周期内，着重考虑产品环境属性(可拆卸性、可回收性、可维护性、可重复利用性等)并将其作为设计目标，在满足环境目标要求的同时，保证产品应有的功能、使用寿命、质量等要求。

绿色设计的原则被公认为"3R"原则，即Reduce(减量化)，Reuse(再利用)，Recycle(再回收)，如减少环境污染、减小能源消耗，产品和零部件的回收再生循环或者重新利用。

(二)绿色设计的内容

绿色设计的主要内容包括选择绿色建筑材料、产品的可拆卸性与可回收性设计、产品的可制造和可装配性设计、产品的成本分析。

1.选择绿色建筑材料

绿色设计中，首先要考虑的是采用对环境影响较小的绿色建筑材料，实现材料的环境无害化。一方面，尽量选用低毒、低辐射，易降解，易重复利用的材料；另一方面，尽量减少所用材料的种类，降低回收废弃材料的成本。

2.产品的可拆卸与可回收性设计

绿色设计的一个核心理念是再利用，这就要求在设计时多采用可拆卸性设计，这样做可以在产品维修或报废时降低成本，在一定程度上可以将部分完好的部件进行再利用。

3.产品的可制造和可装配性设计

可制造性，即产品在制造工艺上的简单化；可装配性，即产品制造完成后装配工艺上的简单化。在制造和装配过程中简单化，有利于降低生产成本。

4.进行产品成本分析

考虑到绿色设计的可拆卸性和可重复利用性，将此类因素考虑进项目总成本中，来进行更合理地决策，以保证建设项目的经济效益和环境效益。

（三）绿色设计的方法

1. 模块化设计

模块化设计是在对一定范围内的不同功能或相同功能不同性能、不同规格的产品进行功能分析的基础上，划分并设计出一系列功能模块，通过模块的选择和组合可以构成不同的产品，满足不同的需求。模块化设计既可以很好地解决产品品种规格、产品设计制造周期和生产成本之间的矛盾，又可为产品的快速更新换代提供方便，提高产品的质量，方便维修，有利于产品废弃后的拆卸、回收，为增强产品的竞争力提供必要条件。

2. 并行设计

并行设计是一种对产品及其相关过程（包括设计制造过程和相关的支持过程）进行并行和集成设计的系统化工作模式。与传统的串行设计相比，并行设计更强调在产品开发的初期阶段，要求产品的设计开发者从一开始就要考虑产品整个生命周期（从产品的工艺规划、制造、装配、检验、销售、使用、维修到产品的报废为止）的所有环节，建立产品寿命周期中各个阶段性能的继承和约束关系及产品各个方面属性间的关系，以追求产品在寿命周期全过程中其性能最优。通过产品每个功能设计小组，使设计更加协调，使产品性能更加完善。从而更好地满足客户对产品综合性能的要求，并减少开发过程中产品的反复修改，进而提高产品的质量、缩短开发周期并大大地降低产品的成本。

3. 循环设计

循环设计即是回收设计，是用于实现广义回收的手段或方法。在设计产品时，应考虑回收零件和材料的可能性、回收的价值和回收处理结构工艺、与回收处理过程有关的一系列问题的方法，以实现零件和材料、资源和能源的充分和有效利用，实现最小环境污染的设计思想和方法。

此外，还有组合设计、可拆卸设计、绿色包装设计等。基本内涵也大致如上所述。

绿色设计源于人们对生态破坏的反思，反映了设计师的道德和社会责任的回归。长期以来，工业设计为人类创造了现代生活方式和生活环境，也加速了资源和能源的消耗，对地球的生态平衡造成了巨大的破坏。特别是，工业设计的过度商业化使设计成为鼓励人们使用不受控制的消费的重要媒介。“计划商品废除制度”是这种现象的极端表现，引起了许多批评和指责。设计师必须重新思考工业设计师的职责和作用。

典型例题

【多选题】绿色设计也称为生态设计、环境设计，绿色设计的方法主要包括（　　）。

A. 模块化设计　　B. 循环设计

C. 并行工程设计　　D. 平行工程设计

E. 板块设计

ABC。【解析】绿色设计方法包括模块化设计、循环设计和并行工程设计。

（四）绿色设计要求

未来绿色设计的要求：顺应世界发展，迈向绿色设计时代。

从某些角度看，“绿色设计”不能被看作是一种风格的表现。成功的“绿色设计”的产品来自于设计师对环境问题的高度意识，并在设计和开发过程中运用设计师和相关组织的经验、知识和创造性结晶。大致有以下几种设计主题和发展趋势：

（1）使用天然的材料，以“未经加工的”形式在家具产品、建筑材料和织物中得到体现和运用。

(2)怀旧的、简洁的风格,精心融入"高科技"的因素,使用户感到产品是可亲的、温暖的。

(3)实用且节能。

(4)强调使用材料的经济性,摒弃无用的功能和纯装饰的样式,创造形象生动的造型,回归经典的简洁。

(5)多种用途的产品设计,通过变化可以增加乐趣的设计,避免因厌烦而替换的需求;它能够升级、更新,通过尽可能少地使用其他材料来延长寿命;使用"附加智能"或可拆卸组件。

(6)产品与服务的非物质化。

(7)组合设计和循环设计。

真正的绿色设计不仅仅是设计本身。它已经上升到文化,提升为一种精神。它对一个国家,一个社会,甚至所有文化领域和文化现象具有普遍意义。真正的绿色设计永远不会过时。它随着时代的发展而发展,它总是会感染人们的生活,从而影响人们的生活。

二、绿色施工

绿色施工是指工程建设中,在保证质量、安全等基本要求的前提下,通过科学管理和技术进步,最大限度地节约资源与减少对环境负面影响的施工活动,实现四节一环保(节能、节地、节水、节材和环境保护)。绿色施工是可持续发展思想在工程施工中的应用体现,是绿色施工技术的综合应用。绿色施工技术并不是独立于传统施工技术的全新技术,而是用"可持续"的眼光对传统施工技术的重新审视,是符合可持续发展战略的施工技术。

(一)绿色施工的原则

1.减少场地干扰、尊重场地环境

场地环境会因为工程施工过程而遭受严重扰乱,这一点对于未开发区域的新建项目尤其严重。场地平整、施工降水、土方开挖、永久及临时设施建造、场地废物处理等均会影响或破坏场地上现有的地下水位、地形地貌、地方特色资源、动植物资源、文物资源。因此,施工中减少场地干扰、尊重场地环境,对于保护生态环境具有重要的意义。工程建设相关单位应通过合理的方式保存场地原有的特色风貌。

2.结合气候安排施工计划

承包商应结合气候特征来布置施工场地、选择施工方法和施工机械、安排施工顺序,以此来减少因为气候原因而带来施工措施的增加、资源和能源用量的增加,有效地降低施工成本,减少因为额外措施对施工现场及环境的干扰,有利于施工现场环境质量品质的改善和工程质量的提高。

施工结合气候的主要体现如下:

(1)承包商应尽可能合理地安排施工顺序,使会受到不利气候影响的施工工序能够避开天气的影响。如在雨季来临之前,完成土方工程、基础工程的施工,以减少地下水位上升对施工的影响,减少其他需要增加的额外雨季施工保证措施。

(2)安排好全场性排水、防洪,减少对现场及周边环境的影响。

(3)施工场地布置应结合气候,符合劳动保护、安全、防火的要求。产生有害气体和污染环境的加工场(如沥青熬制、石灰熟化)及易燃的设施(如木工棚、易燃物品仓库)应布置在下风向,且不危害当地居民;起重设施的布置应考虑风、雷电的影响。

(4)在冬季、雨季、风季、炎热夏季施工中,应针对工程特点,尤其是对混凝土工程、土方工程、深基础工程、水下工程和高空作业等,选择适合的季节性施工方法或有效措施。

3.节约能源资源

建设项目使用的材料、能源、资源的消耗量非常大。应尽量减少资源能源消耗,提高效

益,做到可持续发展。

施工中能源(资源)的节约主要有下列几方面内容:

(1)水资源的节约利用。通过监测水资源的使用,安装小流量的设备和器具,在可能的场所重新利用雨水或施工废水等措施来减少施工期间的用水量,降低用水费用。

(2)节约电能。通过监测利用率,安装节能灯具和设备,利用声光传感器控制照明灯具,采用节电型施工机械,合理安排施工时间等降低用电量,节约电能。

(3)减少材料的损耗。通过更精细的采购,合理的现场保管,减少材料的搬运次数,减少包装,完善操作工艺,增加摊销材料的周转次数等方式降低材料在使用中的消耗,提高材料的使用效率。

(4)可回收资源的利用。可回收资源的利用是节约资源的主要手段,也是当前应加强的方向。主要体现在两个方面,一是使用可再生的或含有可再生成分的产品和材料,这有助于将可回收部分从废弃物中分离出来,同时减少了原始材料的使用,即减少了自然资源的消耗;二是加大资源和材料的回收利用、循环利用,如在施工现场建立废物回收系统,再回收或重复利用在拆除时得到的材料,这可减少施工中材料的消耗量或通过销售来增加企业的收入,也可降低企业运输或填埋垃圾的费用。

4. 减少环境污染,提高环境品质

工程施工中产生的有毒有害气体、大量灰尘、废弃物、噪音等均会严重影响环境品质,并且会对现场工作人员、使用者以及公众的健康造成一定程度的损害。因此,减少环境污染,提高环境品质也是绿色施工的基本原则。

提高与施工有关的室内外空气品质是该原则的最主要内容。施工过程中,扰动建筑材料和系统所产生的灰尘,从材料、产品、施工设备或施工过程中散发出来的挥发性有机化合物或微粒均会引起室内外空气品质问题。许多这些挥发性有机化合物或微粒会对健康构成潜在的威胁和损害,需要特殊的安全防护。这些威胁和损伤有些是长期的,甚至是致命的。而且在建造过程中,这些空气污染物也可能渗入邻近的建筑物,并在施工结束后继续留在建筑物内。这种影响尤其对那些需要在房屋使用者在场的情况下进行施工的改建项目更需引起重视。

对于噪音的控制也是防止环境污染,提高环境品质的一个方面。当前中国已经出台了一些相应的规定对施工噪音进行限制。绿色施工也强调对施工噪音的控制,以防止施工扰民。

5. 实施科学管理、保证施工质量

实施绿色施工,必须要实施科学管理,提高企业管理水平,使企业从被动地适应转变为主动的响应,使企业实施绿色施工制度化、规范化。这将充分发挥绿色施工对促进可持续发展的作用,增加绿色施工的经济性效果,增加承包商采用绿色施工的积极性。企业通过ISO14001认证是提高企业管理水平,实施科学管理的有效途径。实施绿色施工,尽可能减少场地干扰,提高资源和材料利用效率,增加材料的回收利用等,但采用这些手段的前提是要确保工程质量。好的工程质量,可延长项目寿命,降低项目日常运行费用,利于使用者的健康和安全,促进社会经济发展,便于可持续发展。

(二)绿色施工管理

绿色施工管理主要包括:

(1)组织管理。

(2)规划管理。

(3)实施管理。

(4)评价管理。

(5)人员安全与健康管理。

典型例题

【单选题】工程项目的绿色施工管理不包括(　　)。

A. 规划管理　　B. 投资管理

C. 评价管理　　D. 组织管理

B。【解析】绿色施工总体框架由施工管理、环境保护、节材与材料资源利用、节水与水资源利用、节能与能源利用、节地与施工用地保护六个方面组成。其中,绿色施工管理包括组织管理、规划管理、实施管理、评价管理、人员安全与健康管理。

(三)《绿色建造技术导则(试行)》的相关规定

1. 一般规定

(1)应根据绿色施工策划进行绿色施工组织设计、绿色施工方案编制。

(2)应建立与设计、生产、运营维护联动的协同管理机制。

(3)应积极采用工业化、智能化建造方式,实现工程建设低消耗、低排放、高质量和高效益。

(4)宜积极运用 BIM、大数据、云计算、物联网以及移动通讯等信息化技术组织绿色施工,提高施工管理的信息化和精细化水平。

(5)应建立完善的绿色建材供应链,采用绿色建筑材料、部品部件等。

(6)应编制施工现场建筑垃圾减量化专项方案,实现建筑垃圾源头减量、过程控制、循环利用。

(7)鼓励对传统施工工艺进行绿色化升级革新。

(8)应加强绿色施工新技术、新材料、新工艺、新设备应用,优先采用“建筑业 10 项新技术”。

(9)部品部件生产应采用环保生产工艺和设备设施,并应严格执行质量管理体系、环境管理体系和职业健康安全管理体系。

(10)部品部件生产应提高数字化、智能化水平,逐步实现精益生产、智能制造。

(11)应制定消防疏散、卫生防疫、职业健康安全等管理制度和突发事件应急措施,保障人员身心健康。

2. 环境保护

(1)应通过信息化手段监测并分析施工现场扬尘、噪声、光、污水、有害气体、固体废弃物等各类污染物。

(2)应采取措施减少扬尘排放,PM10 和 PM2.5 不得超过当地生态环境部门或住房和城乡建设主管部门要求的限值。

(3)现场有害气体应经净化处理后排放,排放标准应符合现行国家标准《环境空气质量标准》和《民用建筑工程室内环境污染控制标准》的规定。

(4)应采取措施控制噪声和振动污染,噪声限值应满足现行国家标准《建筑施工场界环境噪声排放标准》的规定,振动限值应符合现行国家标准《城市区域环境振动标准》的规定。

(5)应采取措施保护施工现场及周边水环境,减少地下水抽取,避免施工场地的水土污染。

(6)应采取措施减少污水排放。排入城市污水管网的施工污水应符合现行国家标准《污水排入城镇下水道水质标准》的规定。没有纳管条件的,应处理达到相关排放标准或收纳水体要求后,方可排放。

(7)应采取措施减少光污染,光污染限值应满足现行行业标准《城市夜景照明设计规范》的规定。

(8)宜采用装配化施工工艺,建筑内外装修优先采用装配式装修等干式工法施工工艺及集成厨卫等模块化部品部件,减少现场切割及湿作业。

(9)应采用先进施工工艺与方法,从源头减少有毒有害废弃物的产生。对产生的有毒有害废弃物应100%分类回收、合规处理。

(10)拆除施工应制定环境保护计划,选择对环境影响小的拆除工艺。对拆除过程中产生的废水、噪声、扬尘等应采取针对性防治措施,并制定拆除垃圾处理方案。

3. 资源节约

(1)应采用精益化施工组织方式,统筹管理施工相关要素和环节,提升施工现场精细化管理水平,减少资源消耗与浪费。

(2)应推广使用新型模架体系,提高施工临时设施和周转材料的工业化程度和周转次数。

(3)部品部件安装应采用与其相匹配的工具化、标准化工装系统,采用适用的安装工法,制定合理的安装工序,减少现场支模和脚手架搭建。

(4)应积极推广材料工厂化加工,实现精准下料、精细管理,降低建筑材料损耗率。

(5)应加强施工设备的进场、安装、使用、维护保养、拆除及退场管理,减少过程中设备损耗。

(6)应采用节能型设备,监控重点能耗设备的耗能,对多台同类设备实施群控管理。

三、环境影响评价

环境影响评价是指对规划和建设项目实施后可能造成的环境影响进行分析、预测和评估,提出预防或者减轻不良环境影响的对策和措施,并进行跟踪监测。

环境影响评价必须客观、公开、公正,综合考虑规划或者建设项目实施后对各种环境因素及其所构成的生态系统可能造成的影响,为决策提供科学依据。国家鼓励有关单位、专家和公众以适当方式参与环境影响评价。

第四节　职业健康安全与环境管理体系

一、职业健康安全管理体系

职业健康安全是指影响或可能影响工作场所内的员工或其他工作人员(包括临时工和承包方员工)、访问者或其他人员的健康安全的条件和因素。

(一)职业健康安全管理体系标准

《职业健康安全管理体系　要求及使用指南》适用于有意愿建立、实施和保持职业健康安全管理体系的那些组织,以改进职业健康安全绩效,消除危险源并将职业健康安全风险降至最低(包括体系缺陷),充分利用职业健康安全机遇并应对与其活动有关的职业健康安全管理体系。

职业健康安全管理体系标准帮助组织实现其职业健康安全管理体系的预期结果,适用于不同规模、各种类型和不同活动的组织,适用于处于组织控制下的职业健康安全管理体系,并考虑如组织运行的环境,以及其从业人员及其他相关方的需求和期望等因素。

(二)职业健康安全管理体系要素

职业健康安全管理体系要素包括组织所处环境、领导作用及从业人员参与、策划、支持、运行、绩效评价、改进。

1. 组织所处环境

应理解组织及其环境，理解从业人员及其他相关方的需求和期望，确定职业健康安全管理体系的范围。

组织应根据相关要求建立、实施、保持并持续改进职业健康安全管理体系，包括所需的过程及其相互作用。

2. 领导作用及工作人员参与

最高管理者应通过相关方面证实其对职业健康安全管理体系方面的领导作用和承诺。

最高管理者应建立、实施并保持职业健康安全方针。

最高管理者应确保将职业健康安全管理体系内相关角色的职责和权限分配到组织内各层次并予以沟通，且作为文件化信息予以保持。组织内每一层次的工作人员均应为其所控制部分承担职业健康安全管理体系方面的职责。

组织应建立、实施和保持过程，用于在职业健康安全管理体系的开发、策划、实施、绩效评价和改进措施中与所有适用层次和职能的工作人员及其代表（若有）的协商和参与。

最高管理者应对下列事项分配职责和权限：

（1）确保职业健康安全管理体系符合本标准的要求。

（2）向最高管理者报告职业健康安全管理体系的绩效。

3. 策划

在策划职业健康安全管理体系时，组织应考虑所处的环境所提及的议题、相关方所提及的要求和职业健康安全管理体系范围，并确定所需应对的风险和机遇，以确保职业健康安全管理体系实现预期结果，防止或减少不期望的影响，实现持续改进。

在策划过程中，组织应结合组织及其过程或职业健康安全管理体系的变更来确定和评价与职业健康安全管理体系预期结果有关的风险和机遇。对于所策划的变更，无论是永久性的还是临时性的，这种评价均应在变更实施前进行。

组织应建立、实施和保持用于持续和主动的危险源辨识的过程。该过程必须考虑（但不限于）：工作如何组织；常规和非常规的活动和状况组织内部或外部以往发生的相关事件（包括紧急情况）及其原因；潜在的紧急情况；人员；变更；危险源的知识和相关信息的变更；其他议题。

组织应在相关职能和层次上制定职业健康安全目标，以保持和持续改进职业健康安全管理体系和职业健康安全绩效。

在策划如何实现职业健康安全目标时，组织应确定：要做什么；需要什么资源；由谁负责；何时完成；如何评价结果，包括用于监视的参数；如何将实现职业健康安全目标的措施融入其业务过程。

4. 支持

资源。组织应确定并提供建立、实施、保持和持续改进职业健康安全管理体系所需的资源。

能力。组织应确定影响或可能影响其职业健康安全绩效的工作人员所必需具备的能力；基于适当的教育、培训或经历，确保工作人员具备胜任工作的能力（包括具备辨识危险源的能力）；在适用时，采取措施以获得和保持所必需的能力，并评价所采取措施的有效性；保留适当的意识。工作人员应意识到职业健康安全方针和职业健康安全目标化信息作为能力证据。其对职业健康安全管理体系有效性的贡献作用，包括提升职业健康安全绩效的益处；不符合职业健康安全管理体系要求的影响和潜在后果；与其相关的事件和调查结果；与其相关的危险源、职业健康安全风险和所确定的措施；从其所认为的存在急迫且严重危及其生命或健康的工作状况中逃离的能力，以及为保护其免遭由此而产生的不当后果所做出的安排。

沟通。组织应建立、实施并保持与职业健康安全管理体系有关的内外部沟通所需的过程。

文件化信息。组织的职业健康安全管理体系应包括：本标准要求的文件化信息；组织确定的实现职业健康安全管理体系有效性所必需的文件化信息。

5. 运行

运行策划和控制。组织应策划、实施、控制和保持所需的过程，通过：建立过程准则；按照准则实施过程控制；保持和保留必要的文件化信息，以确信过程已按策划得到实施；使工作适合于工作人员。

应急准备和响应。为了对所识别的潜在紧急情况进行应急准备并做出响应，组织应建立、实施和保持所需的过程。

6. 绩效评价

监视、测量、分析和评价绩效。组织应建立、实施和保持用于监视、测量、分析和评价绩效的过程。组织应确定：需要监视和测量的内容；适用时，为确保结果有效而所采用的监视、测量、分析和评价绩效的方法；组织评价其职业健康安全绩效所依据的准则；何时应实施监视和测量；何时应分析、评价和沟通监视和测量的结果。

组织应评价其职业健康安全绩效并确定职业健康安全管理体系的有效性。组织应确保监视和测量设备在适用时得到校准或验证，并被适当使用和维护。

内部审核。组织应按策划的时间间隔实施内部审核，以提供下列信息：职业健康安全管理体系是否符合（组织自身的职业健康安全管理体系要求，包括职业健康安全方针和职业健康安全目标）；职业健康安全管理体系是否得到有效实施和保持。

管理评审。最高管理者应按策划的时间间隔对组织的职业健康安全管理体系进行评审，以确保其持续的适宜性、充分性和有效性。

7. 改进

事件、不符合和纠正措施。组织应建立、实施和保持包括报告、调查和采取措施在内的过程，以确定和管理事件和不符合。当事件或不符合发生时，组织应：及时对事件和不符合做出反应，并在适用时采取措施予以控制和纠正。

持续改进。组织应通过下列方式持续改进职业健康安全管理体系的适宜性、充分性与有效性：提升职业健康安全绩效；促进支持职业健康安全管理体系的文化；促进工作人员参与职业健康安全管理体系持续改进措施的实施；就有关持续改进的结果与工作人员及其代表（若有）进行沟通；保持和保留文件化信息作为持续改进的证据。

二、环境管理体系

（一）环境管理体系建立的背景

为了既满足当代人的需求，又不损害后代人满足其需求的能力，必须实现环境、社会和经济三者之间的平衡，通过平衡这“三大支柱”的可持续性，以实现可持续发展的目标。

随着法律法规的日趋严格，以及因污染、资源的低效使用、废物管理不当、气候变化、生态系统退化、生物多样性减少等给环境造成的压力不断增大，社会对可持续发展、透明度和责任的期望值已发生了变化。

因此，各组织通过实施环境管理体系，采用系统的方法进行环境管理，以期为“环境支柱”的可持续性做出贡献。

（二）环境管理体系的目的

环境管理体系旨在为各组织提供框架，以保护环境，响应变化的环境状况，同时与社会经济需求保持平衡。

环境管理的系统方法可向最高管理者提供信息，通过下列途径以获得长期成功，并为促进可持续发展创建可选方案：预防或减轻不利环境影响以保护环境；减轻环境状况对组织的潜在不利影响；帮助组织履行合规义务；提升环境绩效；运用生命周期观点，控制或影响组织的产品和服务的设计、制造、交付、消费和处置的方式，能够防止环境影响被无意地转移到生命周期的其他阶段；实施环境友好的、且可巩固组织市场地位的可选方案，以获得财务和运营收益；与有关的相关方沟通环境信息。

（三）环境管理体系标准的范围

《环境管理体系　要求及使用指南》规定了组织能够用于提升其环境绩效的环境管理体系要求。

该标准可帮组织实现其环境管理体系的预期结果，这些结果将为环境、组织自身和相关方带来价值。与组织的环境方针保持一致的环境管理体系预期结果，包括提升环境绩效、履行合规义务、实现环境目标。

该标准适用于任何规模、类型和性质的组织，并适用于组织基于生命周期观点所确定的其活动、产品和服务中能够控制或能够施加影响的环境因素。

（四）环境管理体系标准的结构

1. 总体结构

《环境管理体系　要求及使用指南》对环境管理的结构做出了相应规定。

2. 组织所处的环境

理解组织及其所处的环境。组织应确定与其宗旨相关并影响其实现环境管理体系预期结果的能力的外部和内部问题。这些问题应包括受组织影响的或能够影响组织的环境状况。

理解相关方的需求和期望。组织应确定下列内容：与环境管理体系有关的相关方；这些相关方的有关需求和期望（即要求）；这些需求和期望中哪些将成为其合规义务。

确定环境管理体系的范围。组织应确定环境管理体系的边界和适用性，以确定其范围。确定范围时组织应考虑下列内容：上述所提及的内、外部问题和合规义务；其组织单元、职能和物理边界；其活动、产品和服务；其实施控制与施加影响的权限和能力。

范围一经界定，该范围内组织的所有活动、产品和服务均需纳入环境管理体系。范围应作为文件化信息予以保持，并可为相关方所获取。

3. 领导作用

最高管理者应通过下述方面证实其在环境管理体系方面的领导作用和承诺：对环境管理体系的有效性负责；确保建立环境方针和环境目标，并确保其与组织的战略方向及所处的环境相一致；确保将环境管理体系要求融入组织的业务过程；确保可获得环境管理体系所需的资源；就有效环境管理的重要性和符合环境管理体系要求的重要性进行沟通；确保环境管理体系实现其预期结果；指导并支持员工对环境管理体系的有效性做出贡献；促进持续改进；支持其他相关管理人员在其职责范围内证实其领导作用。

这里的员工是在组织控制下从事工作或工作相关活动的人员。人员从事工作或与工作相关的活动有各种不同的安排方式，有偿的或无偿的，定期的或临时的，间歇性的或季节性的，偶然的或兼职的。员工包括最高管理者、管理人员和非管理人员。在组织控制下从事工作或与工作相关的活动的可以是组织雇佣的员工，或是其他人员，包括来自于外部供方的员工，承包商的员工、个人，也包括组织对派遣员工有一定程度控制的情形。

最高管理者应在界定的环境管理体系范围内建立、实施并保持环境方针，环境方针应符合下列要求：适合于组织的宗旨和所处的环境，包括其活动、产品和服务的性质、规模和环境影响；为制定环境目标提供框架；包括保护环境的承诺，其中包含污染预防及其他与组织所处环境有关的特定承诺（保护环境的其他特定承诺可包括资源的可持续利用、减缓和适应气候变化、保护生物多样性和生态系统等）；包括履行其合规义务的承诺；包括持续改进环境管理体系以提升环境绩效的承诺。

环境方针应以文件化信息的形式予以保持，并在组织内得到沟通，可为相关方获取。

最高管理者应确保在组织内部分配并沟通相关角色的职责和权限。

最高管理者应对下列事项分配职责和权限：确保环境管理体系符合《环境管理体系　要求及使用指南》的要求；向最高管理者报告环境管理体系的绩效，包括环境绩效。

为了证实领导作用和承诺，最高管理者负有环境管理体系有关的特定职责，应当亲自参与或进行指导。最高管理者可向他人委派这些行动的职责，但仍有责任确保这些行动得到实施。

4. 策划

应对风险和机遇的措施。组织应建立、实施并保持满足应对风险和机遇的措施的要求所需的过程。

建立过程的总体目的在于确保组织能够实现其环境管理体系的预期结果，预防或减少非预期影响，并实现持续改进，组织可通过确定其需要应对的风险和机遇，策划措施进行处理来确保实现上述目的。风险和机遇可能与环境因素、合规义务、其他问题，或其他相关方的需求和期望有关。

环境目标及其实现的策划。最高管理者可从战略层面、战术层面或运行层面来建立环境目标。战略层面包括组织的最高层次，其目标能够适用于整个组织；战术层面或运行层面可能包括针对组织内特定单元或职能的环境目标，应当与组织的战略方向相一致。

环境目标应达到下列要求：与环境方针一致；可度量（如可行）；得到监视；予以沟通；适当时予以更新。

策划如何实现环境目标时，组织应确定下列内容：要做什么；需要什么资源；由谁负责；何时完成；如何评价结果，包括用于监视实现其可度量的环境目标的进程所需的参数。

5. 支持

资源。组织应确定并提供建立、实施、保持和持续改进环境管理体系所需的资源。资源可包括人力资源、自然资源、基础设施、技术和财务资源。

能力。组织应做到下列要求：确定在其控制下工作，对其环境绩效和履行合规义务的能力具有影响的人员所需的能力；基于适当的教育、培训或经历，确保这些人员是能胜任的；确定与其环境因素和环境管理体系相关的培训需求；适用时，采取措施以获得所必需的能力，并评价所采取措施的有效性。

意识。组织应确保在其控制工作下的人员意识到环境方针的存在、环境方针的目的以及他们在实现承诺中所起的作用，包括他们的工作如何能影响组织履行其合规义务的能力。

信息交流。组织应建立、实施并保持与环境管理体系有关的内部与外部信息交流所需的过程。信息交流使组织能够提供并获得与其环境管理体系相关的信息，包括其与重要环境因素、环境绩效、合规义务和持续改进建议相关的信息。

文件化信息。组织应当创建并保持充分的文件化信息,以确保实施适宜、充分和有效的环境管理体系。首要关注点应当放在环境管理体系的实施和环境绩效,而非复杂的文件化信息控制系统。

6. 运行

运行策划和控制。运行控制的类型和程度取决于运行的性质、风险和机遇、重要环境因素及合规义务。

应急准备和响应。组织应建立、实施并保持对识别的潜在紧急情况进行应急准备并做出响应所需的过程。

7. 绩效评价

监视、测量、分析和评价。组织应确定下列内容:需要监视和测量的内容;适用时的监视、测量、分析与评价的方法,以确保有效的结果;组织评价其环境绩效所依据的准则和适当的参数;何时应实施监视和测量;何时应分析和评价监视和测量的结果。

组织应建立、实施并保持评价其合规义务履行状况所需的过程。与合规性有关的不符合,即使尚未导致实际的针对法律法规要求的不合规项,也需要予以纠正。

内部审核。组织应按计划的时间间隔实施内部审核,以提供下列关于环境管理体系的信息:是否符合组织自身环境管理体系的要求和环境管理体系标准的要求;是否得到了有效的实施和保持。

管理评审。最高管理者应按计划的时间间隔对组织的环境管理体系进行评审,以确保其持续的适宜性、充分性和有效性。

管理评审应当是高层次的,不必对详尽信息进行彻底评审。管理评审的主题不需要一次全部评审完,评审可在一段时间内开展,并可成为定期安排的管理活动的一部分。

8. 改进

组织应确定改进的机会,并实施必要的措施,以实现其环境管理体系的预期结果。

发生不符合时,组织应做到下列要求:对不符合做出响应;通过相关活动评价消除不符合原因的措施需求,以防止不符合再次发生或在其他地方发生;实施任何所需的措施;评审所采取的任何纠正措施的有效性;必要时,对环境管理体系进行变更。

组织应持续改进环境管理体系的适宜性、充分性和有效性,以提升环境绩效。支持持续改进的措施的等级、程度与时间表由组织确定。

提示

职业健康安全管理体系与环境管理体系在整体框架上相似,记忆其中一个即可。

典型例题

【多选题】职业健康安全与环境管理体系要素包括(　　)。

A. 领导作用　　B. 支持

C. 完整性　　D. 改进

E. 策划

ABDE。【解析】根据《环境管理体系　要求及使用指南》,职业健康安全与环境管理体系要素包括组织所处的环境、领导作用、策划、支持、运行、绩效评价和改进。